中国上市银行可持续发展分析

（2020）

史英哲　王胜春　赵　强　著

中国金融出版社

责任编辑：方　蔚
责任校对：潘　洁
责任印制：陈晓川

图书在版编目（CIP）数据

中国上市银行可持续发展分析 . 2020/史英哲，王胜春，赵强著 . —北京：中国金融出版社，2020. 12
ISBN 978 - 7 - 5220 - 0933 - 9

Ⅰ. ①中… 　Ⅱ. ①史…②王…③赵… 　Ⅲ. ①商业银行—上市公司—可持续性发展—中国—2020 　Ⅳ. ①F832. 33

中国版本图书馆 CIP 数据核字（2020）第 243872 号

中国上市银行可持续发展分析（2020）
ZHONGGUO SHANGSHI YINHANG KECHIXU FAZHAN FENXI（2020）
出版
发行　中国金融出版社
社址　北京市丰台区益泽路 2 号
市场开发部　（010）66024766，63805472，63439533（传真）
网 上 书 店　http://www.chinafph.com
　　　　　　 （010）66024766，63372837（传真）
读者服务部　（010）66070833，62568380
邮编　100071
经销　新华书店
印刷　北京九州迅驰文化传媒有限公司
尺寸　185 毫米×260 毫米
印张　23
字数　505 千
版次　2020 年 12 月第 1 版
印次　2020 年 12 月第 1 次印刷
定价　79. 00 元
ISBN 978 - 7 - 5220 - 0933 - 9
如出现印装错误本社负责调换　联系电话（010）63263947

本书获国家社会科学基金重点项目（18AZD013）"中国绿色金融体系构建及发展实践研究"支持。

稳健与分化并行：走向 2020 的上市银行

2019 年是中国上市银行继续在宏观经济增速下行、国际局势不断变化、金融科技持续前进的环境下波动发展的一年。本书对全部在境内外上市中资商业银行经营状况、可持续发展进行观察分析。

全书共分两个部分，第一个部分是对 4 大类 51 家上市银行中较为典型的 10 家银行进行简要分析，包括国有银行中的工商银行、建设银行、农业银行，股份制银行中的招商银行、兴业银行、平安银行，城商行中的南京银行、宁波银行，农商行中的常熟银行、张家港银行。分析内容由两部分组成，一是经营状况，主要从资产规模及结构、负债规模及结构、收入支出和利润、中间业务收入结构、费用支出结构、金融科技等方面。二是社会责任分析，主要从公司治理、社会绩效（如扶贫、普惠）、员工关爱、客户服务、环境绩效等角度入手。

第二部分则是用了 15 个专题对上市银行进行总览式分析，其中有：经营战略、资产对比、负债对比、收入与支出对比、不良贷款、风险管理、监管指标、金融科技、中间业务、普惠金融、精准扶贫、私人财富、绿色金融、绿色运营、员工关爱等。通过这些分析可以看出：

一、上市银行的战略差异日益明显。国有银行由于其规模大、机构分布广、业务条线多，所以其战略也以全面为特点，无论对公还是零售、金融科技还是数字化转型均有涉及。同时也各有特色，如工行的智慧转型、建行侧重住房业务、交行与区域发展一体化契合、中行国际化、农行服务"三农"等。股份制银行则更多强调轻型化，金融科技与数字化战略、综合化金融服务商、打造开放银行、普惠金融、绿色金融等成为高频词。城商行多以服务地区战略、发展零售业务、支持民营小微企业、打造综合金融服务平台等为主。农商行作为中国银行体系最基层的部分，其营业网点更多分布在县级行政单位，更加接近农村地区，各家战略更偏向于服务"三农"、小微、绿色信贷、乡村振兴、城乡一体化等方向。

二、规模总体仍然是扩张的。2019 年底，51 家上市银行资产总额合计

196.47万亿元，同比增长8.9%。其中国有银行资产增速为8.3%，股份制银行增速10.4%，城商行增速为8.6%，农商行增速为10.9%。在资产的增长中，仍以贷款为主，全部上市银行的贷款余额103.8万亿元，增长12.6%。而个人贷款则成为支撑贷款增长的主力军。

三、以利息收入为主的经营模式没有变化。2019年，上市银行营业收入总额为5.25万亿元，同比增长10.5%。其中国有银行3.25万亿元，股份制银行1.4万亿元，城商行0.51万亿元，农商行897亿元，国有银行优势明显。在所有营业收入中，净利息收入3.72万亿元，占比71%。农商行由于产品单一，综合服务力弱，利息收入占比达到82%，在四类银行中占比最高。而股份银行则因为机制灵活，创新能力强，占比为65%。国有银行和城商行分别为72%和70%。

四、不良贷款风险持续提升。2019年，上市银行加大了信用风险管理和不良贷款核销力度，平均不良贷款率从2018年的1.52%下降至1.46%，下降0.06个百分点。具体来看，国有行、股份行、城商行、农商行的平均不良贷款率分别为1.33%、1.60%、1.73%、1.45%，比2018年末分别下降了0.06、下降了0.04、提高了0.07、下降了0.02。在不良贷款的行业分布上，制造业、批发和零售业、建筑业、采矿业、交通运输业为不良贷款排名前五的行业。各行共核销贷款8468.76亿元，比2018年增长0.97%。

五、监管指标出现分化。在收益率指标上，上市银行平均总资产收益率为0.82%，平均净资产收益率为11.37%，比2018年分别下降0.01个、0.91个百分点，其中国有和城商行都是下降的，股份制和农商行则略有上升。成本收入比平均为29.6%，较2018年下降1.24%，其中国有银行32.5%，股份制银行27.65%、城商行28.11%、农商行33.21%，较2018年分别下降0.44个、1.77个、1.16个、1.4个百分点。在资本充足指标上，平均资本充足率为13.83%，同比提高0.28个百分点；核心一级资本充足率为10.21%，同比提高0.16个百分点；核心资本充足率为11.03%，同比提高0.34个百分点。资本压力不大。在拨备覆盖率上，各行总体为244.43%，比上年提高10.01个百分点。其中四大类银行的拨备水平分别为243.31%、202%、244.42%、244.42%，同比提高了720.3%、4.6%、6.68%、7.68%。虽然总体拨备水平提高，但仍有部分银行未达到监管要求。

六、金融科技能力在快速提升的同时差异明显。各行都高度重视金融科技的发展，国有银行和股份制银行都出现物理网点减少的现象，而农商行则有所增加。从自助设备看，国有银行以"万台"为单位（建行高达 2.7 万台），股份制银行以"千台"为单位，城商行和农商行则以"百台"为单位。从手机银行客户数量上，也有从"亿户"、"千万户"向"百万户"、"十万户"过渡的特征。

七、风险管理继续完善。各行在风险管理工作中继续进步，其中在信用风险、市场风险、流动性风险、操作风险方面都开展了大量工作，并进行较全面披露。而在国别风险、声誉风险、银行账簿利率风险、信息科技风险等差异明显。总体来看，国有银行管理全面水平高、工作细、披露全，工商银行、中国银行和农业银行还专门成立了涉美的风险委员会。中信银行、光大银行新增国别风险披露内容；城商行、农商行在国别风险方面披露率较低。各银行除了重视建设全方位、全流程风险管理体系外，还针对不同类别的风险出台相应的举措。同时顺应时代潮流，加强线上、大数据的风险控制，完善风险管理技术和手段，进一步提升风险管理的前瞻性和有效性。

八、社会绩效大幅提升。各行积极构建社会绩效框架，其中在普惠贷款方面继续增长，2019 年普惠贷款余额 5.64 万亿元，比上年增长 33%。利率水平也下降 70 ~ 200 个基点。在精准扶贫方面，也搭建了包括扶贫捐赠、扶贫贷款（投向包括产业发展、转移就业、易地搬迁、教育等九大项，十余个子项）。有 43 家银行参与了产业发展扶贫，有 37 家银行参与了社会扶贫、有 35 家银行参与了教育扶贫。参与资金也达"亿元"级别。支持了一大批重点项目，也创新大量新的商业模式。在绿色信贷方面，截至 2019 年末，我国上市商业银行绿色信贷余额 7.2 万亿元，同比增长 15.6%，绿色信贷投放领域类型多样，折合减排效果明显。同时各银行还积极发行、承销绿色债券，支持生态保护、节能减排、循环经济、清洁能源、清洁交通、污染防治等事业的发展。

今年本书的撰写正赶上疫情防控最紧张、压力最大的时段，感谢中国金融出版社肖炜老师、方蔚老师耐心细致的工作，也感谢中央财经大学绿色金融国际研究院院长王遥教授的大力支持，还有云祉婷的联系工作。同时，梁志浩、孟媛、徐瑞、吉余阿衣、干露、厍馨予、刘迎旭、叶宁、牟童、孙小妹、司敏、陈威、王淦、步艳宁、刘凯捷、廖子怡、苏兰等同学克服疫情带来的影响，整理校核基础数据，反复提炼走势特征，为本书的出版付出了艰辛的劳动。

尽管勉力而为，但因水平、信息等有限，书中难免不少错漏之处，敬请各位读者在阅读过程中不吝赐教。也希望本书能在编读互动中不断提升改进，成为观察中国银行业发展的一个有益视角。

目　　录

年报一　中国工商银行 2019 年度报告分析

一、基本情况

中国工商银行股份有限公司（以下简称工商银行）前身为成立于 1984 年 1 月 1 日的国有独资商业银行——中国工商银行，2005 年 10 月 28 日整体改制为股份有限公司，2006 年 10 月 27 日在上交所（601398.SH）和香港联交所（1398.HK）同日挂牌上市。

截至 2019 年末，该行 A 股前 3 大股东分别为：汇金公司，持股数 1237.18 亿股，持股比例 34.71%；财政部，持股数 1109.85 亿股，持股比例 31.14%；社保基金理事会，持股数 123.32 亿股，持股比例 3.46%。

2019 年末，该行总资产 30.11 万亿元[①]，营业收入 8551.64 亿元，净利润 3133.61 亿元，贷款和垫款 16.33 万亿元，不良贷款率 1.43%。

二、业务经营分析

（一）资产分析

2019 年末，工商银行资产总额 30.11 万亿元，同比增长 8.7%（见表 1），增长率同比提高 2.5 个百分点，主要是由贷款及垫款、证券投资增长拉动，资产规模增幅加快。

表 1　　　　　　　　　　　　　　　资产规模及构成

	2019 年 12 月 31 日		2018 年 12 月 31 日		增加额（亿元）	增速（%）
	金额（亿元）	占比（%）	金额（亿元）	占比（%）		
现金及存放央行款项	33179.16	11.0	33725.76	12.2	-546.6	-1.6
同业往来资产	18875.54	6.3	16964.98	6.1	1910.56	11.3
发放贷款和垫款	163265.52	54.2	150461.32	54.3	12804.20	8.5
证券投资	76471.17	25.4	67546.92	24.4	8924.25	13.2
其他资产	9302.97	3.1	8296.42	3.0	1006.55	12.1
资产总计	301094.36	100.0	276995.40	100.0	24098.96	8.7

注：发放贷款和垫款为净额。

---

① 本报告数据来源：2019 年和 2018 年工商银行年度报告。

1. 贷款和垫款

2019 年末，工商银行客户贷款与垫款净额 16.33 万亿元，占资产总额的 54.2%，同比增长 8.5%。

（1）企业及个人贷款和垫款

2019 年末，该行贷款与垫款总额 16.81 万亿元（见表 2），其中公司类贷款和垫款 10.38 万亿元，同比增长 6.1%，占贷款和垫款总额的 61.8%；个人贷款 6.38 万亿元，同比增长 13.3%，占贷款和垫款总额的 38.0%，个人贷款规模显著增长。

表 2　　　　　　　　　　　　　企业及个人贷款和垫款

	2019 年 12 月 31 日		2018 年 12 月 31 日		增加额（亿元）	增速（%）
	金额（亿元）	占比（%）	金额（亿元）	占比（%）		
公司类贷款及垫款	103776.95	61.8	97833.31	63.3	5943.64	6.1
－贷款	98008.08	58.3	92609.09	59.9	5398.99	5.8
－票据贴现	4218.74	2.5	3644.37	2.4	574.37	15.8
－融资租赁	1550.13	0.9	1579.85	1.0	－29.72	－1.9
个人贷款	63836.24	38.0	56365.74	36.5	7470.50	13.3
－个人住房贷款	51662.79	30.7	45899.61	29.7	5763.18	12.6
－信用卡	6779.33	4.0	6264.68	4.1	514.65	8.2
－其他	5394.12	3.2	4201.45	2.7	1192.67	28.4
加：应计利息	437.31	0.2	389.58	0.2	47.73	12.3
贷款和垫款总额	168050.50	100.0	154588.63	100.0	13461.87	8.7
减：减值准备	－4784.98		－4127.31		－657.67	15.9
贷款和垫款净额	163265.52		150461.32		12804.20	8.5

（2）贷款和垫款期限结构

2019 年末，该行未到期贷款和垫款中，剩余期限在一年以内、一年到五年及五年以上余额分别为 4.49 万亿元、3.56 万亿元及 8.19 万亿元，分别占总贷款与垫款的 27.5%、21.8% 及 50.2%（见表 3），五年以上的贷款和垫款增长较快，同比增长 13.0%。

表 3　　　　　　　　　　　　　贷款和垫款期限结构

	2019 年 12 月 31 日		2018 年 12 月 31 日		增加额（亿元）	增速（%）
	余额（亿元）	占比（%）	余额（亿元）	占比（%）		
逾期/即时偿还	312.49	0.2	219.43	0.1	93.06	42.4
一年以内	44891.96	27.5	41359.99	27.5	3531.97	8.5
一年到五年	35590.38	21.8	35675.65	23.7	－85.27	－0.2
五年以上	81901.12	50.2	72497.37	48.2	9403.75	13.0
无期限	569.57	0.3	708.88	0.5	－139.31	－19.7
合计	163265.52	100.0	150461.32	100.0	12804.20	8.5

（3）不良贷款

2019年末，该行不良贷款余额2401.87亿元，同比增长2.2%；不良贷款率1.43%，同比下降0.09个百分点（见表4），其中可疑类贷款同比增长明显，增速达26.1%；正常类贷款余额16.07万亿元，占各项贷款的95.9%，同比增长0.3个百分点；关注类贷款余额4548.66亿元，占比2.7%，同比下降0.2个百分点。核销及转出额为976.53亿元，同比下降10.2%；不良贷款拨备覆盖率为199.32%，同比增长23.56个百分点；贷款拨备率为2.86%，同比增长0.18个百分点。

表4　　　　　　　　　　　　　贷款五级分类

	2019年12月31日		2018年12月31日		增加额（亿元）	增速（%）
	金额（亿元）	占比（%）	金额（亿元）	占比（%）		
正常类贷款	160662.66	95.9	147338.91	95.6	13323.75	9.0
关注类贷款	4548.66	2.7	4509.30	2.9	39.36	0.9
不良类贷款	2401.87	1.4	2350.84	1.5	51.03	2.2
次级类贷款	978.64	0.6	1088.21	0.7	−109.57	−10.1
可疑类贷款	1139.65	0.7	903.83	0.6	235.82	26.1
损失类贷款	283.58	0.1	358.80	0.2	−75.22	−21.0
贷款合计	167613.19	100.0	154199.05	100.0	13414.14	8.7

2. 证券投资

2019年末，工商银行证券投资总额7.65万亿元，占总资产的25.4%，同比增长13.2%，其中债券投资6.86万亿元，同比增长13.5%（见表5）。持有政府债①、金融债②及企业债券余额分别为47892.76亿元、14780.88亿元及5954.86亿元，同比分别增长17.6%、0.7%和17.5%，政府债及企业债增幅明显。

表5　　　　　　　　　　　　　债券投资发行主体构成

	2019年12月31日		2018年12月31日		增加额（亿元）	增速（%）
	金额（亿元）	占比（%）	金额（亿元）	占比（%）		
政府债	47892.76	69.8	40737.02	67.3	7155.74	17.6
金融债	14780.88	21.5	14684.82	24.3	96.06	0.7
企业债	5954.86	8.7	5068.92	8.4	885.94	17.5
合计	68628.50	100.0	60490.76	100.0	8137.74	13.5

① 包括中国政府债券和中国人民银行债券。
② 包括政策性银行债券和商业银行及其他金融机构债券。

3. 同业往来资产

2019 年末，工商银行同业往来资产共计 1.89 万亿元，同比增长 11.3%（见表6）。其中存放同业款项 4753.25 亿元，同比增长 23.6%，占同业往来资产比重升至 25.2%。拆出资金 5670.43 亿元，同比下降 1.9%，占同业往来资产比重降至 30.0%。买入返售金融资产 8451.86 亿元，同比增长 15.1%，占同业往来资产比重升至 44.8%。

表6 同业往来资产构成

	2019 年 12 月 31 日		2018 年 12 月 31 日		增加额（亿元）	增速（%）
	金额（亿元）	占比（%）	金额（亿元）	占比（%）		
存放同业	4753.25	25.2	3846.46	22.7	906.79	23.6
拆出资金	5670.43	30.0	5778.03	34.1	-107.60	-1.9
买入返售款项	8451.86	44.8	7340.49	43.3	1111.37	15.1
合计	18875.54	100.0	16964.98	100.0	1910.56	11.3

（二）负债分析

2019 年末，工商银行负债总额为 27.42 万亿元，同比增长 8.1%（见表7），应付债券及其他负债增速分别为 20.2% 及 16.8%。

表7 负债规模及构成

	2019 年 12 月 31 日		2018 年 12 月 31 日		增加额（亿元）	增速（%）
	金额（亿元）	占比（%）	金额（亿元）	占比（%）		
向中央银行借款	10.17	0.0	4.81	0.0	5.36	111.4
同业往来负债	25298.46	9.2	23292.96	9.2	2005.50	8.6
客户存款	229776.55	83.8	214089.34	84.4	15687.21	7.3
应付债券	7428.75	2.7	6178.42	2.4	1250.33	20.2
其他负债	11660.40	4.3	9981.04	3.9	1679.36	16.8
负债总计	274174.33	100.0	253546.57	100.0	20627.76	8.1

1. 同业往来负债

2019 年末，工商银行同业往来负债总额为 2.53 万亿元，同比增长 8.6%（见表8）。其中，同业和其他金融机构存放款项 1.78 万亿元，同比增长 33.7%，占同业往来负债 70.2%，同比提高 13.2 个百分点。拆入资金 4902.53 亿元，占比 19.4%，比上年下降 1.5 个百分点。卖出回购 2632.73 亿元，同比减少 48.9%，占比由 2018 年的 22.1% 降至 10.4%。

表8 同业往来负债构成

	2019年12月31日		2018年12月31日		增加额（亿元）	增速（%）
	金额（亿元）	占比（%）	金额（亿元）	占比（%）		
同业存放	17763.20	70.2	13282.46	57.0	4480.74	33.7
拆入资金	4902.53	19.4	4862.49	20.9	40.04	0.8
卖出回购	2632.73	10.4	5148.01	22.1	-2515.28	-48.9
合计	25298.46	100.0	23292.96	100.0	2005.50	8.6

2. 吸收存款

2019年末，工商银行吸收存款余额22.74万亿元①（见表9），同比增长7.3%。从客户结构看，该行公司存款多于个人存款，公司存款余额12.03万亿元，同比增长4.8%，占存款总额的比重为52.9%；个人存款10.48万亿元，同比增长11.0%，占存款总额的比重为46.1%。

表9 存款客户结构

	2019年12月31日		2018年12月31日		增加额（亿元）	增速（%）
	金额（亿元）	占比（%）	金额（亿元）	占比（%）		
公司存款	120282.62	52.9	114811.41	54.2	5471.21	4.8
个人存款	104777.44	46.1	94364.18	44.5	10413.26	11.0
其他存款	2348.52	1.0	2689.14	1.3	-340.62	-12.7
合计	227408.58	100.0	211864.73	100.0	15543.85	7.3

2019年末，该行活期存款与定期存款规模基本一致，活期存款占比48.1%，定期存款占比49.8%（见表10），存款结构较2018年基本未发生变化。

表10 存款定活结构

	2019年12月31日		2018年12月31日		增加额（亿元）	增速（%）
	金额（亿元）	占比（%）	金额（亿元）	占比（%）		
活期存款	110606.48	48.1	103363.18	48.3	7243.30	7.0
定期存款	114453.58	49.8	105812.41	49.4	8641.17	8.2
其他存款	4716.49	2.1	4913.75	2.3	-197.26	-4.0
合计	229776.55	100.0	214089.34	100.0	15687.21	7.3

3. 已发行债务证券

2019年末，工商银行应付债券余额7428.75亿元，同比增长20.2%（见表11）。其中，

---

① 不含应计利息。

已发行次级债券和二级资本债券 3502.04 亿元，同比增加 677.45 亿元，同比增长 24.0%；其他已发行债券证券 3926.71 亿元，同比增长 17.1%。

表 11   应付债券结构

	2019 年 12 月 31 日		2018 年 12 月 31 日		增加额（亿元）	增速（%）
	金额（亿元）	占比（%）	金额（亿元）	占比（%）		
已发行次级债券和二级资本债券	3502.04	47.1	2824.59	45.7	677.45	24.0
其他已发行债券证券	3926.71	52.9	3353.83	54.3	572.88	17.1
合计	7428.75	100.0	6178.42	100.0	1250.33	20.2

（三）收入、支出及利润

1. 利润分析

（1）利润

2019 年，工商银行营业利润 3905.68 亿元（见表 12），利润总额 3917.89 亿元，净利润 3133.61 亿元，同比分别增长 5.2%、5.2% 和 4.9%，本年三项指标增速优于上年。

表 12   利润表

	2019 年（亿元）	2018 年（亿元）	增加额（亿元）	变动率（%）
营业收入	8551.64	7737.89	813.75	10.5
营业支出	4645.96	4026.02	619.94	15.4
营业利润	3905.68	3711.87	193.81	5.2
加：营业外收入	22.22	25.29	−3.07	−12.1
减：营业外支出	10.01	13.03	−3.02	−23.2
利润总额	3917.89	3724.13	193.76	5.2
减：所得税费用	784.28	736.90	47.38	6.4
净利润	3133.61	2987.23	146.38	4.9

（2）拨备前利润情况

2019 年，工商银行年度计提资产减值 1789.57 亿元（见表 13），同比增长 10.7%，考虑计提资产减值因素，该行 2019 年拨备前利润总额为 5707.46 亿元，同比增长 6.9%。

表 13   拨备前利润

	2019 年（亿元）	2018 年（亿元）	增加额（亿元）	变动率（%）
利润总额	3917.89	3724.13	193.76	5.2
本年计提资产减值	1789.57	1615.94	173.63	10.7
拨备前利润	5707.46	5340.07	367.39	6.9

2. 收入分析

2019 年，工商银行实现营业收入 8551.64 亿元，同比增长 10.5%（见表 14）。其中，利息净收入 6069.26 亿元，占比为 71.0%，同比上升 3 个百分点；净手续费及佣金收入 1556.00 亿元，占比 18.2%，同比下降 0.6 个百分点；投资净收益占比 1.1%，同比下降 1.3 个百分点；其他收入主要受益于保费净收入迅速增长，占比由 2018 年的 4.8% 上升至 2019 年的 9.7%。

表 14　　　　　　　　　　　　　营业收入构成

	2019 年		2018 年		增加额（亿元）	变动率（%）
	金额（亿元）	占比（%）	金额（亿元）	占比（%）		
利息净收入	6069.26	71.0	5725.18	74.0	344.08	6.0
手续费及佣金净收入	1556.00	18.2	1453.01	18.8	102.99	7.1
投资净收益	95.00	1.1	188.21	2.4	−93.21	−49.5
其他	831.38	9.7	371.49	4.8	459.89	123.8
合计	8551.64	100.0	7737.89	100.0	813.75	10.5

（1）利息收入与支出

2019 年，工商银行实现利息收入 1.04 万亿元，同比增长 9.5%（见表 15），主要是客户贷款和垫款利息收入、投资性利息收入迅速增长所致。2019 年，该行存放央行利息收入为 461.85 亿元，同比下降 6.2%；投资性利息收入为 2211.84 亿元，同比增长 10.5%；同业往来利息收入为 633.85 亿元，同比增长 8.1%；客户贷款和垫款利息收入为 7074.00 亿元，占利息收入的 68.1%，同比增长 10.5%。

表 15　　　　　　　　　　　　　利息收入构成

	2019 年		2018 年		增加额（亿元）	变动率（%）
	金额（亿元）	占比（%）	金额（亿元）	占比（%）		
存放中央银行款项	461.85	4.5	492.46	5.2	−30.61	−6.2
投资性利息收入	2211.84	21.3	2001.57	21.1	210.27	10.5
同业往来	633.85	6.1	586.60	6.2	47.25	8.1
客户贷款和垫款	7074.00	68.1	6400.31	67.5	673.69	10.5
利息收入合计	10381.54	100.0	9480.94	100.0	900.60	9.5

2019 年，该行利息支出 4312.28 亿元，同比增长 14.8%（见表 16）。其中，同业往来支出 632.96 亿元，同比下降 2.6%；吸收存款利息支出 3310.66 亿元，同比增长 18.1%；应付债券利息支出 368.66 亿元，同比增长 21.4%。

表16 利息支出构成

	2019 年		2018 年		增加额（亿元）	变动率（%）
	金额（亿元）	占比（%）	金额（亿元）	占比（%）		
同业往来	632.96	14.7	649.91	17.3	-16.95	-2.6
吸收存款	3310.66	76.8	2802.12	74.6	508.54	18.1
应付债券	368.66	8.5	303.73	8.1	64.93	21.4
合计	4312.28	100.0	3755.76	100.0	556.52	14.8

（2）手续费及佣金净收入

2019 年，工商银行手续费及佣金净收入 1556.00 亿元，同比增长 7.1%；手续费及佣金收入 1716.41 亿元，同比增长 5.7%（见表17）。其中，银行卡业务收入 470.54 亿元，同比增长 7.6%，主要受益于信用卡分期收入增加；结算、清算及现金管理业务收入增加 55.36 亿元，增速达 17.4%，主要是第三方支付业务增长较快带动收入增加；承诺及担保业务收入同比增加 19.75 亿元，增速为 22.3%，主要是承诺业务增长较快带动收入增加。

表17 手续费及佣金净收入构成

	2019 年		2018 年		增加额（亿元）	变动率（%）
	金额（亿元）	占比（%）	金额（亿元）	占比（%）		
银行卡	470.54	27.4	437.19	26.9	33.35	7.6
结算、清算及现金管理	373.21	21.7	317.85	19.6	55.36	17.4
个人理财及私人银行	273.37	15.9	275.96	17.0	-2.59	-0.9
投资银行	238.60	14.0	240.02	14.8	-1.42	-0.6
对公理财	140.24	8.2	145.82	9.0	-5.58	-3.8
担保及承诺	108.36	6.3	88.61	5.5	19.75	22.3
资产托管	70.04	4.1	70.45	4.3	-0.41	-0.6
代理收付及委托	15.90	0.9	19.59	1.2	-3.69	-18.8
其他业务	26.15	1.5	27.98	1.7	-1.83	-6.5
手续费及佣金收入	1716.41	100.0	1623.47	100.0	92.94	5.7
减：手续费及佣金支出	160.41		170.46		-10.05	-5.9
手续费及佣金净收入	1556.00		1453.01		102.99	7.1

3. 支出分析

2019 年，工商银行营业支出 4645.96 亿元，同比增长 15.4%（见表18），主要由其他业务成本、资产减值损失增加所致。其中，业务及管理费支出 1990.50 亿元，占比 42.8%，同比下降 3.2 个百分点；资产减值损失 1789.57 亿元，占比 38.5%，同比下降 1.6 个百分点；其他业务成本 789.12 亿元，受保险业务支出影响，同比增长 63.8%。

表 18 营业支出构成

	2019 年		2018 年		增加额（亿元）	变动率（%）
	金额（亿元）	占比（%）	金额（亿元）	占比（%）		
营业税金及附加	76.77	1.7	77.81	1.9	−1.04	−1.3
业务及管理费	1990.50	42.8	1850.41	46.0	140.09	7.6
资产减值损失	1789.57	38.5	1615.94	40.1	173.63	10.7
其他业务成本	789.12	17.0	481.86	12.0	307.26	63.8
营业支出合计	4645.96	100.0	4026.02	100.0	619.94	15.4

2019 年，该行业务及管理费 1990.50 亿元，同比增长 7.6%（见表 19），其中，职工费用和业务费用分别为 1269.50 亿元、564.95 亿元，同比分别增长 4.9% 和 17.2%，占比分别为 63.8% 和 28.4%。

表 19 业务及管理费构成

	2019 年		2018 年		增加额（亿元）	变动率（%）
	金额（亿元）	占比（%）	金额（亿元）	占比（%）		
工资及奖金	807.57	40.6	769.85	41.6	37.72	4.9
职工福利	294.04	14.8	271.37	14.7	22.67	8.4
离职后福利 – 设定提存计划	167.89	8.4	169.52	9.2	−1.63	−1.0
职工费用小计	1269.50	63.8	1210.74	65.4	58.76	4.9
固定资产折旧	124.16	6.2	125.39	6.8	−1.23	−1.0
资产摊销	31.89	1.6	32.07	1.7	−0.18	−0.6
业务费用	564.95	28.4	482.21	26.1	82.74	17.2
合计	1990.50	100.0	1850.41	100.0	140.09	7.6

2019 年末，该行员工总数 445406 人，比上年减少 4190 人；机构数 16605 个（其中营业网点 15784 个），比上年减少 215 个。人均薪酬 28.52 万元，比上年增长 5.8%（见表 20）；人均费用 44.72 万元，同比增长 8.6%；点均业务及管理费 1198.74 万元，同比增长 9.0%。

表 20 人均薪酬及产值情况

	2019 年	2018 年	增加量	变动率（%）
员工数（人）	445106	449296	−4190	−0.9
机构数（个）	16605	16820	−215	−1.3
人均薪酬（万元）	28.52	26.95	1.57	5.8
人均费用（万元）	44.72	41.18	3.54	8.6
人均产值（万元）	192.13	172.22	19.90	11.6
人均产值/人均薪酬	6.74	6.39	0.35	5.4
点均业务及管理费（万元）	1198.74	1100.12	98.61	9.0

（四）金融科技及产品创新

1. 金融科技

2019 年，工商银行结合金融科技发展趋势的新变化、新要求，快速推动智慧银行战略转型，在顶层设计方面，按照人民银行《金融科技（FinTech）发展规划（2019—2021 年）》指导意见，制定《中国工商银行金融科技发展规划（2019—2023 年）》。

在业务板块方面，实施金融科技组织架构和研发模式改革优化，成立工银科技有限公司、金融科技研究院，构建"一部、三中心、一公司、一研究院"的金融科技新布局；发布智慧银行生态系统 ECOS，以新科技构建新生态，赋能全行业务转型发展。紧密围绕全行发展战略推动重点领域创新研发，持续提升信息系统业务连续性和信息安全防御能力；连续六年在中国银保监会信息科技监管评级中位列全行业第一，7 项成果获人民银行年度银行科技发展奖。

2019 年末，该行累计专利公开量 615 项。年度内获得专利授权 54 项，累计获得专利授权 603 项，居银行业第一。2019 年金融科技投入 163.74 亿元。全行金融科技人员数量 3.48 万人，占全行员工的 7.8%。

2. 产品创新

2019 年，工商银行坚持开放合作与创新发展，广泛联袂优秀企业开展场景合作，推进网络金融与传统金融融合发展。报告期内：

一是创新推出法人手机银行，年动户数突破 200 万户。该行在政务、教育等 14 个重点行业引入 20 项云服务解决方案，服务租户近 2 万家，链接 C 端客户 500 万户。

二是发布 API 开放平台门户，共开放账户管理、结算、收单等 18 大服务组、90 多个产品、900 多个接口，合作方超过 5000 家，服务横跨境内境外。依托 API 开放平台打造"工银 e 支付"对公支付统一品牌，合作对接 120 家大型企业、行业龙头、垂直平台。

三是举行智慧银行 ECOS 发布会，开启了智慧银行建设的新篇章，秉持"科技引领、创新赋能"的理念全面布局人工智能、区块链、云计算、大数据、物联网等前沿技术领域。全行 APP 个人用户达 4.92 亿户，覆盖 57.4% 的移动互联网用户。实施"融 e 购"2.0 改版升级，"融 e 购"电商用户超过 1.46 亿户。推出"融 e 联"4.0 版本，"融 e 联"即时通讯用户超过 1.67 亿户。

三、社会责任分析

（一）公司治理

工商银行新设董事会社会责任与消费者权益保护委员会和美国区域机构风险委员会。

董事会下设战略委员会、社会责任与消费者权益保护委员会、审计委员会、风险管理委员会、提名委员会、薪酬委员会、关联交易控制委员会和美国区域机构风险委员会共八个专门委员会。截至 2019 年末，董事会共有董事 13 名，其中执行董事 2 名，非执行董事 5 名，独立董事 6 名。工商银行全年共召开董事会会议 13 次，审议议案 74 项，听取汇报 27 项。

监事会是监督机构，向股东大会负责。内部审计局要分别向审计委员会和监事会汇报。

截至 2019 年末，监事会共有监事 6 名，其中股东代表监事 2 名，职工代表监事 2 名，外部监事 2 名。监事会全年共召开 5 次会议，听取 11 项汇报，审阅 23 份报告。

信息披露方面，该行不断完善全方位的投资者沟通渠道，报告期内举办了一系列业绩推介会、境内外路演及反向路演，参加国内外知名投资论坛，充分发挥上交所投资者互动平台、本行集团网站投资者关系栏目、投资者热线电话、投资者信箱和"上证 e 互动"网络平台等沟通平台的作用，及时了解投资者的各项需求，并给予充分的信息反馈。报告期内，工商银行股东大会会议的召集、召开、通知、公告、提案、表决等程序均严格遵守公司法等法律法规的有关规定，确保了股东参加股东大会权利的顺利实现。为公平对待 A 股和 H 股中小股东，自上市以来，该行持续在北京和香港会场同步连线召开股东年会，两地会场同时设立 A 股股东和 H 股股东登记处，便于股东行使投票权。

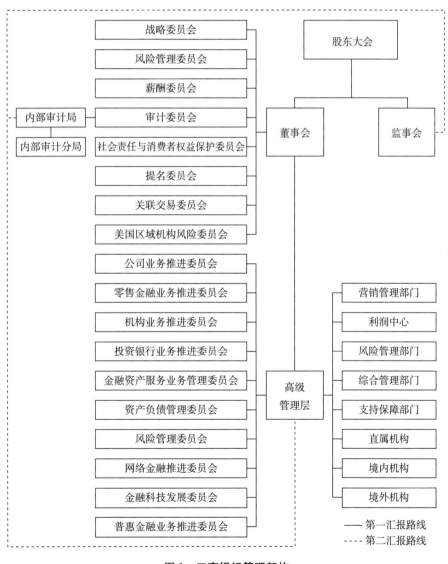

图 1　工商银行管理架构

（二）社会绩效

2019 年，工商银行每股社会贡献值为 2.73 元，相比上年提高 0.20 元，同比增长 7.9%。

1. 扶贫

2019 年，该行召开 3 次总行金融（定点）扶贫工作领导小组会议；制定《中国工商银行金融精准扶贫工作方案（2019 年版）》《关于进一步做好金融精准扶贫工作的意见》《关于做好 2019 年定点扶贫工作的意见》《关于加快推进融 e 购电商扶贫工作的通知》和《金融扶贫工作领导小组工作规则》五项精准扶贫指导性文件，为扶贫工作提供坚实制度保障。

首先，加大信贷投放力度。推广"精准扶贫＋涉农供应链"服务模式，以产业精准扶贫贷款带动贫困人口稳步脱贫增收，持续加大精准扶贫贷款投放力度。其次，提升综合金融服务水平。研究落实贫困地区网点布局，服务当地经济发展；设立贫困地区专属金融产品，全面升级"e 商助梦计划"，通过线上产品加大对贫困地区金融服务支持力度。再次，丰富产业扶贫内涵。坚持"造血式"扶贫，继续以"工行＋政府＋村两委＋企业＋农户"的产业扶贫模式，联合金融同业在定点扶贫地区推广"银行＋保险＋期货"扶贫模式，因地制宜推出饲料成本指数保险、气象指数保险等风险管理产品，帮助企业和农户降低经营风险，稳定收益。为极度贫困地区提供销售物流运输补贴，免费在自主智库服务平台"融智 e 信"平台上线地方招商引资需求等。最后，推动教育扶贫、健康扶贫、消费扶贫等。做好品牌帮扶项目"烛光计划""启航工程"，培训和表彰优秀山村教师，资助优秀贫困大学生。引进专业机构为定点扶贫地区升级卫生室、培训乡村医生，完善硬件设施，提升医疗水平。充分发挥自有电商平台优势，支持扶贫商品线上销售。

从精准扶贫成效来看，截至 2019 年末，该行产业精准扶贫 277.76 亿元，项目精准扶贫 632.21 亿元，定点扶贫工作投入金额 1.14 亿元，消费扶贫 4.64 亿元。搭建新版融 e 购"扶贫馆"，帮助国家级贫困县商户实现交易额 4.4 亿元，累计发展扶贫商户 3348 户，覆盖 22 个省区市 494 个国家级贫困县，惠及建档立卡贫困户约 20 万人。全年拓展涉农贷款供应链 70 条，落地 56 条，累计投放 73 亿元。全行服务于"三农"的县域网点 5145 家，覆盖全国 84.1% 的县域地区，同比提升 0.5 个百分点。

2019 年末，该行公益捐赠额为 2.06 亿元（见表 21），同比增长 97.8%；全年扶贫款项总额 1.72 万亿元，同比增长 193.3%，落实扶贫工作成效显著。

表 21 社会贡献

	2019 年	2018 年	增加额	变动率（%）
公益捐赠（万元）	20622	10425	10197	97.8
每股社会贡献值（元）	2.73	2.53	0.20	7.9
全年扶贫款项总额（万亿元）	17203	5865	11338	193.3

2. 普惠

工商银行进一步加强普惠金融专营机构建设，秉持"不做小微就没有未来，做好小微有大未来"理念：2019 年共审查批复 28 家支行小微分中心试点方案，2019 年末全行 440 家二级分行中共有 428 家设立普惠金融事业部（其中 315 家为一级部），有小微金融业务中心 288 个。该行围绕工银小微金融服务平台和经营快贷、网贷通、线上供应链融资三大类产品构建普惠金融综合服务体系。经营快贷依托大数据技术搭建结算、税务、商户等近 200 个融资场景，服务超过 100 万小微客户。不断完善数字供应链融资产品体系，创新推出"数字信用凭据"及"e 链快贷"等新型业务模式，支持供应链融资服务向产业链末端的小微客户渗透。

2019 年末，该行普惠型小微企业贷款余额 4715.21 亿元（见表 22），比 2018 年增加 1614.07 亿元，当年累放贷款平均利率 4.52%，同比下降 0.43 个百分点。普惠型农户经营性贷款和普惠型涉农小微企业贷款 1115.76 亿元，比 2018 年增加 224.42 亿元。

表 22 工商银行普惠金融指标

	2019 年	2018 年	增加量	变动率（%）
普惠型小微企业贷款余额（亿元）	4715.21	3101.14	1614.07	52.0
普惠型小微企业客户数（万户）	42.30	27.00	15.30	56.7
普惠贷款利率（%）	4.52	4.95	−0.43	−8.7
普惠型农户经营款及涉农小微企业贷款（亿元）	1115.76	891.34	224.42	25.2

3. 员工及机构情况

（1）员工人数及结构

2019 年末，工商银行共有员工 445106 人，同比减少 4190 人（见图 2）。其中，境内控股子公司员工 6710 人，境外机构员工 16013 人。2017—2019 年招聘女性员工占比分别为

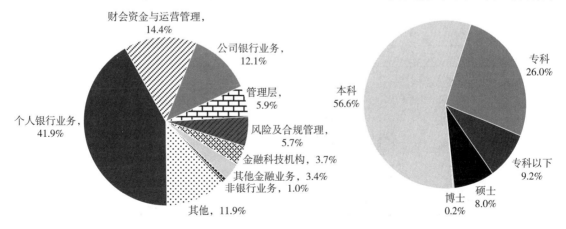

图 2 员工专业构成及教育程度分布

57%、56%和54%；近三年少数民族员工比例分别为5.7%、5.7%和6.0%。

从员工专业构成看，个人银行业务、财会资金与运营管理、公司银行业务的员工数量分别占公司总员工的41.9%、14.4%及12.1%。从教育程度看，本科和专科分别占比56.6%及26.0%。从年龄结构看，员工平均年龄为41.9岁，同比下降0.2岁。

（2）员工培训

工商银行聚焦"学习型"银行建设，围绕集团经营转型、业务发展和员工需求，打造境内与境外、线上与线下、专业胜任力与适应性培训相结合的全员培训体系。实施战略传导力培训，打造职业进阶发展培训等。2019年，共举办各类培训4.38万期，培训531万人次，推动员工成长进步与企业发展相统一。

（3）机构情况

2019年末，工商银行的营业网点数、自助银行数和ATM数分别为15784个、25895个、82191台，均较2018年有所减少（见表23）。

表23 机构情况

	2019年	2018年	增加量	变动率（%）
营业网点数目（个）	15784	16004	−220	−1.4
自助银行数量（个）	25895	26786	−891	−3.3
ATM数量（台）	82191	89646	−7455	−8.3

4. 客户服务

2019年末，工商银行个人客户规模超过6.5亿户，较年初净增4329万户（见表24）；日均资产超5万元客户规模达4345万户，较年初净增201万户；融e行手机银行用户超过3.61亿户，净增4774万户；信用卡客户数1.03亿户，发卡量共计1.59亿张，各项指标均居行业第一名；ETC客户数量超过4800万户。私人银行客户达158156户，管理资产18954亿元，同比分别增长8.3%和17.1%。公司客户达809.8万户，较年初净增106.5万户；对公结算账户944.3万户，较上年增加13.5%。

表24 客户情况

	2019年	2018年	增加量	变动率（%）
个人客户（万户）	65000	60671	4329	7.1
日均资产超5万元客户规模（万户）	4345	4144	201	4.9
融e行手机银行用户（万户）	36100	31326	4774	15.2
私人银行客户（户）	158156	146071	12085	8.3
私人银行客户资产（亿元）	18954	16180	2774	17.1
公司客户（万户）	809.80	703.30	106.50	15.1
对公结算账户（万户）	944.30	831.98	112.32	13.5

从客户满意度看，2019年，该行个人客户满意度87.2%，人工电话接听率93.5%，人工电话一次问题解决率91.8%，远程服务客户满意度97.7%。报告期内，该行完成网点装

修改造 2049 家，近三年累计完成网点装修改造和硬件升级 5200 余家。

（三）环境绩效

1. 绿色金融

工商银行积极践行国家绿色发展理念和可持续发展战略，逐年修订印发（绿色）信贷政策。2019 年，该行投向生态保护、清洁能源、节能环保、资源循环利用等节能环保项目与服务的绿色信贷余额 13508.38 亿元，同比增加 1130.80 亿元，增长 9.1%（见表 25）。5 个产能过剩行业贷款余额较年初下降 110.3 亿元。

2019 年末，该行累计主承销各类绿色债券 6 只，募集资金总量 344 亿元，主承销规模 78 亿元。投资人民币绿色债券 29.4 亿元，期末余额 264.2 亿元；投资外币绿色债券 1.69 亿美元，期末余额 2.44 亿美元，其中，投资中资发行体发行的绿色债券共计 1.09 亿美元；面向柜台市场投资者组织发售 8 亿元绿色债券。

2. 环保

工商银行积极倡导绿色环保理念，着力推广绿色办公，持续推进"绿色银行"建设。该行将"无纸化"办公作为推进绿色发展、倡导绿色低碳的重要抓手，积极推广无纸化会议和培训，全年 22 家境内机构已启用无纸化会议系统，全年用纸增加近百万张、重约 4.5 吨。工商银行逐步构建以自有车辆为主、网约车等社会化车辆为辅的公务出行保障模式，有效降低车辆能源消耗，车辆综合利用效率稳步提高。

2019 年末，该行境内电子银行业务量占比升至 98.10%，同比提高 0.4 个百分点；办公用纸量、耗电量、耗水量分别为 1026 万张、1966.73 千万瓦时、17.76 万吨（见表 25），同比分别增长 17.7%、6.9% 和 3.0%。公务车耗油量 6.78 万升，较 2018 年下降 11.6%。

表 25		绿色金融与环保		
	2019 年	2018 年	增加量	变动率（%）
境内绿色信贷余额（亿元）	13508.38	12377.58	1130.80	9.1
境内电子银行业务量占比（%）	98.10	97.70	0.40	0.4
办公用纸量（百万张）	10.26	8.72	1.54	17.7
办公耗电量（千万瓦时）	1966.73	1839.41	127.32	6.9
办公耗水量（万吨）	17.76	17.24	0.52	3.0
公务车耗油量（万升）	6.78	7.67	-0.89	-11.6

年报二　中国建设银行 2019 年度报告分析

一、基本情况

中国建设银行股份有限公司（以下简称建设银行）是国有股份制商业银行，其前身中国人民建设银行成立于 1954 年 10 月 1 日，1996 年 3 月 26 日更名为中国建设银行。2004 年，建设银行改制为国家控股的股份制商业银行，注册资本 1942.3 亿元。

建设银行主要股东为：汇金公司（持 H 股总数 1425.90 亿股、A 股总数 1.96 亿股，持股总比例 57.03%），香港中央结算（代理人）有限公司（持 H 股总数 921.79 亿股，持股比例 36.87%），中国证券金融股份有限公司（持 A 股总数 21.89 亿股，持股比例 0.88%），宝武钢铁集团（持 H 股总数 20.00 亿股，持股比例 0.80%）。

2019 年末，建设银行总资产 25.44 万亿元，营业收入 7056.29 亿元，贷款和垫款 14.54 万亿元，不良贷款率 1.42%，当年实现净利润 2692.22 亿元。

二、业务经营分析

（一）资产分析

2019 年末，建设银行资产总额 25.44 万亿元①，同比增长 9.5%（见表 1），主要是由集团贷款及垫款、证券投资增长拉动。该行的现金及存放中央银行款项有所下滑，同比减少 0.5%，同业往来资产大幅增加，同比增加 45.3%。

表 1　　　　　　　　　　　　资产规模及构成

	2019 年 12 月 31 日		2018 年 12 月 31 日		增加额（亿元）	增速（%）
	金额（亿元）	占比（%）	金额（亿元）	占比（%）		
现金及存放央行款项	26210.10	10.3	26328.63	11.3	-118.53	-0.5
同业往来资产	15086.16	5.9	10385.21	4.5	4700.95	45.3
发放贷款和垫款	145406.67	57.2	133654.30	57.6	11752.37	8.8
证券投资	62132.41	24.4	57149.09	24.6	4983.32	8.7
其他资产	5527.27	2.2	4709.70	2.0	817.57	17.4
资产总计	254362.61	100.0	232226.93	100.0	22135.68	9.5

---

① 本报告数据来源：2019 年和 2018 年建设银行年度报告。

1. 贷款和垫款

2019 年末，建设银行客户贷款与垫款净额 14.54 万亿元，占资产总额的 57.2%，同比增长 8.8%。

（1）贷款和垫款客户结构

2019 年末，该行贷款和垫款总额 14.54 万亿元（见表 2），其中，公司类贷款和垫款为 6.96 万亿元，同比增长 7.1%，占比 46.3%；个人贷款和垫款为 6.48 万亿元，同比增长 10.9%，占比 43.1%；票据贴现为 0.49 万亿元，同比增长 59.8%，占比 3.3%。

表 2　公司及个人贷款和垫款

	2019 年 12 月 31 日		2018 年 12 月 31 日		增加额（亿元）	增速（%）
	金额（亿元）	占比（%）	金额（亿元）	占比（%）		
公司类贷款和垫款	69598.44	46.3	64976.78	47.1	4621.66	7.1
票据贴现	4926.93	3.3	3083.68	2.2	3051.91	59.8
个人贷款和垫款	64773.52	43.1	58398.03	42.4	6375.49	10.9
－个人住房贷款	53050.95	35.3	47535.95	34.5	5515.00	11.6
－个人消费贷款	1895.88	1.3	2101.25	1.5	－205.37	－9.8
－个人助业贷款	449.18	0.3	372.87	0.3	76.31	20.5
－信用卡贷款	7411.97	4.9	6513.89	4.7	898.08	13.8
－其他贷款	1965.54	1.3	1874.07	1.4	91.47	4.9
境外和子公司	10580.17	7.0	11004.06	8.0	－423.89	－3.9
应计利息	349.19	0.2	367.98	0.3	－18.79	－5.1
贷款和垫款总额	150228.25	100.0	137830.53	100.0	12397.72	9.0
减：贷款损失准备	4821.58		4176.23		645.35	
贷款和垫款净额	145406.67		133654.30		11752.37	

注：2019 年因新增"以摊余成本计量的贷款和垫款应收利息"，贷款和垫款总额统计口径与 2018 年存在差异。但影响较小，本书忽略这种变化的影响。

（2）贷款和垫款期限结构

2019 年末，该行未到期贷款和垫款中，剩余期限在一年以内、一年到五年及五年以上余额分别为 4.10 万亿元、3.45 万亿元及 6.19 万亿元，占比分别为 28.2%、23.7% 及 42.6%（见表 3），期限在五年以上的贷款和垫款同比增长 11.9%。

（3）不良贷款

2019 年末，该行不良贷款余额 2124.73 亿元，较上年增加 115.92 亿元，不良贷款率 1.42%，较上年下降 0.04 个百分点（见表 4）。其中，次级类贷款 1056.33 亿元，占比相对较高，同比增加 242.01 亿元，增速达 29.7%；可疑类贷款和损失类贷款有所下降，同比分别减少 107.01 亿元和 19.08 亿元。正常类和关注类贷款占比较上年相对持平。

表3 贷款和垫款期限结构

	2019 年 12 月 31 日		2018 年 12 月 31 日		增加额（亿元）	增速（%）
	余额（亿元）	占比（%）	余额（亿元）	占比（%）		
逾期/即时偿还	7367.46	5.1	7172.26	5.4	195.2	2.7
一年以内	40976.04	28.2	38424.12	28.8	2551.92	6.6
一年到五年	34506.10	23.7	32031.35	24.0	2474.75	7.7
五年以上	61906.88	42.6	55324.05	41.4	6582.83	11.9
无期限	650.19	0.5	702.52	0.5	−52.33	−7.5
合计	145406.67	100.0	133654.30	100.0	11752.37	8.8

表4 贷款五级分类

	2019 年 12 月 31 日		2018 年 12 月 31 日		增加额（亿元）	增速（%）
	金额（亿元）	占比（%）	金额（亿元）	占比（%）		
正常	143362.47	95.7	131579.44	95.7	11783.03	8.9
关注	4391.86	2.9	3874.30	2.8	517.56	13.4
不良	2124.73	1.4	2008.81	1.5	115.92	5.8
次级	1056.33	0.7	814.32	0.6	242.01	29.7
可疑	825.69	0.6	932.70	1.2	−107.01	−11.5
损失	242.71	0.2	261.79	0.2	−19.08	−7.3
合计	149879.06	100.0	137462.55	100.0	12416.51	9.0

2. 证券投资

2019 年末，建设银行证券投资总额 5.85 万亿元，占总资产的 23.0%，同比增长 11.1%（见表5）。其中，政府发行主体 4.26 万亿元，占比 72.9%；银行发行主体 1.16 万亿元，占比 19.9%；其他发行主体占比 7.3%。政府和银行发行主体有所增长，同比分别增长 13.5% 和 9.7%。

表5 债券投资发行主体构成

	2019 年 12 月 31 日		2018 年 12 月 31 日		增加额（亿元）	增速（%）
	金额（亿元）	占比（%）	金额（亿元）	占比（%）		
政府①	42587.18	72.9	37538.74	71.4	5048.44	13.5
银行②	11605.03	19.9	10582.25	20.1	1022.78	9.7
其他③	4269.12	7.3	4479.62	8.5	−210.50	−4.7
债券总额	58461.33	100.0	52600.61	100.0	5860.72	11.1

---

① 包括政府发行债券、应收财政部款项和特别国债。
② 包括政策性银行债和同业发行的债券。
③ 包括公共实体发行的债券。

3. 同业往来资产

2019 年末，建设银行同业往来资产共计 1.51 万亿元，同比增长 45.3%（见表 6），主要是拆出资金和买入返售款项增加所致。该行存放同业款项 4196.61 亿元，同比减少13.8%，拆出资金 5311.46 亿元，同比增长 51.9%，买入返售金融资产 5578.09 亿元，同比大幅增长 176.4%。

表 6　　　　　　　　　　　　　　同业往来资产构成

	2019 年 12 月 31 日		2018 年 12 月 31 日		增加额（亿元）	增速（%）
	金额（亿元）	占比（%）	金额（亿元）	占比（%）		
存放同业及其他金融机构款项	4196.61	27.8	4869.49	46.9	−672.88	−13.8
拆出资金	5311.46	35.2	3497.27	33.7	1814.19	51.9
买入返售款项	5578.09	36.9	2018.45	19.4	3559.64	176.4
合计	15086.16	100.0	10385.21	100.0	4700.95	45.3

（二）负债分析

2019 年末，建设银行负债总额 23.20 万亿元，较上年末增长 9.3%（见表 7），主要是同业往来负债、吸收存款、应付债券增长所致，同比分别增长 17.2%、7.4% 和 38.8%。

表 7　　　　　　　　　　　　　　负债规模及构成

	2019 年 12 月 31 日		2018 年 12 月 31 日		增加额（亿元）	增速（%）
	金额（亿元）	占比（%）	金额（亿元）	占比（%）		
向中央银行借款	5494.33	2.4	5543.92	2.6	−49.59	−0.9
同业往来负债	16726.98	7.2	14274.76	6.7	2452.22	17.2
吸收存款	183662.93	79.2	171086.78	80.6	12576.15	7.4
应付债券	10765.75	4.6	7757.85	3.7	3007.90	38.8
其他负债	4154.35	1.8	2814.14	1.3	1340.21	47.6
负债总计	232011.34	100.0	212310.99	100.0	19700.35	9.3

1. 同业往来负债

2019 年末，建设银行同业往来负债 2.31 万亿元，同比增长 22.9%（见表 8）。其中，同业和其他金融机构存放款项 16726.98 亿元，同比增长 17.2%，占比 72.5%；拆入资金5215.53 亿元，占比 22.6%，同比增长 24.1%；卖出回购金融资产 1146.58 亿元，占比 4.9%。

表8 　　　　　　　　　　　　　　　　同业往来负债构成

	2019年12月31日		2018年12月31日		增加额（亿元）	增速（%）
	金额（亿元）	占比（%）	金额（亿元）	占比（%）		
同业及其他金融机构存放款项	16726.98	72.5	14274.76	76.0	2452.22	17.2
拆入资金	5215.53	22.6	4202.21	22.4	1013.32	24.1
卖出回购金融资产	1146.58	4.9	307.65	1.6	838.93	272.7
合计	23089.09	100.0	18784.62	100.0	4304.47	22.9

2. 吸收存款

2019年末，建设银行吸收存款18.20万亿元，同比增长7.5%（见表9）。从客户结构看，该行公司存款和个人存款占比相近，分别为50.8%和49.2%。其中，公司存款同比增长3.1%，个人存款同比增长12.4%。

表9 　　　　　　　　　　　　　　　　存款客户结构

	2019年12月31日		2018年12月31日		增加额（亿元）	增速（%）
	金额（亿元）	占比（%）	金额（亿元）	占比（%）		
公司存款	92407.10	50.8	89598.06	52.9	2809.04	3.1
个人存款	89598.06	49.2	79716.23	47.1	9881.83	12.4
客户存款总额	182005.16	100.0	169314.29	100.0	12690.87	7.5

从期限结构来看，2019年末，该行存款以活期存款为主，占比55.8%，同比增长9.8%（见表10）；定期存款占比44.2%，同比增长4.2%。

表10 　　　　　　　　　　　　　　　　存款定活结构

	2019年12月31日		2018年12月31日		增加额（亿元）	增速（%）
	金额（亿元）	占比（%）	金额（亿元）	占比（%）		
活期存款	101376.44	55.8	92363.40	54.6	9013.04	9.8
定期存款	80211.42	44.2	76950.89	45.4	3260.53	4.2
存款总额	181587.86	100.0	169314.29	100.0	12273.57	7.25

3. 应付债券

2019年末，建设银行应付债券总额1.08万亿元，同比增长38.8%（见表11），主要是已发行存款证同比增长90.9%。另外，该行已发行次级债券同比减少43.7%。

表 11 应付债券结构

	2019 年 12 月 31 日		2018 年 12 月 31 日		增加额（亿元）	增速（%）
	金额（亿元）	占比（%）	金额（亿元）	占比（%）		
已发行债券	1278.63	11.9	1114.47	14.4	164.16	14.7
已发行存款证	7093.83	65.9	3715.83	47.9	3378	90.9
已发行次级债券	816.94	7.6	1451.69	18.7	-634.75	-43.7
已发行合格二级资本债券	1537.03	14.3	1426.81	18.4	110.22	7.7
应计利息	39.32	0.4	49.05	0.6	-9.73	-19.8
合计	10765.75	100.0	7757.85	100.0	3007.9	38.8

（三）收入、支出及利润

1. 利润分析

（1）利润表

2019 年，建设银行营业利润 3269.54 亿元（见表 12），利润总额 3265.97 亿元，净利润 2692.22 亿元，同比分别增长 6.0%、6.0% 和 5.3%，利润持续增长。

表 12 公司利润

	2019 年（亿元）	2018 年（亿元）	增加额（亿元）	变动率（%）
营业收入	7056.29	6588.91	467.38	7.1
营业支出	3786.75	3503.77	282.98	8.1
营业利润	3269.54	3085.14	184.40	6.0
加：营业外收入	14.67	10.70	3.97	37.1
减：营业外支出	18.24	14.24	4.00	28.1
利润总额	3265.97	3081.60	184.37	6.0
减：所得税费用	573.75	525.34	48.41	9.2
净利润	2692.22	2556.26	135.96	5.3

（2）拨备前的利润情况

2019 年，该行计提信用及资产减值 1635.21 亿元（见表 13），同比增长 8.3%，考虑计提资产减值的因素，建设银行 2019 年拨备前利润总额为 4901.18 亿元，同比增长 6.8%。

表 13 拨备前利润

	2019 年（亿元）	2018 年（亿元）	增加额（亿元）	变动率（%）
利润总额	3265.97	3081.60	184.37	6.0
本年计提信用及资产减值	1635.21	1509.88	125.33	8.3
拨备前利润	4901.18	4591.48	309.70	6.8

2. 收入分析

2019 年，建设银行实现营业收入 7056.29 亿元，同比增长 7.1%（见表 14），主要是利息净收入稳步增长 5.0%，手续费及佣金净收入大幅增长 11.6% 所致。虽然投资净收益 2019 年同比增长 40.9%，但其占营业收入的比重并不高，仅有 2.9%。

表 14 营业收入构成

	2019 年		2018 年		增加额（亿元）	变动率（%）
	金额（亿元）	占比（%）	金额（亿元）	占比（%）		
利息净收入	5106.80	72.4	4862.78	73.8	244.02	5.0
手续费及佣金净收入	1372.84	19.5	1230.35	18.7	142.49	11.6
投资净收益	205.49	2.9	145.86	2.2	59.63	40.9
其他	371.16	5.3	349.92	5.3	21.24	6.1
合计	7056.29	100.0	6588.91	100.0	467.38	7.1

（1）利息收入与支出

2019 年，建设银行实现利息净收入 5106.80 亿元，同比增长 5.0%，占营业收入的 72.4%，是建设银行营业收入的最大组成部分。

2019 年，该行实现利息收入 8834.99 亿元，同比增长 8.9%（见表 15）。其中，发放贷款和垫款利息收入 6305.29 亿元，同比增加 635.87 亿元，同比增长 11.2%，主要是由于平均余额增加 9745.85 亿元及平均收益率上升 15 个基点；债券投资利息收入 1894.65 亿元，同比增加 173.18 亿元，主要是由于平均余额增加 5860.72 亿元以及平均收益率下降 13 个基点；平均收益率下降主要是债券市场利率受市场环境等因素影响，同比有所下降；存放中央银行款项利息收入 347.69 亿元，同比减少 41.23 亿元，主要是由于平均余额下降 1869.68 亿元。存拆放同业利息收入 287.36 亿元，同比减少 43.09 亿元，主要是由于平均余额减少 1583.74 亿元，但部分被平均收益率上升 5 个基点所抵销。平均收益率上升主要是由于受市场环境因素影响。

表 15 利息收入构成

	2019 年		2018 年		增加额（亿元）	变动率（%）
	金额（亿元）	占比（%）	金额（亿元）	占比（%）		
存放中央银行款项	347.69	3.9	388.92	4.8	-41.23	-10.6
投资性利息收入	1894.65	21.4	1721.47	21.2	173.18	10.1
同业往来	287.36	3.3	330.45	4.1	-43.09	-13.0
客户贷款和垫款	6305.29	71.4	5669.42	69.9	635.87	11.2
利息收入合计	8834.99	100.0	8110.26	100.0	724.73	8.9

2019 年，该行利息支出为 3728.19 亿元，同比增长 14.8%（见表 16）。其中，吸收存款利息支出 2809.34 亿元，同比增加 480.57 亿元，主要是由于平均余额增加 11493.68 亿元以及平均付息率上升 18 个基点。平均付息率上升主要是由于市场环境变化以及存款业务市场竞争加剧，存款付息率有所上升。

同业往来利息支出 478.88 亿元，同比减少 35.77 亿元，主要是由于平均余额同比减少 35.33 亿元，平均成本率同比下降 30 个基点带来的影响。平均付息率下降主要是由于受到境外货币市场利率下降影响，拆入资金和卖出回购金融资产款付息率下降较多。

其他付息负债利息支出 439.97 亿元，较上年增加 35.91 亿元，主要是由于平均余额增加 2603.40 亿元以及平均付息率上升 31 个基点。平均余额增加主要是由于该行发行同业存单、与央行常规化开展借贷便利以及发行二级资本债券。平均付息率上升主要是由于与央行开展借贷便利的利率高于上年。

表 16   利息支出构成

	2019 年		2018 年		增加额（亿元）	变动率（%）
	金额（亿元）	占比（%）	金额（亿元）	占比（%）		
同业往来	478.88	12.8	514.65	15.9	−35.77	−6.9
吸收存款	2809.34	75.4	2328.77	71.7	480.57	20.6
其他①	439.97	11.8	404.06	12.4	35.91	8.9
合计	3728.19	100.0	3247.48	100.0	480.71	14.8

（2）手续费及佣金净收入

2019 年，该行手续费及佣金净收入为 1372.84 亿元，同比增长 11.6%；手续费及佣金收入 1552.62 亿元，同比增长 12.5%（见表 17）。其中，银行卡手续费收入 526.20 亿元，同比增长 13.9%，主要是受信用卡发卡量增加、交易额提升影响；电子银行业务收入 256.66 亿元，同比增长 38.1%，主要是受网络支付交易额提升影响；代理业务手续费收入 168.94 亿元，同比增长 5.3%，主要是受代理保险和债券承销业务增加影响；托管及其他受托业务佣金收入 141.94 亿元，同比增长 11.3%，主要是受加大银团贷款分销力度、资产托管业务、委托性住房金融业务持续增长影响；理财产品业务收入 128.99 亿元，同比增长 16.1%，主要是受新产品研发和营销力度加大、发行成本下降、资产运营和管理能力提升影响；结算与清算手续费收入 122.67 亿元，同比增长 1.4%。

---

① 主要包括已发行债务证券和向中央银行借款的利息支出。

表 17　　　　　　　　　　　　　　手续费及佣金净收入构成

	2019 年		2018 年		增加额（亿元）	变动率（%）
	金额（亿元）	占比（%）	金额（亿元）	占比（%）		
结算类业务	122.67	7.9	121.01	8.8	1.66	1.4
银行卡业务	526.20	33.9	461.92	33.6	64.28	13.9
代理类业务	168.94	10.9	160.44	11.6	8.5	5.3
托管类业务	141.94	9.1	127.48	9.2	14.46	11.3
承诺类业务	14.49	0.9	15.73	1.1	-1.24	-7.9
咨询类业务	103.31	6.7	104.41	7.6	-1.1	-1.1
电子银行业务收入	256.66	16.5	185.85	13.5	70.81	38.1
资金理财手续费	128.99	8.3	111.13	8.1	17.86	16.1
担保类业务	36.33	2.3	34.14	2.5	2.19	6.4
其他	53.09	3.4	58.06	4.2	-4.97	-8.6
手续费及佣金收入	1552.62	100.0	1380.17	100.0	172.45	12.5
减：手续费及佣金支出	179.78		149.82		29.96	20.0
手续费及佣金净收入	1372.84		1230.35		142.49	11.6

3. 支出分析

2019 年，建设银行营业支出 3786.75 亿元，同比增长 8.1%（见表 18），主要是受到资产减值损失（和信用减值损失）、业务及管理费增加影响。资产减值损失和信用减值损失 1635.21 亿元，同比增长 8.3%，主要是受当前宏观影响而审慎计提贷款减值准备。

表 18　　　　　　　　　　　　　　营业支出构成

	2019 年		2018 年		增加额（亿元）	变动率（%）
	金额（亿元）	占比（%）	金额（亿元）	占比（%）		
营业税金及附加	67.77	1.8	61.32	1.8	6.45	10.5
业务及管理费	1795.31	47.4	1672.08	47.7	123.23	7.4
资产减值损失（和信用减值损失）	1635.21	43.2	1509.88	43.1	125.33	8.3
其他业务成本	288.46	7.6	260.49	7.4	27.97	10.7
营业支出合计	3786.75	100.0	3503.77	100.0	282.98	8.1

2019 年，该行业务及管理费 1795.31 亿元，同比增长 7.4%（见表 19）。

表 19		业务及管理费构成				
	2019 年		2018 年		增加额（亿元）	变动率（%）
	金额（亿元）	占比（%）	金额（亿元）	占比（%）		
员工费用	1057.84	58.9	1020.57	61.0	37.27	3.7
业务费用	374.49	20.9	303.34	18.2	71.15	23.5
折旧和摊销	362.98	20.2	348.17	20.8	14.81	4.3
业务及管理费合计	1795.31	100.0	1672.08	100.0	123.23	7.4

2019 年，该行在岗员工总数 347156 人，同比增加 1185 人；网点数为 14912 个，同比减少 65 个（见表 20）。建设银行推进网点转型，不断压缩网点面积和柜员数量。该行人均费用 51.71 万元，同比增长 7.0%；人均薪酬 30.50 万元，同比增长 3.0%。点均业务及管理费用为 1203.94 万元，同比增长 7.8%。

表 20	人均薪酬及人均/点均费用			
	2019 年	2018 年	增加额	变动率（%）
员工数（人）	347156	345971	1185	0.3
网点数（个）	14912	14977	-65	-0.4
人均薪酬（万元）	30.50	29.60	0.90	3.0
人均费用（万元）	51.71	48.33	3.38	7.0
人均产值（万元）	203.26	190.45	12.81	6.7
人均产值/人均薪酬	6.66	6.43	0.23	3.6
点均业务及管理费（万元）	1203.94	1116.43	87.51	7.8

（四）金融科技及产品创新

建设银行将数字化转型作为未来一段时期经营转型的核心。该行以金融科技和业务创新为驱动，推进产品、营销、渠道、运营、内控、决策等数字化转型，致力于成为客户体验一流的智慧银行和"三农"普惠领域最佳的数字生态银行。

1. 金融科技

2019 年，建设银行夯实金融科技基础，积极推进人工智能、区块链、物联网等金融科技基础平台建设。对内打造协同进化型智慧金融，促进数字化经营管理能力提升，积极打造人工智能、区块链、物联网等服务平台；依托新一代核心系统技术聚合优势，构建企业级客户统一视图。加快构造"多触点、一体化"的智慧渠道，推出并提升"5G＋智能银行"服务功能，赋能同业、社会。推进新一代核心系统应用，完成系统在 29 家海外机构的推广，提升集团机构、客户、产品、服务和渠道共享能力。对外构建 G、B、C 端伙伴式新生态，以开放共享的理念对外赋能。打造智慧政务服务平台，建立 APP、PC 端、网点 STM、"建行裕农通"、政务大厅"五位一体"服务模式；同时，构建以开放共享、价值共赢、数字互联、以客户为中心为核心要义的新零售，打造"交易性与新兴业务无缝融合"的新对公服务，建设"智能、高效、强风控"的普惠金融。引入工商、税务、社保、司法涉诉等外部数据 131 项，嵌入风险防控、信用卡管理等 40 多个业务场景，持续深化数据应用。2019 年，该行科技类人员数量为 10178 人，占集团人数的 2.8%；金融科技投入为 176.33 亿元，占营业收入的 2.5%。

2. 产品创新

2019 年，建设银行积极开展产品创新，共完成产品创新 1648 项，产品移植 2435 项；积极开展推进全员创新马拉松活动、众创平台建设、产品谱系图建设等；推出"建融公租通"线上平台、公租房运营管理系统以及智慧公租产品的智慧公租房社区生态圈；发布服务大湾区青年"双创"服务方案，发行"双创"债务融资工具，推出孵化云贷，发布扶贫脱贫贷、科技验收贷等双创系列产品；推出"惠 e 农"快贷业务、智慧县域便民通产品、京郊特色民宿贷、苹果订单保等；推出商户智慧对账平台，将收单交易流水与清算交易流水形成有效有机统一，实现系统自动对账；推出"无人商户"项目，运用龙支付实现自助结账、收费智能体验。

三、社会责任分析

（一）公司治理

2019 年末，建设银行董事会共有董事 13 名，其中，执行董事 3 名，非执行董事 5 名，独立董事 5 名；监事会共有监事 7 名，其中，股东代表监事 3 名，职工代表监事 3 名，外部监事 1 名；共有高级管理人员 7 名。本年度内，该行未发生组织框架变动。

在信息披露管理与机制方面，建设银行公共关系与企业文化部和相关部门建立环境、社会与管治信息披露协同机制，定期发布社会责任报告。自 2005 年 10 月在香港上市以来，已连续 14 年发布社会责任报告。2019 年，该行在加强关联交易监督管理、推动消费者权益保护、监督指导普惠金融、推进绿色信贷、监督审核社会责任报告、监督公益捐赠执行等方面，开展了大量富有成效的工作。

（二）社会绩效

1. 扶贫

2019 年，建设银行持续推进"跨越 2020"金融精准扶贫行动方案、脱贫攻坚重点地区信贷业务差别化支持政策。持续加大金融精准扶贫贷款投放，创新"扶贫供应贷"等产品，推进个人支农贷款、助学贷款、扶贫小额信贷等产品在重点地区的应用。2019 年末精准扶贫贷款余额 2195.07 亿元，同比增加 287.46 亿元。开展"善融消费扶贫年"系列活动，全行员工参与，年内善融商务平台扶贫交易额 144.17 亿元，扶贫商户覆盖 925 个省级贫困县。通过在贫困地区建立外包基地、依托"建行裕农通"布设云生产站点、推广移动端云宠物平台，引导贫困户通过劳动实现有效增收。推进贫困地区网点建设工作，在 832 个国家级贫困县设有自助柜员机 7118 台、自助银行 2278 家、智慧柜员机 3943 台。研发"乾元—扶享"专项扶贫理财产品，成为业内唯一利用理财产品精准扶贫的银行；设立"建信联合精准扶贫慈善信托"，定向捐助陕西安康扶贫项目；创新"保险＋期货"模式助力新疆棉农脱贫。

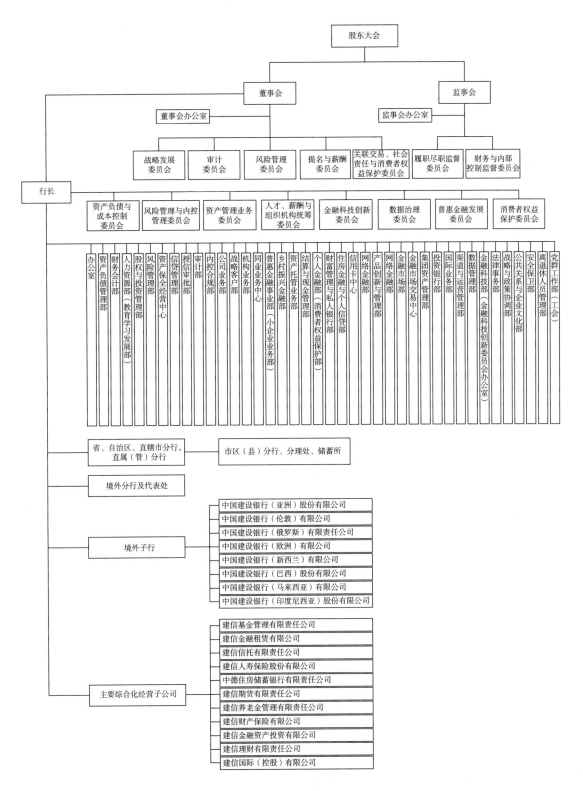

图 1　建设银行管理架构

联合社会力量，与中华全国工商联合会共同推动"万企帮万村"精准扶贫行动，与央企合作携手扶贫。

2. 普惠

2019 年，建设银行以"小微快贷"为代表的新模式产品累计投放贷款超过 1.7 万亿元，惠及小微企业近 103 万户。持续优化"惠懂你"服务平台，提升客户信贷服务体验。实施"百万创业者培训计划"，与高校合作为小微企业主、个体建设户等提供培训。建立"创业者港湾"，为中小科创企业提供全生命周期支持。该行年内普惠金融贷款余额9631.55 亿元，同比增加 3530.81 亿元，普惠金融贷款客户 132.51 万户，同比新增 30.72万户；当年累计发放普惠型小微企业贷款利率 4.95%。该行打造乡村振兴综合服务平台，为县域乡村客户提供集智慧政务、便民事务、电子商务、金融服务于一体的一站式综合服务，改善农村金融服务"最后一公里"问题，年内"建行裕农通"普惠金融服务点已基本覆盖全国行政村。

3. 员工及机构情况

（1）员工概况

2019 年，建设银行在职员工总数 347156 人，同比增长 0.34%。其中，大学本科以上学历 242408 人，占 69.83%；境外机构当地雇员 817 人；离退休职工 78886 人。

（2）员工培训

2019 年，该行围绕集团经营转型、业务发展和员工需求，通过境内与境外、线上与线下、专业胜任力与适应性培训相结合的全员培训体系，开展战略传导力培训，职业进阶发展培训等。年内举办各类培训 4.38 万期，培训 531 万人次。

（3）机构情况

2019 年，该行营业网点数、自助银行数和 ATM 数分别为 15784 个、25895 个、82191台，均较 2018 年有所减少（见表21）。

表 21 机构情况

	2019 年	2018 年	增加量	变动率（%）
营业网点数目（个）	15784	16004	−220	−1.4
自助银行数量（个）	25895	26786	−891	−3.3
ATM 数量（台）	82191	89646	−7455	−8.3

4. 客户服务

2019 年，该行全面推动线下服务渠道向智能化、轻型化和线上线下一体化转型。年内个人手机银行用户数量 35076 万人，同比增加 4122 万人（见表22）；微信银行绑定用户数量 7694 万户，同比增长 19.4%。个人客户总体满意度为 81.1%、对公客户总体满意度为 94.3%。

表 22 客户服务情况

	2019 年	2018 年	增加额	增速（%）
个人客户总体满意度（%）	81.1	98.84	-17.74	17.9
个人手机银行用户数量（万）	35076	30954	4122	13.3
微信银行绑定用户数量（万）	7694	6443	1251	19.4

（三）环境绩效

1. 绿色金融

2019 年，建设银行绿色贷款余额 11758.02 亿元，同比增加 1335.42 亿元。其中，清洁交通领域 6057.48 亿元、清洁能源领域 3134.54 亿元、节能减排改造领域 1363.18 亿元。2019 年以应对全球气候变化为主题，在中国香港、卢森堡两地同步发行绿色金融债（10 亿美元、5 亿欧元），基础资产全部为清洁交通和清洁能源项目。

2. 环保

建设银行坚持"绿色发展""低碳金融"经营理念，将节能环保上升到战略管理高度。2019 年，建行每位雇员能源消耗总量、市政自来水耗用量、纸张耗用量均有所下降，但温室气体耗用量有所上升。2019 年，该行全年每位雇员能源消耗总量为 11.94 兆瓦时（见表23），同比减少 5.2%；全年每位雇员市政自来水耗用量为 66.03 吨，同比减少 2.6%；每位雇员温室气体排放总量为 7.41 吨，同比增长 0.4%。

表 23 绿色办公情况

	2019 年	2018 年	增加额	变动率（%）
每位雇员温室气体排放总量（吨/人）	7.41	7.38	0.03	0.4
全年每位雇员能源消耗总量（兆瓦时/人）	11.94	12.60	-0.66	-5.2
全年每位雇员市政自来水耗用量（吨/人）	66.03	64.36	-1.67	-2.6
全年每位雇员纸张耗用量（吨/人）	0.06	0.06	0.00	0.0

年报三　中国农业银行 2019 年度报告分析

一、基本情况

中国农业银行股份有限公司（以下简称农业银行）的前身为 1951 年成立的农业合作银行。2009 年 1 月，农业银行整体改制为股份有限公司。2010 年 7 月，该行分别在上海证券交易所（601288.SH）和香港联合交易所（01288.HK）挂牌上市。

2019 年，该行 A 股前 3 大股东分别为：汇金公司，持股数 1400.87 亿股，持股比例 40.0%；财政部，持股数 1235.15 亿股，持股比例 35.3%；香港中央结算（代理人）有限公司，持股数 305.58 亿股，持股比例 8.7%。

2019 年末，该行总资产 24.88 万亿元，营业收入 6272.68 亿元，贷款和垫款 11.46 万亿元，不良贷款率 1.4%，当年实现净利润 2129.24 亿元。

二、业务经营分析

（一）资产分析

2019 年末，农业银行资产总额 24.88 万亿元[①]，同比增长 10.0%（见表 1），主要受同业往来资产、集团贷款及垫款、证券投资增长影响。该行的现金及存放中央银行款项有所下滑。

表 1　　　　　　　　　　　　　资产规模及构成

	2019 年 12 月 31 日		2018 年 12 月 31 日		增加额（亿元）	增速（%）
	金额（亿元）	占比（%）	金额（亿元）	占比（%）		
现金及存放央行款项	26998.95	10.9	28051.07	12.4	−1052.12	−3.8
同业往来资产	14674.76	5.9	10327.42	4.6	4347.34	42.1
发放贷款和垫款	128196.10	51.5	114615.42	50.7	13580.68	11.8
证券投资	74229.30	29.8	68850.75	30.5	5378.55	7.8
其他资产	4683.77	1.9	4250.05	1.8	433.72	10.2
资产总计	248782.88	100.0	226094.71	100.0	22688.17	10.0

---

① 本报告数据来源：2019 年和 2018 年农业银行年度报告。

1. 贷款和垫款

2019 年末，农业银行客户贷款与垫款净额 12.82 万亿元，占比 51.5%，同比增长 11.8%。

（1）企业及个人贷款和垫款

2019 年末，该行贷款和垫款总额 13.33 万亿元（见表 2），其中，公司类贷款和垫款 7.10 万亿元，同比增长 8.9%，占比 53.2%；个人贷款 5.39 万亿元，同比增长 15.6%，占比 40.4%；票据贴现 0.42 万亿元，同比增长 22.5%，占比 3.2%。

表 2　　　　　　　　　　　　　公司及个人贷款和垫款

	2019 年 12 月 31 日		2018 年 12 月 31 日		增加额（亿元）	增速（%）
	金额（亿元）	占比（%）	金额（亿元）	占比（%）		
公司类贷款	70957.70	53.2	65143.83	54.7	5813.87	8.9
票据贴现	4213.90	3.2	3439.61	2.9	774.29	22.5
个人贷款	53924.73	40.4	46658.71	39.2	7266.02	15.6
－ 个人住房贷款	41624.31	77.2	36605.74	30.7	5018.57	13.7
－ 个人消费贷款	1680.36	3.1	1580.09	1.3	100.27	6.3
－ 个人经营贷款	2643.05	4.9	2156.16	1.8	486.89	22.6
－ 个人卡透支	4750.01	8.8	3807.19	3.2	942.82	24.8
－ 农户贷款	3219.68	6.0	2499.87	2.1	719.81	28.8
－ 其他	7.32	0.0	9.66	0.0	－ 2.34	－ 24.2
境外及其他	4199.13	3.2	3894.10	3.3	305.03	7.8
贷款和垫款总额	133295.46	100.0	119136.25	100.0	14159.21	11.9
加：以摊余成本计量的贷款和垫款应收利息	306.42	—	270.60	—	35.82	13.2
减：减值准备	5405.78	—	4791.43	—	614.35	12.8
贷款和垫款净额	128196.10	51.5	114615.42	—	13580.68	11.8

（2）贷款和垫款期限结构

2019 年末，该行未到期贷款和垫款中，剩余期限在一年以内、一年到五年及五年以上余额分别为 3.86 万亿元、2.57 万亿元及 6.37 万亿元，占比分别为 30.1%、20.1% 及 49.7%（见表 3），期限在五年以上的贷款与垫款占比有所增加。逾期、五年以上的贷款和垫款增长相对较快，同比分别增长 29.8% 和 16.2%。

表 3　　　　　　　　　　　　　贷款和垫款期限结构

	2019 年 12 月 31 日		2018 年 12 月 31 日		增加额（亿元）	增速（%）
	余额（亿元）	占比（%）	余额（亿元）	占比（%）		
逾期	189.73	0.1	146.17	0.1	43.56	29.8
一年以内	38556.81	30.1	35883.46	31.3	2673.35	7.5
一年到五年	25721.87	20.1	23764.58	20.7	1957.29	8.2
五年以上	63727.69	49.7	54821.21	47.8	8906.48	16.2
无期限	—	—	—	—	—	—
合计	128196.10	100.0	114615.42	100.0	13580.68	11.8

（3）不良贷款

2019 年末，该行不良贷款余额 1872.10 亿元，同比减少 27.92 亿元，不良贷款率 1.4%，较上年下降 0.19 个百分点（见表 4）。其中，核销未结清的合同金额 513.98 亿元；不良贷款拨备覆盖率 288.75%，同比增长 36.57 个百分点；贷款拨备率 4.06%，同比增长 0.02 个百分点。

表 4   **贷款五级分类**

	2019 年 12 月 31 日		2018 年 12 月 31 日		增加额（亿元）	增速（%）
	金额（亿元）	占比（%）	金额（亿元）	占比（%）		
正常类贷款	128439.35	96.36	113972.04	95.67	14467.31	12.7
关注类贷款	2984.01	2.24	3264.19	2.74	−280.18	−8.6
不良类贷款	1872.10	1.4	1900.02	1.59	−27.92	−1.5
次级类贷款	664.62	0.5	453.88	0.38	210.74	46.4
可疑类贷款	1037.63	0.78	1262.74	1.06	−225.11	−17.8
损失类贷款	169.85	0.12	183.40	0.15	−13.55	−7.4
贷款合计	133295.46	100.0	119136.25	100	14159.21	11.9

2. 证券投资

2019 年末，农业银行证券投资总额 7.42 万亿元，占比 29.8%，同比增长 7.8%。其中，以公允价值计量且其变动计入损益的金融资产 8013.61 亿元，占比 10.9%；以摊余成本法计量的债权投资为 4.85 万亿元，占比 66.4%；以公允价值计量且其变动计入其他综合收益的其他债权和其他权益工具投资 1.66 万亿元，占比 22.7%。

2019 年末，该行债券投资 6.98 万亿元，同比增长 6.7%（见表 5），主要受政府债较快增长影响，同比增长 14.4%；总体债券投资增速部分受企业债和其他债券投资增速下滑影响，同比分别下降 19.7% 和 5.3%。

表 5   **债券投资发行主体构成**

	2019 年 12 月 31 日		2018 年 12 月 31 日		增加额（亿元）	增速（%）
	金额（亿元）	占比（%）	金额（亿元）	占比（%）		
政府债①	39155.43	56.1	34238.95	52.3	4916.48	14.4
金融债②	24890.56	35.7	24431.70	37.3	458.86	1.9
企业债	3604.47	5.2	4489.85	6.9	−885.38	−19.7
其他③	2165.76	3.1	2286.40	3.5	−120.64	−5.3
债券总额	69816.22	100.0	65446.90	100.0	4369.32	6.7

---

① 包括政府发行债券、应收财政部款项和特别国债。

② 包括政策性银行债和同业发行的债券。

③ 包括公共实体发行的债券。

（二）负债分析

2019 年末，农业银行负债总额 22.92 万亿元，同比增长 9.5%（见表 6），主要受应付债券、其他负债和同业往来负债增加影响，同比分别增长 42.0%、21.4% 和 17.1%。

表 6　　　　　　　　　　　负债规模及构成

	2019 年 12 月 31 日		2018 年 12 月 31 日		增加额（亿元）	增速（%）
	金额（亿元）	占比（%）	金额（亿元）	占比（%）		
向中央银行借款	6085.36	2.7	5611.95	2.7	473.41	8.4
同业往来负债	18824.69	8.2	16069.64	7.7	2755.05	17.1
客户存款	185428.61	80.9	173462.90	82.9	11965.71	6.9
应付债券	11082.12	4.8	7806.73	3.7	3275.39	42.0
其他负债	7764.48	3.4	6395.62	3.1	1368.86	21.4
负债总计	229185.26	100.0	209346.84	100	19838.42	9.5

1. 同业往来负债

2019 年末，农业银行同业往来负债 1.88 万亿元，同比增长 17.1%（见表 7）。其中，同业及其他金融机构存放款项 1.50 万亿元，占比 79.9%，同比增长 9.9 个百分点；拆入资金金额 3253.63 亿元，占比 17.3%，同比下降 3.0 个百分点；卖出回购金融资产 531.97 亿元，占比 2.8%，同比下降 7.0 个百分点。

表 7　　　　　　　　　　　同业往来负债构成

	2019 年 12 月 31 日		2018 年 12 月 31 日		增加额（亿元）	增速（%）
	金额（亿元）	占比（%）	金额（亿元）	占比（%）		
同业及其他金融机构存放款项	15039.09	79.9	11243.22	70.0	3795.87	33.8
拆入资金	3253.63	17.3	3255.41	20.3	-1.78	-0.1
卖出回购	531.97	2.8	1571.01	9.8	-1039.04	-66.1
合计	18824.69	100.0	16069.64	100.0	2755.05	17.1

2. 吸收存款

2019 年末，农业银行吸收存款余额[①] 18.31 万亿元，同比增长 6.8%（见表 8）。从客户结构上看，该行存款以个人存款为主，其余额 10.62 万亿元，占比 58.0%，同比增长 0.9 个百分点。公司存款余额 6.96 万亿元，占比 38.0%，同比下降 0.3 个百分点；其他存款余额 7312.50 亿元，占比 4.0%，同比下降 0.6 个百分点。

---

① 不含应计利息。

表8 存款客户结构

	2019 年 12 月 31 日		2018 年 12 月 31 日		增加额（亿元）	增速（%）
	金额（亿元）	占比（%）	金额（亿元）	占比（%）		
公司存款	69639.13	38.0	65590.82	38.3	4048.31	6.2
个人存款	106200.51	58.0	97919.74	57.1	8280.77	8.5
其他存款	7312.50	4.0	7945.90	4.6	-633.40	-8.0
客户存款总额	183152.14	100.0	171456.46	100.0	11695.68	6.8

从期限结构来看，该行存款以活期存款为主，其余额 10.56 万亿元，占比 57.7%，同比下降 0.6 个百分点（见表9）。定期存款余额 7.02 万亿元，占比 38.3%，同比增长 0.8 个百分点。其他存款占比 4.0%，同比下降 0.3 个百分点。

表9 存款定活结构

	2019 年 12 月 31 日		2018 年 12 月 31 日		增加额（亿元）	增速（%）
	金额（亿元）	占比（%）	金额（亿元）	占比（%）		
活期存款	105618.52	57.7	99956.66	58.3	5661.86	5.7
定期存款	70221.12	38.3	64210.47	37.5	6010.65	9.4
其他存款	7312.50	4.0	7289.33	4.3	23.17	0.3
存款总额	183152.14	100.0	171456.46	100.0	11695.68	6.8

2019 年末，农业银行存贷比为 72.8%，同比提升 3.3 个百分点。

3. 应付债券

2019 年末，农业银行应付债券余额 1.11 万亿元，同比增长 42.0%（见表10），主要受其他已发行债务证券[①]增长影响，其余额 4823.45 亿元，同比增加 2310.92 亿元，同比增长 92.0%。

表10 应付债券结构

	2019 年 12 月 31 日		2018 年 12 月 31 日		增加额（亿元）	增速（%）
	金额（亿元）	占比（%）	金额（亿元）	占比（%）		
已发行债券	3499.78	31.6	2828.80	36.2	670.98	23.7
已发行存款证	2673.07	24.1	2408.97	30.9	264.10	11.0
其他已发行债务证券	4823.45	43.5	2512.53	32.2	2310.92	92.0
应计利息	85.82	0.8	56.43	0.7	29.39	52.1
合计	11082.12	100.0	7806.73	100.0	3275.39	42.0

---

① 其他已发行债务证券为商业票据以及同业存单。

（三）收入、支出及利润

1. 利润分析

（1）利润表

2019 年，农业银行实现营业利润 2663.05 亿元（见表 11），利润总额 2665.76 亿元，净利润 2129.24 亿元，同比分别增长 6.4%、5.9% 和 5.1%。

表 11　　　　　　　　　　　公司利润

	2019 年（亿元）	2018 年（亿元）	增加额（亿元）	变动率（%）
营业收入	6272.68	5985.88	286.80	4.8
营业支出	3609.63	3483.72	125.91	3.6
营业利润	2663.05	2502.16	160.89	6.4
加：营业外收入	18.12	39.47	-21.35	-54.1
减：营业外支出	15.41	24.89	-9.48	-38.1
利润总额	2665.76	2516.74	149.02	5.9
减：所得税费用	536.52	490.43	46.09	9.4
净利润	2129.24	2026.31	102.93	5.1

（2）拨备前的利润情况

2019 年，该行计提资产减值 1387.23 亿元（见表 12），同比增长 1.3%，考虑计提资产减值的因素，拨备前利润总额 4052.99 亿元，同比增长 4.3%。

表 12　　　　　　　　　　　拨备前利润

	2019 年（亿元）	2018 年（亿元）	增加额（亿元）	变动率（%）
利润总额	2665.76	2516.74	149.02	5.9
本年计提资产减值	1387.23	1368.98	18.25	1.3
拨备前利润总额	4052.99	3885.72	167.27	4.3

2. 收入分析

2019 年，农业银行实现营业收入 6272.68 亿元，同比增长 4.8%（见表 13），增速同比下降 6.7 个百分点，主要受利息净收入增长乏力影响。

表 13　　　　　　　　　　　营业收入构成

	2019 年		2018 年		增加额（亿元）	变动率（%）
	金额（亿元）	占比（%）	金额（亿元）	占比（%）		
利息净收入	4868.71	77.6	4777.60	79.8	91.11	1.9
手续费及佣金净收入	869.26	13.9	781.41	13.1	87.85	11.2
投资净收益	158.39	2.5	179.31	3.0	-20.92	-11.7
其他	376.32	6.0	247.56	4.1	128.76	52.0
合计	6272.68	100.0	5985.88	100.0	286.80	4.8

（1）利息收入与支出

2019 年，该行利息净收入 4868.71 亿元，为营业收入最大组成部分，占比 77.6%，同比增长 1.9%。该行实现利息收入 8591.41 亿元，同比增长 9.5%（见表 14）。其中，客户贷款和垫款利息收入 5654.65 亿元，同比增加 628.49 亿元，同比增长 12.5%；债券投资性利息收入 2325.71 亿元，同比增加 164.53 亿元。

存放中央银行款项利息收入 350.24 亿元，同比减少 56.77 亿元，主要受平均余额减少 2747.16 亿元以及平均收益率下降 6 个基点影响。存拆放同业利息收入 260.81 亿元，同比增加 7.92 亿元。

表 14　　　　　　　　　　　　　　　　利息收入构成

	2019 年		2018 年		增加额（亿元）	变动率（%）
	金额（亿元）	占比（%）	金额（亿元）	占比（%）		
存放中央银行款项	350.24	4.1	407.01	5.2	−56.77	−13.9
投资性利息收入	2325.71	27.1	2161.18	27.5	164.53	7.6
同业往来	260.81	3.0	252.89	3.2	7.92	3.1
客户贷款和垫款	5654.65	65.8	5026.16	64.1	628.49	12.5
利息收入合计	8591.41	100.0	7847.24	100	744.17	9.5

2019 年，该行利息支出 3722.70 亿元，同比增长 21.3%（见表 15）。其中，吸收存款利息支出 2797.37 亿元，同比增加 519.18 亿元，主要受平均付息率上升 20 个基点以及平均余额增加 1.22 万亿元影响。同业存拆放利息支出 449.94 亿元，同比增加 47.66 亿元，主要受平均余额增加 2935.71 亿元影响，但部分被平均付息率下降 20 个基点所抵销；其他付息负债利息支出 475.39 亿元，同比增加 86.22 亿元，主要受平均余额增加 2634.59 亿元影响，但部分被平均付息率下降 4 个基点所抵销。

表 15　　　　　　　　　　　　　　　　利息支出构成

	2019 年		2018 年		增加额（亿元）	变动率（%）
	金额（亿元）	占比（%）	金额（亿元）	占比（%）		
同业往来	449.94	12.1	402.28	13.1	47.66	11.8
吸收存款	2797.37	75.1	2278.19	74.2	519.18	22.8
其他①	475.39	12.8	389.17	12.7	86.22	22.2
合计	3722.70	100.0	3069.64	100.0	653.06	21.3

（2）手续费及佣金净收入

2019 年，该行手续费及佣金净收入 869.26 亿元，同比增长 11.2%；手续费及佣金净收入 1030.11 亿元，同比增长 12.5%（见表 16）。其中，结算与清算手续费收入同比增长 7.1%，主要受对公结算等收入增加影响；银行卡手续费收入同比增长 18.0%，主要受信用卡分期付款业务收入增加影响；顾问和咨询费收入同比增长 13.9%，主要受银团贷款服务

---

① 主要包括已发行债务证券和向中央银行借款的利息支出。

收入增加影响；电子银行业务收入同比增长 28.4%，主要受电子商务业务收入增加影响。

表 16　　　　　　　　　　　　　手续费及佣金净收入构成

	2019 年		2018 年		增加额（亿元）	变动率（%）
	金额（亿元）	占比（%）	金额（亿元）	占比（%）		
结算类业务	114.43	11.1	106.80	11.7	7.63	7.1
银行卡业务	301.81	29.3	255.86	28.0	45.95	18.0
代理类业务	198.01	19.2	209.29	22.9	−11.28	−5.4
托管类业务	38.99	3.8	35.98	3.9	3.01	8.4
承诺类业务	18.95	1.8	17.82	1.9	1.13	6.3
咨询类业务	101.09	9.8	88.76	9.7	12.33	13.9
电子银行业务收入	252.09	24.5	196.40	21.5	55.69	28.4
其他	4.74	0.5	4.34	0.5	0.40	9.2
手续费及佣金收入	1030.11	100.0	915.25	100.0	114.86	12.5
减：手续费及佣金支出	160.85	—	133.84	—	27.01	20.2
手续费及佣金净收入	869.26	—	781.41	—	87.85	11.2

3. 支出分析

2019 年，农业银行营业支出 3609.63 亿元，同比增长 3.6%（见表 17），主要受其他业务成本增加影响。其他业务成本 253.28 亿元，同比增长 33.7%，主要受保险业务规模扩大带来的成本增加影响。

表 17　　　　　　　　　　　　　营业支出构成

	2019 年		2018 年		增加额（亿元）	变动率（%）
	金额（亿元）	占比（%）	金额（亿元）	占比（%）		
营业税金及附加	56.88	1.6	53.30	1.5	3.58	6.7
业务及管理费	1912.24	53.0	1872.00	53.7	40.24	2.1
资产减值损失（和信用减值损失）	1387.23	38.4	1368.98	39.3	18.25	1.3
其他业务成本	253.28	7.0	189.44	5.4	63.84	33.7
营业支出合计	3609.63	100.0	3483.72	100.0	125.91	3.6

2019 年，该行业务及管理费 1912.24 亿元，同比增长 2.1%，成本收入比 30.5%，同比下降 0.78 个百分点。其中，折旧和摊销同比增长 14.0%，主要受新租赁准则实施，使用权资产折旧增加影响（见表 18）。

表 18　　　　　　　　　　　　　业务及管理费构成

	2019 年		2018 年		增加额（亿元）	变动率（%）
	金额（亿元）	占比（%）	金额（亿元）	占比（%）		
员工费用	1242.67	65.0	1236.14	66.0	6.53	0.5
业务费用	482.46	25.2	471.73	25.2	10.73	2.3
折旧和摊销	187.11	9.8	164.13	8.8	22.98	14.0
业务及管理费合计	1912.24	100.0	1872.00	100.0	40.24	2.1

2019 年末，该行在职员工总数 464011 人，同比减少 9680 人；网点数 23149 个，同比减少 232 个（见表 19），主要受网点智能化、轻型化转型，压缩网点面积和柜员数量影响。

表 19 人均薪酬及人均/点均费用

	2019 年	2018 年	增加额	变动率（%）
员工数（人）	464011	473691	-9680	-2.0
网点数（个）	23149	23381	-232	-1.0
人均薪酬（万元）	26.78	26.14	0.64	2.4
人均费用（万元）	41.21	39.52	1.69	4.3
人均产值（万元）	135.18	126.37	8.81	7.0
人均产值/人均薪酬	5.05	4.83	0.22	4.5
点均业务及管理费（万元）	826.06	800.65	25.41	3.2

2019 年，该行人均费用 41.21 万元，同比增长 4.3%；人均薪酬 26.78 万元，同比增长 2.4%。点均业务及管理费用 826.06 万元，同比增长 3.2%；人均产值/人均薪酬为 5.05，同比增长 4.5%。

（四）金融科技及产品创新

1. 金融科技

2019 年，农业银行在移动互联技术应用方面，先后完成掌银"春分版"（4.0 版）、"芒种版"（4.1 版）、新老框架融合版（4.2 版）迭代更新，针对专属客群或特殊地域，打造"私行专区""藏文专区"等金融专区。在人工智能技术应用方面，智能推荐提升理财产品营销响应率达 4 倍以上，客户流失预警试点支行客户流失率下降 30% 以上；NLP（自然语言处理）智能风控对信用卡高危地址甄别准确率超过 95%；OCR（光学字符识别）凭证分类在事后监督场景准确率达到 99.99%。在区块链技术应用方面，落地国内首个养老金联盟链，与太平养老保险股份有限公司合作推出养老金区块链应用系统，业务处理时间由 12 天缩短为 3 天。推出线上供应链融资产品"e 账通"，为供应链核心企业及供应商提供应收账款签发、拆分、转让、保理融资、到期收付款等全流程在线金融服务。在大数据技术应用方面，完成大数据平台升级扩容，主库节点数扩展到 112 个，性能提升 177%。全行推广应用数据分析挖掘平台和分行数据集市。上线管理驾驶舱系统，以可视化核心指标辅助各级管理人员经营决策。在云计算应用方面，推进 IT 基础设施的统一管理，新一代基础架构云平台已完成开发测试云基础环境的部署及交付。应用云平台实现京沪两地运行，41 个应用系统上云投产。在网络安全技术应用方面，部署 Web 应用防火墙、服务器入侵防御、威胁情报分析平台等安全工具，持续强化网络安全防护能力。实施态势感知基础平台项目，建立 71 套关联分析规则，全面提升对网络安全攻击的综合检测能力。全行办公终端推广应用新一代终端安全防护项目。

2. 产品创新

2019 年，农业银行持续加大线上产品创新和营销推广，构建"农银 e 贷"总品牌，"农银个人 e 贷""农银小微 e 贷""农银惠农 e 贷"和"农银产业 e 贷"四大子品牌线上信贷品牌和产品体系。其中，"农银 e 贷"余额 5894 亿元，同比增加 3721 亿元；惠农 e 贷余额 1986 亿元，实现翻番。推出"农银智慧＋"场景金融品牌，聚焦政务民生、消费零售、产业链三大领域，新增场景项目 2540 个。"扶贫商城"对 832 个国家扶贫重点县覆盖率超过 93%，106 家中央和地方扶贫单位入驻。加快引入工商、保险、电信等外部数据整合共享。出台互联网信贷业务管理办法，研发线上零售、小微贷款评分模型，加快推进智能化风控平台系统建设，案防监测预警平台研发上线，智能反欺诈平台、智能反洗钱平台建设完成阶段性工作。掌银月活客户数突破 7200 万，同比增长 36.2%。智能客服 AI 赋能持续强化，新一代数字化云平台初步建成，大数据和人工智能平台优化升级，零售营销中台、对公营销中台、信贷中台、运营中台、数据中台和开放银行平台六大中台建设同步推进。

三、社会责任分析

（一）公司治理

2019 年，农业银行公司治理架构基本未发生变化，原金融市场委员会变为投资审议委员会。该行不断优化董事会科学决策、高级管理层高效执行和监事会严格监督的运行机制。截至 2019 年底，该行董事会共有董事 13 名，其中执行董事 2 名，非执行董事 6 名，独立非执行董事 5 名。监事会共有监事 8 名，其中股东代表监事 2 名，职工代表监事 3 名，外部监事 3 名；共有高级管理人员 6 名。

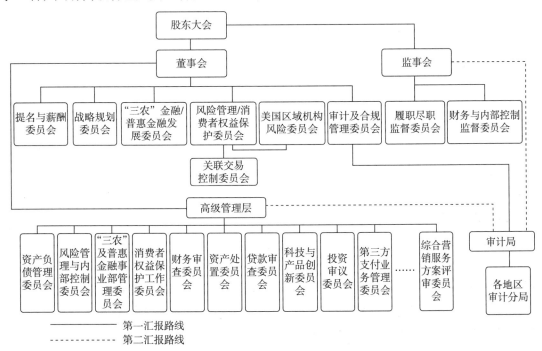

注：风险管理/消费者权益保护委员会兼任美国区域机构风险委员会职责。

图 1　农业银行管理架构图

在信息披露方面，该行依法合规披露定期报告和临时公告，不断提升信息披露透明度。2019年，该行在上海证券交易所和香港联合交易所共披露94项A股文件、126项H股中文文件和97项H股英文文件，信息披露工作连续五年获上海证券交易所信息披露工作评价"A"。

在投资者沟通方面，该行已建立起覆盖大、中、小股东全方位的沟通渠道。2019年，该行重视投资者关系管理，通过业绩发布会、路演、反向路演、资本市场峰会、投资者集体接待日、投资者热线与邮箱、上证E平台等方式，将公司战略规划、经营业绩和资本市场热点及时传递给投资者，与资本市场保持高效沟通。

（二）社会绩效

2019年，农业银行每股社会贡献值2.27元，同比增加0.21元，同比增长10.2%。

1. 扶贫

2019年，农业银行在832个国家扶贫重点县贷款余额10914.4亿元，同比增加1675.5亿元，同比增长18.1%。精准扶贫贷款余额3941.9亿元，同比增加641.6亿元，同比增长19.4%。深度贫困地区贷款余额4026.3亿元，同比增加688.2亿元，同比增长20.6%；其中，"三区三州"深度贫困地区贷款余额1127.7亿元，同比增加175.4亿元，同比增长18.4%。出台金融扶贫相关政策制度93个，制定助力深度贫困地区脱贫攻坚20条倾斜政策。开辟贫困地区信贷项目审批"绿色通道"，保障深度贫困地区财务费用，对贫困地区精准扶贫贷款执行优惠利率。建立完善金融扶贫考核体系，提升金融扶贫考核指标权重。适度放宽扶贫重点县、深度贫困县机构人员招聘的学历条件，2019年国家扶贫重点县支行招聘员工1993人，深度贫困县支行招聘员工928人。精准扶贫贷款余额3941.9亿元，同比增长19.4%。构建"五位一体"新型服务渠道网络，实施东西部扶贫协作、消费扶贫、教育扶贫等行动，在"三区三州"深度贫困县，累计为190个金融服务"空白"乡镇提供移动金融服务。聚焦"产业兴旺、生态宜居、乡风文明、治理有效、生活富裕"总要求，支持"美丽乡村"建设，推进互联网金融服务"三农""一号工程"提质升级，打造"线上线下融合"的农村基础金融服务渠道，"农银惠农e贷"贷款余额1986.22亿元，惠及农户173.78万余户。大力开展普惠金融服务，构建"农银小微e贷"产品体系，发展"农银产业e贷"等供应链金融业务全面满足不同层次、不同场景的小微客户融资需求，普惠型小微企业贷款余额5923亿元。

2. 普惠金融

2019年，农业银行以发展普惠金融为己任，深化普惠金融事业部建设，持续优化独具特色的"三农＋小微"双轮驱动的普惠金融服务体系，紧密对接小微企业和民营企业的金融需求，通过打造数字化产品体系，构建包括"微捷贷""快捷贷"系列在内的"小微e贷"产品体系，发展"产业e贷"等供应链金融业务，满足不同层次、不同场景的小微客户融资需求。

截至2019年末，普惠型小微企业贷款余额5923亿元，较上年增长58.2%，增速高于全行贷款增速46.3%；普惠金融有贷客户数达到110.92万户，较上年末增加38.6万户，同比增长53.4%。

3. 员工及机构情况

2019年，农业银行在职员工总数464011人，较上年减少9680人，主要是由于该行推进网点转型，压缩网点面积和柜员数量（见表20）。县域员工数为194892人，较上年减少5664人。女性员工占比为45.60%，同比小幅下降1.1%；少数民族员工占比为8.49%，同比小幅上升2.4%。2019年，该行培训员工78.73万人次，同比减少19.6%。

表 20 农业银行员工

	2019 年	2018 年	增加额	增速（%）
员工总数（人）	464011	473691	−9680	−2.0
县域员工数（人）	194892	200556	−5664	−2.8
女性员工占比（%）	45.60	46.10	−0.50	−1.1
少数民族员工占比（%）	8.49	8.29	0.20	2.4
员工培训（万人次）	78.73	97.95	−19.22	−19.6

（1）员工培训

2019年，农业银行以复合型金融人才培养发展为重点，积极实施人才强行战略。制订数字化转型人才队伍建设方案，加快推进产品经理、客户经理、数据分析师和科技项目经理四类人才培养。实施青年英才开发工程V3.0，加快培养覆盖城乡的基层青年英才队伍。统筹推进专业人才建设，做实"拴心留人"工程，完善管理和专业序列岗位"双通道"晋升机制，新选聘资深专员及以上专业岗位人才1300多名。稳步推进基层人员转型优化，合理精简岗位设置，进一步优化基层行劳动组合。以数字化转型、基层员工转型和柜面经理转岗为重点，持续加强员工培训。全年共举办培训项目1.37万期，培训79万人次。推动网络学院升级和农银大学移动APP建设，完善内训师认证制度，"以考促学"组织全行14.6万名员工参加岗位资格考试。

（2）机构情况

2019年末，农业银行境内分支机构共计23149个，包括总行本部、总行营业部、3个总行专营机构、4个培训学院、37个一级分行（含5家直属分行）、390个二级分行（含省会城市分行、省区分行营业部）、3445个一级支行（含直辖市、直属分行营业部和二级分行营业部）、19216个基层营业机构以及52个其他机构。另外，共有13家境外分行和4家境外代表处，分别为香港、新加坡、首尔、纽约、迪拜国际金融中心、东京、法兰克福、悉尼、卢森堡、迪拜、伦敦、澳门、河内分行及温哥华、河内、台北、圣保罗代表处。

4. 客户服务

2019年，农业银行将消费者权益保护融入公司治理各环节，纳入经营发展战略和企业文化建设。根据法律、法规、监管规定变化及经营发展需要，制定、修订消费者权益保护相关制度。落实产品和服务消费者权益保护审查机制，在产品与服务的设计开发、定价管理、协议制订等各环节，确保消费者始终得到公平、公正和诚信的对待。开展"转型服务提升年"活动，关注特殊消费者群体金融服务需求。强化客户投诉管理，推进金融消费者投诉分类行业标准应用实施，畅通客户意见反馈渠道，优化客服联动体系，提高投诉管理规范化和标准化水平，及时响应客户诉求，推动投诉处理机制有效运作，客户投诉办结率和客户服务满意度维持在较高水平。多渠道、多形式、常态化宣传普及金融知识，全年累计开展各类宣传活动46000余次，参与营业网点22000多个，投入宣传人员超过35万人次，覆盖受众突破7000万人。

（三）环境绩效

1. 绿色金融

2019年，农业银行创新绿色金融产品，大力支持节能环保、清洁生产、清洁能源等绿色产业发展，推动产业结构向资源节约型和环境友好型转变，助力实现"天更蓝、山更绿、水更清、环境更优美"。全年绿色信贷业务贷款余额11910亿元，发行绿色资产证券化产品2期，涉及金额27.1亿元。独立主承销发行全国首单绿色＋扶贫债务融资工具——龙源电力集团股份有限公司2019年度第一期绿色超短期融资券（扶贫），发行规模5亿元。

2. 绿色办公

2019年，农业银行推行绿色办公，鼓励员工采用绿色环保的工作方式，主动降低办公能耗，总行在京机构直接温室气体排放1143.71吨。引导供应商树立绿色发展理念，优先考虑采用清洁生产模式、物流模式、提供环保产品与服务、倡导绿色企业文化的供应商。引导员工践行环保理念，共组织植树造林、垃圾分类、保护母亲河等绿色公益活动3588次，累计参与员工59698人次。

年报四　招商银行 2019 年度报告分析

一、基本情况

招商银行股份有限公司（以下简称招商银行）成立于 1987 年，总部位于中国深圳，是一家在中国具有鲜明特色和品牌影响力的全国性商业银行。2002 年 4 月，该行在上海证券交易所（600036.SH）上市。2006 年 9 月，该行在香港联交所（03968.HK）上市。

2019 年，招商银行的主要股东为香港中央结算（代理人）有限公司和招商局轮船有限公司，分别持有股权的比例为 18.03% 和 13.04%。

2019 年末，该行总资产 7.42 万亿元，营业收入 2697.03 亿元，贷款和垫款 4.49 万亿元，不良贷款率为 1.16%，当年实现净利润 934.23 亿元。

二、业务经营分析

（一）资产分析

2019 年末，招商银行资产总额 7.42 万亿元①，同比增长 10.0%（见表 1），主要受现金及存放中央银行款项、贷款及垫款以及证券投资增长影响。该行同业往来资产有所下滑，同比减少 14.8%。

表 1　　　　　　　　　　　　　　　资产规模及构成

	2019 年 12 月 31 日		2018 年 12 月 31 日		增加额（亿元）	增速（%）
	金额（亿元）	占比（%）	金额（亿元）	占比（%）		
现金及存放央行款项	5678.96	7.7	4933.82	7.3	745.14	15.1
同业往来资产	5225.07	7.0	6129.57	9.1	−904.32	−14.8
发放贷款和垫款	42773.00②	57.7	37499.49	55.6	5273.51	14.1
证券投资	18044.37	24.3	16713.99	24.8	1330.38	8.0
其他资产	2450.00	3.3	2180.42	3.2	269.58	12.4
资产总计	74172.40	100.0	67457.29	100.0	6715.11	10.0

---

① 本报告数据来源：2019 年和 2018 年招商银行年度报告。

② 为贷款及垫款净额 = 贷款及垫款总额 − 贷款损失准备。

1. 贷款和垫款

2019 年末，招商银行客户贷款与垫款净额 4.45 万亿元，占比 59.9%，同比增长 14.5%。

（1）企业及个人贷款和垫款

2019 年末，该行贷款和垫款总额 4.49 万亿元（见表 2），其中，公司类贷款和垫款 1.90 万亿元，同比增长 7.2%，占比 42.4%；零售贷款和垫款 2.36 万亿元，同比增长 17.6%，为贷款和垫款总额增长的重要贡献项，占比 52.6%；票据贴现 2260.40 亿元，同比增长 50.9%，占比 5.0%。

表 2　　　　　　　　　　　　　公司及个人贷款和垫款

	2019 年 12 月 31 日		2018 年 12 月 31 日		增加额（亿元）	增速（%）
	金额（亿元）	占比（%）	金额（亿元）	占比（%）		
公司类贷款	19019.94	42.4	17739.29	45.1	1280.65	7.2
票据贴现	2260.40	5.0	1497.66	3.8	762.74	50.9
零售贷款和垫款	23626.16	52.6	20093.39	51.1	3532.77	17.6
－个人住房贷款	10985.47	24.5	9287.60	23.6	1697.87	18.2
－信用卡贷款	6709.21	14.9	5754.90	14.6	954.31	16.6
－小微贷款	4051.49	9.0	3505.34	8.9	546.15	15.6
－其他	1533.38	3.4	1545.55	3.9	－12.17	0.8
贷款和垫款总额	44906.50	100.0	39330.34	100.0	5576.16	14.2
加：以摊余成本计量的贷款和垫款应收利息	95.14		88.10		7.04	8.0
减：贷款损失准备	2228.99		1918.95		－50.38	－8.5
贷款和垫款净额	42772.65		37499.49		5633.58	14.5

（2）贷款和垫款期限结构

2019 年末，该行未到期贷款和垫款中，剩余期限在一年以内、一年到五年及五年以上的余额分别为 1.98 万亿元、1.12 万亿元及 1.15 万亿元，占比分别为 46.5%、26.2% 及 26.9%（见表 3），同比分别增长 11.0%、16.1% 及 18.4%。

表 3　　　　　　　　　　　　　贷款和垫款期限结构

	2019 年 12 月 31 日		2018 年 12 月 31 日		增加额（亿元）	增速（%）
	余额（亿元）	占比（%）	余额（亿元）	占比（%）		
逾期	156.94	0.4	188.95	0.5	－32.01	－16.9
一年以内	19837.43	46.5	17872.27	47.8	1965.16	11.0
一年到五年	11194.54	26.2	9645.17	25.8	1549.37	16.1
五年以上	11490.38	26.9	9706.23	25.9	1784.15	18.4
合计	42679.29①	100.0	37412.62②	100.0	5266.67	14.1

---

① 与资产负债表中披露的数据不一致，相差 93.71 亿元。

② 与资产负债表中披露的数据不一致，相差 86.87 亿元。

（3）不良贷款

2019 年末，该行不良贷款余额 522.75 亿元，同比减少 13.30 亿元，不良贷款率 1.16%，同比下降 0.20 个百分点（见表 4）。不良贷款拨备覆盖率 426.78%，同比增长 68.60 个百分点；贷款拨备率 4.97%，同比增长 0.09 个百分点。

表 4 贷款五级分类

	2019 年 12 月 31 日		2018 年 12 月 31 日		增加额（亿元）	增速（%）
	金额（亿元）	占比（%）	金额（亿元）	占比（%）		
正常类贷款	43857.85	97.67	38201.00	97.13	5656.85	14.8
关注类贷款	525.90	1.17	593.29	1.51	−67.39	−11.4
不良类贷款	522.75	1.16	536.05	1.36	−13.30	−2.5
次级类贷款	157.47	0.35	135.26	0.34	22.21	16.4
可疑类贷款	173.83	0.39	250.41	0.64	−76.58	−30.6
损失类贷款	191.45	0.42	150.38	0.38	41.07	27.3
贷款合计	44906.50	100.0	39330.34	100.0	5576.16	14.2

2. 证券投资

2019 年末，招商银行证券投资总额 1.8 万亿元，占比 24.3%，同比增长 8.0%。其中，债券投资 1.36 万亿元，同比增长 15.4%（见表 5），政府债、金融债、其他债券余额分别为 7831.89 亿元、4742.88 亿元及 1071.15 亿元。

表 5 债券投资发行主体构成

	2019 年 12 月 31 日		2018 年 12 月 31 日		增加额（亿元）	增速（%）
	金额（亿元）	占比（%）	金额（亿元）	占比（%）		
政府债	7831.89	57.4	6414.80	54.3	1417.09	22.1
金融债①	4742.88	34.8	4441.43	37.6	301.45	6.8
企业债	—	—	—	—	—	—
其他	1071.15	7.9	966.17	8.2	104.98	10.9
债券总额	13645.92	100.0	11822.40	100.0	1823.52	15.4

3. 同业往来资产

2019 年末，招商银行同业往来资产共计 5225.07 亿元，同比下降 14.8%（见表 6），主要受拆出资金和买入返售款项减少影响。其中，存放同业款项 1061.13 亿元，同比增长 5.9%；拆出资金 3074.33 亿元，同比下降 1.9%；买入返售金融资产 1089.61 亿元，同比下降 45.4%。

---

① 包括政策性银行债和同业发行的债券。

表6 同业往来资产构成

	2019 年 12 月 31 日		2018 年 12 月 31 日		增加额（亿元）	增速（%）
	金额（亿元）	占比（%）	金额（亿元）	占比（%）		
存放同业及其他金融机构款项	1061.13	20.3	1001.60	16.3	59.53	5.9
拆出资金	3074.33	58.8	3134.11	51.1	−59.78	−1.9
买入返售款项	1089.61	20.9	1993.86	32.5	−904.25	−45.4
合计	5225.07	100.0	6129.57	100.0	−904.32	−14.8

（二）负债分析

2019 年末，招商银行负债总额 6.80 万亿元，同比增长 9.6%（见表7），主要受客户存款和应付债券增加影响，同比分别增长 10.1%、36.1%。

表7 负债规模及构成

	2019 年 12 月 31 日		2018 年 12 月 31 日		增加额（亿元）	增速（%）
	金额（亿元）	占比（%）	金额（亿元）	占比（%）		
向中央银行借款	3591.75	5.3	4053.14	6.6	−461.39	−11.4
同业往来负债	7847.35	11.5	7529.17	12.1	318.18	4.2
客户存款	48749.81	71.7	44275.66	71.4	1532.65	10.1
应付债券	5781.91	8.5	4249.26	6.9	110.50	36.1
其他负债	2024.51	3.0	1914.01	3.1	110.47	5.8
负债总计	67995.33	100.0	62021.24	100.0	5974.09	9.6

1. 同业往来负债

2019 年末，招商银行同业往来负债 7847.35 亿元，同比增长 4.2%（见表8）。其中，同业及其他金融机构存放款项 5555.81 亿元，占比 70.8%；拆入资金 1659.21 亿元，占比 21.1%，同比下降 6.0 个百分点；卖出回购 632.33 亿元，占比 8.1%。

表8 同业往来负债构成

	2019 年 12 月 31 日		2018 年 12 月 31 日		增加额（亿元）	增速（%）
	金额（亿元）	占比（%）	金额（亿元）	占比（%）		
同业及其他金融机构存放款项	5555.81	70.8	4708.26	62.5	847.55	18.0
拆入资金	1659.21	21.1	2039.50	27.1	−380.29	−18.7
卖出回购	632.33	8.1	781.41	10.4	−149.08	−19.1
合计	7847.35	100.0	7529.17	100.0	318.18	4.2

2. 吸收存款

2019 年末，招商银行吸收存款余额[①] 4.84 万亿元，同比增长 10.1%（见表9）。从客户

---

① 不含应计利息。

结构上看，该行存款主要集中在公司存款，占比 62.7%，同比下降 1.8 个百分点；个人存款余额占比 37.3%，同比增长 15.6%。

表 9　　　　　　　　　　　　　存款客户结构

	2019 年 12 月 31 日		2018 年 12 月 31 日		增加额（亿元）	增速（%）
	金额（亿元）	占比（%）	金额（亿元）	占比（%）		
公司存款	30381.01	62.7	28377.21	64.5	2003.80	7.1
个人存款	18063.21	37.3	15253.24	35.5	2433.68	15.6
其他存款	—	—	—	—	—	—
客户存款总额	48444.22	100.0	44006.74	100.0	4437.48	10.1

从期限结构来看，该行存款以活期存款为主，活期存款余额 2.86 万亿元，占比 59.1%，同比下降 6.2 个百分点（见表 10）。定期存款占比 40.9%，同比增长 29.9%。

表 10　　　　　　　　　　　　　存款定活结构

	2019 年 12 月 31 日		2018 年 12 月 31 日		增加额（亿元）	增速（%）
	金额（亿元）	占比（%）	金额（亿元）	占比（%）		
活期存款	28632.89	59.1	28753.50	65.3	−120.61	0.4
定期存款	19811.33	40.9	15253.24	34.7	4558.09	29.9
其他存款	—	—	—	—	—	—
存款总额	48444.22	100.0	44006.74	100.0	4437.48	10.1

2019 年末，该行存贷比 92.7%，同比提升 3.3 个百分点。

3. 已发行债务证券

2019 年末，招商银行应付债券 5781.91 亿元，同比增长 36.1%（见表 11），主要受已发行同业存单和债券增长影响。已发行同业存单余额 3492.84 亿元，同比增加 1038.78 亿元，同比增长 42.3%。

表 11　　　　　　　　　　　　　应付债券结构

	2019 年 12 月 31 日		2018 年 12 月 31 日		增加额（亿元）	增速（%）
	金额（亿元）	占比（%）	金额（亿元）	占比（%）		
已发行债券	2000.71	34.6	1501.97	35.3	498.74	33.2
已发行存款证	260.07	4.5	267.24	6.3	−7.17	−2.7
已发行同业存单	3492.84	60..4	2454.06	57.8	1038.78	42.3
应计利息	28.29	0.5	25.99	0.6	2.30	8.8
合计	5781.91	100.0	4249.26	100.0	1532.65	36.1

（三）收入、支出及利润

1. 利润分析

（1）利润

2019 年，招商银行营业利润 1170.47 亿元（见表 12），利润总额 1171.32 亿元，净利润 934.23 亿元，同比分别增长 9.8%、10.0% 和 15.6%。

表 12   公司利润

	2019 年（亿元）	2018 年（亿元）	增加额（亿元）	变动率（%）
营业收入	2697.03	2485.55	211.48	8.5
营业支出	1526.56	1419.47	107.09	7.5
营业利润	1170.47	1066.08	104.39	9.8
加：营业外收入	3.17	2.64	0.53	20.1
减：营业外支出	2.32	3.75	−1.43	−38.1
利润总额	1171.32	1064.97	106.35	10.0
减：所得税费用	237.09	256.78	237.09	−7.7
净利润	934.23	808.19	934.23	15.6

（2）拨备前的利润情况

2019 年，该行计提资产减值 611.59 亿元（见表 13），同比增长 0.5%。考虑计提资产减值的因素影响，该行 2019 年拨备前利润总额 1782.91 亿元，同比增长 6.6%。

表 13   拨备前利润

	2019 年（亿元）	2018 年（亿元）	增加额（亿元）	变动率（%）
利润总额	1171.32	1064.97	106.35	10.0
本年计提资产减值	611.59	608.37	3.22	0.5
拨备前利润总额	1782.91	1672.34	110.57	6.6

2. 收入分析

2019 年，招商银行实现营业收入 2697.30 亿元，同比增长 8.5%（见表 14），主要受利息净收入、手续费及佣金净收入稳步增长以及投资净收益快速增长影响。

表 14   营业收入构成

	2019 年		2018 年		增加额（亿元）	变动率（%）
	金额（亿元）	占比（%）	金额（亿元）	占比（%）		
利息净收入	1730.90	64.2	1603.84	64.5	127.06	7.9
手续费及佣金净收入	714.93	26.5	664.80	26.8	50.13	7.5
投资净收益	157.71	5.9	126.36	5.1	31.35	24.8
其他	93.76	3.5	90.55	3.6	3.21	3.6
合计	2697.30	100.0	2485.55	100.0	211.48	8.5

（1）利息收入与支出

2019 年，该行实现利息净收入 1730.90 亿元，同比增长 7.9%，占比 64.2%，是营业收入的最大组成部分。

2019 年，该行实现利息收入 2929.94 亿元，同比增长 8.2%（见表 15）。其中，发放贷款和垫款利息收入 2219.79 亿元，同比增加 256.09 亿元，同比增长 13.0%，主要受平均余额增加 4646.42 亿元以及平均收益率上升 4 个基点影响。投资利息收入 489.02 亿元，同比增加 6.35 亿元，主要受平均余额增加 563.32 亿元影响。投资平均收益率 3.66%，同比下降 11 个基点，主要受市场利率下行影响。

表 15　　　　　　　　　　　　利息收入构成

| | 2019 年 | | 2018 年 | | 增加额（亿元） | 变动率（%） |
	金额（亿元）	占比（%）	金额（亿元）	占比（%）		
存放中央银行款项	77.59	2.7	79.61	2.9	-2.02	2.5
投资性利息收入	489.02	16.7	482.67	17.8	6.35	1.3
同业往来	143.54	4.9	183.13	6.8	-39.59	-21.6
客户贷款和垫款	2219.79	75.8	1963.70	72.5	256.09	13.0
利息收入合计	2929.94	100.0	2709.11	100.0	220.8	8.2

存放中央银行款项利息收入 77.59 亿元，同比减少 2.02 亿元，主要受平均余额下降 170.38 亿元影响。存拆放同业利息收入 143.54 亿元，同比减少 39.59 亿元，主要受平均余额减少 591.74 亿元影响，但部分被平均收益率上升 4 个基点所抵销。平均收益率上升主要受市场环境因素影响，货币市场利率同比有所提高。

2019 年，该行利息支出 1199.04 亿元，同比增长 8.5%（见表 16）。其中，向中央银行借款利息支出 92.07 亿元，同比减少 17.75 亿元，主要受平均余额减少 474.31 亿元及平均付息率下降 9 个基点影响，平均付息率下降主要受市场利率下行影响。

同业拆放利息支出 190.79 亿元，同比减少 39.49 亿元，主要受平均余额减少 197.48 亿元及平均付息率下降 41 个基点影响。

吸收存款利息支出 734.30 亿元，同比增加 114.43 亿元，主要受平均余额增加 3674.44 亿元及平均付息率上升 13 个基点影响。

其他付息负债利息支出 5.57 亿元，主要受"新租赁准则"执行影响。

表 16　　　　　　　　　　　　利息支出构成

| | 2019 年 | | 2018 年 | | 增加额（亿元） | 变动率（%） |
	金额（亿元）	占比（%）	金额（亿元）	占比（%）		
向中央银行借款	92.07	7.7	109.82	9.9	-17.75	-16.2
同业往来	190.79	15.9	230.28	20.8	-39.49	-17.2
吸收存款	734.30	61.2	619.87	56.1	114.43	18.5
应付债券	176.31	14.7	145.30	13.2	31.01	21.3
其他①	5.57	0.5	0.00	0.0	5.57	—
合计	1199.04	100.0	1105.27	100.0	93.77	8.5

---

①　主要是租赁负债的利息支出。

（2）手续费及佣金净收入

2019 年，该行手续费及佣金净收入 714.93 亿元，同比增长 7.5%；手续费及佣金收入 790.47 亿元，同比增长 8.2%（见表 17）。其中，结算与清算手续费收入同比增长 11.9%，主要受电子支付收入增长影响。银行卡手续费 195.51 亿元，同比增长 16.9%，主要受银行卡交易量增长影响。代理业务手续费收入增长 7.5%，主要受代客理财和代理基金、信托、保险业务收入增加影响。承诺类业务收入同比下降 7.3%，主要受信贷承诺佣金下降影响。

表 17 手续费及佣金净收入构成

	2019 年		2018 年		增加额（亿元）	变动率（%）
	金额（亿元）	占比（%）	金额（亿元）	占比（%）		
结算类业务	114.92	14.5	102.67	14.1	12.25	11.9
银行卡业务	195.51	24.7	167.27	22.9	28.24	16.9
代理类业务	136.81	17.3	127.23	17.4	9.58	7.5
托管类业务	235.60	29.8	233.51	32.0	2.09	1.0
承诺类业务	63.10	8.0	68.07	9.3	−4.97	−7.3
其他	44.53	5.6	31.71	4.3	12.82	40.4
手续费及佣金收入	790.47	100.0	730.46	100.0	60.01	8.2
减：手续费及佣金支出	75.54		65.66		9.88	15.1
手续费及佣金净收入	714.93		664.80		50.13	7.5

3. 支出分析

2019 年，招商银行营业支出 1526.56 亿元，同比增长 7.5%（见表 18），主要受营业税金及附加、业务及管理费、其他业务成本增加影响。其中，营业税金及附加 23.48 亿元，同比增长 10.1%，主要受营业收入增长影响。其他业务成本同比大增 39.8%，主要受经营租出资产折旧增长影响。

表 18 营业支出构成

	2019 年		2018 年		增加额（亿元）	变动率（%）
	金额（亿元）	占比（%）	金额（亿元）	占比（%）		
营业税金及附加	23.48	1.5	21.32	1.5	2.16	10.1
业务及管理费	865.41	56.7	771.12	54.3	94.29	12.2
资产减值损失（和信用减值损失）	611.59	40.1	608.37	42.9	3.22	0.5
其他业务成本	26.08	1.7	18.66	1.3	7.42	39.8
营业支出合计	1526.56	100.0	1419.47	100.0	107.09	7.5

2019 年，该行业务及管理费 865.41 亿元，同比增长 12.23%，成本收入比 32.09%，同比上升 1.07 个百分点，由于公司租赁准则的变化，之前的租赁费用口径不再适用（见表 19）。

表 19　　　　　　　　　　　　　业务及管理费构成

	2019 年		2018 年		增加额（亿元）	变动率（%）
	金额（亿元）	占比（%）	金额（亿元）	占比（%）		
员工费用	514.39	59.44	460.25	59.69	54.14	11.76
折旧、摊销和租赁费用	92.89	10.73	84.8	11.00	8.09	9.54
其他一般及行政费用	258.13	29.83	226.07	29.32	32.06	14.18
业务及管理费合计	865.41	100	771.12	100	94.29	12.23

2019 年末，该行在职员工总数 84683 人，同比增加 2442 人；网点数 1833 个，同比增加 23 个（见表 20）。该行人均费用 102.19 万元，同比下降 1.2%；人均薪酬 50.48 万元，同比下降 7.3%。点均业务及管理费用 4721.28 万元，同比增长 10.8%；人均产值/人均薪酬为 6.31，同比增加 0.19。

表 20　　　　　　　　　　　　　人均薪酬及产值情况

	2019 年	2018 年	增加额	变动率（%）
员工数（人）	84683	82241	2442	3.0
网点数（个）	1833	1810	23	1.3
人均薪酬（万元）	50.48	54.43	−3.95	−7.3
人均费用（万元）	102.19	103.38	−1.19	−1.2
人均产值（万元）	318.49	333.23	−14.74	4.4
人均产值/人均薪酬	6.31	6.12	0.19	3.1
点均业务及管理费用（万元）	4721.28	4260.33	460.95	10.8

（四）金融科技及产品创新

1. 金融科技

2019 年，招商银行信息科技投入 93.61 亿元，同比增长 43.97%，占营业收入的 3.72%。全行累计申报金融科技创新项目 2260 个，累计立项 1611 个，其中 957 个项目已投产上线，覆盖零售、批发、风险、科技及组织文化转型的各个领域。打造"云 + API"技术架构，对标公有云先进技术和服务方式，提供具备低成本海量计算能力的私有云，为总分行及子公司提供自服务式的、便捷的用户体验，支撑向"金融科技银行"转型发展；建设统一对外服务的 OpenAPI 平台、招商银行 APP 小程序平台，助力打造开放银行；数据湖整体容量达到 9.8PB，支持数据分析工作的海量需求。应用系统开发方面，发布招商银行 APP8.0 和掌上生活 APP8.0，全面开放，加速零售金融 3.0 数字化转型；发布财资管理云平台 CBS7.0，引领财资管理创新变革；投产招商银行企业 APP5.0，聚焦数字化客群经营和场景迭代优化。境外支持方面，继续由总行统筹管理及维护境外分支机构核心业务系统，加强对境外分支机构业务发展的支持。报告期内，完成悉尼分行和纽约分行核心业务系统大版本升级。在安全稳定方面，在系统规模和交易量快速增长的情况下，系统整体运行平稳，核心账务系统和骨干网络可用性保持行业领先；推进运营和维护的数字化转型，持续优化业务连续性管理体系，并设立北京站点，与深圳站点、上海站点一同对外提供网络服务，提升用户网络访问体验。在产学研合作方面，设立鲲鹏计算联合创新实验室和负载均衡联合创新实验室，加快分布式数据库联合创新实验室研究成果落地；在智能客服、风险舆情、计算机视觉、知识管理、知识图谱和营销模型等人工智能的金融应用领域，技术水平领先同业。

2. 产品创新

2019 年，招商银行以"北极星"指标 MAU 为指引，重塑零售金融数字化体系。招商银行 APP 累计用户数达 1.14 亿户，借记卡数字化获客占比 24.96%；掌上生活 APP 累计用户数达 9126.43 万户，信用卡数字化获客占比达 64.32%。"招商银行"和"掌上生活"两大 APP 的月活跃用户（MAU）达 1.02 亿户，同比增长 25.58%，两大 APP 已成为客户经营的主要平台。基于数字化运营进一步提升金融服务效能，报告期内，招商银行 APP 的理财投资销售金额 7.87 万亿元，同比增长 25.72%，占全行理财投资销售金额的 71.52%；招商银行 APP 理财投资客户数 762.09 万户，同比增长 50.17%，占全行理财投资客户数的 89.96%。通过数字化运营不断加强与客户的线上交互，报告期内，招商银行 APP 登录次数 60.93 亿人次，人均月登录次数 11.82 次，44 家分行开通了城市专区，1403 个网点建立线上店，同时积极探索以线上化、集中化的模式对零售客户进行有效经营，线上直营零售金卡及金葵花客户 469 万户。通过平台开放不断提升服务创新效率，对内开放 APP 平台能力，所有分行可通过在招商银行 APP 上开发小程序迅速提供新服务，对外向合作伙伴开放 API（应用程序编程接口），聚焦饭票、影票、出行、便民服务等重点场景，不断拓宽服务边界。报告期内，招商银行 APP 和掌上生活 APP 中 16 个场景的 MAU 超过千万；招商银行 APP 金融场景使用率和非金融场景使用率分别为 83.79% 和 69.80%，掌上生活 APP 金融场景使用率和非金融场景使用率分别为 76.21% 和 73.90%。

三、社会责任分析

（一）公司治理

招商银行股东大会下设董事会和监事会。董事会下设董事办公室、审计部、行长室以及战略委员会、提名委员会、薪酬与考核委员会、风险与资本管理委员会、审计委员会、关联交易管理与消费者权益保护委员会。该行的公司治理结构与上年无变化。

2019 年末，该行董事会共有 17 名董事，其中非执行董事 8 名，执行董事 3 名，独立非执行董事 6 名；监事会由 9 名监事组成，其中股东监事、职工监事、外部监事各 3 名。报告期内，该行召开股东大会 1 次，审议议案 14 项，听取汇报事项 5 项；董事会会议 17 次，审议议案 101 项，听取或审阅汇报事项 11 项；监事会会议 10 次，审议议案 33 项，听取汇报 15 项；董事会专门委员会会议 35 次，审议议案 123 项，听取或审阅汇报事项 12 项；监事会

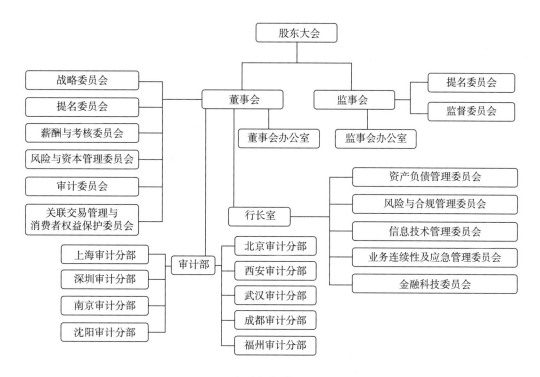

图1　招商银行管理架构图

专门委员会会议6次，审议议案12项；非执行董事会会议1次，听取汇报1项。此外，董事会组织专题调研2次，监事会组织专题调研4次。

信息披露方面，该行的信息披露以良好的公司治理为基础，完善的内部控制为依托，健全的信息披露制度为保障，确保了投资者能够及时、准确、平等地获取信息。报告期内在上海证券交易所和香港联合交易所共披露283份信息披露文件。

（二）社会绩效

2019年，招商银行每股社会贡献值11.45元，同比提高1.01元，同比增长9.7%。

1. 扶贫

2019年，招商银行签订了《中央单位定点扶贫责任书》，在两县投入帮扶资金5142.28万元，引进帮扶资金586.96万元，培训基层干部483人，培训技术人员1455人，购买贫困地区农产品1287.44万元，帮助销售贫困地区农产品315.08万元，圆满完成责任书任务。积极围绕教育扶贫、文化扶贫、产业扶贫、消费扶贫、专业扶贫、就业扶贫、抓党建促扶贫、住房安全、医疗扶贫和饮水安全等方向开展定点扶贫工作；通过"直接捐赠＋委托贷款"模式，开展武定县3000万元危房改造项目，惠及4个"葵花苗寨"和70个村民小组1334户贫困户，凭借金融信贷思维走出了一条大额扶贫资金使用管理创新之路；制定《招商银行赴云南武定、永仁两县扶贫干部管理办法（第五版）》，加强对扶贫干部的选派、管理、激励和关爱；制定《招商银行专项扶贫资金管理办法》，总行扶贫工作领导小组下设专项扶贫项目评审委员会，通过建立科学评审机制，实现对扶贫项目的规范选择和扶贫资金的

"把关守口"。同时，田惠宇行长和王云桂副行长分别率队对两县的扶贫情况进行了调研，对扶贫工作进行了现场指导。报告期内，招商银行在全国投放金融精准扶贫贷款 164.05 亿元，其中个人精准扶贫贷款 90.04 亿元，单位精准扶贫贷款 74.01 亿元。

2. 普惠金融

2019 年，招商银行持续推进普惠金融业务，普惠型小微企业贷款余额为 4533.29 亿元，同比增加 601.54 亿元，同比增长 15.30%，达到中国银保监会"两增两控"目标。

3. 员工及机构情况

（1）员工人数及结构

2019 年，招商银行在职员工总数 84683 人，同比增加 2442 人。其中，女性员工 45443 人，占比 53.7%，同比增长 3.0%。2018 年和 2019 年少数民族员工占比分别为 3.9% 和 3.8%。

从员工专业构成看，零售金融、公司金融、运营操作及管理员工占比最高。从教育程度看，公司员工学历以本科和硕士及以上为主，分别占比 67.22% 及 21.32%。员工专业构成及教育程度分布如图 2 所示。

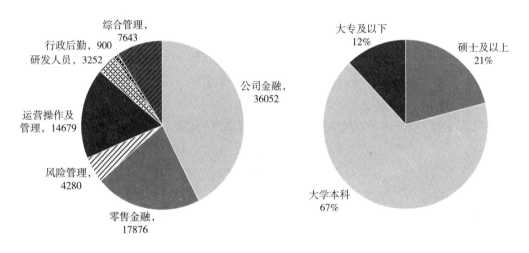

图 2　员工专业构成及教育程度分布

（2）员工培训

2019 年，该行建立涵盖全体员工的员工培训体系，以业务和产品知识、职业操守与安全、管理技能、领导力等不同内容，为不同岗位和职级的员工提供定制化的培训计划。报告期内，共开展 11898 期培训项目，学习总时长 749.4 万学时，人均培训时长 98.9 课时，参与组织学习员工达 59.40 万人次，在线学习员工达 420.30 万人次。

（3）机构情况

2019 年，该行的机构数、自助银行数和自助设备数分别为 1874 个、3014 个和 8768 台，机构数较 2018 年略微增长，自助银行和自助设备均较 2018 年明显减少，同比分别下降 7.5% 和 15.0%（见表 21）。

表 21 　　　　　　　　　　　　　　　　机构情况

	2019 年	2018 年	增加量	变动率（％）
机构数（个）	1874	1864	10	0.5
自助银行数量（个）	3014	3259	−245	−7.5
自助设备数量（台）	8768	10316	−1548	−15.0

4. 客户服务

2019 年，招商银行持续做好各项消费者权益保护工作，如消费者权益保护审查、金融知识宣传教育、投诉系统建设与数据分析、客户满意度调查和消费者权益保护评估监督检查等，印发《招商银行消费者权益保护工作管理办法》《招商银行消费者权益保护审查指引》《招商银行消费者权益保护信息披露管理办法》《招商银行特殊消费者群体服务工作指引》等多项制度，指导全行消费者权益保护相关工作人员规范开展消费者权益保护工作；主动按照银行业金融机构消费者投诉统计分类及编码行业标准开展消费者投诉系统优化，高效受理处置消费者投诉，全年投诉按时响应率达 99.66％，按时反馈率达 99.72％；创新开启"互联网＋金融知识宣传教育"工作新模式，建立官网、微信、微博等全面、立体的现代金融宣教体系，组织开展宣传活动 3 万多次，消费者受众达 1 亿人，发放宣传材料 300 多万份，各平台媒体报道共计近 1500 次，微信推送点击量 542 万次。

（三）环境绩效

1. 绿色金融

2019 年，招商银行在绿色金融方面，制定《绿色信贷政策》《节能环保行业信贷政策》《新能源汽车行业信贷政策》等一系列符合绿色发展理念的信贷政策，在加大对低碳经济、循环经济、节能环保等领域绿色信贷支持力度的同时，严控对高污染、高耗能产业的新增贷款。报告期末，绿色贷款余额 1767.73 亿元，同比增加 107.40 亿元，主要投向节能环保综合利用、清洁能源、绿色交通等领域。

2. 环保

2019 年，招商银行持续推动节能减排，通过推广电子账单，累计节省 17.91 亿余张纸质账单用纸。在内部管理方面，推进"无纸化"和"电子化"绿色办公，开发智慧物业系统和物业办公审批程序减少纸质单据及会议材料打印，进一步降低能源与资源消耗。在绿色公益方面，连续 15 年开展"百年招银林"植树造林活动，并鼓励员工、客户和社会各界共同参与丰富多元的环保志愿活动，共建绿色美好家园。

年报五　兴业银行 2019 年度报告分析

一、基本情况

兴业银行成立于 1988 年 8 月，是全国首批股份制商业银行之一。总行设在福建省福州市，2007 年 2 月 5 日在上海证券交易所挂牌上市（601166.SH），注册资本 190.52 亿元。

2019 年，该行前三大股东为：福建省财政厅，持股数 39.02 亿股，持股比例 18.78%；中国烟草总公司，持股数 11.10 亿股，持股比例 5.34%；中国人民财产保险股份有限公司—传统—普通保险产品，持股数 9.48 亿股，持股比例 4.56%。

2019 年末，该行总资产 7.15 万亿元，营业收入 1813.08 亿元，贷款和垫款 3.35 万亿元，不良贷款率 1.54%，当年实现净利润 667.02 亿元。

二、业务经营分析

（一）资产分析

2019 年末，兴业银行资产总额 7.15 万亿元[①]，同比增长 6.5%（见表 1），主要受发放贷款及垫款、同业往来资产增长影响。证券投资有所下滑，同比下降 6.6%。

表 1　　　　　　　　　　　　资产规模及构成

	2019 年 12 月 31 日		2018 年 12 月 31 日		增加额（亿元）	增速（%）
	金额（亿元）	占比（%）	金额（亿元）	占比（%）		
现金及存放央行款项	4864.44	6.8	4757.81	7.1	106.63	2.2
同业往来资产	3605.96	5.0	2287.35	3.4	1318.61	57.6
发放贷款和垫款	33451.80	46.8	28384.45	42.3	5067.35	17.9
证券投资	26975.21	37.8	28889.92	43.0	-1914.71	-6.6
其他资产	2559.40	3.6	2797.04	4.2	-237.64	-8.5
资产总计	71456.81	100.0	67116.57	100.0	4340.24	6.5

注：发放贷款和垫款为净额。

---

① 本报告数据来源：2019 年和 2018 年兴业银行年度报告。

1. 贷款和垫款

2019 年末，兴业银行客户贷款与垫款净额 3.35 万亿元，占比 46.8%，同比增长 17.9%。

（1）企业及个人贷款和垫款

2019 年末，该行贷款和垫款总额 3.45 万亿元（见表 2），其中，公司类贷款和垫款 1.99 万亿元，同比增长 12.7%，占比 57.7%；个人贷款 1.45 万亿元，同比增长 24.3%，占比 42.1%。

表 2　　　　　　　　　　　　　企业及个人贷款和垫款

	2019 年 12 月 31 日		2018 年 12 月 31 日		增加额（亿元）	增速（%）
	金额（亿元）	占比（%）	金额（亿元）	占比（%）		
公司类贷款及垫款：	19919.04	57.7	17676.78	60.2	2242.26	12.7
贷款	17960.80	52.1	16082.07	54.8	1878.73	11.7
票据贴现	1958.24	5.6	1594.71	5.4	363.53	22.8
个人贷款：	14495.47	42.1	11664.04	39.8	2831.43	24.3
个人住房贷款	9108.79	26.4	7493.60	25.5	1615.19	21.6
个人经营贷款	856.12	2.5	639.78	2.2	216.34	33.8
信用卡	3493.12	10.1	2719.60	9.3	773.52	28.4
其他	1037.44	3.1	811.06	2.8	226.38	27.9
加：应计利息	85.82	0.2	0.00	0.0	85.82	
贷款和垫款总额	34500.33	100.0	29340.82	100.0	5159.51	17.6
减：减值准备	1048.53		956.37		92.16	9.6
贷款和垫款净额	33451.80		28384.45		5067.35	17.9

（2）贷款和垫款期限结构

2019 年末，该行未到期贷款和垫款中，剩余期限在一年以内的余额占比 98.2%，同比增长 17.0%（见表 3）；剩余期限在一年至五年以及五年以上的贷款与垫款占比分别为 1.6% 和 0.2%，同比分别增长 96.9% 和 41.2%。

表 3　　　　　　　　　　　　　贷款和垫款期限结构

	2019 年 12 月 31 日		2018 年 12 月 31 日		增加额（亿元）	增速（%）
	余额（亿元）	占比（%）	余额（亿元）	占比（%）		
一年以内	32842.72	98.2	28060.48	98.9	4782.24	17.0
一年到五年	536.33	1.6	272.44	1.0	263.89	96.9
五年以上	72.75	0.2	51.53	0.1	21.22	41.2
合计	33451.80	100.0	28384.45	100.0	5067.35	17.9

（3）不良贷款

2019 年末，兴业银行不良贷款余额 530.22 亿元，同比增长 14.9%；不良贷款率 1.54%，同比下降 0.03 个百分点（见表 4）。正常类贷款余额 3.32 万亿元，占比 96.68%，同比增长 0.30 个百分点；关注类贷款余额 613.63 亿元，占比 1.78%，同比下降 0.27 个百分点。核销及转出金额 365.26 亿元，同比增长 30.0%；不良贷款拨备覆盖率 199.1%，同比下降 8.15 个百分点；贷款拨备率 3.1%，同比下降 0.19 个百分点。

表 4　　　　　　　　　　　　　　　　　贷款五级分类

	2019 年 12 月 31 日		2018 年 12 月 31 日		增加额（亿元）	增速（%）
	金额（亿元）	占比（%）	金额（亿元）	占比（%）		
正常类贷款	33270.66	96.68	28278.98	96.38	4991.68	17.7
关注类贷款	613.63	1.78	600.44	2.05	13.19	2.2
不良类贷款	530.22	1.54	461.40	1.57	68.82	14.9
次级类贷款	197.41	0.57	194.11	0.66	3.30	1.7
可疑类贷款	212.09	0.62	184.42	0.63	27.67	15.0
损失类贷款	120.72	0.35	82.87	0.28	37.85	45.7
贷款合计	34414.51	100.0	29340.82	100.0	5073.69	17.3

2. 证券投资

2019 年末，兴业银行证券投资总额 2.70 万亿元，包括交易性金融资产、债权投资、其他债权投资、其他权益工具投资、以公允价值计量且其变动计入当期损益的金融资产、可供出售金融资产、应收款项类投资、持有至到期投资和长期股权投资，其占比 37.8%，同比下降 6.6%，其中，债券投资 1.40 万亿元，同比增长 3.3%（见表 5）。该行持有政府债[①]、金融债[②]及企业债券余额分别为 8973.69 亿元，1018.02 亿元以及 4023.48 亿元，其中企业债增幅明显，同比增长 25.4%，政府债和金融债同比分别下降 2.5% 和 11.8%。

表 5　　　　　　　　　　　　　　　　债券投资发行主体构成

	2019 年 12 月 31 日		2018 年 12 月 31 日		增加额（亿元）	增速（%）
	金额（亿元）	占比（%）	金额（亿元）	占比（%）		
政府债	8973.59	64.0	9202.55	67.8	− 228.96	− 2.5
金融债	1018.02	7.3	1154.17	8.5	− 136.15	− 11.8
企业债	4023.48	28.7	3208.28	23.7	815.20	25.4
合计	14015.09	100.0	13565.00	100.0	450.09	3.3

---

① 包括中国政府债券和中国人民银行债券。

② 包括政策性银行债券和商业银行及其他金融机构债券。

3. 同业往来资产

2019 年末，兴业银行同业往来资产 3605.96 亿元，同比增长 57.6%（见表 6），主要受拆出资金和存放同业及其他金融机构款项增加影响。其中，存放同业款项 872.60 亿元，同比增长 63.7%，占比 24.2%；拆出资金 2314.75 亿元，同比增长 135.4%，占比 64.2%；买入返售金融资产 418.61 亿元，同比下降 45.7%，占比 11.6%。

表 6　　　　　　　　　　　　　　　同业往来资产构成

	2019 年 12 月 31 日		2018 年 12 月 31 日		增加额（亿元）	增速（%）
	金额（亿元）	占比（%）	金额（亿元）	占比（%）		
存放同业及其他金融机构款项	872.60	24.2	533.03	23.3	339.57	63.7
拆出资金	2314.75	64.2	983.49	43.0	1331.26	135.4
买入返售款项	418.61	11.6	770.83	33.7	-352.22	-45.7
合计	3605.96	100.0	2287.35	100.0	1318.61	57.6

（二）负债分析

2019 年末，兴业银行负债总额 6.60 万亿元，同比增长 5.7%（见表 7），应付债券同比增长 25.3%，其他负债同比下降 25.3%。

表 7　　　　　　　　　　　　　　　负债规模及构成

	2019 年 12 月 31 日		2018 年 12 月 31 日		增加额（亿元）	增速（%）
	金额（亿元）	占比（%）	金额（亿元）	占比（%）		
向中央银行借款	1682.59	2.6	2685.00	4.3	-1002.41	-37.3
同业往来负债	16196.59	24.6	17962.83	28.8	-1766.24	-9.8
客户存款	37948.32	57.5	33035.12	52.9	4913.20	14.9
应付债券	8991.16	13.6	7178.54	11.5	1812.62	25.3
其他负债	1141.63	1.7	1529.24	2.5	-387.61	-25.3
负债总计	65960.29	100.0	62390.73	100.0	3569.56	5.7

1. 同业往来负债

2019 年末，兴业银行同业往来负债总额 1.62 万亿元，同比下降 9.8%（见表 8）。其中，同业和其他金融机构存放款项 1.23 万亿元，同比下降 8.2%，占比 76.2%。拆入资金 1923.10 亿元，同比下降 12.9 个百分点，占比 11.9%；卖出回购金融资产 1934.12 亿元，同比下降 16.1%，占比 11.9%。

表8   同业往来负债构成

	2019 年 12 月 31 日		2018 年 12 月 31 日		增加额（亿元）	增速（%）
	金额（亿元）	占比（%）	金额（亿元）	占比（%）		
同业存放	12339.37	76.2	13448.83	74.9	−1109.46	−8.2
拆入资金	1923.10	11.9	2208.31	12.3	−285.21	−12.9
卖出回购	1934.12	11.9	2305.69	12.8	−371.57	−16.1
合计	16196.59	100.0	17962.83	100.0	−1766.24	−9.8

2. 吸收存款

2019 年末，兴业银行吸收存款①余额 3.76 万亿元，同比增长 13.8%（见表9）。从客户结构上看，该行存款主要集中在公司存款，其余额 2.81 万亿元，同比增长 10.3%，占比 74.6%；个人存款余额 0.66 万亿元，同比增长 25.9%，占比 17.6%。

表9   存款客户结构

	2019 年 12 月 31 日		2018 年 12 月 31 日		增加额（亿元）	增速（%）
	金额（亿元）	占比（%）	金额（亿元）	占比（%）		
公司存款	28057.25	74.6	25433.01	77.0	2624.24	10.3
个人存款	6617.32	17.6	5255.73	15.9	1361.59	25.9
其他存款	2916.06	7.8	2346.38	7.1	569.68	24.3
合计	37590.63	100.0	33035.12	100.0	4555.51	13.8

从存款结构上看，该行存款以定期存款为主，定期存款 2.00 万亿元，占比 53.3%（见表10）；活期存款 1.46 万亿元，占比 38.9%。

表10   存款定活结构

	2019 年 12 月 31 日		2018 年 12 月 31 日		增加额（亿元）	增速（%）
	金额（亿元）	占比（%）	金额（亿元）	占比（%）		
活期存款	14639.08	38.9	12548.58	38.0	2090.50	16.7
定期存款	20035.49	53.3	18140.16	54.9	1895.33	10.4
其他存款	2916.06	7.8	2346.38	7.1	569.68	24.3
存款总额	37590.63	100.0	33035.12	100.0	4555.51	13.8

3. 应付债券

2019 年末，兴业银行应付债券余额 8991.16 亿元，同比增长 25.3%（见表11），主要

---

① 不含应计利息。

受二级资本债和同业存单发行增加影响。其中，已发行二级资本债 834.27 亿元，同比增加 314.92 亿元，同比增长 60.6%；已发行同业存单 6508.53 亿元，同比增加 1674.90 亿元，同比增长 34.7%。

表 11　　　　　　　　　　　　　　　应付债券结构

	2019 年 12 月 31 日		2018 年 12 月 31 日		增加额（亿元）	增速（%）
	金额（亿元）	占比（%）	金额（亿元）	占比（%）		
长期次级债	133.81	1.5	209.57	2.9	-75.76	-36.2
金融债券	1430.15	15.9	1502.44	20.9	-72.29	-4.8
二级资本债	834.27	9.3	519.35	7.2	314.92	60.6
同业存单	6508.53	72.4	4833.63	67.3	1674.90	34.7
存款证	47.73	0.5	97.57	1.4	-49.84	-51.1
资产支持证券	0.00	0.0	5.98	0.1	-5.98	-100.0
非公开定向债务融资工具	14.00	0.2	10.00	0.1	4.00	40.0
公司债券	22.67	0.3	0.00	0.0	22.67	
合计	8991.16	100.0	7178.54	100.0	1812.62	25.3

（三）收入、支出及利润

1. 利润分析

（1）利润表

2019 年，兴业银行实现营业利润 742.66 亿元（见表 12），利润总额 745.03 亿元，净利润 667.02 亿元，同比分别增长 9.4%、9.4% 和 8.9%，2018 年三项指标相应增速分别为 4.8%、5.1% 和 6.1%，本年三项指标增速均快于上年。

表 12　　　　　　　　　　　　　　　公司利润

	2019 年（亿元）	2018 年（亿元）	增加额（亿元）	变动率（%）
营业收入	1813.08	1582.87	230.21	14.5
营业支出	1070.42	903.73	166.69	18.4
营业利润	742.66	679.14	63.52	9.4
加：营业外收入	3.68	3.35	0.33	9.9
减：营业外支出	1.31	1.72	-0.41	-23.8
利润总额	745.03	680.77	64.26	9.4
减：所得税费用	78.01	68.32	9.69	14.2
净利润	667.02	612.45	54.57	8.9

（2）拨备前利润情况

2019 年末，该行计提资产减值 580.88 亿元（见表 13），同比增长 25.2%，考虑计提资产减值因素，该行 2019 年拨备前利润总额 1325.91 亿元，同比增长 15.8%。

表13   拨备前利润

	2019 年（亿元）	2018 年（亿元）	增加额（亿元）	变动率（%）
利润总额	745.03	680.77	64.26	9.4
本年计提资产减值	580.88	464.04	116.84	25.2
拨备前利润	1325.91	1144.81	181.10	15.8

2. 收入分析

2019 年末，兴业银行实现营业收入 5985.88 亿元，同比增长 14.5%（见表14）。其中，利息净收入 1029.88 亿元，占比 56.8%，同比下降 3.6 个百分点；手续费及佣金净收入 496.79 亿元，占比 27.4%，同比增长 0.2 个百分点；投资净收益 249.92 亿元，占比 13.8%，同比下降 2.9 个百分点；其他收入 36.49 亿元，占比 2.0%。

表14   营业收入构成

	2019 年		2018 年		增加额（亿元）	变动率（%）
	金额（亿元）	占比（%）	金额（亿元）	占比（%）		
利息净收入	1029.88	56.8	956.57	60.4	73.31	7.7
手续费及佣金净收入	496.79	27.4	429.78	27.2	67.01	15.6
投资净收益	249.92	13.8	264.82	16.7	−14.90	−5.6
其他收入	36.49	2.0	−68.3	−4.3	104.79	−153.4
合计	1813.08	100.0	1582.87	100.0	230.21	14.5

（1）利息收入与支出

截至 2019 年末，兴业银行实现利息收入 2696.77 亿元，同比下降 0.3%（见表15）。其中，存放中央银行款项利息收入 62.09 亿元，同比下降 5.1%；投资性利息收入 949.76 亿元，同比下降 23.3%；同业往来利息收入 96.77 亿元，同比增长 14.1%；发放贷款和垫款利息收入 1531.53 亿元，同比增长 22.7%；其他利息收入 56.62 亿元，同比下降 18.6%。

表15   利息收入构成

	2019 年		2018 年		增加额（亿元）	变动率（%）
	金额（亿元）	占比（%）	金额（亿元）	占比（%）		
存放中央银行款项	62.09	2.3	65.45	2.4	−3.36	−5.1
投资性利息收入	949.76	35.2	1237.81	45.7	−288.05	−23.3
同业往来	96.77	3.6	84.80	3.1	11.97	14.1
客户贷款和垫款	1531.53	56.8	1248.19	46.1	283.34	22.7
其他	56.62	2.1	69.53	2.6	−12.91	−18.6
利息收入合计	2696.77	100.0	2705.78	100.0	−9.01	−0.3

2019 年末，该行利息支出 1666.89 亿元，同比下降 4.7%（见表16）。其中，向中央银行借款利息支出 72.15 亿元，同比下降 16.5%；同业往来利息支出 447.25 亿元，同比下降 34.6%；吸收存款利息支出 866.91 亿元，同比增长 23.9%；应付债券利息支出 278.12 亿

元，同比增长 0.4%；其他付息负债利息支出 2.46 亿元，同比增长 8.4%。

表 16 利息支出构成

	2019 年		2018 年		增加额（亿元）	变动率（%）
	金额（亿元）	占比（%）	金额（亿元）	占比（%）		
向中央银行借款	72.15	4.3	86.39	4.9	−14.24	−16.5
同业往来	447.25	26.8	683.63	39.1	−236.38	−34.6
吸收存款	866.91	52.0	699.85	40.0	167.06	23.9
应付债券	278.12	16.7	277.07	15.8	1.05	0.4
其他	2.46	0.1	2.27	0.1	0.19	8.4
合计	1666.89	100.0	1749.21	100.0	−82.32	−4.7

（2）手续费及佣金净收入

2019 年末，该行手续费及佣金净收入 496.79 亿元，同比增长 15.6%；手续费及佣金总收入 536.34 亿元，同比增长 14.0%（见表 17）。其中，银行卡手续费收入 301.74 亿元，同比增长 40.9%；代理业务手续费收入 32.69 亿元，同比增长 22.4%；担保类业务 15.91 亿元，同比增长 4.3%，承诺类业务 15.91 亿元，同比增长 4.3%；交易类业务 10.05 亿元，同比增长 6.7%；资金理财业务手续费 24.69 亿元，同比增长 16.6%，结算类业务收入 13.95 亿元，同比下降 17.1%。

表 17 手续费及佣金净收入构成

	2019 年		2018 年		增加额（亿元）	变动率（%）
	金额（亿元）	占比（%）	金额（亿元）	占比（%）		
结算类业务	13.95	2.6	16.82	3.6	−2.87	−17.1
银行卡业务	301.74	56.3	214.08	45.5	87.66	40.9
代理类业务	32.69	6.1	26.70	5.7	5.99	22.4
担保类业务	15.91	3.0	15.26	3.2	0.65	4.3
托管类业务	27.07	5.0	34.05	7.2	−6.98	−20.5
承诺类业务	15.91	3.0	15.26	3.2	0.65	4.3
交易类业务	10.05	1.9	9.42	2.0	0.63	6.7
咨询类业务	92.72	17.3	111.24	23.6	−18.52	−16.6
资金理财业务手续费	24.69	4.6	21.18	4.5	3.51	16.6
投行类业务手续费	9.11	1.7	11.34	2.4	−2.23	−19.7
其他	−7.50	−1.4	−4.73	−1.0	−2.77	58.6
手续费及佣金收入	536.34	100.0	470.62	100.0	65.72	14.0
减：手续费及佣金支出	39.55		40.84		−1.29	−3.2
手续费及佣金净收入	496.79		429.78		67.01	15.6

3. 支出分析

2019 年末，兴业银行营业支出 1070.42 亿元，同比增长 18.4%（见表 18），主要受资产减值损失增加影响。其中，业务及管理费支出 465.57 亿元，占比 43.5%，同比下降 3.1

个百分点；资产减值损失 580.88 亿元，占比 54.3%，同比增长 3.0 个百分点；其他业务成本 6.41 亿元，同比增长 29.0%。

表18 营业支出构成

	2019 年		2018 年		增加额（亿元）	变动率（%）
	金额（亿元）	占比（%）	金额（亿元）	占比（%）		
营业税金及附加	17.56	1.6	14.08	1.6	3.48	24.7
业务及管理费	465.57	43.5	420.64	46.6	44.93	10.7
资产减值损失	580.88	54.3	464.04	51.3	116.84	25.2
其他业务成本	6.41	0.6	4.97	0.5	1.44	29.0
营业支出合计	1070.42	100.0	903.73	100.0	166.69	18.4

2019 年末，该行业务及管理费 465.57 亿元，同比增长 10.7%，其中，员工费用和业务费用分别为 280.08 亿元、31.07 亿元，同比分别增长 6.8% 和 3.5%，占比分别为 60.2% 和 6.7%（见表19），其他一般及行政费用 132.43 亿元，同比增长 27.2%。

表19 业务及管理费构成

	2019 年		2018 年		增加额（亿元）	变动率（%）
	金额（亿元）	占比（%）	金额（亿元）	占比（%）		
员工费用	280.08	60.2	262.29	62.4	17.79	6.8
业务费用	31.07	6.7	30.03	7.1	1.04	3.5
折旧和摊销	21.99	4.7	24.23	5.8	−2.24	−9.2
其他一般及行政费用	132.43	28.4	104.09	24.7	28.34	27.2
业务及管理费合计	465.57	100.0	420.64	100.0	44.93	10.7

2019 年末，该行员工总数 60455 人，同比减少 2589 人；网点数 2019 个，同比减少 13 个（见表20）。人均薪酬 49.15 万元，同比增长 11.8%；人均费用 81.48 万元，同比增长 15.6%；人均产值/人均薪酬 6.45，同比增长 7.0%；点均业务及管理费 2305.94 万元，同比增长 11.4%。

表20 人均薪酬及人均/点均费用

	2019 年	2018 年	增加额	变动率（%）
员工数（人）	60455	63044	−2589	−4.1
网点数（个）	2019	2032	−13	−0.6
人均薪酬（万元）	49.15	43.96	5.19	11.8
人均费用（万元）	81.48	70.51	10.97	15.6
人均产值（万元）	317.29	265.32	51.97	19.6
人均产值/人均薪酬	6.45	6.03	0.42	7.0
点均业务及管理费用（万元）	2305.94	2070.08	235.86	11.4

（四）金融科技及产品创新

1. 金融科技

2019年，兴业银行重视金融科技发展，以数据驱动业务经营管理，完成流程银行建设；结合兴业数金公司化平台吸纳人才，逐步提高科技人员占比；设立数字化转型办公室，统筹推进数字化转型的规划和实施、重大项目推动、金融科技创新孵化等工作。报告期内，全行信息科技正式员工1910人，科技人员占比约4.07%，信息科技投入35.65亿元，同比增长24.66%。建设开放银行场景拓展与生态互联FBC系统，探索研究第三方开放平台建设方案、持续升级"兴车融"平台、上线新版手机银行；"好兴动"APP年度新增绑卡用户825万；优化升级企业网银6.0；升级网络支付清算系统，实现第三方支付业务全覆盖，有效满足监管"断直连"工作要求；上线"数字人小兴"等30项功能，提升网点智能化水平；建设优化私人银行潜力客户提升、零售潜力VIP客户提升、客户流失预警等数据挖掘模型，报告期内累计新增约20万名VIP客户，累计提升零售综合金融资产约600亿元；推动RPA流程机器人规模化应用，全面部署财报智能识别录入与信审报告制作流程机器人，报告期末累计交付400多个机器人，减少运营成本超1000万元，累计新增收入超过7亿元。

2. 产品创新

2019年，兴业银行创新"兴业管家"深化小微企业服务，在满足小微企业支付结算、财富管理的基础上，推出小微企业全流程线上融资、"兴财资"资产推介撮合交易平台、他行客户注册制等功能。开展支付业务创新，代理近300家境内外中小金融机构、财务公司等接入支付清算渠道，投产国库业务自助划库功能，拓展SWIFT全球银企直连业务，推出"票据池""秒贴"等功能，有效助力业务条线增强产品优势。完成境内机构跨境支付清算渠道的整合，建设全国统一的跨行支付清算渠道。推进"轻流程、轻制度"改造，以自动化、智能化赋能效率提升，智能客服已接入公司16个服务渠道，报告期内智能客服分流率22.64%，同比增长3.99个百分点；推广人脸识别、厅堂VIP客户识别、厅堂智能机器人等流程银行智慧网点项目建设成果。持续强化运营风险管理，深入开展啄木鸟会计案防系统、会计风险监控系统建设，搭建数据分析实验室，加强非现场和现场检查的融合互动。

三、社会责任分析

（一）公司治理

2019年，兴业银行公司治理架构未发生变化。该行董事会由14名董事构成，包括10名非执行董事（含5名独立非执行董事）和4名执行董事，董事会下设战略委员会、风险管理与消费者权益保护委员会、审计与关联交易控制委员会、提名委员会、薪酬考核委员会5个委员会。报告期内，共召开董事会会议6次，董事会各委员会会议22次，审议或听取各项议题197项。监事会由8名监事构成，包括2名股权监事、3名职工监事和

3 名外部监事；公司监事会下设监督委员会和提名、薪酬与考核委员会两个专门委员会。报告期内，共召开监事会会议 5 次，监事会各专门委员会会议 4 次，审议或听取各项议题 41 项。报告期内，该行共有高级管理层成员共 5 名，包括 1 名行长和 4 名副行长。

在信息披露方面，该行严格执行监管法规，依法开展信息披露。按期编制披露定期报告，公平及时披露重大事项，报告期内发布会议决议、优先股挂牌、利润分配、现金分红说明会、子公司筹建、发行二级资本债券、发行绿色金融债券等 40 余份临时公告和治理文件。加强信息披露事务内部管理，组织做好内幕信息保密工作和知情人登记备案，以及股权和关联交易专项整治自查。

在投资者关系方面，该行持续开展多种形式的投资者关系活动，综合运用定期业绩推介、专题推介、券商会议、投资者走访等方式，借助上交所"E 互动"平台、投资者网上集体接待日活动、投资者热线、电子邮件等线上渠道，进一步贴近市场，提升各类投资者交流的针对性和有效性。

（二）社会绩效

1. 扶贫

2019 年，兴业银行开展定点扶贫助力政和县脱贫攻坚，支援贫困地区基础设施建设，支持教育公益事业，派出业务骨干深入脱贫攻坚一线；积极探索绿色扶贫融资服务，结合国家精准扶贫工作安排，重点支持扶贫相关的光伏电站、生态保护、旅游产业和符合标准的绿色农业、林业等项目；以自有电商平台——兴业商城为载体，挂钩扶贫点农产品，搭建"兴公益"系列好物专区，通过线上线下扩大产品销路，助力贫困地区百姓脱贫致富，累计 10 家分行上架扶贫相关商品 256 个，其中，来自国家级贫困县商品共 185 个，来自省级贫困县商品共 71 个；通过银银平台代理 29 家国家级贫困县和 18 家省级贫困县共计 47 家村镇银行接入人民银行现代化支付系统；代理 21 家国家级贫困县和 18 家省级贫困县共计 39 家村镇银行银联卡清算；代理 16 家国家级贫困县和 13 家省级贫困县共计 29 家村镇银行接入网联，且 29 家村镇银行已实现全部接入财付通；代理 2 家国家级贫困县和 5 家省级贫困县共计 7 家村镇银行接入支付宝，使当地居民享受现代支付服务的便利。报告期内，该行精准扶贫贷款余额合计 145.29 亿元，同比增加 24.30 亿元，同比增长 20.08%；单位精准扶贫贷款余额 74.64 亿元，同比增加 3.45 亿元，同比增长 4.85%，其中，产业精准扶贫贷款余额 51.60 亿元，同比增加 8.13 亿元，同比增长 18.70%；个人精准扶贫贷款余额 70.65 亿元，同比增加 20.85 亿元，同比增长 41.87%，笔数 131575 笔。公益捐款额 3646.79 万元，同比下降 1.4%（见表 21）；每股社会贡献值[①]为 14.00，同比增长 1.3%。

---

① 每股社会贡献值 = 每股收益 + （纳税额 + 职工费用 + 利息支出 + 公益投入总额 − 社会成本）/期末总股本。

表 21   社会贡献

	2019 年	2018 年	增加额
公益捐款（万元）	3646.79	3700.00	−53.21
每股社会贡献值（元）	14.00	13.82	0.18
金融精准扶贫贷款余额（亿元）	145.29	120.99	24.3
其中：单位精准扶贫贷款余额（亿元）	74.64	71.19	3.45
单位精准扶贫贷款 – 产业类余额（亿元）	51.60	43.47	8.13
单位精准扶贫贷款 – 项目类余额（亿元）	23.04	27.72	−4.68
其中：个人精准扶贫贷款余额（亿元）	70.65	49.8	20.85
金融精准扶贫贷款带动服务人数（人）	129548	126845	2703

2. 普惠

2019 年，兴业银行累计中小企业客户数 70.99 万户，同比增加 7.74 万户，贷款余额 8257.44 亿元，同比增加 1558.20 亿元；普惠型小微企业贷款客户 5.64 万户，同比增加 2.04 万户，贷款余额 1260.49 亿元，同比增加 340.51 亿元，同比分别增长 56.67%、37.01%，超额完成"两增两控"监管要求；民营企业贷款客户 2.43 万户，贷款余额 7388.35 亿元，同比增加 984.32 亿元。中小企业落地集群业务 576 个，同比增加 154 个，集群项下信用客户 10274 户，较期初增加 2588 户。上线运行公司自主研发的小微企业线上融资系统，推出"快易贷""快押贷"两大线上融资产品，通过线上风控评审快速批贷放贷；加强工业厂房贷款、设备按揭、诚易贷、税易融等线下重点产品投放，持续推进"连连贷"业务，降低企业续贷融资成本；加快市场优势产品创新，创设"年审贷""知识产权质押""科技贷""添利小微理财"等产品。启动科创高新园区平台营销活动，推出"芝麻开花·科创小巨人"专项营销计划，配套科创金融产品创新，积极发挥"芝麻开花·兴投资"引客带客作用，公司科创金融客户 2.75 万户，同比增加 3609 户。

3. 员工及机构情况

（1）员工人数及结构

2019 年末，兴业银行的全行在职员工 57142 人，同比减少 2517 人。从员工专业构成看，业务类、保障类和管理类员工占比分别为 79.6%、14.1%、6.3%（见图 1）。从教育文化程度看，大学本科占比 74.6%，研究生及以上占比 17.3%，大专占比 7.4%，中专及以下占比 0.7%。

（2）员工培训

2019 年，该行持续加强建设与公司战略转型与业务发展相适应的人才培养体系，升级优化与业务和员工个人成长紧密相连的品牌培训项目，推进培训基础运营、人才培养、知识共享和问题解决等平台建设。报告期内，员工培训项目 4969 项，同比增长 10.8%（见表 22）；接受培训员工 47 万人次，同比增长 0.8%；员工培训覆盖率 75%；每名员工每年接受培训的平均小时数为 182 小时，同比增长 23.8%；员工培训经费支出 12149 万元，同比下降 35.4%。

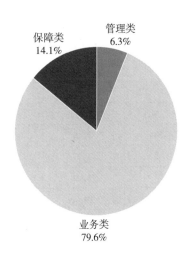

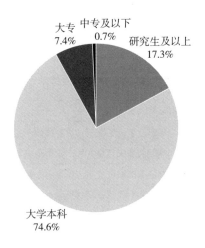

图 1　员工专业构成及教育文化程度分布

表 22　　　　　　　　　　　　　　　员工培训情况

	2019 年	2018 年	增加额	增速（%）
员工培训项目数（项）	4969	4483	486	10.8
接受培训员工（万人次）	47.00	46.63	0.37	0.8
员工培训覆盖率（%）	75.0	75.0	0.0	0.0
每名员工每年接受培训的平均小时数	182	147	35	23.8
员工培训经费支出（万元）	12149	18800	−6651	−35.4

（3）机构情况

2019 年末，该行营业网点数 2019 家，同比减少 13 家；"智能柜台"设备数量 4942 台，同比增加 108 台，同比增长 2.2%（见表 23）。

表 23　　　　　　　　　　　　　　　机构情况

	2019 年	2018 年	变化量	变动率（%）
营业网点数目（家）	2019	2032	−13	−0.6
"智能柜台"设备数量（台）	4942	4834	108	2.2

4. 客户服务

2019 年，兴业银行持续推进消费者权益保护体制机制建设，强化风险管理与消费者权益保护委员履职，加快投诉系统建设，加强内部监督考核，全方位落实消费者权益保护工作。提升消保宣传质效，注重关爱特殊群体，改善消费者服务体验，保障消费者合法权益，投诉率继续保持较低水平。报告期内，荣获 2019 年"3·15"银行业和保险业消费者权益保护教育宣传周活动优秀组织单位、2019 年金融联合教育宣传活动优秀组织单位、中国银行业协会"普及金融知识万里行活动"最佳成效单位等荣誉。

（三）环境绩效

1. 绿色金融

2019 年，兴业银行持续推进绿色金融领域信贷支持，重点支持污水处理、城市天然气等环境治理和清洁能源领域。同时，加大对存在较大生态危害性的行业、项目和企业的环境违法信息的重点关注，加强对企业重大安全生产事故、社区纠纷、劳资纠纷等环境与社会风险信息收集与评估。逐步压缩退出低端落后产能企业，加强高耗能、高排放行业的信贷风险管理，在保证总体策略延续不变的情况下，采取"控制增量，优化存量"的风险策略，紧跟深化供给侧结构性改革思路，加强结构调整，区别对待，有保有压，并重点关注行业中的企业分化，坚持优势区域和优质龙头"双优"策略优化业务结构，通过提高业务准入、行业限额管理、名单制管理等措施，助力国家供给侧结构性改革。对于不符合国家政策、环保不达标、审批手续不齐全的项目，对未取得合法手续的建设项目，一律不予放贷、发债。同时，继续加强环境与社会风险预警机制建设，深化与环保公益组织合作，为授信项目全周期管理提供信息支持。继续实践国际融资中环境与社会风险管理黄金基准——赤道原则，持续加强赤道原则项目存续期环境与社会影响绩效的监测评估，细化赤道原则项目全流程管理工具的科学性和应用性，持续进行赤道原则及环境与社会风险管理培训宣贯。根据中国银保监会和中国人民银行批复，获准在全国银行间债券市场公开发行不超过 800 亿元的绿色金融债券，募集资金专项用于绿色产业项目贷款。在 2018 年发行两期绿色金融债券共计 600 亿元的基础上，该行于 2019 年 7 月 18 日发行 2019 年第一期绿色金融债券，总额 200 亿元。

2. 绿色运营

2019 年，兴业银行积极贯彻国家低碳经济政策，坚持可持续发展的公司治理理念，并贯穿于运营管理各个方面，坚持"低碳办公，绿色运营"，从水、电、纸、油等方面节能降耗。同时，该行搭建采购与实物资产管理系统，加强对供应商在安全生产、环保认证、劳动保护等方面的审查和引导。该行总部办公耗水总量 23.17 万吨，同比增长 69.5%（见表 24）；办公耗水总量 4915.06 万吨，同比增长 97.1%；办公用纸总量 8.01 万吨，同比下降 14.4%；公务车耗油总量 20.79 万升，同比下降 87.1%；办公场所二氧化碳排放量 3.99 万吨，同比增长 60.3%；视频会议次数占总会议次数的 26.7%，同比增长 18.6%；视频设备覆盖率 100%。

表 24　　　　　　　　　　　　　　　　绿色运营

总部能耗	2019 年	2018 年	增加额	变动率（%）
办公耗水总量（万吨）	23.17	13.67	9.50	69.5
办公耗电总量（万度）	4915.06	2493.34	2421.72	97.1
办公用纸总量（万吨）	8.01	9.36	−1.35	−14.4
公务车耗油总量（万升）	20.79	161.54	−140.75	−87.1
办公场所二氧化碳排放量（万吨）	3.99	2.49	1.50	60.3
视频会议次数占总会议次数的比例（%）	26.7	22.5	4.2	18.6
视频设备覆盖率（%）	100	100	0.00	0.0

年报六　平安银行 2019 年度报告分析

一、基本情况

平安银行股份有限公司（以下简称平安银行）是全国性股份制商业银行，原名为深圳发展银行股份有限公司，是在对深圳经济特区原 6 家农村信用合作社进行股份制改造的基础上设立的股份制商业银行。1987 年 11 月获中国人民银行同意设立，同年 12 月该行正式成立，1991 年 4 月 3 日在深圳证券交易所（000001.SZ）挂牌上市，是中国内地第一家上市公司。

2019 年，该行控股股东为中国平安保险（集团）股份有限公司（以下简称中国平安），中国平安及其控股子公司平安寿险合计持有该行 58.0% 的股份。其中，中国平安持有该行 49.56% 的股份，平安寿险持有该行 8.44% 的股份。

2019 年末，该行总资产 3.94 万亿元，营业收入 1379.58 亿元，发放贷款和垫款总额（含贴现）2.32 万亿元，不良贷款率为 1.65%。

二、业务经营分析

（一）资产分析

2019 年末，平安银行资产总额 3.94 万亿元，同比增长 15.2%（见表 1），同比增长 7.8 个百分点，主要受发放贷款和垫款、证券投资和其他资产增长影响。

表 1　　　　　　　　　　　　　　　　资产规模及构成

	2019 年 12 月 31 日		2018 年 12 月 31 日		增加额（亿元）	增速（%）
	金额（亿元）	占比（%）	金额（亿元）	占比（%）		
现金及存放央行款项	2522.30	6.4	2785.28	8.1	-262.98	-9.4
同业往来资产	2272.69	5.8	1950.17	5.7	322.52	16.5
发放贷款和垫款	22593.49	57.4	19497.57	57.0	3095.92	15.9
证券投资	10655.80	27.1	8717.77	25.5	1938.03	22.2
其他资产	1346.42	3.4	1235.13	3.6	111.29	9.0
资产总计	39390.70	100.0	34185.92	100.0	5204.78	15.2

注：发放贷款和垫款为净额。

1. 贷款和垫款

2019 年末，平安银行客户贷款与垫款净额 16.33 万亿元，占比 57.4%，同比增长 15.9%。

（1）企业及个人贷款和垫款

2019 年末，该行贷款与垫款总额 2.17 万亿元（见表 2），其中，公司类贷款和垫款 0.81 万亿元，同比增长 3.5%，占比 37.3%；个人贷款 1.36 万亿元，同比增长 17.6%，占比 62.5%。

表 2   企业及个人贷款和垫款

	2019 年 12 月 31 日		2018 年 12 月 31 日		增加额（亿元）	增速（%）
	金额（亿元）	占比（%）	金额（亿元）	占比（%）		
企业贷款及垫款：	8094.99	37.3	7818.29	40.3	276.70	3.5
贷款	8094.99	37.3	7818.29	40.3	276.70	3.5
个人贷款：	13572.21	62.5	11540.13	59.4	2032.08	17.6
房屋按揭及持证抵押贷款	4110.66	18.9	3107.93	16.0	1002.73	32.3
新一贷（特色产品）	1573.64	7.2	1537.45	7.9	36.19	2.4
汽车金融贷款	1792.24	8.2	1720.29	8.9	71.95	4.2
信用卡应收账款	5404.34	24.9	4732.95	24.4	671.39	14.2
其他	691.33	3.2	441.51	2.3	249.82	56.6
加：应计利息	57.04	0.3	62.61	0.3	−5.57	−8.9
贷款和垫款总额	21724.24	100.0	19421.03	100.0	2303.21	11.9
减：减值准备	695.60		540.33		155.27	28.7
贷款和垫款净额	21028.64		18880.70		2147.94	11.4

（2）贷款和垫款期限结构

2019 年末，该行未到期贷款和垫款剩余期限主要集中在 1 年以内，余额占比 52.0%；1～5 年和 5 年以上期限贷款和垫款占比分别为 26.8%、20.6%（见表 3）。其中，逾期/即时偿还的贷款和垫款降幅较大，同比下降 46.8%；1～5 年和 5 年以上的贷款和垫款同比分别增长 18.9%、26.8%。

表 3   贷款和垫款期限结构

	2019 年		2018 年		增加额（亿元）	增速（%）
	金额（亿元）	占比（%）	金额（亿元）	占比（%）		
逾期/即时偿还	158.28	0.6	297.58	1.3	−139.30	−46.8
1 年以内	13697.53	52.0	12072.35	53.4	1625.18	13.5
1～5 年	7071.56	26.8	5946.41	26.3	1125.15	18.9
5 年以上	5433.04	20.6	4284.93	19.0	1148.11	26.8
合计	26360.41	100.0	22601.27	100.0	3759.14	16.6

（3）不良贷款

2019 年末，该行不良贷款余额 382.33 亿元，同比增长 9.5%；不良贷款率 1.65%，同比下降 0.10 个百分点（见表 4）。正常类 2.24 万亿元，占比 96.34%，同比增长 0.82 个百分点；关注类 466.65 亿元，占比 2.01%，下降 0.72 个百分点。该行核销/处置不良贷款 475.55 亿元，同比增长 2.5%；不良贷款拨备覆盖率 183.12%，同比增长 27.88 个百分点；贷款拨备率 3.01%，同比增长 0.30 个百分点。

表 4 贷款五级分类

	2019 年 12 月 31 日		2018 年 12 月 31 日		增加额（亿元）	增速（%）
	金额（亿元）	占比（%）	金额（亿元）	占比（%）		
正常类贷款	22383.07	96.34	19080.72	95.52	3302.35	17.3
关注类贷款	466.65	2.01	545.52	2.73	-78.87	-14.5
不良类贷款	382.33	1.65	349.05	1.75	33.28	9.5
其中：次级类贷款	188.91	0.81	179.55	0.9	9.36	5.2
可疑类贷款	62.72	0.27	45.09	0.23	17.63	39.1
损失类贷款	130.70	0.57	124.41	0.62	6.29	5.1
贷款合计	23232.05	100.0	19975.29	100.0	3256.76	16.3

2. 证券投资

2019 年末，平安银行证券投资总额 1.07 万亿元，占总资产的 27.1%，同比增长 22.2%，其中，债券投资 9819.79 亿元，同比增长 23.2%（见表 5）。

2019 年末，该行持有政府债①、金融债②及企业债券分别为 4622.49 亿元、2395.69 亿元、674.57 亿元，同比分别增长 29.5%、25.7%、75.1%，企业债增幅相对明显。

表 5 债券投资发行主体构成

	2019 年 12 月 31 日		2018 年 12 月 31 日		增加额（亿元）	增速（%）
	金额（亿元）	占比（%）	金额（亿元）	占比（%）		
政府债	4622.49	47.1	3569.95	36.4	1052.54	29.5
金融债	2395.69	24.4	1905.81	19.4	489.88	25.7
企业债	674.57	6.9	385.19	3.9	289.38	75.1
其他	2127.04	21.7	2109.63	21.5	17.41	0.8
合计	9819.79	100.0	7970.58	81.2	1849.21	23.2

---

① 包括中国政府债券和中国人民银行债券。

② 包括政策性银行债券和商业银行及其他金融机构债券。

3. 同业往来资产

2019 年末，平安银行同业往来资产 2272.69 亿元，同比增长 16.5%（见表 6）。其中，存放同业款项 856.84 亿元，同比增长 0.7%，占比 37.7%；拆出资金 793.69 亿元，同比增长 8.8%，占比 34.9%；买入返售 622.16 亿元，同比增长 68.2%，占比 27.4%。

表 6　　　　　　　　　　　　　　同业往来资产构成

	2019 年 12 月 31 日		2018 年 12 月 31 日		增加额（亿元）	增速（%）
	金额（亿元）	占比（%）	金额（亿元）	占比（%）		
存放同业	856.84	37.7	850.98	43.6	5.86	0.7
拆出资金	793.69	34.9	729.34	37.4	64.35	8.8
买入返售款项	622.16	27.4	369.85	19.0	252.31	68.2
合计	2272.69	100.0	1950.17	100.0	322.52	16.5

（二）负债分析

2019 年末，平安银行负债总额 3.63 万亿元，同比增长 14.1%（见表 7），主要受应付债券、其他负债和客户存款增长影响。

表 7　　　　　　　　　　　　　　负债规模及构成

	2019 年 12 月 31 日		2018 年 12 月 31 日		增加额（亿元）	增速（%）
	金额（亿元）	占比（%）	金额（亿元）	占比（%）		
向中央银行借款	1133.31	3.1	1497.56	4.7	-364.25	-24.3
同业往来负债	4348.61	12.0	4253.32	13.4	95.29	2.2
客户存款	24597.68	67.8	21491.42	67.6	3106.26	14.5
应付债券	5137.62	14.2	3818.84	12.0	1318.78	34.5
其他负债	1043.65	2.9	724.36	2.3	319.29	44.1
负债总计	36260.87	100.0	31785.50	100.0	4475.37	14.1

1. 同业往来负债

2019 年末，平安银行同业往来负债总额 4348.61 亿元，同比增长 2.2%（见表 8）。其中，同业存放 3686.91 亿元，同比下降 6.1%，占比 84.8%；拆入资金 260.71 亿元，占比 6.0%；卖出回购 400.99 亿元，同比增长 402.0%，占比 9.2%。

表 8　　　　　　　　　　　　　　同业往来负债构成

	2019 年 12 月 31 日		2018 年 12 月 31 日		增加额（亿元）	增速（%）
	金额（亿元）	占比（%）	金额（亿元）	占比（%）		
同业存放	3686.91	84.8	3927.38	92.3	-240.47	-6.1
拆入资金	260.71	6.0	246.06	5.8	14.65	6.0
卖出回购	400.99	9.2	79.88	1.9	321.11	402.0
合计	4348.61	100.0	4253.32	100.0	95.29	2.2

2. 吸收存款

2019 年末，平安银行吸收存款余额 2.44 万亿元①（见表 9），同比增长 14.5%。从客户结构来看，公司存款余额 1.85 万亿元，同比增长 11.2%，占比 76.0%；个人存款余额 0.58 万亿元，同比增长 26.4%，占比 24.0%。零售存款业务增速持续快于公司存款业务。

表 9　　　　　　　　　　　　　　　存款客户结构

	2019 年 12 月 31 日		2018 年 12 月 31 日		增加额（亿元）	增速（%）
	金额（亿元）	占比（%）	金额（亿元）	占比（%）		
公司存款	18532.62	76.0	16669.66	78.3	1862.96	11.2
个人存款	5836.73	24.0	4615.91	21.7	1220.82	26.4
合计	24369.35	100.0	21285.57	100.0	3083.78	14.5

从期限结构来看，该行活期存款余额 7952.66 亿元，同比增长 12.5%，占比 32.6%（见表 10）；定期存款余额 13948.39 亿元，同比增长 19.5%，占比 57.2%。

表 10　　　　　　　　　　　　　　　存款定活结构

	2019 年 12 月 31 日		2018 年 12 月 31 日		增加额（亿元）	增速（%）
	金额（亿元）	占比（%）	金额（亿元）	占比（%）		
活期存款	7952.66	32.6	7068.59	33.2	884.07	12.5
定期存款	13948.39	57.2	11667.44	54.8	2280.95	19.5
其他存款	2468.30	10.1	2549.54	12.0	-81.24	-1.85
合计	24369.35	100.0	21285.57	100.0	3083.78	14.5

3. 已发行债务证券

2019 年末，平安银行应付债券余额 5137.62 亿元，同比增长 34.5%（见表 11）。其中，同业存单 4184.22 亿元，同比增长 39.4%。

表 11　　　　　　　　　　　　　　　应付债券结构

	2019 年 12 月 31 日		2018 年 12 月 31 日		增加额（亿元）	增速（%）
	金额（亿元）	占比（%）	金额（亿元）	占比（%）		
混合资本债券	36.50	0.7	51.16	1.3	-14.66	-28.7
金融债	5.00	0.1	499.83	13.1	-494.83	-99.0
二级资本债券	4.00	0.1	250.00	6.5	-246.00	-98.4
同业存单	4184.22	81.4	3001.29	78.6	1182.93	39.4
应付利息	17.18	0.3	16.56	0.4	0.62	3.7
合计	5137.62	100.0	3818.84	100.0	1318.78	34.5

---

① 不含应计利息。

（三）收入、支出及利润

1. 利润分析

（1）利润

2019 年，平安银行实现营业利润 362.89 亿元（见表 12），利润总额 362.40 亿元，净利润 281.95 亿元，同比分别增长 12.3%、12.4%、13.6%。

表 12　公司利润

	2019 年（亿元）	2018 年（亿元）	增加额（亿元）	变动率（%）
营业收入	1379.58	1167.16	212.42	18.2
营业支出	1016.69	844.11	172.58	20.4
营业利润	362.89	323.05	39.84	12.3
加：营业外收入	0.99	0.28	0.71	253.6
减：营业外支出	1.48	1.02	0.46	45.1
利润总额	362.40	322.31	40.09	12.4
减：所得税费用	80.45	74.13	6.32	8.5
净利润	281.95	248.18	33.77	13.6

（2）拨备前利润情况

2019 年，该行计提资产减值 595.27 亿元（见表 13），同比增长 24.3%。考虑计提资产减值因素，该行 2019 年拨备前利润总额 957.67 亿元，同比增长 19.6%。

表 13　拨备前利润

	2019 年（亿元）	2018 年（亿元）	增加额（亿元）	变动率（%）
利润总额	362.40	322.31	40.09	12.4
本年计提资产减值	595.27	478.71	116.56	24.3
拨备前利润	957.67	801.02	156.65	19.6

2. 收入分析

2019 年，平安银行实现营业收入 1379.58 亿元，同比增长 18.2%（见表 14）。其中，利息净收入 899.61 亿元，同比增长 20.4%，占比 65.2%；手续费及佣金净收入 367.43 亿元，占比 26.6%；投资净收益占比 7.0%；其他收入变动幅度较小。

表 14　营业收入构成

	2019 年		2018 年		增加额（亿元）	变动率（%）
	金额（亿元）	占比（%）	金额（亿元）	占比（%）		
利息净收入	899.61	65.2	747.45	64.0	152.16	20.4
手续费及佣金净收入	367.43	26.6	312.97	26.8	54.46	17.4
投资净收益	97.10	7.0	91.86	7.9	5.24	5.7
其他	15.44	1.1	14.88	1.3	0.56	3.8
合计	1379.58	100.0	1167.16	100.0	212.42	18.2

（1）利息收入与支出

2019 年，该行实现利息收入 1775.49 亿元，同比增长 9.0%（见表 15），主要受投资性利息收入、客户贷款和垫款利息收入增长影响。

表 15 利息收入构成

	2019 年		2018 年		增加额（亿元）	变动率（%）
	金额（亿元）	占比（%）	金额（亿元）	占比（%）		
存放中央银行款项	33.45	1.9	40.02	2.5	−6.57	−16.4
投资性利息收入	309.13	17.4	283.63	17.4	25.50	9.0
同业往来	96.81	5.5	109.33	6.7	−12.52	−11.5
客户贷款和垫款	1336.1	75.3	1181.84	72.6	154.26	13.1
其他	—	—	14.06	0.9	−14.06	−100.0
利息收入合计	1775.49	100.0	1628.88	100.0	146.61	9.0

2019 年，该行利息支出 875.88 亿元，同比下降 0.6%（见表 16），主要受同业往来利息支出下降影响。

表 16 利息支出构成

	2019 年		2018 年		增加额（亿元）	变动率（%）
	金额（亿元）	占比（%）	金额（亿元）	占比（%）		
向中央银行借款	42.90	4.9	42.99	4.9	−0.09	−0.2
同业往来	126.15	14.4	186.86	21.2	−60.71	−32.5
吸收存款	560.02	63.9	496.38	56.3	63.64	12.8
应付债券	144.77	16.5	155.20	17.6	−10.43	−6.7
其他	2.04	0.2	—	—	2.04	—
合计	875.88	100.0	881.43	100.0	−5.55	−0.6

（2）手续费及佣金净收入

2019 年，该行手续费及佣金净收入 367.43 亿元，同比增长 17.4%；手续费及佣金收入 459.03 亿元，同比增长 16.6%（见表 17），主要受银行卡手续费收入增长影响。其中，银行卡手续费收入 302.00 亿元，同比增长 19.5%，结算手续费收入同比增长 12.6%；代理及委托手续费收入同比增加 27.18 亿元，同比增长 65.9%。

表 17 手续费及佣金净收入构成

	2019 年		2018 年		增加额（亿元）	变动率（%）
	金额（亿元）	占比（%）	金额（亿元）	占比（%）		
结算手续费收入	27.89	7.6	24.77	7.9	3.12	12.6
银行卡手续费收入	302.00	82.2	252.66	80.7	49.34	19.5
代理及委托手续费收入	68.41	18.6	41.23	13.2	27.18	65.9
资产托管手续费收入	21.81	5.9	28.56	9.1	−6.75	−23.6
咨询顾问费收入	12.45	3.4	14.63	4.7	−2.18	−14.9
其他	26.47	7.2	31.77	10.2	−5.30	−16.7
手续费及佣金收入	459.03	124.9	393.62	125.8	65.41	16.6
减：手续费及佣金支出	91.60	24.9	80.65	25.8	10.95	13.6
手续费及佣金净收入	367.43	100.0	312.97	100.0	54.46	17.4

3. 支出分析

2019 年，平安银行营业支出 421.42 亿元，同比增长 15.3%（见表 18）。其中，业务及管理费支出 408.52 亿元，同比增长 15.4%；信用减值损失 584.71 亿元，同比增长 22.3%。

表 18 营业支出构成

	2019 年		2018 年		增加额（亿元）	变动率（%）
	金额（亿元）	占比（%）	金额（亿元）	占比（%）		
营业税金及附加	12.90	1.3	11.49	1.4	1.41	12.3
业务及管理费	408.52	40.2	353.91	41.9	54.61	15.4
营业支出小计	421.42	41.5	365.40	43.3	56.02	15.3
信用减值损失	584.71	57.5	478.14	56.6	106.57	22.3
其他资产减值损失	10.56	1.0	0.57	0.1	9.99	1752.6
合计	844.11	100.0	755.63	100.0	88.48	11.7

2019 年，该行业务及管理费 408.52 亿元，同比增长 15.4%（见表 19），其中，职工费用和一般业务管理费用分别为 200.71 亿元、144.71 亿元，同比分别增长 13.3%、16.1%，占比分别为 49.1%、35.4%。

表 19 业务及管理费构成

	2019 年		2018 年		变动额（亿元）	变动率（%）
	金额（亿元）	占比（%）	金额（亿元）	占比（%）		
员工费用	200.71	49.1	177.19	50.1	23.52	13.3
固定资产折旧	14.26	3.5	11.34	3.2	2.92	25.7
无形资产摊销	13.07	3.2	8.88	2.5	4.19	47.2
租赁费	8.42	2.1	27.58	7.8	−19.16	−69.5
经营租入固定资产改良支出摊销	4.76	1.2	4.29	1.2	0.47	11.0
使用权资产折旧费用	22.59	5.5	—	—	22.59	—
一般业务管理费用	144.71	35.4	124.63	35.2	20.08	16.1
合计	408.52	100.0	353.91	100	54.61	15.4

2019 年末，该行员工总数 34253 人（含派遣人员 813 人），同比减少 373 人；网点数 1058 个，同比增加 1 个。人均薪酬 58.60 万元，同比增长 14.5%（见表 20）；人均费用 119.27 万元，同比增长 16.7%；点均业务及管理费 3861.25 万元，同比增长 15.3%。

表 20   人均薪酬及产值情况

	2019 年	2018 年	增加量	变动率（%）
员工数（人）	34253	34626	－373	－1.1
网点数（个）	1058	1057	1	0.1
人均薪酬（万元）	58.60	51.17	7.43	14.5
人均费用（万元）	119.27	102.21	17.06	16.7
人均产值（万元）	402.76	337.08	65.68	19.5
人均产值/人均薪酬	6.87	6.59	0.28	4.2
点均业务及管理费（万元）	3861.25	3348.25	513.00	15.3

（四）金融科技及产品创新

1. 金融科技

2019 年，平安银行高度重视金融科技引领业务发展。科技人员（含外包）超过 7500 人，同比增长超过 34%。2019 年，IT 资本性支出及费用投入同比增长 35.8%，其中，用于创新性研究与应用的科技投入 10.91 亿元；启动并实施开发运维一体化（Starlink）和安全开发生命周期（SDLC）两大项目，打通需求到投产全过程研发管理，提升 IT 快速交付能力，2019 年响应业务开发需求同比增长超过 30%；升级改造智慧风控平台、新一代金融市场核心系统、对公云收单、智慧托管等重点业务系统；完成香港分行核心业务系统及数据中心建设并投产，为境外业务开展提供安全、稳定、高效的生产运维保障；实施数据治理、数据中台、AI 平台三大科技项目群建设；完成 900 多项基础数据标准和近 2000 项指标标准制定；加快数据指标平台、数据服务平台以及客户、产品、人员、渠道、案例"五大库"建设；11 个 AI 中台项目全部投产，通过 AI 客服、AI 风控、AI 营销、AI 语音、AI 质检、智能推荐平台等机器人项目为前端业务提供支持；构建并完善私有云平台、PaaS 平台、开放平台、企业级大数据平台等技术基础平台，应用上云比例达到 35%，分布式 PaaS 平台荣获《金融电子化》杂志"2019 年金融科技创新突出贡献奖"，基于 PaaS 平台研发的信用卡新核心业务系统，业务峰值处理能力同比提升近 10 倍，成本压缩至 1/3；各类工具化、平台化转型，运维自动化水平达到 80%，全年版本发布数量同比增长 150%，测试自动化覆盖率达到 55%。

2. 产品创新

2019 年，平安银行调动人工智能、生物识别、区块链、大数据等领域的核心技术和资源，实现产品创新智能化升级。在产品创新中，该行升级"平安好链"供应链金融服务平台，为核心企业上下游提供线上融资、财资管理、智慧经营等一揽子综合金融服务。进一步升级智能化 OMO 服务体系，通过综合化、场景化、个性化服务让客户在线上线下无缝切换。在管理创新中，该行推进数据化经营，推动数据指标平台、数据服务平台建设，通过 AI、BI 等科技手段推动全行经营能力提升。在服务创新中，该行建立"AI＋营销""AI＋客服"等数字化客户服务体系，进一步提升客户体验。

三、社会责任分析

(一) 公司治理

2019 年, 平安银行按照法定程序召开会议, 行使职权。监事会与董事会、管理层保持密切的联系与沟通, 开展董监事履职评价工作, 有效履行各项监督职权和义务。该行管理层遵守诚信原则, 谨慎、勤勉地履行职责并按董事会决策开展经营管理。2019 年 11 月, 该行完成董事会换届工作。该行董事会下设战略发展与消费者权益保护委员会、审计委员会、风险管理委员会、关联交易控制委员会、提名委员会和薪酬与考核委员会 6 个专门委员会。第十届董事会共召开 10 次会议, 第十一届董事会共召开 4 次会议, 各专门委员会共召开 30 次会议。在信息披露方面, 该行不断完善全方位的投资者沟通渠道, 全年接待机构 612 家、701 人次共计 739 次调研及采访。

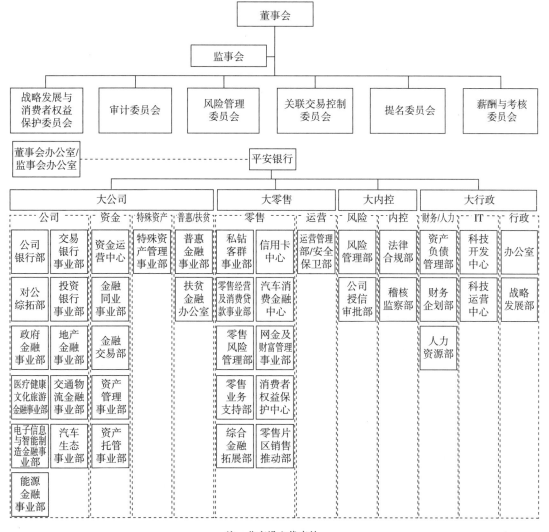

注: 北京设立代表处。

图 1　平安银行管理架构

（二）社会绩效

1. 扶贫

2019 年，平安银行积极开展扶贫工作："村官工程"项目投放产业扶贫资金 80.96 亿元，直接帮扶建档立卡贫困人口 16083 人，惠及建档立卡贫困人口 19 万人。联合中国扶贫服务促进会举办贫困村创业致富带头人培训班，为全国 35 个县培育 586 名致富带头人。承办 2019 年国家扶贫日系列论坛之"乡村发展与脱贫攻坚论坛"，筛选适合贫困地区的产业项目给予资金支持，打造平安橙、平安果、百色芒果、雷山茶叶等多个联合品牌。开发旅游扶贫，利用平安集团的金融流量为贫困地区引流，提升贫困地区利用特色资源造血能力，打造旅游扶贫品牌知名度。发挥"互联网＋"社会扶贫优势，建立线上扶贫农产品商城，17 个省 28 个贫困县 126 种扶贫农产品上线，累计帮助贫困人口实现销售收入 4905.40 万元。依托平安集团整体资源，在产业扶贫项目地开展村医、村教工程，助力病有所医、学有所教活动。选派 8 名管理干部，分赴广东紫金洋头村、云南黑噜村、海南兰训村、河北下阁尔村、陕西关上街村开展驻村扶贫。

2. 普惠

2019 年，平安银行加强金融服务民营企业力度，支持小微企业高质量发展。在科技运用上，运用人工智能、生物识别、大数据、区块链、云计算等前沿科技，建立"供应链应收账款云服务平台""小企业数字金融""新一贷"，解决小企业融资难、融资贵问题。在制度执行上，采取"差异化纾困＋精准化服务"策略，借助平安集团纾困基金和集团团体综合金融业务合作模式，为企业提供定制化金融服务，为经营正常、流动性遇到暂时困难的民营企业提供支持；通过实施差异化信贷定价政策和风险容忍度，借力科技创新、产品创新和渠道创新，全方位支持小微企业发展。在执行情况和政策效果上，新增投放民营企业贷款客户占新增投放所有企业贷款客户比例超过 70%；单户授信 1000 万元（含）以下的小微企业贷款同比增长 24.9%，高于全行各项贷款平均增速；有贷款余额户数较同比增加 2.29 万户，该类小微企业贷款利率同比下降 2 个百分点，不良率控制在合理范围。

3. 员工及机构情况

（1）员工结构与机构情况

2019 年，平安银行共有在职员工 34253 人（含派遣人员 813 人）。其中，业务人员 22540 人、财务及运营 7410 人、管理及操作人员 2277 人、行政后勤及其他人员 1213 人；在教育水平方面，本科及以上学历人员占比 85.6%，大专及以上学历人员占比 99.0%。

2019 年，该行共有 91 家分行（含香港分行），合计 1058 家营业机构。其中，"轻型化、社区化、智能化、多元化"特色零售新门店已开业 298 家。

（2）员工培训

2019 年，平安银行针对不同职能、不同需求、不同发展阶段的员工，定制战神系列、战狼系列、战英系列多层次内部培训课程，以实现培训覆盖全员。全年共组织 6360 场内部

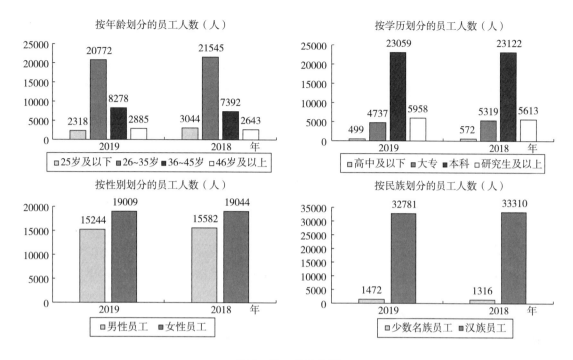

图 2 员工结构分析

面授培训及外派培训，参训人员约32.5万人次，人均约9.5次。全年上线知鸟专业课程754门，课程学习299万人次，平均月活跃率95.7%；累计举办学习直播774场，总观看量34.6万人次，单场直播最高受众为8394人；累计创建1448个智能陪练通关项目，共24.1万人次完成项目。其中，举办新任干部面授培训2期，覆盖43人次；在职绩优高管面授培训2期，覆盖101人次；执委高管面授培训3期，覆盖115人次。举办33期"战狼"培训，覆盖1264人次；建立"耀你不一样"潜才培养品牌，累计组织1466位潜才参与培养活动；举办新员工培训65期，合计覆盖2279人；全行战英提升培训举办146期，合计覆盖7460人次；组织6360场内部面授培训及外派培训，参训人员约32.5万人次，人均约9.5次，其中高层管理者受训占86%，中层管理者受训占91%；行政人员受训占86%，营业部人员受训占96%。

4. 客户服务

2019年，平安银行持续开展金融消费者权益保护工作。在消保架构方面，制定《平安银行2019年消费者权益保护工作规划》和《平安银行2019年消费者权益保护工作委员会工作规划》，进一步明确组织架构、制度建设、内部考评机制等。在制度建设方面，严格依据消费者权益保护有关法律法规、监管的相关规定，完善各项消保制度，明确各部门、各层级机构的责任和义务，建立独立的、纲领性的消保工作制度体系。该行开展线上线下立体化"AI消保精准宣教"，推进"科技赋能消保"，推出"智能咨诉"项目、"智能双录"项目"金融+非金融双卡支付风险防范"项目等，进一步提高客户体验。

（三）环境绩效

1. 绿色金融

2019 年，平安银行制定和执行《平安银行绿色信贷指引》，按照"赤道原则"做法，加快信贷结构调整优化，限制不符合国家环保和产业政策行业的介入，严控两高（高污染、高耗能）及产能过剩行业的信贷投放，加大对新兴产业、低碳经济、循环经济、节能减排等绿色经济的支持力度，在贷款定价和经济资本分配等方面优先给予授信支持。在《平安银行三年发展战略规划（2019—2021）》中明确全流程绿色低碳金融服务理念。在《平安银行 2019 年风险政策指引》对"两高一剩"行业和落后产能授信实行组合限额管理，合理控制信贷规模，继续严控"两高一剩"行业信贷投放，使其贷款占比逐步下降。对属于《产业结构调整指导目录》淘汰类的项目、环保违法项目以及其他不符合国家节能减排政策规定和国家明确要求淘汰的落后产能的违规项目，不提供任何形式的新增授信，已有授信采取妥善措施确保债权安全收回。对高污染、高耗能行业采取严格的名单制管理，逐步压缩调整"两高一剩"及"过剩产能"授信余额。进一步明确绿色信贷业务重点支持领域，重点支持有利于降低温室气体排放的清洁交通、清洁能源项目；重点支持有利于提升大气、水、土壤质量的污染防治项目；同时支持企业采用节能减排的新设备、新技术，促进传统产业结构调整和技术改造升级。明确重点关注和支持的绿色信贷业务边界，包括节能环保制造及服务行业、绿色环保、清洁能源行业、绿色交通及绿色建筑行业等，提出目标客户和授信策略指引。成立能源金融事业部，加大对水电、核电、风电、太阳能发电、垃圾发电等清洁能源行业的支持力度。启动"专业行研 + 综合金融服务"，累计实现绿色信贷授信总额 572 亿元，贷款余额 252 亿元，医疗健康、绿色环保、清洁能源等行业的客户授信占比 46.9%。

2. 环保

2019 年，平安银行通过持续推广线上服务，推进无纸化办公与账单电子化，减少大量的业务用纸消耗，并通过线上化智能服务，使用户无须到达营业网点即可办理多项业务，减少因用户出行而造成的能源消耗。

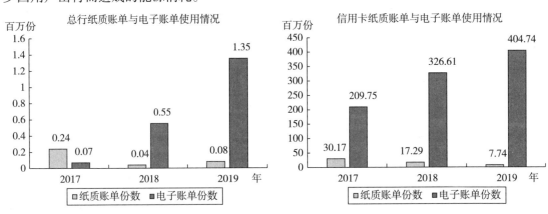

图3　纸质回单与电子回单使用情况对比

　　该行持续开展"低碳 100"活动，采取节水节电、推行视频会议等多种措施，引导并带动全体员工节能减排。

表 21	用水用电消耗量	
	2019 年	2018 年
总行物业管理大楼办公用水消耗量（吨）	93566	85504
总行物业管理大楼办公用电消耗量（度）	7961956	7423048

　　该行在《供应商管理办法》中明确供应商需提供环保内容，包括产品设计、生产、包装、物流、使用、回收利用等环节的环境保护措施，获得绿色产品、绿色原材料和绿色服务等环保证书及奖项情况。引导供应商在产品设计、生产、施工、服务等方面采取有效环保措施，以避免浪费和减少对环境的不利影响。同时，推行电子采购系统，逐步推进无纸化采购，实行异地机构线上开评标，供应商通过电子采购系统无纸化提交注册资料，有效降低环境影响，减少资源浪费。

年报七　南京银行 2019 年度报告分析

一、基本情况

南京银行股份有限公司（以下简称南京银行）前身为南京城市合作银行股份有限公司，于 1996 年 2 月 6 日成立，1998 年 4 月 28 日更名为"南京市商业银行股份有限公司"，2006 年 12 月 20 日更名为"南京银行股份有限公司"。2007 年在上海证券交易所（601009. SH）挂牌上市。

2019 年，该行的主要大股东为南京紫金投资集团有限公司、法国巴黎银行和南京高科股份有限公司，持有股权比例分别为 12.82%、15.01% 和 10.00%。其中，南京紫金投资集团有限公司由南京市国有投资管理控股（集团）有限责任公司 100% 持股。

2019 年末，该行总资产 1.34 万亿元，营业收入 324.43 亿元，贷款总额 5494.78 亿元，不良贷款率 0.89%，当年实现净利润 125.67 亿元。

二、业务经营分析

（一）资产分析

2019 年末，南京银行资产总额 1.34 万亿元[①]，同比增长 8.1%（见表 1），主要受发放贷款和垫款增长影响。其中，该行发放贷款和垫款 5494.78 亿元，占比 40.9%，主要受 2019 年宏观政策加大对实体经济扶持力度影响，信贷投放出现增长。

表 1　　　　　　　　　　　　　　资产规模及构成

	2019 年 12 月 31 日		2018 年 12 月 31 日		增加额（亿元）	增速（%）
	金额（亿元）	占比（%）	金额（亿元）	占比（%）		
现金及存放央行款项	947.04	7.0	937.13	7.6	9.91	1.1
同业往来资产	515.49	3.8	558.16	4.5	−42.67	−7.6
发放贷款和垫款	5494.78	40.9	4605.75	37.0	889.03	19.3
证券投资	6187.21	46.1	5942.06	47.8	245.15	4.1
其他资产	289.84	2.2	389.59	3.1	−99.75	−25.6
资产总计	13434.35	100.0	12432.69	100.0	1001.66	8.1

---

① 本报告数据来源：2019 年和 2018 年南京银行年度报告。

1. 贷款和垫款

2019 年末，南京银行客户贷款与垫款净额 5494.78 亿元，占比 40.9%，同比增长 19.3%。

（1）贷款和垫款客户结构

2019 年末，该行贷款和垫款总额 5688.64 亿元（见表 2）。其中，公司类贷款和垫款为 3941.71 亿元，同比增长 17.3%，占比 69.6%；个人贷款为 1716.24 亿元，同比增长 32.7%，占比 30.2%。个人消费贷款和个人经营贷款快速增长，同比分别增长 45.7% 和 76.4%。票据贴现 10.69 万亿元，同比下降 91.9%。

表 2　　　　　　　　　　　公司及个人贷款和垫款①

	2019 年 12 月 31 日		2018 年 12 月 31 日		增加额（亿元）	增速（%）
	金额（亿元）	占比（%）	金额（亿元）	占比（%）		
公司类贷款	3961.71	69.6	3377.30	70.3	584.41	17.3
票据贴现	10.69	0.2	132.37	2.8	−121.67	−91.9
个人贷款	1716.24	30.2	1293.73	26.9	422.50	32.7
－个人住房贷款	636.30	11.2	567.77	11.8	68.53	12.1
－个人消费贷款	835.22	14.7	573.43	11.9	261.78	45.7
－个人经营贷款	196.13	3.4	111.17	2.3	84.96	76.4
－个人卡透支	47.22	0.8	36.71	0.8	10.51	28.6
－其他	1.37	0.0	4.64	0.1	−3.27	−70.5
贷款和垫款总额	5688.64	100.0	4803.40	100.0	885.25	18.4
加：应计利息	14.78		—		—	—
减：减值准备	208.65		197.65		11.00	5.6
贷款和垫款净额	5494.78		4605.75		889.03	19.3

（2）贷款和垫款期限结构

2019 年末，该行未到期贷款和垫款预期收回现金流量期限结构主要集中在 1 年以内和 1 年至 5 年。其中，剩余期限在 1 年以内的贷款和垫款 3415.95 亿元（见表 3），占比 53.8%；1 年至 5 年期的贷款和垫款 1918.63 亿元，占比 30.2%。已逾期贷款有所增加，同比增长 27.5%。

---

①　此处对南京银行披露数据进行调整，公司类贷款含贷款及垫款与贸易融资，票据与贴现单独计量；应计利息为到期一次还本付息债券的利息。

表3 贷款和垫款期限结构

类别	2019 年 12 月 31 日		2018 年 12 月 31 日		变动额（亿元）	增速（%）
	金额（亿元）	占比（%）	金额（亿元）	占比（%）		
已逾期/无期限	42.29	0.7	33.16	0.6	9.13	27.5
实时偿还	0.00	0.0	0.00	0.0	0.00	0.0
1 年以内	3415.95	53.8	2926.20	55.5	489.75	16.7
1 年至 5 年	1918.63	30.2	1543.59	29.3	375.05	24.3
5 年以上	972.83	15.3	768.62	14.6	204.20	26.6
贷款合计	6349.70	100.0	5271.57	100.0	1078.13	20.5

注：根据南京银行2019年年报披露数据，表中数据为预期收回的现金流量金额，与贷款和垫款净额不同。

（3）不良贷款

2019 年末，该行不良贷款余额 50.82 亿元，同比增加 8.10 亿元，不良贷款率 0.97%，与 2018 年持平（见表 4）。其中，不良贷款同比增长 19.0%，超过贷款总额同比增速 18.5%，可疑类贷款与损失类贷款占贷款总额比重均增加 0.1 个百分点，相应规模增速分别达到 127% 和 295%，增速远高于贷款总额增速。报告期内，该行核销未结清合同金额 51.47 亿元；不良贷款拨备覆盖率 417.73%，同比下降 44.95 个百分点；贷款拨备率 3.73%，同比下降 0.38 个百分点。

表4 贷款五级分类

	2019 年 12 月 31 日		2018 年 12 月 31 日		增加额（亿元）	增速（%）
	金额（亿元）	占比（%）	金额（亿元）	占比（%）		
正常类贷款	5572.96	97.9	4692.43	97.7	880.52	18.8
关注类贷款	68.93	1.2	68.25	1.4	0.68	1.0
不良类贷款	50.82	0.9	42.72	0.9	8.10	19.0
-次级类贷款	29.43	0.5	35.58	0.7	-6.15	-17.3
-可疑类贷款	9.19	0.2	4.05	0.1	5.14	127.0
-损失类贷款	12.20	0.2	3.09	0.1	9.11	295.1
贷款合计	5692.71	100	4803.40	100	889.31	18.5

2. 证券投资

2019 年末，南京银行证券投资总额 6187.21 亿元，占比 30.5%，同比增长 11.9%。其中，以公允价值计量且其变动计入当期损益的金融资产（交易性金融资产）1542.28 亿元，占比 24.9%；以摊余成本计量的金融资产（债权投资）3475.37 亿元，占比 56.2%；以公允价值计量且其变动计入其他综合收益的其他债权和其他权益工具投资 1169.56 亿元，占比 18.9%。

2019 年末，该行债券投资 1138.21 亿元，同比下降 60.2%（见表 5），政府债、金融债、企业债投资均出现较大幅度减少，同比分别下降 88.1%、67.6% 和 65.5%。

表 5　　　　　　　　　　　　债券投资发行主体构成

	2019 年 12 月 31 日		2018 年 12 月 31 日		增加额（亿元）	增速（%）
	金额（亿元）	占比（%）	金额（亿元）	占比（%）		
政府债①	195.72	17.2	1648.33	57.7	−1452.61	−88.1
金融债②	302.24	26.6	933.25	32.6	−631.02	−67.6
企业债	95.46	8.4	277.08	9.7	−181.62	−65.5
其他③	544.79	47.9	0.00	0.0	544.79	
债券总额	1138.21	100.0	2858.66	100.0	−1720.45	−60.2

3. 同业往来资产

2019 年末，南京银行同业往来资产 515.49 亿元，同比下降 7.6%（见表 6），主要受存放同业及其他金融机构款项和拆出资金较大幅度减少影响。报告期内，该行存放同业及其他金融机构款项 231.51 亿元，同比下降 36.1%，主要受政策因素影响，该行进行资产结构优化导致同业业务缩减。其中，拆出资金 8.00 亿元，同比下降 88.4%，占比 1.5%；买入返售金融资产 271.98 亿元，同比增长 125.7%。

表 6　　　　　　　　　　　　同业往来资产构成

	2019 年 12 月 31 日		2018 年 12 月 31 日		增加额（亿元）	增速（%）
	金额（亿元）	占比（%）	金额（亿元）	占比（%）		
存放同业及其他金融机构款项	235.51	45.7	368.47	66.0	−132.96	−36.1
拆出资金	8.00	1.5	69.19	12.4	−61.19	−88.4
买入返售款项	271.98	52.8	120.5	21.6	151.48	125.7
合计	515.49	100.0	558.16	100.0	−42.67	−7.6

（二）负债分析

2019 年末，南京银行负债总额 1.26 万亿元，同比增长 7.8%（见表 7），主要受向中央银行借款和客户存款增加影响。其中，向中央银行借款同比增长 50.0%，占比增加 2.1 个百分点；客户存款同比增长 12.1%，占比 68.8%，同比增加 2.6 个百分点。同业往来负债规模连续两年收窄，2019 年为 664.57 亿元，同比下降 19.5%，相比上年增加 0.14 个百分点，该行负债结构相比上年有所优化。

---

① 包括政府发行债券、应收财政部款项和特别国债。
② 包括政策性银行债和同业发行的债券。
③ 包括公共实体发行的债券。

表7 负债规模及构成

	2019 年 12 月 31 日		2018 年 12 月 31 日		增加额（亿元）	增速（%）
	金额（亿元）	占比（%）	金额（亿元）	占比（%）		
向中央银行借款	930.66	7.4	620.44	5.3	310.22	50.0
同业往来负债	664.57	5.3	825.14	7.1	-160.57	-19.5
客户存款	8636.53	68.8	7705.56	66.2	930.97	12.1
应付债券	2039.42	16.2	2109.96	18.1	-70.54	-3.3
其他负债	283.89	2.3	383.93	3.3	-100.04	-26.1
负债总计	12555.07	100.0	11645.03	100.0	910.04	7.8

1. 同业往来负债

2019 年末，南京银行同业往来负债 664.57 亿元，同比下降 19.5%（见表8），主要受同业及其他金融机构存放机构款项和拆入资金出现较大幅度收窄影响。其中，同业及其他金融机构存放款项 237.49 亿元，占比 35.7%，同比降低 11.1 个百分点；拆入资金金额 142.06 亿元，占比 21.4%，同比降低 7.3 个百分点；卖出回购金融资产 285.02 亿元，同比增长 41.2%，占比 42.9%。

表8 同业往来负债构成

	2019 年 12 月 31 日		2018 年 12 月 31 日		增加额（亿元）	增速（%）
	金额（亿元）	占比（%）	金额（亿元）	占比（%）		
同业及其他金融机构存放款项	237.49	35.7	386.17	46.8	-148.68	-38.5
拆入资金	142.06	21.4	237.17	28.7	-95.11	-40.1
卖出回购	285.02	42.9	201.8	24.5	83.22	41.2
合计	664.57	100.0	825.14	100.0	-160.57	-19.5

2. 吸收存款

2019 年末，南京银行吸收存款余额[①] 8499.16 亿元，同比增长 15.9%（见表9）。从客户结构来看，公司存款占比 76.3%，同比降低 4.3 个百分点；个人存款占比 19.3%，与 2018 年持平；其他存款占比 4.4%，同比增加 4.3 个百分点。

表9 存款客户结构

	2019 年 12 月 31 日		2018 年 12 月 31 日		增加额（亿元）	增速（%）
	金额（亿元）	占比（%）	金额（亿元）	占比（%）		
公司存款	6482.27	76.3	5911.66	80.6	570.61	9.7
个人存款	1636.22	19.3	1414.26	19.3	221.96	15.7
其他存款	380.67	4.4	5.46	0.1	375.21	6871.9
客户存款总额	8499.16	100.0	7331.39	100.0	1167.77	15.9

---

① 不含应计利息。

从期限结构来看，该行存款以定期存款为主，占比 65.6%，同比下降 1.6 个百分点（见表 10）。活期存款占比 29.9%，同比下降 2.8 个百分点。

表 10 存款定活结构

	2019 年 12 月 31 日		2018 年 12 月 31 日		增加额（亿元）	增速（%）
	金额（亿元）	占比（%）	金额（亿元）	占比（%）		
活期存款	2541.56	29.9	2398.86	32.7	142.70	5.9
定期存款	5576.93	65.6	4927.07	67.2	649.86	13.2
其他存款①	380.67	4.5	5.46	0.1	375.21	6871.9
存款总额	8499.16	100.0	7331.39	100.0	1167.77	15.9

2019 年末，该行存贷比 68.73%，同比增加 6.64 个百分点。

3. 应付债券

2019 年末，南京银行应付债券余额 2027.37 亿元，同比下降 5.6%（见表 11）。其中，同业存单 1362.89 亿元，占比 67.2%，同比减少 5.7%，为应付债券减少的主要原因。该行金融债券余额 469.72 亿元，占比 23.2%，其中，含绿色金融债 49.99 亿元，占金融债总额的 10.6%；次级债券和二级资本债券规模与 2018 年基本持平。

表 11 应付债券结构

	2019 年 12 月 31 日		2018 年 12 月 31 日		增加额（亿元）	增速（%）
	金额（亿元）	占比（%）	金额（亿元）	占比（%）		
金融债券	469.72	23.2	469.61	22.3	0.11	0.02
次级债券	44.92	2.2	44.90	2.1	0.01	0.03
二级资本债券	149.84	7.4	149.73	7.1	0.11	0.07
同业存单	1362.89	67.2	1445.71	68.5	-82.82	-5.7
合计	2027.37	100.0	2109.96	100.0	-82.60	-5.6

（三）收入、支出及利润

1. 利润分析

（1）利润

2019 年，南京银行营业利润 149.38 亿元（见表 12），利润总额 148.93 亿元，净利润 125.67 亿元，同比分别增长 17.5%、17.5% 和 12.3%；营业外收入 0.18 亿元，同比下降 38.2%。

① 包括保证金存款和其他存款。

表 12 公司利润

	2019 年（亿元）	2018 年（亿元）	增加额（亿元）	增速（%）
营业收入	324.42	274.06	50.36	18.4
营业支出	175.04	146.94	28.10	19.1
营业利润	149.38	127.12	22.26	17.5
加：营业外收入	0.18	0.29	−0.11	−38.2
减：营业外支出	0.63	0.68	−0.05	−6.9
利润总额	148.93	126.73	22.20	17.5
减：所得税费用	23.27	14.85	8.42	56.7
净利润	125.67	111.88	13.79	12.3

（2）拨备前利润情况

2019 年，该行计提信用减值损失和其他资产减值损失 80.20 亿元（见表 13），同比增长 23.9%，考虑计提资产减值因素，拨备前利润总额 229.13 亿元，同比增长 19.7%。

表 13 拨备前利润

	2019 年（亿元）	2018 年（亿元）	增加额（亿元）	变动率（%）
利润总额	148.93	126.73	22.20	17.5
本年计提资产减值	80.20	64.75	15.44	23.9
拨备前利润	229.13	191.48	37.64	19.7

2. 收入分析

2019 年，南京银行实现营业收入 324.42 亿元，同比增长 18.4%（见表 14），增速较 2018 年提升 5.0 个百分点，主要受投资净收益增加影响。该行利息净收入 213.80 亿元，占比 65.9%，同比下降 12.8 个百分点；手续费及佣金净收入占比 12.5%，同比下降 0.6 个百分点，同比增长 12.7%[①]；投资净收益和其他收益实现快速增长，增幅分别达到 181.6% 和 513.0%，前者增长的主要原因是该行实施交易银行大战略布局，扩增金融市场业务。

表 14 营业收入构成

	2019 年		2018 年		增加额（亿元）	变动率（%）
	金额（亿元）	占比（%）	金额（亿元）	占比（%）		
利息净收入	213.80	65.9	215.67	78.7	−1.87	−0.9
手续费及佣金收入	40.44	12.5	35.88	13.1	4.56	12.7
投资净收益	57.61	17.8	20.46	7.5	37.15	181.6
其他	12.57	3.9	2.05	0.7	10.52	513.0
合计	324.42	100.0	274.06	100.0	50.36	18.4

① 不含货币产品。

（1）利息收入与支出

2019 年，该行实现利息收入 552.36 亿元，同比增长 3.2%（见表 15），是该行营业收入的主要构成部分，主要受客户贷款和垫款利息收入增长影响。其中，客户贷款和垫款利息收入同比增加 78.36 亿元，同比增长 35.4%；同业往来利息收入同比下降 46.5%；存放中央银行款项利息收入 13.53 亿元，同比下降 8.1%。

表 15　　　　　　　　　　　　　　利息收入构成

	2019 年		2018 年		增加额（亿元）	变动率（%）
	金额（亿元）	占比（%）	金额（亿元）	占比（%）		
存放中央银行款项	13.53	2.4	14.73	2.8	-1.20	-8.1
投资性利息收入	89.38	16.2	101.82	19.0	-12.44	-12.2
同业往来	14.65	2.7	27.40	5.1	-12.74	-46.5
客户贷款和垫款	299.92	54.3	221.56	41.4	78.36	35.4
其他	134.88	24.4	169.50	31.7	-34.62	-20.4
利息收入合计	552.36	100.0	535.01	100.0	17.35	3.2

2019 年，该行利息支出 338.56 亿元，同比增长 6.0%（见表 16），主要受吸收存款利息支出和向中央银行借款利息支出影响。其中，吸收存款利息支出 216.24 亿元，占比 63.9%，同比增长 21.1%；向中央银行借款利息支出 22.43 亿元，同比增长 73.4%；同业往来利息支出 19.44 亿元，同比下降 39.2%。

表 16　　　　　　　　　　　　　　利息支出构成

	2019 年		2018 年		增加额（亿元）	变动率（%）
	金额（亿元）	占比（%）	金额（亿元）	占比（%）		
向中央银行借款	22.43	6.6	12.94	4.1	9.49	73.4
同业往来	19.44	5.7	31.95	10.0	-12.51	-39.2
吸收存款	216.24	63.9	178.57	55.9	37.67	21.1
应付债券	80.36	23.7	95.60	29.9	-15.24	-15.9
其他	0.10	0.0	0.29	0.1	-0.19	-65.6
利息支出合计	338.56	100.0	319.34	100.0	19.22	6.0

（2）手续费及佣金净收入

2019 年，该行手续费及佣金净收入 40.44 亿元，同比增长 12.7%（见表 17）。其中，银行卡及结算类业务手续费收入同比下降 30.8%；代理类业务同比增长 19.6%；担保类业务同比增长 10.3%，主要受贷款承诺、开出信用证等业务增长影响。

表 17 手续费及佣金净收入构成

	2019 年		2018 年		增加额（亿元）	变动率（%）
	金额（亿元）	占比（%）	金额（亿元）	占比（%）		
银行卡及结算类业务	1.45	3.1	2.09	5.1	-0.65	-30.8
代理类业务	25.18	54.5	21.06	51.0	4.12	19.6
担保类业务	4.22	9.1	3.82	9.3	0.39	10.3
托管类业务	3.15	6.8	3.17	7.7	-0.02	-0.6
投行类业务	11.64	25.2	10.69	25.9	0.95	8.9
其他	0.54	1.2	21.53	52.1	-20.99	-97.5
手续费及佣金收入	46.17	100.0	41.31	100.0	4.86	11.8
减：手续费及佣金支出	5.73		5.43		0.30	5.5
手续费及佣金净收入	40.44		35.88		4.56	12.7

3. 支出分析

2019 年，南京银行营业支出 175.04 亿元，同比增长 19.1%（见表 18）。其中，业务及管理费和资产减值损失（含信用减值损失）占比相对较高，规模分别为 88.87 亿元和 80.92 亿元，同比分别增长 13.3% 和 24.9%。主要受全球宏观经济承压背景下该行对以摊余成本计量的贷款和垫款计提较多信用减值准备影响。

表 18 营业支出构成

	2019 年		2018 年		增加额（亿元）	变动率（%）
	金额（亿元）	占比（%）	金额（亿元）	占比（%）		
营业税金及附加	3.52	2.0	2.72	1.9	0.80	29.4
业务及管理费	88.87	50.8	78.41	53.4	10.46	13.3
资产减值损失（含信用减值损失）	80.92	46.2	64.79	44.1	16.13	24.9
其他业务成本	1.73	1.0	1.02	0.7	0.71	69.4
营业支出合计	175.04	100.0	146.94	100.0	28.10	19.1

2019 年，该行业务及管理费 88.87 亿元，同比增长 13.3%（见表 19），其中，员工费用 58.58 亿元，同比增长 13.7%。成本收入比 27.39%，同比下降 1.22 个百分点。

表 19 业务及管理费构成

	2019 年		2018 年		增加额（亿元）	变动率（%）
	金额（亿元）	占比（%）	金额（亿元）	占比（%）		
员工费用	58.58	65.9	51.50	65.7	7.07	13.7
业务费用	23.08	26.0	21.17	27.0	1.91	9.0
折旧和摊销[①]	7.21	8.1	5.74	7.3	1.47	25.7
业务及管理费合计	88.87	100.0	78.41	100.0	10.46	13.3

---

① 包含固定资产及投资性房地产折旧、长期待摊费用摊销和无形资产摊销。

2019 年末，该行在职员工总数 11489 人，同比增加 768 人；网点数 200 个，同比增加 9 个（见表 20）；人均薪酬 46.99 万元，同比下降 2.2%；人均费用 77.36 万元，同比增长 5.8%；人均产值/人均薪酬为 6.01，同比增长 12.9%；点均业务及管理费用 4443.68 万元，同比增长 8.2%。

表 20　　　　　　　　　　　　　　　人均薪酬及人均/点均费用

	2019 年	2018 年	增加额	变动率（%）
员工数（人）	11489	10721	768	7.2
网点数（个）	200	191	9	4.7
人均薪酬（万元）	46.99	48.04	−1.05	−2.2
人均费用（万元）	77.36	73.14	4.22	5.8
人均产值（万元）	282.38	255.63	26.75	10.5
人均产值/人均薪酬	6.01	5.32	0.69	12.9
点均业务及管理费用（万元）	4443.68	4105.24	338.44	8.2

（四）金融科技及产品创新

1. 金融科技

2019 年，南京银行积极推动新兴技术应用，推广流程机器人 RPA 和 OCR 影像识别技术，加速"去人工化"；在网银、手机银行、呼叫中心等渠道中广泛使用生物识别、AI、远程视频技术；成立金融科技创新小组，组织"π计划"金融科技创新大赛；布局业务中台战略，建设客户流程服务平台、南京银行流程总线；推动"鑫网点"建设，实现"优体验、提效能、减高柜"的厅堂一体化项目建设；基于大数据、图计算等创新技术，推出新一代公司客户营销管理平台；重点推进大零售 2.0 项目群建设；以"鑫云＋"互金平台为切入点，启动"开放银行"建设，2019 年末，"鑫云＋"互金平台已与近 100 家主流互联网平台和企业对接，同时与 22 家银行展开合作，通过"鑫云＋"平台连接互联网和金融两个生态圈，累计获客 2286 万户，累计投放 2732 亿元；构建数据治理体制机制，建立"数据湖"统一数据平台、"鑫航标"大数据应用平台、企业级数据管控平台以及"魔数师"自主分析平台，建设"水晶球"人工智能平台，虚拟员工"楠楠"和"晶晶"成为国内银行业首个投入生产的数字员工，实现 25 个机器人智能相关应用建设。

2. 产品创新

2019 年，南京银行在零售业务领域，运用大数据分析，构建营销和获客模型，支持精准营销和客户服务，建立实时反欺诈系统，识别零售业务欺诈行为；在公司业务领域，建立对公客户数据集市，整合公司客户内外部信息，完成公司客户全视图，通过场景植入、联动赋能和智能推介，打造适合企业客户的智能触客体系，拓宽客户服务渠道；在金融市场业务领域，建设"金市通"金融市场大数据平台和金融市场数据集市，完成了宏观经济、各金融市场重点指标及交易数据的整合应用，实现对同业机构和可投基金类产品行内外数据的快速分析。在风险控制领域，打造智能风控，开展全面风险监测。围绕客户生命周期各个阶段开展基于大数据的分析应用，完成从客户准入、反欺诈、贷中监测到贷后预警的全流程风险管理，防范和化解金融风险。在运营管理领域，运用智能语音服务技术，图像识别技术，解决运营中面临的难点为突破点，创新客户服务模式，开展智能化运营。开展"鑫星人"数字员工服务能力建设，在手机银行中建立数字营业厅，为客户提供快捷灵活的个性化智能化服务。

三、社会责任分析

（一）公司治理

2019 年，南京银行公司治理架构未发生变化。在董事会方面，该行董共有 10 名董事，其中，执行董事 3 名、非执行董事 3 名，独立董事 4 名。报告期内，该行董事会共召开 8 次会议，审议议案 59 项，其中包括制定新五年战略规划。在监事会方面，该行共有监事 8 名，其中外部监事 3 名、股东监事 2 名、职工代表监事 3 名。报告期内，监事会共召开 7 次会议，审议通过 24 项议案。

在股东和股东大会方面，该行共召开 1 次年度股东大会和 1 次临时股东大会，股东大会审议并通过 20 项议案。

在投资者沟通方面，该行通过上证 e 互动平台、投资者专线电话，电子邮箱，机构现场调研等方式与投资者进行沟通，报告期内共计接待投资者电话来访 1000 余次，投资者 e 平台互动 50 余次，接待基金、分析师、资产管理机构、咨询机构现场调研 50 场次，500 余人次。

在信息披露方面，该行依据中国证监会和上交所信息披露规定，共披露定期报告 4 项，临时公告 56 项。

（二）社会绩效

1. 扶贫

2019 年，南京银行在金融扶贫方面，进一步加大对就业扶贫、创业扶贫等方面的金融服务支持力度，自 2003 年起开办政策性创业小额担保贷款业务，2009 年起承办"大学生自主创业贷"及"大学生村官贷"等政策性贷款业务，2018 年起在江苏泰州地区试点"富民创业担保贷款"业务，各类创业担保贷款余额 1.40 亿元；与江苏省农业信贷担保有限责任公司合作推出"鑫农保"农业贷款业务；开展"兴乡村，鑫服务"主题活动。在产业扶贫方面，已发放产业精准扶贫贷款余额 30.05 亿元，带动贫困人口 1720 人，累计发放生态扶贫项目贷款 2 亿元。在教育扶贫方面，第九年开展"圆梦行动"，捐助 150 万元帮助南京市贫困学子圆梦大学；启动"南京银行·童心同行——穿越 2000 公里的爱"公益圆梦项目，邀请来自云南的贫困学子赴南京游学，并捐赠助学款 8.5 万元；援建希望小学、结对湖南棠华乡岳山完全小学、西藏改则、走访四川阿木村学校等，捐助 74.64 万元慈善款帮助贫困地区建设教学设施。在社会捐赠方面，向南京市职工救助基金、上海联动公益基金会、常州市

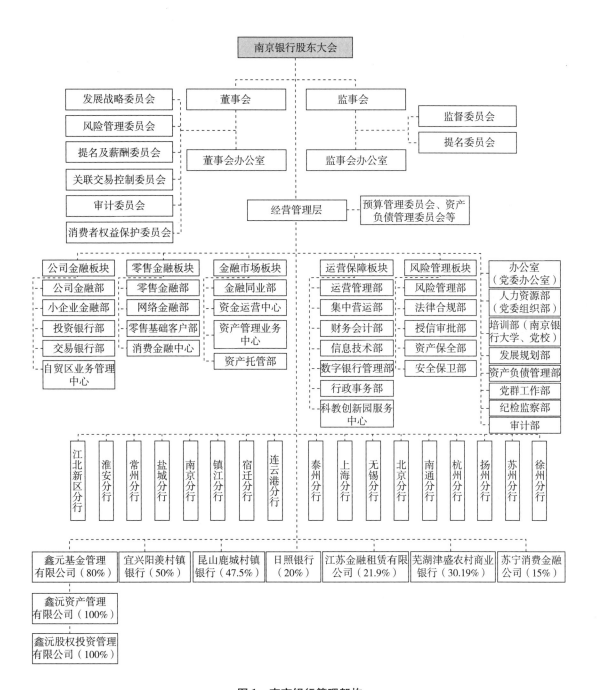

图 1　南京银行管理架构

美德基金会等单位捐助 268.92 万元；开展"慈善一日捐"活动，募集 21.18 万余元慈善捐款帮助社区残困家庭；开展"走千企入万户，促发展助富民"大走访活动，定期走访慰问南京市溧水区乌飞塘村 88 户困难农户；开展各类结对帮扶活动，募集 160.31 万元用于帮助贫困地区脱贫解困；向各级慈善机构捐助 78.37 万元慈善款项，支持地方慈善事业发展；认捐 5 万元计划 5 年内有序开展连云港植树造林行动。

中国上市银行可持续发展分析（2020）

2. 普惠金融

2019年，南京银行构建"总行小企业金融部、分行小企业金融部、专营支行"的三级小微企业服务架构，投入服务小微实体客户经理共计544人，17家分行均设立普惠金融部。在小微企业发展方面，该行推进"鑫伙伴"成长计划扶持小微企业发展，报告期内，共认定"鑫伙伴"客户2534户。推出面向普惠客户的"鑫快捷"产品，不设定价底线帮助降低小微企业融资成本。根据银保监会相关要求，该行在江苏省内开展"百行进万企"融资对接工作，省内共计154个银行网点近600名从业人员参与，走访对接近两万户小微企业，给予符合条件的企业授信支持，根据企业特点和实际情况设计差异化授信方案。

2019年末，该行小微企业贷款余额1763.46亿元，同比增长6.7%（见表21）。普惠金融贷款余额384.72亿元，同比增长55.7%，占全行新增人民币贷款比重10.28%；普惠型小微企业贷款余额382.91亿元，同比增长34.2%，有贷款余额户数13644户，完成银保监会"两增"监管考核目标。

表21　　　　　　　　　　　　　　南京银行普惠金融指标

	2019年	2018年	增加额	增速（%）
小微企业贷款余额（亿元）	1763.46	1652.31	111.15	6.7
普惠金融贷款余额（亿元）	384.72	247.03	137.69	55.7
普惠型小微企业贷款余额（亿元）	382.91	285.43	97.48	34.2

3. 员工及机构情况

（1）员工结构与机构情况

2019年末，南京银行拥有在职员工11489人，同比增加768人，平均年龄32岁。从专业构成来看，业务人员8763人，占比76.3%，同比增加470人；技术人员423人，同比增加72人，占比增加1个百分点。从教育程度结构来看，硕士、博士2639人，占比23.0%，同比增加256人。报告期内，该行机构数量200个，同比增加9个，同比增长4.7%。

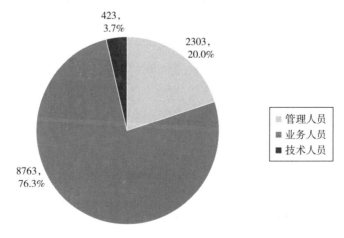

图2　员工专业结构

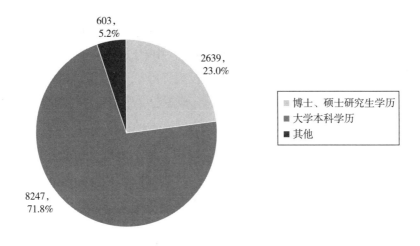

图 3　教育程度结构

（2）员工培训

2019 年，南京银行建设投产自有大学培训基地，以"学习引领未来"为校训，新基地拥有教室 14 间，多功能厅 1 个，体育馆、自助餐厅各 1 个，能够容纳 440 余名学员同时住宿和学习。全年共组织各类线下学习培训项目 196 期，覆盖干部和员工 7939 人次。"随鑫学"线上学习平台课程覆盖到每一位员工。在线课程"e 课工坊"正式上线运营，举办"鑫讲师"系列大赛。报告期内，南京银行大学荣获 2019 年中国 E – learning 行业年度评选"应用创新奖"，在线课程开发中心"e 课工坊"品牌获中国企业在线学习权威奖项博奥奖"优秀内容解决方案奖"。

4. 客户服务

2019 年，南京银行通过强化顶层设计，保障消保工作的有效开展。召开 2 次董事会消保委员会专题工作会议和 1 次年度消保工作会议，常态化发挥董事会、高管层对消保工作的指导和监督作用，并通过召开消保委员会专题会议审议消保相关重要议题，健全消保委员会内部议事协商机制。完成近百项新产品和原有产品升级优化新版本的消保审核工作，在源头上融入消保理念。强化投诉考核，推进三方调解，定期梳理和总结投诉工单，全面提升客户投诉处理工作水平。报告期内，共计受理客户投诉 1624 笔，同比下降 17.23%。投诉业务类别前五位分别是：贷款、银行卡、理财、银行代理业务以及其他类（其他类包括功能类业务、其他银行业务、呼叫服务、其他投诉），合计占比 93.95%。持续开展公众教育宣传活动，将金融知识宣传融入到南京马拉松等大型文化体育活动中，在媒体开设南京银行消保专栏，并开展"小小金融知识宣传员选拔赛"系列活动，报告期内，累计开展公众教育活动 3112 场，合计发放宣传材料 42.19 万份，预计宣传受众 69.43 万人。

（三）环境绩效

1. 绿色金融

2019 年，南京银行加强"鑫动绿色"特色产品体系建设，创新推出了固废贷、节水贷等绿色金融特色产品，为绿色产业提供全方位服务。加强绿色金融交流与合作，推动绿色金融融合发展，受南京市发改委邀请参加"治理塑料污染行动南京峰会"并与四家环保公司签署《全面合作协议》，支持塑料污染治理行动；与中财绿色金融国际研究院、中国建筑节能协会等单位共同编制《既有建筑绿色化改造投融资指引》，积极支持建筑节能与绿色化改造；与中煤地质总局、中煤国地控股有限公司完成绿色金融专项合作签约，支持企业矿山修复治理领域项目。报告期内，绿色金融表内贷款余额447.54亿元，同比增加163.08亿元，同比增长57.3%；客户数795户，同比增加225户，同比增长39.5%，全年共向768家绿色客户发放贷款331.54亿元。

表22　　　　　　　　　　　　　　　　绿色金融

	2019 年	2018 年	增加额	增速（%）
绿色金融表内贷款余额（亿元）	447.54	284.46	163.08	57.3
客户数（户）	795	570	225.00	39.5
全年发放绿色贷款金额（亿元）	331.54	178.87	152.67	85.4
全年支持客户数（家）	768	549	219.00	39.9

2. 环保

2019 年，南京银行开展"厉行节约、勤俭办行"活动，全年总行办公大楼共节约用电量1194847千瓦，同比节约16.76%，其采取多项措施践行绿色理念：积极改造总行大楼灯光，将传统节能灯改造为 LED 灯；关闭无人区照明、空调等设施；严格控制空调开放时间和温度设置，冬季室内不高于20℃，夏季不低于26℃；加强垃圾分类回收；高价值耗材以旧换新，杜绝办公用品浪费。

年报八　宁波银行 2019 年度报告分析

一、基本情况

宁波银行股份有限公司（以下简称宁波银行）成立于 1997 年 4 月 10 日，是一家具有独立法人资格的城市商业银行。2007 年 7 月 19 日，宁波银行在深圳证券交易所挂牌上市（002142.SZ），成为国内首批上市的城市商业银行之一。

2019 年，该银行前三大股东分别是：宁波开发投资集团有限公司，持股数 11.25 亿股，持股比例 20.0%；新加坡华侨银行有限公司，持股数 10.46 亿股，持股比例 18.6%；雅戈尔集团股份有限公司，持股数 7.96 亿股，持股比例 14.2%。

2019 年末，该行总资产 1.32 万亿元，营业收入 350.81 亿元，净利润 137.91 亿元，贷款总额 5291.02 亿元，不良贷款率 0.78%。

二、业务经营分析

（一）资产分析

截至 2019 年末，宁波银行总资产 1.32 万亿元[①]，同比增长 18.0%（见表 1）。主要受同业往来资产、贷款和垫款影响，同比分别增长 135.9% 和 23.9%；其他资产同比减少 13.2%。从资产结构看，该行资产主要分布于证券投资及贷款和垫款，占比分别为 47.8% 和 38.7%，同比增长分别达到 15.4% 和 23.9%。

表 1　　　　　　　　　　　　　资产规模及构成

	2019 年 12 月 31 日		2018 年 12 月 31 日		增加额（亿元）	增速（%）
	金额（亿元）	占比（%）	金额（亿元）	占比（%）		
现金及存放央行款项	935.55	7.1	884.57	7.9	50.98	5.8
同业往来资产	362.64	2.8	153.73	1.4	208.91	135.9
贷款和垫款	5100.39	38.7	4115.92	36.9	984.47	23.9
证券投资	6295.31	47.8	5453.47	48.8	841.84	15.4
其他资产	483.28	3.7	556.54	5.0	−73.26	−13.2
资产总计	13177.17	100.0	11164.23	100.0	2012.94	18.0

注：贷款和垫款为净额。

[①]　本报告数据来源：2019 年和 2018 年宁波银行年度报告。

1. 贷款和垫款

2019 年末，宁波银行贷款和垫款净额 5100.39 亿元，同比增长 23.9%，占总资产的 38.7%，相比上年增加 1.8 个百分点。

（1）贷款和垫款客户结构

2019 年末，该行贷款和垫款总额 5291.02 亿元，同比增长 23.31%（见表 2），其中公司贷款和垫款 3049.85 亿元，同比增长 23.44%，占比 57.64%；个人贷款和垫款 1796.98 亿元，同比增长 31.1%，占比 33.96%。

表 2　　　　　　　　　　　企业及个人贷款和垫款

	2019 年 12 月 31 日		2018 年 12 月 31 日		增加额（亿元）	增速（%）
	金额（亿元）	占比（%）	金额（亿元）	占比（%）		
公司贷款和垫款	3049.85	57.64	2470.77	57.58	579.08	23.44
－ 贷款	2988.10	56.47	2423.02	56.47	565.08	23.32
－ 贸易融资	61.75	1.17	47.75	1.11	14.00	29.32
－ 票据贴现	444.19	8.4	449.43	10.47	－ 5.24	－ 1.17
个人贷款和垫款	1796.98	33.96	1370.66	31.95	426.32	31.1
－ 个人消费贷款	1418.71	26.81	1149.75	26.8	268.96	23.39
－ 个体经营贷款	350.36	6.62	208.43	4.86	141.93	68.09
－ 个人住房贷款	27.90	0.53	12.48	0.29	15.42	123.56
贷款和垫款总额	5291.02	100	4290.87	100	1000.15	23.31
减：减值准备	211.12		174.95		－ 36.17	20.67
贷款和垫款净额	5100.39		4115.92		984.47	23.92

（2）贷款和垫款期限结构

2019 年末，该行未到期贷款和垫款剩余期限主要集中在一年以内和一年到五年，余额分别为 3867.32 亿元和 1570.89 亿元，分别占比 65.4% 和 26.6%（见表 3），期限在一年到五年和五年以上的贷款与垫款占比有所增加。五年以上及一年到五年的贷款和垫款增长较快，同比分别增长 52.2% 及 40.0%。

表 3　　　　　　　　　　　贷款和垫款期限结构

	2019 年 12 月 31 日		2018 年 12 月 31 日		增加额（亿元）	增速（%）
	金额（亿元）	占比（%）	金额（亿元）	占比（%）		
已逾期/无期限	41.19	0.7	32.4	0.7	8.79	27.1
即时偿还	4.49	0.1	5.67	0.1	－ 1.18	－ 20.8
一年以内	3867.32	65.4	3272.63	69.5	594.69	18.2
一年到五年	1570.89	26.6	1121.83	23.8	449.05	40.0
五年以上	428.36	7.2	281.45	6	146.91	52.2
合计	5912.24	100	4713.99	100	1198.25	25.4

（3）不良贷款

2019年末，该行不良贷款率为0.78%，与2018年持平。其中，正常类贷款5210.64亿元，占比98.48%；关注类贷款38.97亿元，占比0.74%；不良贷款余额41.41亿元，同比增加7.88亿元（见表4）；不良贷款拨备覆盖率524.08%；贷款拨备率4.1%。

表4　　　　　　　　　　　　　　　贷款五级分类

	2019年12月31日		2018年12月31日		增加额（亿元）	增速（%）
	金额（亿元）	占比（%）	金额（亿元）	占比（%）		
正常类贷款	5210.64	98.48	4233.77	98.67	976.88	23.1
关注类贷款	38.97	0.74	23.58	0.55	15.39	65.3
不良贷款	41.41	0.78	33.53	0.78	7.88	23.5
次级类贷款	10.98	0.21	14.13	0.33	−3.15	−22.3
可疑类贷款	20.53	0.39	12.91	0.3	7.62	59.0
损失类贷款	9.91	0.18	6.48	0.15	3.42	52.8
贷款合计	5291.02	100.0	4290.87	100.0	1000.15	23.3

2. 证券投资

2019年末，宁波银行证券投资6295.31亿元，同比增长15.4%。该行持有政府债[①]、金融债[②]及企业债[③]分别为2024.59亿元、238.48亿元、150.27亿元，同比分别变动32.7%、−34.7%、20.1%（见表5）。

表5　　　　　　　　　　　　　　　债券投资发行主体构成

	2019年12月31日		2018年12月31日		增加额（亿元）	增速（%）
	金额（亿元）	占比（%）	金额（亿元）	占比（%）		
政府债	2024.59	83.9	1544.60	75.9	498.75	32.7
金融债	238.48	9.9	365.01	17.9	−126.53	−34.7
企业债	150.27	6.2	125.12	6.1	25.15	20.1
债券总额	2413.34	100.0	2034.74	100.0	397.37	19.7

3. 同业往来资产

2019年末，宁波银行同业往来资产362.64亿元，同比增长135.9%（见表6）。其中，存放同业和其他金融机构款项154.09亿元，同比增长66.5%，占比42.5%；拆出资金35.96亿元，同比增长48.7%，占比9.9%；买入返售款项172.59亿元，同比增长366.1%，占比47.6%。

---

① 包括中国政府债券和中国人民银行债券。
② 包括政策性银行债券和商业银行及其他金融机构债券。
③ 主要包含企业债券。

表 6   同业往来资产构成

	2019 年 12 月 31 日		2018 年 12 月 31 日		增加额（亿元）	增速（%）
	金额（亿元）	占比（%）	金额（亿元）	占比（%）		
存放同业及其他金融机构款项	154.09	42.5	92.52	60.2	61.57	66.5
拆出资金	35.96	9.9	24.18	15.7	11.78	48.7
买入返售款项	172.59	47.6	37.03	24.1	135.56	366.1
合计	362.64	100.0	153.73	100.0	208.91	135.9

（二）负债分析

2019 年末，宁波银行负债总额 1.22 万亿元，同比增长 17.6%（见表 7），主要受向中央银行借款、同业往来负债和客户存款快速增加影响，同比分别增长 96.7%、31.6% 和 20.5%。

表 7   负债规模及构成

	2019 年 12 月 31 日		2018 年 12 月 31 日		增加额（亿元）	增速（%）
	金额（亿元）	占比（%）	金额（亿元）	占比（%）		
向中央银行借款	304.91	2.5	155.00	1.5	149.91	96.7
同业往来负债	1343.54	11.0	1020.89	9.9	322.65	31.6
客户存款	7792.24	64.0	6467.21	62.5	1325.03	20.5
应付债券	2128.86	17.5	2084.37	20.1	44.49	2.1
其他负债	600.27	4.9	624.46	6.0	−24.19	−3.9
负债总计	12169.81	100.0	10351.93	100.0	1817.88	17.6

1. 同业往来负债

2019 年末，宁波银行同业往来负债总额 1343.54 亿元，同比增长 31.6%（见表 8）。其中，同业和其他金融机构存放款项 356.97 亿元，同比增长 68.3%，占比 26.6%；拆入资金 359.62 亿元，同比下降 33.3%，占比 26.8%；卖出回购 626.94 亿元，同比增长 132.8%，占比 46.7%。

表 8   同业往来负债构成

	2019 年 12 月 31 日		2018 年 12 月 31 日		增加额（亿元）	增速（%）
	金额（亿元）	占比（%）	金额（亿元）	占比（%）		
同业及其他金融机构存放款项	356.97	26.6	212.15	20.8	144.82	68.3
拆入资金	359.62	26.8	539.44	52.8	−179.82	−33.3
卖出回购	626.94	46.7	269.30	26.4	357.64	132.8
合计	1343.54	100.0	1020.89	100.0	322.65	31.6

2. 吸收存款

2019 年末，宁波银行客户存款余额 7715.21 亿元，同比增长 19.3%，占比 64.0%，比重较 2018 年提升 1.5 个百分点。其中，公司客户存款 5779.42 亿元，同比增长 17.3%，占比 74.9%；个人客户存款 1591.42 亿元，同比增长 29.5%，占比 20.6%（见表 9）。

表 9　　　　　　　　　　　　　　　存款客户结构

	2019 年 12 月 31 日		2018 年 12 月 31 日		增加额（亿元）	增速（%）
	金额（亿元）	占比（%）	金额（亿元）	占比（%）		
公司存款	5779.42	74.9	4928.04	76.2	851.38	17.3
个人存款	1591.42	20.6	1228.67	19.0	362.75	29.5
其他存款	344.37	4.5	310.51	4.8	33.86	10.9
客户存款总额	7715.21	100.0	6467.21	100.0	1248.00	19.3

2019 年末，该行存款以定期存款为主，同比增长 25.4%，占比 51.7%；活期存款同比增长 13.7%，占比 43.8%（见表 10）。

表 10　　　　　　　　　　　　　　　存款定活结构

	2019 年 12 月 31 日		2018 年 12 月 31 日		增加额（亿元）	增速（%）
	金额（亿元）	占比（%）	金额（亿元）	占比（%）		
活期存款	3380.15	43.8	2973.34	46.0	406.81	13.7
定期存款	3990.69	51.7	3183.37	49.2	807.32	25.4
其他存款	344.37	4.5	310.51	4.8	33.86	10.9
存款总额	7715.21	100.0	6467.21	100.0	1248.00	19.3

3. 应付债券

2019 年末，宁波银行应付债券 2111.45 亿元，同比增长 1.3%（见表 11）。其中，金融债券 509.79 亿元，同比增长 70.1%；二级资本债券 269.83 亿元，同比增长 58.9%；同业存单 1301.87 亿元，同比下降 14.4%。

表 11　　　　　　　　　　　　　　　应付债券结构

	2019 年 12 月 31 日		2018 年 12 月 31 日		增加额（亿元）	增速（%）
	金额（亿元）	占比（%）	金额（亿元）	占比（%）		
金融债券	509.79	24.1	299.73	14.4	210.07	70.1
次级债券	29.95	1.4	29.95	1.4	0.00	0.0
二级资本债券	269.83	12.8	169.82	8.1	100.02	58.9
可转换公司债券	—	—	63.9	3.1	—	—
同业存单	1301.87	61.7	1520.98	73.0	−219.11	−14.4
合计	2111.45	100.0	2084.37	100.0	27.08	1.3

（三）收入、支出及利润分析

1. 利润分析

（1）利润

2019 年，宁波银行实现营业利润 152.90 亿元，利润总额 152.18 亿元，净利润 137.91 亿元，同比分别增长 32.4%、32.4% 和 22.9%（见表 12）。

表 12　　　　　　　　　　　　　　　公司利润

	2019 年（亿元）	2018 年（亿元）	增加额（亿元）	变动率（%）
营业收入	350.81	289.30	61.51	21.3
营业支出	197.92	173.84	24.08	13.9
营业利润	152.90	115.46	37.44	32.4
加：营业外收入	0.22	0.14	0.08	57.1
减：营业外支出	0.93	0.63	0.30	47.6
利润总额	152.18	114.98	37.20	32.4
减：所得税费用	14.27	2.77	11.50	415.2
净利润	137.91	112.21	25.70	22.9

（2）拨备前利润情况

2019 年，该行信用减值损失 74.61 亿元，考虑计提减值因素，该行 2019 年拨备前利润总额 226.79 亿元，同比增长 21.2%（见表 13）。

表 13　　　　　　　　　　　　　　　拨备前利润

	2019 年（亿元）	2018 年（亿元）	增加额（亿元）	变动率（%）
利润总额	152.18	114.98	37.20	32.4
信用减值损失	74.61	—	—	—
资产减值损失	—	72.07	—	—
拨备前利润	226.79	187.05	39.74	21.2

2. 收入分析

2019 年，宁波银行实现营业收入 350.81 亿元，同比增长 21.3%（见表 14）。其中，利息净收入同比增长 2.3%，占比 55.8%；手续费及佣金净收入同比增长 34.3%，占比 22.2%；投资净收益同比增长 28.9%，占比 18.6%。

表 14　　　　　　　　　　　　　　　营业收入构成

	2019 年		2018 年		增加额（亿元）	变动率（%）
	金额（亿元）	占比（%）	金额（亿元）	占比（%）		
利息净收入	195.64	55.8	191.20	66.1	4.44	2.3
手续费及佣金净收入	77.84	22.2	57.94	20.0	19.90	34.3
投资净收益	65.41	18.6	50.73	17.5	14.68	28.9
其他	11.93	3.4	-10.57	-3.7	22.50	-212.9
合计	350.81	100.0	289.30	100.0	61.51	21.3

（1）利息收入与支出

2019 年，该行实现利息收入 451.54 亿元，同比增长 5.3%（见表 15），主要受同业往来利息收入及客户贷款和垫款利息收入增长影响。其中，存放央行利息收入 12.17 亿元，同比下降 2.9%；投资性利息收入 159.78 亿元，同比下降 17.1%；同业往来利息收入 17.17 亿元，同比增长 26.6%；客户贷款和垫款利息收入 262.42 亿元，同比增长 25.0%。

表 15 利息收入构成

	2019 年		2018 年		增加额（亿元）	变动率（%）
	金额（亿元）	占比（%）	金额（亿元）	占比（%）		
存放中央银行款项	12.17	2.7	12.53	2.9	-0.36	-2.9
投资性利息收入	159.78	35.4	192.73	45.0	-32.96	-17.1
同业往来	17.17	3.8	13.35	3.1	3.60	26.6
客户贷款和垫款	262.42	58.1	209.88	49.0	52.54	25.0
利息收入合计	451.54	100.0	428.71	100.0	22.83	5.3

（2）利息支出

2019 年，该行利息支出 255.90 亿元，同比增长 7.7%（见表 16），吸收存款利息支出和向央行借款利息支出均有所增加。其中，向中央银行借款利息支出 7.37 亿元，同比增长 221.8%；同业利息支出 34.23 亿元，同比下降 7.2%；吸收存款利息支出 114.72 亿元，同比增长 26.9%；应付债券利息支出 69.58 亿元，同比下降 17.4%。

表 16 利息支出构成

	2019 年		2018 年		增加额（亿元）	变动率（%）
	金额（亿元）	占比（%）	金额（亿元）	占比（%）		
向中央银行借款	7.37	2.9	2.29	1.0	5.08	221.8
同业往来	34.23	13.4	36.69	15.4	-2.66	-7.2
吸收存款	144.72	56.6	114.08	48.0	30.63	26.9
应付债券	69.58	27.2	84.24	35.5	-14.67	-17.4
合计	255.90	100.0	237.51	100.0	18.39	7.7

（3）手续费及佣金净收入

2019 年，该行净手续费及佣金净收入 77.84 亿元，同比增长 34.3%；手续费及佣金收入 84.81 亿元，同比增长 34.0%（见表 17）。其中，代理类业务手续费收入占比相对较高，同比增加 10.39 亿元，同比增长 31.1%；银行卡业务收入同比增加 10.05 亿元，同比增长 55.1%；担保类收入同比增加 0.62 亿元，同比增长 12.4%；托管类业务收入同比减少 0.22 亿元，同比下降 5.4%；结算类业务同比增加 0.23 亿元，同比增长 10.3%；咨询类业务占比相对较低，同比增长 159.2%。

表 17 手续费及佣金净收入构成

	2019 年		2018 年		增加额（亿元）	变动率（%）
	金额（亿元）	占比（%）	金额（亿元）	占比（%）		
结算类业务	2.44	2.9	2.21	3.5	0.23	10.3
银行卡业务	28.32	33.4	18.26	28.8	10.05	55.1
代理类业务	43.84	51.7	33.45	52.8	10.39	31.1
担保类业务	5.64	6.7	5.02	7.9	0.62	12.4
托管类业务	3.85	4.5	4.07	6.4	−0.22	−5.4
咨询类业务	0.69	0.8	0.26	0.4	0.42	159.2
其他	0.03	0.0	0.02	0.0	0.01	57.5
手续费及佣金收入	84.81	100.0	63.30	100.0	21.51	34.0
减：手续费及佣金支出	6.97		5.36		1.61	30.1
手续费及佣金净收入	77.84		57.94		19.90	34.3

3. 支出分析

2019 年，宁波银行的营业支出 197.92 亿元，同比增长 13.9%（见表 18）。其中，业务及管理费占比 60.8%，同比增长 20.8%；其他业务成本同比增长 175.0%。

表 18 营业支出构成

	2019 年		2018 年		增加额（亿元）	变动率（%）
	金额（亿元）	占比（%）	金额（亿元）	占比（%）		
营业税金及附加	2.57	1.3	2.00	1.2	0.57	28.7
业务及管理费	120.38	60.8	99.64	57.3	20.74	20.8
资产减值损失	74.61	37.7	72.07	41.5	2.54	3.5
其他业务成本	0.36	0.2	0.13	0.1	0.23	175.0
营业支出合计	197.92	100.0	173.84	100.0	24.08	13.9

2019 年，该行业务及管理费 120.38 亿元，同比增长 20.8%（见表 19）。其中，员工费用占比 64.5%，与 2018 年持平。

表 19 业务及管理费构成

	2019 年		2018 年		增加额（亿元）	变动率（%）
	金额（亿元）	占比（%）	金额（亿元）	占比（%）		
员工费用	77.69	64.5	64.31	64.5	13.38	20.8
固定资产折旧费	5.00	4.2	4.46	4.5	0.54	12.1
无形资产摊销费	1.02	0.9	1.04	1.0	−0.02	−1.9
业务费用	34.97	29.1	28.00	28.1	6.97	24.9
长期待摊费用摊销	1.6	1.3	1.76	1.8	−0.16	−9.1
税费	0.09	0.1	0.08	0.1	0.01	12.5
合计	120.38	100.0	99.64	100.0	20.74	20.8

2019年，该行人均薪酬40.71万元，同比下降4.7%；人均费用63.08万元，同比下降4.7%；人均产值183.83万元，同比下降4.3%；点均业务及管理费3218.65万元，同比增长8.5%（见表20）。

表20　　　　　　　　　　　　　　人均薪酬及人均/点均费用

	2019年	2018年	增加额	变动率（%）
员工数（人）	19084	15055	4029	26.8
网点数（个）	374	336	38	11.3
人均薪酬（万元）	40.71	42.71	-2.00	-4.7
人均费用（万元）	63.08	66.18	-3.11	-4.7
人均产值（万元）	183.83	192.16	-8.34	-4.3
人均产值/人均薪酬	4.52	4.50	0.02	0.4
点均业务及管理费（万元）	3218.65	2965.48	253.17	8.5

（四）金融科技及产品创新

1. 金融科技

2019年，宁波银行持续加大资源投入，推进科技系统建设，推动营销智能化、业务自助化、运营系统化，上线票据好管家、财资大管家、政务新管家、外汇金管家、易收宝、宁波银行APP、易托管系统群等项目；小微企业"线上快审快贷"产品，入围国家首批金融科技"监管沙盒"试点。

2. 产品创新

2019年，宁波银行保障业务发展与创新，完成"一体两翼"平台化整体规划升级，建设"轻前台，厚中台，强后台"科技架构支撑体系；推动多领域落地应用，完成人工智能、模式识别、知识图谱、分布式等技术的研究论证。

三、社会责任分析

（一）公司治理

宁波银行2019年公司治理架构未发生变化。在董事会方面，该行共有13名董事，其中独立董事5名。在监事会方面，该行共有监事7名，其中外部监事3名、股东监事1名、职工代表监事3名。

2019年，该行召开年度股东大会1次、临时股东大会1次；召开董事会例会4次、临时会议3次；召开董事会各专门委员会会议22次，审议通过定期报告、财务报告、利润分配等议案，定期听取业务经营情况、风险管理等报告。

在信息披露与投资者沟通方面，2019年累计发布公告78次，披露文件110份，包括定期报告、临时公告、公司治理文件、投资者关系活动记录表等内容，通过业绩发布、网络沟通、电话沟通、现场交流等方式，与投资者保持互动，该行在深圳证券交易所年度信息披露评价考核中连续11年被评为A。

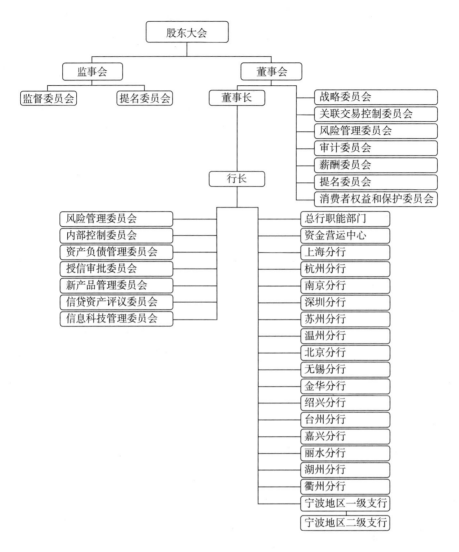

图1 宁波银行管理架构

（二）社会绩效

1. 扶贫

2019年，宁波银行通过"慈善一日捐"捐款65.79万元，向公益基金捐款50万元，向海曙区慈善总会捐款35万元，向慈溪市慈善总会捐款15万元，助医帮支困，支持慈善公益事业；参加"共享稻田"公益活动捐款31万元；向贵州黔西南州捐款、向养老院捐物合计20.46万元；开展"暖冬行动"捐款10万元；向青海玉树雪灾地捐助1万元用于救助因雪灾受困牲畜；向受台风"利奇马"受灾群众捐款5.97万元。与效实中学贫困学生结对帮扶捐款1.8万元；赞助2.5万元支持教育事业；分别向浙江大学教育基金会捐款2882.32万元，向富阳区教育基金会捐款23万元；向新疆阿克苏市多浪第一幼儿园捐款5万元；向西藏墨竹工卡县日多乡、青海玉树州特殊教育学校捐助4.41万元；向青少年发展基金会捐款

34.99万元；开展"圆梦行动"结对助学捐款7.71万元。

在精准扶贫方面，该行每年向宁波市宁海县胡陈乡呑里王村捐款20万元，支持当地改善交通、饮水条件，扶持当地经济林基地开发等，提升经济发展能力；向淳安县鸠坑乡政府扶贫资金专户捐助10万元、向淳安县中洲镇乘风源村捐助3万元联乡结对帮扶资金；与泰顺县结对扶贫捐款10万元；与兰溪市女埠街道上新屋村、浦江县岩头镇朝阳村结对帮扶捐款0.8万元。同时，推出"路路通"小额信贷产品，方便农民获得信贷支持，支持村落经济发展。

表21　　　　　　　　　　　　　　　　精准扶贫成效

	2019年金额（万元）	2018年金额（万元）	增加额（万元）	增速（%）
产业发展脱贫	58.28	199.54	-141.26	-70.8
教育脱贫	2961.73	936.00	2025.73	216.4
社会扶贫	234.22	338.02	-103.80	-30.7
合计	3254.23	1473.56	1780.67	120.8

2. 普惠

2019年末，宁波银行服务小微企业29万户，小微企业贷款余额794.71亿元。从信贷资源、考核激励和尽职免责等方面给予专项政策支持，优先满足制造业等重点领域的投放；通过考核确保客户建设和信贷规模增长；制定授信尽职免责办法，明确责任认定及追究范围，厘清尽职认定标准及责任划分，配套专属产品，差异化、个性化金融需求；发行两期小微专项金融债券，发行规模分别为60亿元、70亿元，所募集资金专项用于发放小微企业贷款，为小微企业提供金融服务；联合境外战略投资者新加坡华侨银行，提供离在岸一站式服务，帮助434户客户提供等值42亿美元的境外贷款，其中65%是低成本的欧元贷款。

3. 员工及机构情况

2019年末，宁波银行员工19084人，其中，大学本科以上占97.16%。该行针对成长期员工，定制培训生、"非金"等设计分层培养项目；针对成熟期员工，着力开展学历提升、专项业务能力提升；针对管理期员工，推进人才培养计划、游学项目等。全年共计开展1.3万次培训，累计参训人数超过28万人次，人均年度学习课程达到55门。

表22　　　　　　　　　　　　　　　　机构及员工情况

	2019年	2018年	增加额（量）	增速（%）
营业网点数（个）	374	336	38	11.3
女性员工比例（%）	57.03	57.00	0.03	0.1
管理人员中的女性比例（%）	49.90	49.34	0.56	1.1

4. 客户服务

2019年，宁波银行进一步完善消费者权益保护组织架构，将消保工作的内容和要求嵌入到公司产品与业务事前协调、事中管控、事后监督等全流程环节，明确消费者权益保护措施，确保消费者合法权益得到有效保护。同时，分支机构在主动受理、快速响应、有效解决客户各类诉求，总行落实投诉事件过程核查、分析投诉原因、及时优化投诉处理流程、完善投诉管理系统、及时妥善处理投诉等方面持续提升。年内组织"3·15"金融消费者权益日、普及金融知识万里行、金融知识进万家、金融知识普及月等专题活动，获得"宁波市级金融消费教育示范基地""宁波市金融消费权益保护A级行"等多项荣誉。

（三）环境绩效

1. 绿色信贷与绿色债券

2019年，宁波银行加大对低碳经济、循环经济、节能减排等绿色产业的支持力度，对"两高一剩"行业整体定位为审慎合作，按照"控制总量、择优限劣、有进有退"的原则，严格控制过剩产能行业贷款的投放。报告期内，对过剩产能行业客户授信共计7户，敞口合计3.47亿元，主要包括钢铁、水泥等行业。该行从授信方面鼓励增加对绿色、低碳、可循环等绿色信贷行业的投入，在授信政策上优先支持清洁能源、节能减排、环保、资源循环利用等领域的授信需求，绿色贷款行业授信客户109户，同比增加23户，贷款余额75.25亿元，同比增长33.7%。

表23　　　　　　　　　　　　　　　绿色贷款情况

	2019年	2018年	增加额（量）	增速（%）
绿色贷款行业授信客户（户）	109	86	23	26.7
贷款余额（亿元）	75.25	56.27	18.98	33.7

2. 绿色运营

2019年，宁波银行推行业务流程电子化、办公移动化，在设备设施采购过程中，严格执行绿色环保标准，优先采购有绿色环保认证的物品；逐步推行网上采购，扩大网上采购数量和品种，缩短采购流程，降低采购成本；加强与头部供应商的合作，增加原厂采购数量；在网点装修过程中加大对绿色环保材料的使用；在办公过程中推行视频会议和电话会议。具体来看，除人均用水量小幅上涨外，人均用电量、人均用纸量均有所下降。

表24　　　　　　　　　　　　　　　环境绩效

	2019年	2018年	增加额（量）	增速（%）
节能环保行业贷款（亿元）	75.25	56.27	18.98	33.7
人均用电量（度/人）	3349	3353	-4	-0.1
人均用纸量（千克/人）	5.1	5.19	-0.09	-1.7
人均用水量（吨/人）	7.23	7.2	0.03	0.4

年报九 江苏常熟农商银行 2019 年度报告分析

一、基本情况

江苏常熟农村商业银行股份有限公司（以下简称常熟银行）改制成立于 2001 年，是全国首批组建的股份制农村金融机构，2016 年 9 月 30 日在上海证券交易所上市（601128.SH）。

2019 年，该行 A 股前三大股东分别是交通银行股份有限公司，持股数 2.47 亿股，持股比例 9.0%；常熟市发展投资有限公司，持股数 0.84 亿股，持股比例 3.1%；江苏江南商贸集团有限责任公司，持股数 0.77 亿股，持股比例 2.8%。

2019 年末，该行总资产 1848.39 亿元，营业收入 64.45 亿元，贷款和垫款 1052.16 亿元，不良贷款率 0.96%，当年实现净利润 19.00 亿元。

二、业务经营分析

（一）资产分析

2019 年末，常熟银行资产总额 1848.39 亿元①，同比增长 10.9%（见表 1），主要是由同业往来资产、贷款及垫款增长影响。

表 1　　　　　　　　　　　　　资产规模及构成

	2019 年 12 月 31 日		2018 年 12 月 31 日		增加额（亿元）	增速（%）
	金额（亿元）	占比（%）	金额（亿元）	占比（%）		
现金及存放央行款项	175.42	9.5	167.60	10.1	7.82	4.7
同业往来资产	39.28	2.1	24.48	1.5	14.80	60.4
发放贷款和垫款	1052.16	56.9	887.27	53.2	164.89	18.6
证券投资	546.79	29.6	543.28	32.6	3.51	0.7
其他资产	34.75	1.9	44.41	2.7	-9.66	-21.8
资产总计	1848.39	100.0	1667.04	100.0	181.35	10.9

注：发放贷款和垫款为净额。

---

① 本报告数据来源：2019 年和 2018 年常熟银行年度报告。

1. 贷款和垫款

2019 年末，常熟银行客户贷款与垫款净额 1052.16 亿元，占资产总额的 56.9%，同比增长 18.6%。

（1）企业及个人贷款和垫款

2019 年末，该行贷款和垫款总额 1099.45 亿元（见表 2），其中，企业贷款及垫款 444.00 亿元，同比下降 2.3%，占比 42.9%；个人贷款及垫款 591.42 亿元，同比增长 24.9%，占比 57.1%。

表 2   公司及个人贷款和垫款

	2019 年 12 月 31 日		2018 年 12 月 31 日		增加额（亿元）	增速（%）
	金额（亿元）	占比（%）	金额（亿元）	占比（%）		
个人贷款及垫款：	591.42	57.1	473.45	51.0	117.97	24.9
信用卡	19.44	1.9	19.84	2.1	-0.4	-2.0
住房抵押	82.20	7.9	57.04	6.2	25.16	44.1
个人经营性贷款	380.58	36.8	304.29	32.8	76.28	25.1
个人消费性贷款	109.20	10.6	92.27	9.9	16.93	18.4
企业贷款及垫款：	444.00	42.9	454.51	49.0	-10.51	-2.3
贷款	441.73	42.7	392.21	42.3	49.52	12.6
贴现	60.33	0.0	58.12	6.3	-58.12	-100.0
贸易融资	5.97	0.2	4.18	0.5	-1.91	-45.7
贷款和垫款总额	1099.45	100.0	927.95	100.0	107.46	11.6
加：应计利息	3.29		0.00		3.29	—
减：贷款损失准备	50.58		40.69		9.89	24.3
贷款和垫款净额	1052.16		887.27		100.87	11.4

（2）贷款和垫款期限结构

2019 年末，该行未到期贷款和垫款剩余期限主要集中在一年以内，占比 68.2%；一年到五年及五年以上的贷款和垫款，分别占比 18.9% 及 12.2%（见表 3），期限在五年以上的贷款与垫款占比有所增加。逾期/即时偿还的贷款以及五年以上的贷款增长较快，同比分别增长 39.0% 及 42.8%。

表 3   贷款和垫款期限结构

	2019 年 12 月 31 日		2018 年 12 月 31 日		增加额（亿元）	增速（%）
	余额（亿元）	占比（%）	余额（亿元）	占比（%）		
逾期/即时偿还	7.49	0.7	5.39	0.6	2.1	39.0
一年以内	717.47	68.2	603.89	68.1	113.58	18.8
一年到五年	198.37	18.9	187.74	21.2	10.64	5.7
五年以上	128.83	12.2	90.25	10.2	38.58	42.8
无期限	—	—	—	—	—	—
合计	1052.16	100.0	887.27	100.0	164.89	18.6

（3）不良贷款

截至 2019 年末，常熟银行不良贷款余额 10.57 亿元，增加 1.43 亿元，不良贷款率 0.96%，较上年下降 0.03 个百分点（见表 4）。2019 年，该行核销及转出额 6.58 亿元；不良贷款拨备覆盖率为 481.28%，较上年增长 36.26 个百分点；贷款拨备率 4.63%，较上年增长 0.24 个百分点。

表 4　　　　　　　　　　　　　　贷款五级分类

	2019 年 12 月 31 日		2018 年 12 月 31 日		增加额（亿元）	增速（%）
	金额（亿元）	占比（%）	金额（亿元）	占比（%）		
正常类贷款	1071.87	97.49	899.54	96.94	172.33	19.2
关注类贷款	17.01	1.55	19.27	2.07	-2.26	-11.8
不良类贷款	10.57	0.96	9.14	0.99	1.43	15.6
次级类贷款	7.82	0.71	8.22	0.89	-0.40	-4.8
可疑类贷款	1.64	0.15	0.78	0.08	0.87	111.6
损失类贷款	1.10	0.1	0.15	0.02	0.96	655.1
贷款合计	1099.44	100.0	927.95	100.0	171.49	18.5

2. 证券投资

2019 年末，常熟银行证券投资总额 532.87 亿元，占总资产的 28.83%，增速同比下降 1.99%。其中，政府债 194.48 亿元，同比增长 4.89%；金融债 105.32 亿元，同比增长 22.71%；企业债 88.6 亿元，同比下降 11.02%；其他投资 144.47 亿元，同比下降 16.44%。

表 5　　　　　　　　　　　　　　证券投资发行主体构成

	2019 年 12 月 31 日		2018 年 12 月 31 日		增加额（亿元）	增速（%）
	金额（亿元）	占比（%）	金额（亿元）	占比（%）		
政府债	194.48	36.5	185.42	34.8	9.06	4.89
金融债	105.32	19.76	85.83	16.11	19.49	22.71
企业债	88.6	16.63	99.57	18.69	-10.97	-11.02
其他	144.47	27.11	172.89	32.45	-28.42	-16.44
合计	532.87	100.0	543.71	100.0	-10.84	-1.99

3. 同业往来资产

2019 年末，常熟银行同业往来资产 39.28 亿元，同比增长 60.4%（见表 6），主要是拆出资金和买入返售款项增加所致。该行存放同业及其他金融机构款项 12.01 亿元，同比减少 31.9%；拆出资金 16.51 亿元，同比增长 193.3%，买入返售款项 10.76 亿元，同比增长 774.6%。

表6   同业往来资产构成

	2019 年 12 月 31 日		2018 年 12 月 31 日		增加额（亿元）	增速（%）
	金额（亿元）	占比（%）	金额（亿元）	占比（%）		
存放同业及其他金融机构款项	12.01	30.6	17.62	72.0	-5.61	-31.9
拆出资金	16.51	42.0	5.63	23.0	10.88	193.3
买入返售款项	10.76	27.4	1.23	5.0	9.53	774.6
合计	39.28	100.0	24.48	100.0	14.8	60.4

（二）负债分析

2019 年末，常熟银行负债总额 1669.40 亿元，同比增长 9.0%（见表7），主要受同业往来负债、客户存款增加影响，同比分别增长 49.1%、22.1%；向中央银行借款、应付债券、其他负债等同比分别减少 10.2%、52.5% 及 58.9%。

表7   负债规模及构成

	2019 年 12 月 31 日		2018 年 12 月 31 日		增加额（亿元）	增速（%）
	金额（亿元）	占比（%）	金额（亿元）	占比（%）		
向中央银行借款	23.90	1.4	26.61	1.7	-2.71	-10.2
同业往来负债	131.92	7.9	88.49	5.8	43.43	49.1
客户存款	1380.79	82.7	1131.01	73.8	249.78	22.1
应付债券	114.33	6.9	240.69	15.7	-126.36	-52.5
其他负债	18.46	1.1	44.89	2.9	-26.43	-58.9
负债总计	1669.40	100.0	1531.69	100.0	137.71	9.0

1. 同业往来负债

2019 年末，常熟银行同业往来负债 131.92 亿元，同比增长 49.1%（见表8）。其中，同业和其他金融机构存放款项 14.63 亿元，占比 11.1%；拆入资金金额 14.99 亿元，同比增长 1797.6%，占比 11.3%；卖出回购金融资产 102.30 亿元，占比 77.6%，同比增长 35.9%。

表8   同业往来负债构成

	2019 年 12 月 31 日		2018 年 12 月 31 日		增加额（亿元）	增速（%）
	金额（亿元）	占比（%）	金额（亿元）	占比（%）		
同业及其他金融机构存放款项	14.63	11.1	12.44	14.1	2.19	17.6
拆入资金	14.99	11.3	0.79	0.8	14.20	1797.6
卖出回购	102.30	77.6	75.26	85.1	27.04	35.9
合计	131.92	100.0	88.49	100.0	43.43	49.1

2. 吸收存款

2019 年末，常熟银行吸收存款余额 1347.02 亿元，同比增长 19.1%（见表 9）。从客户结构上看，该行存款主要集中在个人存款，个人存款余额占比 59.1%；公司存款余额占比 34.7%；其他存款占比 6.2%。

表 9　　　　　　　　　　　　　　　　存款客户结构

	2019 年 12 月 31 日		2018 年 12 月 31 日		增加额（亿元）	增速（%）
	金额（亿元）	占比（%）	金额（亿元）	占比（%）		
公司存款	467.74	34.7	443.11	39.2	24.64	5.6
个人存款	796.18	59.1	622.07	55.0	174.11	28.0
其他存款	83.09	6.2	65.83	5.8	17.27	26.2
客户存款总额	1347.02	100.0	1131.01	100.0	216.01	19.1

从期限结构来看，该行存款以定期存款为主，定期存款占比 56.2%。活期存款占比 37.6%；其他存款占比 6.2%（见表 10）。

表 10　　　　　　　　　　　　　　　　存款定活结构

	2019 年 12 月 31 日		2018 年 12 月 31 日		增加额（亿元）	增速（%）
	金额（亿元）	占比（%）	金额（亿元）	占比（%）		
活期存款	506.61	37.6	446.48	39.5	60.12	13.5
定期存款	757.32	56.2	618.70	54.7	138.62	22.4
其他存款	83.09	6.2	65.83	5.8	17.27	26.2
存款总额	1347.02	100.0	1131.01	100.0	216.01	19.1

2019 年末，该行存贷比为 81.6%，同比下降 0.43 个百分点。

3. 应付债券

2019 年末，常熟银行应付债券 114.33 亿元，同比下降 52.5%（见表 11），主要是同

表 11　　　　　　　　　　　　　　　　应付债券结构

	2019 年 12 月 31 日		2018 年 12 月 31 日		增加额（亿元）	增速（%）
	金额（亿元）	占比（%）	金额（亿元）	占比（%）		
同业存单	83.83	73.3	198.43	82.4	-114.60	-57.8
二级债	19.95	17.5	19.94	8.3	0.01	0.0
小微金融债	10.00	8.8	0.00	0.0	10.00	—
可转换公司债券	0.00	0.0	22.32	9.3	-22.32	-100.0
小计	113.78	99.5	240.69	100.0	-126.91	-52.7
应计利息	0.55	0.5	0.00	0.0	0.55	—
合计	114.33	100.0	240.69	100.0	-126.36	-52.5

业存单、可转换公司债券减少所致。该行已发行同业存单 83.83 亿元，同比减少 114.60 亿元，同比下降 57.8%；已发行二级债 19.95 亿元，同比增加 0.01 亿元；已发行小微金融债 10.00 亿元，同比增加 10.00 亿元；可转换公司债券全部转股或赎回，同比减少 22.32 亿元，降幅 100.0%。

（三）收入、支出及利润

1. 利润分析

（1）利润表

2019 年，常熟银行实现营业利润 22.77 亿元，利润总额 22.73 亿元，净利润 19.00 亿元，分别增长 15.0%、15.0% 和 19.9%（见表 12）。

表 12　　　　　　　　　　　　　　公司利润

	2019 年（亿元）	2018 年（亿元）	增加额（亿元）	变动率（%）
营业收入	64.45	58.24	6.21	10.7
营业支出	41.68	38.44	3.24	8.4
营业利润	22.77	19.80	2.97	15.0
加：营业外收入	0.07	0.10	−0.03	−29.3
减：营业外支出	0.11	0.13	−0.02	−16.0
利润总额	22.73	19.77	2.96	15.0
减：所得税费用	3.74	3.92	−0.18	−4.7
净利润	19.00	15.85	3.15	19.9

（2）拨备前的利润情况

2019 年，常熟银行计提信用减值损失 16.60 亿元，其他资产减值损失 0.02 亿元（见表 13），考虑计提资产减值的因素，该行 2019 年拨备前利润总额为 39.36 亿元，同比上涨 7.7%。

表 13　　　　　　　　　　　　　　拨备前利润

	2019 年（亿元）	2018 年（亿元）	增加额（亿元）	变动率（%）
利润总额	22.73	19.77	2.96	15.0
信用减值损失	16.60	0.00	16.60	—
其他资产减值损失	0.02	0.00	0.02	—
资产减值损失	0.00	16.79	−16.79	−100.0
拨备前利润	39.36	36.56	2.81	7.7

2. 收入分析

2019 年，常熟银行实现营业收入 64.45 亿元，同比增长 10.7%（见表 14），主要受利息净收入和投资净收益稳步增长影响。

表14　　　　　　　　　　　　　　　营业收入构成

| | 2019 年 | | 2018 年 | | 增加额（亿元） | 变动率（%） |
	金额（亿元）	占比（%）	金额（亿元）	占比（%）		
利息净收入	56.90	88.3	50.99	87.6	5.91	11.6
手续费及佣金净收入	3.24	5.0	3.67	6.3	−0.43	−11.8
投资净收益	3.36	5.2	2.31	4.0	1.05	45.3
其他	0.95	1.5	1.27	2.2	−0.32	−25.0
合计	64.45	100.0	58.24	100.0	6.21	10.7

（1）利息收入与支出

2019 年，该行实现利息收入 93.59 亿元，同比增长 8.5%（见表15），主要受客户贷款和垫款利息收入增长影响。其中，存放央行利息收入 2.31 亿元，同比增长 7.7%；投资性利息收入 19.68 亿元，同比下降 8.7%；同业往来利息收入 1.26 亿元，同比下降 11.2%；客户贷款和垫款利息收入 70.32 亿元，同比增长 15.3%；其他利息收入 0.02 亿元，同比下降 85.6%。

表15　　　　　　　　　　　　　　　利息收入构成

| | 2019 年 | | 2018 年 | | 增加额（亿元） | 变动率（%） |
	金额（亿元）	占比（%）	金额（亿元）	占比（%）		
存放中央银行款项	2.31	2.5	2.15	2.5	0.17	7.7
投资性利息收入	19.68	21.0	21.54	25.0	−1.86	−8.7
同业往来	1.26	1.3	1.41	1.6	−0.16	−11.2
客户贷款和垫款	70.32	75.1	61.01	70.7	9.31	15.3
其他	0.02	0.0	0.13	0.2	−0.11	−85.6
利息收入合计	93.59	100.0	86.25	100.0	7.34	8.5

2019 年，该行利息支出为 36.69 亿元，同比增长 4.1%（见表16），主要受吸收存款利息支出增长影响。其中，向中央银行借款利息支出 0.78 亿元，同比增长 46.3%；同业往来利息支出 1.87 亿元，同比减少 25.5%；吸收存款利息支出 28.74 亿元，同比增长 30.9%；应付债券利息支出 5.21 亿元，同比大幅减少 47.0%；其他付息负债利息支出 0.09 亿元，同比减少 79.5%。

表16　　　　　　　　　　　　　　　利息支出构成

| | 2019 年 | | 2018 年 | | 增加额（亿元） | 变动率（%） |
	金额（亿元）	占比（%）	金额（亿元）	占比（%）		
向中央银行借款	0.78	2.1	0.53	1.5	0.25	46.3
同业往来	1.87	5.1	2.52	7.1	−0.64	−25.5
吸收存款	28.74	78.3	21.95	62.3	6.79	30.9
应付债券	5.21	14.2	9.81	27.8	−4.61	−47.0
其他	0.09	0.3	0.45	1.3	−0.35	−79.5
合计	36.69	100.0	35.25	100.0	1.43	4.1

（2）手续费及佣金净收入

2019 年，该行手续费及佣金净收入 3.24 亿元，同比下降 11.8%；手续费及佣金收入 4.48 亿元，同比增长 1.6%（见表 17）。其中，结算类业务收入 0.48 亿元，同比增长 23.1%；银行卡业务收入 1.18 亿元，同比下降 2.6%；代理类业务收入 0.82 亿元，同比增长 10.9%；理财业务收入 2.00 亿元，同比下降 3.2%。

表 17　　　　　　　　　　　手续费及佣金净收入构成

	2019 年		2018 年		增加额（亿元）	变动率（%）
	金额（亿元）	占比（%）	金额（亿元）	占比（%）		
结算类业务	0.48	10.7	0.39	8.8	0.09	23.1
银行卡业务	1.18	26.4	1.21	27.5	−0.03	−2.6
代理类业务	0.82	18.2	0.74	16.7	0.08	10.9
资金理财手续费	2.00	44.7	2.07	46.9	−0.07	−3.2
其他	0.09	1.9	0.00	0.0	0.09	−7855.0
手续费及佣金收入	4.48	100.0	4.41	100.0	0.07	1.6
减：手续费及佣金支出	1.24		0.74		0.50	67.8
手续费及佣金净收入	3.24		3.67		−0.43	−11.8

3. 支出分析

2019 年，常熟银行营业支出 41.68 亿元，同比增长 8.4%（见表 18），主要受业务及管理费增加影响。其中，业务及管理费支出 24.65 亿元，同比增长 16.0%，占比 59.1%；营业税金及附加 0.40 亿元，同比增长 6.0%，占比 1.0%；资产减值损失和信用减值损失 16.63 亿元，同比下降 1.0%，占比 39.9%；其他业务成本 0.00 亿元，较 2018 年减少 0.02 亿元，降幅 100.0%。

表 18　　　　　　　　　　　营业支出构成

	2019 年		2018 年		增加额（亿元）	变动率（%）
	金额（亿元）	占比（%）	金额（亿元）	占比（%）		
营业税金及附加	0.40	1.0	0.38	1.0	0.02	6.0
业务及管理费	24.65	59.1	21.25	55.3	3.40	16.0
资产减值损失（和信用减值损失）	16.63	39.9	16.79	43.7	−0.16	−1.0
其他业务成本	0.00	0.0	0.02	0.1	−0.02	−100.0
营业支出合计	41.68	100.0	38.44	100.0	3.24	8.4

2019 年，该行业务及管理费 24.65 亿元，同比增长 16.0%（见表 19），其中，员工费用和办公费分别为 14.28 亿元和 7.24 亿元，同比分别增长 10.6% 和 20.4%，占比分别为 58.0% 和 29.4%。

表 19　　　　　　　　　　　　　　　　　业务及管理费构成

	2019 年		2018 年		增加额（亿元）	变动率（%）
	金额（亿元）	占比（%）	金额（亿元）	占比（%）		
员工费用	14.28	58.0	12.92	60.8	1.36	10.6
办公费	7.24	29.4	6.01	28.3	1.22	20.4
折旧	1.10	4.5	1.11	5.2	-0.01	-1.2
无形资产摊销	0.26	1.1	0.22	1.1	0.04	17.4
低值易耗品摊销	0.42	1.7	0.16	0.8	0.26	161.0
省联社管理费	0.26	1.1	0.26	1.2	0.00	0.1
研究开发费	0.21	0.9	0.01	0.1	0.20	1375.5
其他	0.88	3.6	0.55	2.6	0.32	58.3
业务及管理费合计	24.65	100.0	21.25	100.0	3.39	16.0

2019 年末，该行人均薪酬为 22.26 万元，同比下降 4.1%；人均费用 38.32 万元，同比增长 0.3%；点均业务及管理费 1502.89 万元，同比增长 5.4%（见表 20）。

表 20　　　　　　　　　　　　　　人均薪酬及人均/点均费用

	2019 年	2018 年	增加额	变动率（%）
员工数（人）	6432	5563	869	15.6
网点数（个）	164	149	15	10.1
人均薪酬（万元）	22.26	23.22	-0.96	-4.1
人均费用（万元）	38.32	38.20	-1.02	0.3
人均产值（万元）	100.20	104.69	-4.49	-4.3
人均产值/人均薪酬	4.50	4.51	-0.01	-0.2
点均业务及管理费（万元）	1502.89	1426.17	76.71	5.4

（四）金融科技及产品创新

1. 金融科技

2019 年，常熟银行开发全额银票全流程线上签发的"票 e 签"、企业手机银行、1000 万元以下抵押类企业贷款全流程线上化产品"云贷 3.0"，上线银票保证金自动化存入、受托支付自动划付、企业手机银行"贷款一键申请"，实现代签他行银票功能。

2. 产品创新

2019 年，常熟银行组建"嵌入式"产品创新研发小组，探索对公产品创新新模式。风险管理部、法律与合规部、金融科技总部等部门每月派驻专职人员驻点公司部，专职推动产品制度创新。推出"厂租贷""税赢通""征信贷"等 9 款创新产品，用信余额超过 10 亿元。

三、社会责任分析

（一）公司治理

截至 2019 年末，常熟银行公司治理架构未发生变化，董事会由 15 名董事组成，其中执行董事 3 人、非执行董事 7 人、独立董事 5 人；监事会监事 6 人，其中外部监事 2 名、股东监事 2 名、职工监事 2 名。

信息披露方面，该行按照监管要求，完成定期报告、董事会决议及其他重大事项、重要信息的披露工作。报告期内，共召开股东大会 2 次，各专业委员会共召开 17 次会议，其中战略与"三农"金融服务委员会召开会议 4 次，风险管理与关联交易控制委员会召开会议 5 次，审计与消费者权益保护委员会召开会议 4 次，提名及薪酬委员会召开会议 4 次。审议通过 12 项议案。披露定期报告 4 份，临时公告 51 份，其他制度性文件 29 份。

投资者关系管理方面，该行举办投资者现场交流会、接待投资者来访、参加券商策略会等与投资者、行业分析师沟通交流。报告期内，共接待现场调研 41 批次、机构投资者 220 家次、295 人次，参加券商策略会 22 次，一对多交流 72 场次、679 人次。

（二）社会绩效

1. 扶贫

2019 年，常熟银行在湖北省恩施市、河南省宜阳县、云南省武定县等 12 个国家级贫困县，河南省内黄县等 3 个省级贫困县设立 11 家村镇银行，在江苏连云港东海县和宿迁泗洪县 2 个省级贫困县设有 2 家县域支行，招收当地人员工作，直接解决 1306 人的就业问题。同时，在前述贫困地区发放经营性贷款 93.8 亿元。通过信贷投放带动就业人数 10.1 万人。11 家法人村镇银行共向当地缴纳税收 6416 万元，成为贫困地区财政收入的重要组成部分。报告期内，涉农贷款余额 772.43 亿元，较 2018 年末增加 143.41 亿元。创新信用类贷款"征信贷""税赢通"，迈出物联网金融领域探索第一步的"羽绒贷"，实现纯线上操作流程的"押惠贷"，助力农民群众搬迁新居和改善住房条件的"快乐宅基贷"，支持高校毕业生、被征地农民、返乡创业农民工等人群创业、扩大就业"就业贷""创业贷"等。重点推广"苏农担"产品，并在此基础上延伸出"惠农快贷"产品；与省农担合作业务余额 4.46 亿元，共 721 户，户均 62 万元。

2. 普惠

2019 年，常熟银行小微金融总部贷款余额超过 320 亿元，经营性贷款余额 238 亿元，占比 74%；全年贷款余额净增 70.57 亿元，其中经营性贷款余额净增 47.19 亿元，占比 67%。针对经营性、有房产类客户创新推出"房久贷"产品；结合常熟市村庄人居环境专项行动，对"三农"客户推出"快乐宅基贷"产品；针对资金回款周期特殊的经营性客户，推出"两年还本贷""组合贷"产品；并且响应银监会"两增两控"政策，创新发行针对小微企业的阶段性低利率扶持产品"金猪纳福"系列；推出"惠农快贷"业务，进一步拓宽新型农业主体融资渠道。通过星享贷、理财通等线上产品开辟线上服务新模式；创新服务方式，试行移动云签服务，签约超 1 万笔，用信达 32 亿元；推进审批模型建设，2019 年末小微线上审批率提升至 33%；启动小微数据驾驶舱，实现业务数据可视化、多维化；搭建"FreeStar 小微金融＋"小程序平台，积极开拓线上小微金融服务平台。完善限额分层，统筹分配信贷资源支持小微企业，重点满足 1000 万元以下制造业贷款流动资金需求，小微企业贷款余额686.32亿元，较2018年末增加82.7亿元。针对500万元以下抵押类普惠金融企业，审批流程缩短至1个工作日；针对1500万元以下的实体制造型小微企业，即报即上会，审批流程缩短至2个工作日。通过开展"决胜2019"、对公个人经营性贷款专项营销、"百行千人进万企"等活动，深挖市场需求，重点支持1000万元以下制造业企业以及3000万元以下实体经济贷款需求。

3. 员工及机构情况

（1）员工人数及结构

2019年末，该行共有员工6432人，同比增加442人。其中母公司在职员工4259人，主要子公司在职员工2173人。从员工专业构成看，管理人员、业务人员、技术人员分别有643人、5540人、249人，分别占公司总员工的10.0%、86.1%、3.9%。从员工教育程度看，研究生及以上学历274人，本科学历5045人，其他1113人，分别占公司总员工的4.3%、78.4%、17.3%。

（2）员工培训

2019年，该行围绕零售转型战略，采用线上线下结合的模式，建立"鸿鹄高飞"管理序列与"鲲鹏展翅"专业序列人才发展计划，提升员工专业能力和理论水平，并将教育培训与日常工作有机地结合起来，打造良好的学习型银行。2019年，共组织各类培训1213期，参训人员23302人次，培训237848课时。

（3）机构情况

2019年末，该行网点总数达164家，其中异地网点56家。该行发起设立的兴福村镇银行股份有限公司在海南海口开业，对湖北、江苏、河南、云南4省30家村镇银行实施集约化管理。

4. 客户服务

2019年，常熟银行积极开展"金融服务万户行"走访活动，每月走访企业，通过实地走访企业、与企业主面对面沟通深入调查企业经营情况，了解行业现状和产业动向，切实对接企业融资需求；组织开展"3·15金融消费者权益日""防范非法集资宣传月活动""普及金融知识，守住'钱袋子'""金融知识进万家"等七项专题公益宣教活动，同时组织开展了"普及金融知识万里行""防范套路贷活动"等主题宣传活动，全年累计组织公益宣传活动超800场、惠及群众5万人次，做好农村金融普法宣传，讲好"农商行故事"，全面融入乡村法治德治建设。上线智能客服，快速解决客户问题，节约客户时间成本。客服中心电话进线量70.6万通，人工接通量14.9万通，客户满意度98.29%，投诉同比减少20.3%；2019年4月面向行内员工开放"亲听室"，收集员工"亲听"感悟208条，整理有效意见33条，不断改进客户服务和业务流程。

（三）环境绩效

2019年，常熟银行推动信贷资源配置进一步向低耗能、低资源消耗、低排放的行业和企业倾斜，严格控制"两高一剩"行业信贷投放，报告期内绿色信贷余额17亿元。

该行已实现全部网点无纸化的覆盖。累计节约纸质凭证 500 万份，生成电子回单 130 万份。积极推广网上银行、手机银行、微信银行等业务，降低纸质凭证使用，降低经营成本，减少传统金融业务的碳排放量。

表 21   绿色渠道建设情况

	2019 年	2018 年	增加量	变动率（%）
网上银行				
其中：客户数量（万户）	30.1	28.0	2.10	7.5
交易量（万笔）	343.2	436.0	−92.80	−21.3
交易金额（亿元）	4501.7	4527.6	−25.90	−0.6
手机银行				
其中：客户数量（万户）	86.4	61.0	25.40	41.6
交易量（万笔）	640.3	386.3	254.00	65.8
交易金额（亿元）	2163.2	1447.7	715.50	49.4
微信银行				
其中：客户数量（万户）	20.4	18.0	2.40	13.3
交易量（万笔）	—	—		
交易金额（亿元）	—	—		

年报十　张家港行 2019 年度报告分析

一、基本情况

江苏张家港农村商业银行股份有限公司（以下简称张家港行）是经中国人民银行批准设立的地方性股份制农村商业银行，于 2001 年 11 月在江苏省工商行政管理局注册登记。2017 年 1 月 24 日首次公开发行 A 股并上市（002839. SZ）。

2019 年，该行股权结构未发生重大变化，股权结构维持比较分散的状态，不存在控股股东和实际控制人。持股 5% 以上的主要股东在报告期内股权稳定，公司第一大股东为江苏沙钢集团有限公司，持有该行股份比例为 8.18%，公司第二大股东张家港市直属公有资产经营有限公司与法人股东张家港市金城投资发展有限公司及江苏联嘉资产管理有限公司存在关联关系，合计持有公司股份比例为 8.79%，第三大股东为江苏国泰国际贸易有限公司，持有该行股份比例为 7.64%。

2019 年末，该行总资产 1230.45 亿元，营业收入 38.53 亿元，贷款和垫款 690.79 亿元，不良贷款率 1.38%，当年实现净利润 9.37 亿元。

二、业务经营分析

（一）资产分析

2019 年，张家港行资产总额 1230.45 亿元①，同比增长 8.5%（见表 1），主要是由同业往来资产、发放贷款及垫款增长拉动所致。证券投资与其他资产有所下滑，分别同比减少 4.1% 和 9.7%。

1. 贷款和垫款

2019 年末，张家港行客户贷款和垫款账面余额 690.79 亿元，占资产总额的 56.1%，同比增长 18.7%。

（1）企业及个人贷款和垫款

2019 年末，该行贷款和垫款账面余额 690.79 亿元（见表 2），其中，公司类贷款和垫款为 458.02 亿元，同比增长 7.7%，占贷款和垫款总额的 64.1%；个人贷款和垫款为 256.03

---

① 本报告数据来源：2019 年和 2018 年张家港行年度报告。

亿元，同比增长 45.2%，占贷款和垫款总额的 35.9%。

表1 资产规模及构成

	2019 年 12 月 31 日		2018 年 12 月 31 日		增加额（亿元）	增速（%）
	金额（亿元）	占比（%）	金额（亿元）	占比（%）		
现金及存放央行款项	115.08	9.4	112.31	9.9	2.77	2.5
同业往来资产	15.39	1.3	11.77	1.0	3.62	30.7
发放贷款和垫款	690.79	56.1	581.8	51.3	108.99	18.7
证券投资	378.72	30.8	394.86	34.8	−16.14	−4.1
其他资产	30.46	2.5	33.72	3.0	−3.26	−9.7
资产总计	1230.45	100.0	1134.46	100.0	95.99	8.5

表2 公司及个人贷款和垫款

	2019 年 12 月 31 日		2018 年 12 月 31 日		增加额（亿元）	增速（%）
	金额（亿元）	占比（%）	金额（亿元）	占比（%）		
公司类贷款	458.02	64.1	425.24	70.7	32.78	7.7
其中：对公贷款（扣除贴现）	398.08	55.7	384.20	63.9	13.88	3.6
贴现	59.95	8.4	41.05	6.8	18.90	46.0
个人贷款和垫款	256.03	35.9	176.36	29.3	79.68	45.2
贷款本金总额	714.06	100.0	601.60	100.0	112.46	18.7
加：应计利息	1.43		不适用		—	—
减：贷款损失准备	24.70		19.80		4.90	24.7
贷款和垫款账面余额	690.79		581.80		109.00	18.7

（2）贷款和垫款期限结构

2019 年末，该行未到期贷款和垫款剩余期限主要集中在一年以内，余额占总贷款与垫款的 61.1%（见表3），期限在一年以内的贷款与垫款占比有所降低，一年到五年、五年以上的贷款与垫款占比有所增加。一年到五年的贷款和垫款增长较快，同比增长 66.2%。同时，已逾期贷款和垫款同比增加 5.53 亿元，同比增长 141.6%，资产质量值得关注。

表3 贷款和垫款期限结构

	2019 年 12 月 31 日		2018 年 12 月 31 日		增加额（亿元）	增速（%）
	余额（亿元）	占比（%）	余额（亿元）	占比（%）		
即时偿付	—	—	—	—	—	—
一年以内	502.98	61.1	381.55	65.6	121.42	31.8
一年到五年	174.44	21.2	104.94	18.0	69.49	66.2
五年以上	135.77	16.5	91.39	15.7	44.37	48.6
已逾期/无期限	9.44	1.1	3.91	0.7	5.53	141.6
合计	822.62	100.0	581.80	100.0	240.82	41.4

（3）不良贷款

2019 年末，该行不良贷款余额 9.82 亿元，同比增长 0.98 亿元，不良贷款率 1.38%，同比下降 0.09 个百分点（见表 4）；不良贷款拨备覆盖率 252.14%，同比增长 28.29 个百分点；贷款拨备率 3.5%，同比增长 0.18 个百分点。

表 4   贷款五级分类

	2019 年 12 月 31 日		2018 年 12 月 31 日		增加额（亿元）	增速（%）
	金额（亿元）	占比（%）	金额（亿元）	占比（%）		
正常类贷款	685.87	96.1	561.22	93.3	124.65	22.2
关注类贷款	18.37	2.6	31.53	5.2	-13.16	-41.7
不良类贷款	9.82	1.38	8.85	1.47	0.98	11.0
次级类贷款	7.53	1.1	5.32	0.9	2.21	41.6
可疑类贷款	2.20	0.3	2.65	0.4	-0.44	-16.8
损失类贷款	0.09	0.0	0.88	0.1	-0.79	-89.4
贷款合计	714.06	100.0	601.60	100.0	112.46	18.7

2. 证券投资

2019 年末，张家港行证券投资总额 378.72 亿元，占总资产的 30.8%，同比减少 4.1%。其中，以公允价值计量且其变动计入损益的金融资产 23.16 亿元，占比 6.1%；以摊余成本法计量的债权投资 176.14 亿元，占比 46.5%；以公允价值计量且其变动计入其他综合收益的其他债权和其他权益工具投资 179.43 亿元，占比 47.4%。

2019 年末，该行债券投资 175.08 亿元（见表 5）。其中，政府债 114.97 亿元，占比 65.7%；金融债 0.50 亿元，占比 0.3%；企业债 26.30 亿元，占比 15.0%；其他项目主要包括债权融资计划 33.32 亿元，占比 19.0%。

表 5   债券投资发行主体①构成

	2019 年 12 月 31 日	
	金额（亿元）	占比（%）
政府债	114.97	65.7
金融债	0.50	0.3
企业债	26.30	15.0
其他②	33.32	19.0
债券总额	175.08	100.0

3. 同业往来资产

2019 年末，张家港行同业往来资产 15.39 亿元，同比增长 30.7%（见表 6），存放同业

---

① 由于 2018 年仅公布持有至到期投资项下的债券项目情况，与 2019 年缺乏可比性，因此未进行对照。

② 包含债权融资计划。

及其他金融机构款项和拆出资金均有所增长，同业规模出现明显扩张。其中，存放同业款项9.74亿元，同比增长29.7%，拆出资金5.65亿元，同比增长32.5%。

表6 同业往来资产构成

	2019年12月31日		2018年12月31日		增加额（亿元）	增速（%）
	金额（亿元）	占比（%）	金额（亿元）	占比（%）		
存放同业及其他金融机构款项	9.74	63.3	7.51	63.8	2.23	29.7
拆出资金	5.65	36.7	4.26	36.2	1.39	32.5
合计	15.39	100.0	11.77	100.0	3.62	30.7

（二）负债分析

2019年末，张家港行负债总额1123.07亿元，同比增长8.6%（见表7），主要是应付债券、向中央银行借款和客户存款增加所致，同比分别增长33.6%、19.6%、16.8%。

表7 负债规模及构成

	2019年12月31日		2018年12月31日		增加额（亿元）	增速（%）
	金额（亿元）	占比（%）	金额（亿元）	占比（%）		
向中央银行借款	28.07	2.50	23.47	2.27	4.60	19.6
同业往来负债	94.38	8.40	139.09	13.45	-44.71	-32.1
客户存款	928.92	82.71	795.04	76.86	133.88	16.8
应付债券	62.71	5.58	46.95	4.54	15.76	33.6
其他负债	9.00	0.80	29.81	2.88	-20.81	-69.8
负债总计	1123.07	100.00	1034.36	100.00	88.71	8.6

1. 同业往来负债

2019年末，张家港行同业往来负债总额94.38亿元，同比减少32.1%（见表8）。同业及其他金融机构存放款项、拆入资金和卖出回购余额均有所减少。

表8 同业往来负债构成

	2019年12月31日		2018年12月31日		增加额（亿元）	增速（%）
	金额（亿元）	占比（%）	金额（亿元）	占比（%）		
同业及其他金融机构存放款项	9.03	9.6	23.50	16.9	-14.47	-61.6
拆入资金	8.91	9.4	22.47	16.2	-13.56	-60.3
卖出回购	76.43	81.0	93.12	66.9	-16.69	-17.9
合计	94.38	100.0	139.09	100.0	-44.71	-32.1

2. 吸收存款

2019年末，张家港行吸收存款余额907.98亿元，同比增长14.2%（见表9）。从客户结构上看，该行存款主要集中在个人存款和公司存款。其中，个人存款余额占比47.2%，占比较 2018 年提高 3.3 个百分点，余额同比增长 22.7%；公司存款余额占比 42.0%，占比较 2018 年下降 0.9 个百分点，余额同比增长 11.9%。

表 9　　　　　　　　　　　　　　　存款客户结构

	2019 年 12 月 31 日		2018 年 12 月 31 日		增加额（亿元）	增速（%）
	金额（亿元）	占比（%）	金额（亿元）	占比（%）		
公司存款	381.38	42.0	340.83	42.9	40.55	11.9
个人存款	428.65	47.2	349.41	43.9	79.24	22.7
保证金存款	73.74	8.1	57.69	7.3	16.05	27.8
理财产品存款	4.61	0.5	14.26	1.8	-9.64	-67.6
其他存款	19.60	2.2	32.85	4.1	-13.24	-40.3
吸收存款本金	907.98	100.0	795.04	100.0	112.95	14.2
加：应计利息	20.94	—	不适用	—	—	—
存款账面余额	928.92	—	795.04	—	—	—

从期限结构来看，该行存款以定期存款为主，定期存款占比 54.3%，同比增长 1.6 个百分点（见表 10）。活期存款占比 34.9%，同比增长 0.8 个百分点。其他各类存款合计占比 10.8%；其中，保证金存款占比最高，为 8.1%。保证金存款同比增长 27.8%，理财产品存款和其他存款同比分别下降 67.6%、40.3%，两项存款规模出现明显下降。

表 10　　　　　　　　　　　　　　　存款定活结构

	2019 年 12 月 31 日		2018 年 12 月 31 日		增加额（亿元）	增速（%）
	金额（亿元）	占比（%）	金额（亿元）	占比（%）		
活期存款	317.27	34.9	270.97	34.1	46.30	17.1
定期存款	492.76	54.3	419.27	52.7	73.49	17.5
保证金存款	73.74	8.1	57.69	7.3	16.05	27.8
理财产品存款	4.61	0.5	14.26	1.8	-9.64	-67.6
其他存款	19.60	2.2	32.85	4.1	-13.24	-40.3
吸收存款本金	907.98	100.0	795.04	100.0	112.95	14.2
加：应计利息	20.94	—	不适用	—	—	—
存款账面余额	928.92	—	795.04	—	—	—

3. 已发行债务证券

2019 年末，张家港行应付债券余额 62.71 亿元，同比增长 33.5%（见表 11），主要由于同业存单和可转换公司债券增长所致。该行同业存单余额 36.30 亿元，同比增长 36.9%；可转换公司债券余额 21.32 亿元，同比增长 4.3%。

表11   应付债券结构

	2019 年 12 月 31 日		2018 年 12 月 31 日		增加额（亿元）	增速（%）
	金额（亿元）	占比（%）	金额（亿元）	占比（%）		
同业存单	36. 30	57. 9	26. 51	56. 5	9. 79	36. 9
可转换公司债券	21. 32	34. 0	20. 44	43. 5	0. 88	4. 3
二级资本债	5. 00	8. 0	—	—	—	—
应计利息	0. 09	0. 1	—	—	—	—
合计	62. 71	100. 0	46. 95	100. 0	15. 75	33. 5

（三）收入、支出及利润

1. 利润分析

（1）利润

2019 年，张家港行营业利润 9.67 亿元，利润总额 9.66 亿元，净利润 9.37 亿元，同比分别增长 13.4%、13.1% 和 14.5%，保持稳步增长趋势（见表12）。

表12   利润表

	2019 年（亿元）	2018 年（亿元）	增加额（亿元）	变动率（%）
营业收入	38. 53	29. 99	8. 54	28. 5
营业支出	28. 86	21. 46	7. 40	34. 5
营业利润	9. 67	8. 53	1. 14	13. 4
加：营业外收入	0. 03	0. 05	− 0. 02	− 40. 0
减：营业外支出	0. 04	0. 04	0. 00	0. 0
利润总额	9. 66	8. 54	1. 12	13. 1
减：所得税费用	0. 28	0. 36	− 0. 08	− 22. 2
净利润	9. 37	8. 18	1. 19	14. 5

（2）拨备前利润情况

2019 年，该行计提资产减值 16.57 亿元，同比增长 55.6%，考虑计提资产减值的因素，该行 2019 年拨备前利润总额 26.23 亿元，同比增长 36.7%（见表13）。

表13   拨备前利润

	2019 年（亿元）	2018 年（亿元）	增加额（亿元）	变动率（%）
利润总额	9. 66	8. 54	1. 12	13. 1
本年计提资产减值	16. 57	10. 65	5. 92	55. 6
拨备前利润	26. 23	19. 19	7. 04	36. 7

2. 收入分析

2019 年，张家港行实现营业收入 38.53 亿元，同比增长 28.5%，主要是由于利息净收入、投资净收益和其他收益增长所致。利息净收入 31.83 亿元，是该行营业收入的最大组成部分，占比 82.6%，同比增长 17.0%（见表14）。

表 14 营业收入构成

	2019 年		2018 年		增加额（亿元）	变动率（%）
	金额（亿元）	占比（%）	金额（亿元）	占比（%）		
利息净收入	31.83	82.6	27.2	90.7	4.63	17.0
手续费及佣金净收入	0.07	0.2	0.33	1.1	−0.26	−78.8
投资净收益	5.11	13.3	2.08	6.9	3.03	145.7
其他	1.52	3.9	0.38	1.3	1.14	300.0
合计	38.53	100.0	29.99	100.0	8.54	28.5

（1）利息收入与支出

2019 年，该行实现利息收入 42.88 亿元，同比增长 25.9%（见表 15）。其中，发放贷款和垫款利息收入 40.80 亿元，同比增加 8.85 亿元，同比增长 27.7%；存放中央银行款项利息收入 1.58 亿元，同比增加 0.17 亿元，同比增长 12.0%。整体来看，利息收入平均余额合计同比增长 99.58 亿元，平均收益率上升 40 个基点。

表 15 利息收入构成

	2019 年		2018 年		增加额（亿元）	变动率（%）
	金额（亿元）	占比（%）	金额（亿元）	占比（%）		
存放中央银行款项	1.58	3.7	1.41	4.1	0.17	12.0
同业往来	0.50	1.2	0.71	2.1	−0.21	−29.3
客户贷款和垫款	40.80	95.1	31.95	93.8	8.85	27.7
利息收入合计	42.88	100.0	34.07	100.0	8.81	25.9

2019 年，该行利息支出 24.47 亿元，同比增长 22.8%（见表 16）。其中，吸收存款利息支出 17.93 亿元，同比增加 4.59 亿元，同比增长 34.4%；同业往来利息支出 3.08 亿元，同比减少 1.35 亿元，同比下降 30.5%；应付债券利息支出 2.68 亿元，同比增加 0.93 亿元，同比增长 53.1%；向中央银行借款利息支出 0.66 亿元，同比增长 112.9%。整体来看，利息支出平均余额合计增长 84.33 亿元，平均付息率上升 27 个基点。

表 16 利息支出构成

	2019 年		2018 年		增加额（亿元）	变动率（%）
	金额（亿元）	占比（%）	金额（亿元）	占比（%）		
向中央银行借款	0.66	2.7	0.31	1.6	0.35	112.9
同业往来	3.08	12.6	4.43	22.3	−1.35	−30.5
吸收存款	17.93	73.3	13.34	67.0	4.59	34.4
应付债券	2.68	11.0	1.75	8.8	0.93	53.1
其他	0.12	0.5	0.09	0.5	0.03	33.3
合计	24.47	100.0	19.92	100.0	4.55	22.8

（2）手续费及佣金净收入

2019 年，该行手续费及佣金净收入 0.07 亿元，同比减少 78.8%；手续费及佣金收入 1.30 亿元，同比增长 35.4%（见表 17）。该行各类业务收入均有不同程度增长，其中，结算类业务同比增长 37.7%，代理类业务同比增长 24.0%，电子银行业务收入同比增长 124.9%，其他业务收入同比增长 7.4%。手续费及佣金支出同比增长 95.2%，是造成手续费及佣金净收入减少的主要原因；手续费及佣金支出的大幅增长主要是银行卡业务及蚂蚁借呗手续费增加所致。

表 17　　　　　　　　　　　　　　　　手续费及佣金净收入构成

	2019 年		2018 年		增加额（亿元）	变动率（%）
	金额（亿元）	占比（%）	金额（亿元）	占比（%）		
结算类业务	0.39	30.0	0.28	29.5	0.11	37.7
代理类业务	0.47	36.2	0.38	39.5	0.09	24.0
电子银行业务收入	0.23	17.7	0.10	10.7	0.13	124.9
其他	0.21	16.2	0.20	20.4	0.01	7.4
手续费及佣金收入	1.30	100.0	0.96	100.0	0.34	35.4
减：手续费及佣金支出	1.23		0.63		0.60	95.2
手续费及佣金净收入	0.07		0.33		−0.26	−78.8

3. 支出分析

2019 年，张家港行营业支出 28.86 亿元，同比增长 34.5%（见表 18），主要是由资产减值损失（和信用减值损失）和业务及管理费增加所致。资产减值损失（和信用减值损失）16.57 亿元，同比增长 55.6%；业务及管理费 12.00 亿元，同比增长 13.2%。

表 18　　　　　　　　　　　　　　　　营业支出构成

	2019 年		2018 年		增加额（亿元）	变动率（%）
	金额（亿元）	占比（%）	金额（亿元）	占比（%）		
营业税金及附加	0.25	0.9	0.21	1.0	0.04	19.0
业务及管理费	12.00	41.6	10.60	49.4	1.40	13.2
资产减值损失（和信用减值损失）	16.57	57.4	10.65	49.6	5.92	55.6
其他业务成本	0.04	0.1	0.00	0.0	0.04	
营业支出合计	28.86	100.0	21.46	100.0	7.40	34.5

2019 年，该行业务及管理费合计 12.00 亿元，同比增长 13.2%。其中，职工费用 7.97 亿元，同比增长 23.2%，占比 66.5%。成本收入比 31.2%，同比下降 4.2 个百分点（见表 19）。

表 19　　　　　　　　　　　　　　　　业务及管理费构成

	2019 年		2018 年		增加额（亿元）	变动率（%）
	金额（亿元）	占比（%）	金额（亿元）	占比（%）		
职工费用	7.97	66.5	6.47	61.1	1.50	23.2
租赁费	0.36	3.0	0.37	3.5	−0.01	−3.6
折旧费	0.65	5.4	0.69	6.5	−0.04	−5.9
无形资产摊销	0.16	1.3	0.19	1.8	−0.03	−13.9
长期待摊费用摊销	0.19	1.6	0.19	1.8	0.00	0.6
业务招待费	0.20	1.7	0.20	1.9	0.00	−0.4
电子设备运转费	0.29	2.4	0.27	2.6	0.02	7.1
日常行政费用	0.53	4.4	0.55	5.2	−0.02	−4.3
业务宣传费	0.40	3.4	0.35	3.3	0.06	16.8
专业服务费	0.13	1.1	0.14	1.3	−0.01	−6.1
机构监管费	0.17	1.4	0.16	1.5	0.00	2.4
其他	0.95	7.9	1.02	9.6	−0.07	−7.2
业务及管理费合计	12.00	100.0	10.60	100.0	1.40	13.2
成本收入比	31.2%		35.4%		下降 4.2 个百分点	

2019 年末，该行在职员工总数 2223 人，较上年增加 114 人；人均薪酬 35.87 万元，同比增长 16.9%；人均费用 53.98 万元，同比增长 7.4%；人均产值 173.32 万元，同比增长 21.9%（见表 20）。

表 20　　　　　　　　　　　　　　　　人均薪酬及产值情况

	2019 年	2018 年	增加额	变动率（%）
员工数（人）	2223	2109	114	5.4
人均薪酬（万元）	35.87	30.69	5.18	16.9
人均费用（万元）	53.98	50.27	3.71	7.4
人均产值（万元）	173.32	142.20	31.12	21.9
人均产值/人均薪酬	4.83	4.63	0.20	4.3

（四）金融科技及产品创新

2019 年，张家港行加快发展科技金融，单独切分贷款规模，优先支持科技型企业、高新技术产业企业的融资需求。优先支持高端装备制造、新材料软件等产业，择优支持提高产品技术、工艺装备、能效环保等水平的传统产业改造，重点支持科技含量高、处于快速成长阶段的企业。依托该行企业自主创新金融支持中心，为高新企业、创新创业科技企业、领军人才企业等提供量身定制的金融服务。2019 年末，该行通过苏州综合金融服务平台对接企业 2348 项需求，解决融资需求 237.68 亿元，共支持科技型企业 546 户，贷款余额 70.48 亿元，支持战略性新兴产业 156 户，贷款余额 29.93 亿元，增速 12.58%。

三、社会责任分析

（一）公司治理

2019 年，张家港行推进集约化经营、整合线上线下渠道、明晰异地分行架构，调整组织架构，将小企业部升级为一级部门，成立渠道管理部，整合设立零售金融总部、金融市场总部、授信审批部，更名设立数字银行部。

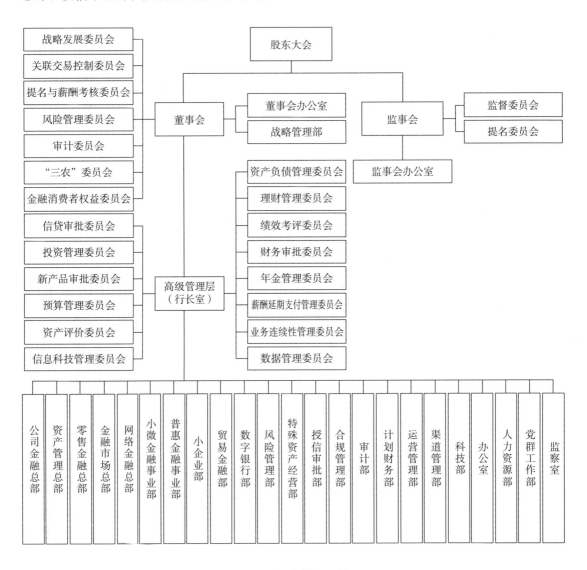

图 1　张家港行管理架构图

该行按照"三会一层"制衡机制和上市公司规范要求，构建了股东大会、董事会、高级管理层之间的决策传导机制。2019 年，该行共召开 2 次股东大会，其中，年度股东大会 1 次、临时股东大会 1 次；共审议通过 17 项议案，并听取独立董事年度述职报告。董事会召开 6 次会议（含临时会议），共审议通过 64 项议案，并听取或审阅 7 项报告。董事会专门委员会共召开 25 次会议，审议通过 65 项议案，并听取或审阅 4 项报告。各专门委员会均制订了年度工作计划并定期召开会议，向董事会提供专业意见，或根据董事会授权就专业事项进行决策。该行董事会持续做好信息披露工作，积极配合机构投资者现场联合调研工作，全年累计接待 145 人次。

（二）社会绩效

1. 扶贫

2019 年，张家港行参与各类慈善事业，开办创业贷款户数 314 户，贷款余额 2231 万元。向慈善总会、志愿服务中心、爱满港城爱心捐赠合计 39.6 万元，向见义勇为基金捐赠 10 万元，沿河助学捐赠 10 万元，百岁老人尊老金捐赠 50 万元，爱心包裹捐赠 10 万元，常阴沙常东社区捐赠 15.47 万元。

2. 普惠

2019 年，张家港行加大对实体经济发展的支持力度，民营企业贷款余额 398.56 亿元，占母公司口径各项贷款余额的 57.23%，同比增加 67.18 亿元，占公司类贷款增量 85.32 亿元的 78.74%。扩大信贷支持覆盖面，参加"百行进万企"走访活动，民营企业贷款户数 29364 户，同比增加 8610 户。涉农与小微贷款余额 596.32 亿元、户数 57942 户，同比分别增长 113.50 亿元和 21988 户，增速分别为 23.51% 和 61.16%；普惠小微企业贷款增速 52.26%，较各项贷款增速超出 33.33 个百分点；普惠小微企业贷款户数同比增加 6401 户。针对重点行业、重点区域、集群客户、优质中小微企业，推出"省心快贷""优税贷""结息贷"等多款契合小微企业需求的产品，累计授信 14.38 亿元，共 751 户。

3. 员工情况及机构情况

（1）员工人数及结构

2019 年末，张家港行共有员工 2223 人，较上年末增加 114 人；女员工 1133 人，占 51.0%，同比增长 3.2%（见表 21）。劳动合同签订率与社会保障覆盖率均连续两年达到 100%。

表 21 员工情况

	2019 年	2018 年	增加额	增速（%）
员工总数（人）	2223	2109	114	5.4
男员工人数（人）	1090	1011	79	7.8
女员工人数（人）	1133	1098	35	3.2
劳动合同签订率（%）	100	100	0	0.0
社会保障覆盖率（%）	100	100	0	0.0

从教育程度分布看，员工学历以本科为主，占 76.6%（见图 2）；专科及以下与研究生及以上，分别占 16.8%、6.7%。

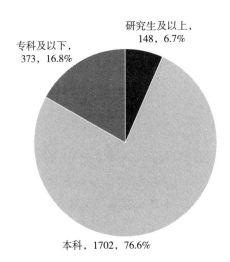

专科及以下，
373，16.8%

研究生及以上，
148，6.7%

本科，1702，76.6%

图2 员工教育程度分布

（2）员工培训

2019年，该行建设人才培养线上平台，根据各岗位性质与培训需求，设计必修课与选修课课程，降低培训成本，提高培训效率和员工自我发展速度；充分利用内部培训师资源，加大培训课程开发力度，举办2期培训课程设计与开发培训，形成各岗位任职资格考试及晋阶学习包，帮助员工了解各岗位的学习内容及学习目标，明确职业发展方向；加强与同行业的交流，根据自身培训需求，选择适合的外部培训课程，将经验丰富的优质讲师请进来，优秀学员送出去培训，将理论知识与实践相结合，帮助员工解决实际的培训需求；继续实施分层培训，新员工岗前培训、客户经理业务能力提升培训及管理层赴外进行管理能力训练营，各条线分片组织专题培训。

4. 客户服务

2019年，张家港行从内部培训和外部宣传两方面积极参与政府部门、监管机构、消费者组织等开展的金融消费者教育活动。进一步规范投诉处理机制，在营业场所醒目位置提示投诉方式，对投诉进行定期分析、集中整改；配合监管机构受理、处理投诉情况，在规定时限内处理、办结人民银行及分支机构转办的金融消费者投诉并反馈；建立客户投诉登记制度，将收集到的问题反馈相关责任部门，同时落实监督机制。该行持续落实各项减免费优惠政策，严格执行政府指导价、政府定价目录和收费规定。近两年客服中心投诉解决率均为100%。

（三）环境绩效

1. 绿色金融

2019年，张家港行不断加大对绿色经济、低碳经济、循环经济的支持：出台绿色贷款管理办法，优先支持绿色环保项目和节能减排升级改造，主动退出耗能污染项目的贷款；在总行公司金融总部、授信审批部、合规管理部、风险管理部及数字银行等部门建立跨条线绿色信贷产品研发和推广协同机制，实行差异化的审批政策，建立绿色信贷"绿色"审批通道；开发推广绿色信贷产品，加大对工信部认定的绿色园区、绿色工厂、绿色产品的支持；推进绿色乡村建设，改善农村绿色生活环境。报告期内，该行节能环保服务项目贷款总额 1.77 亿元，同比增加 0.89 亿元（见表 22），同比增长 101.1%。电子对账综合签约率与对账单减少数量同比增速分别为 12.1%、51.4%。

表 22　　　　　　　　　　　　　　绿色金融

	2019 年	2018 年	增加额	增速（%）
绿色金融贷款余额（亿元）	1.77	0.88	0.89	101.1
电子对账综合签约率（%）	98.51	87.84	10.67	12.1
全年减少对账单数量（万张）	5.54	3.66	1.88	51.4

2. 绿色办公

2019 年，张家港行推广非现场会议，视频会议占全部会议的 25%，同比提升约 5%；视频设备覆盖率近 60%。持续推进办公自动化、会议材料电子化、工作流程线上化，提高无纸化办公覆盖面，减少纸质材料消耗。

专题一　经营战略

本专题整理归纳了各上市银行 2018 年和 2019 年的经营战略并进行分类比较，通过横向及纵向定性对比的方式，阐明上市银行经营战略的主要变化和侧重点，按照国有银行、股份制银行、城商行和农商行进行分类对比，便于读者把握不同类型上市银行战略方向变化。经营战略本身不具有可量化的性质，因此本专题并未对战略的完成情况进行衡量。

一、国有银行

2019 年，六大国有银行的经营战略涉及方面均较为广泛。从相同点看，各行对于金融科技的重视程度非常高，各行均在此方面投入了较多的资源，加快数字化转型进程，并更加强调敏捷性；普惠金融方面，各行也均在经营战略中予以重视，体现国有行担当；此外，建设银行、邮储银行均提出要开启第二发展曲线。从不同方面来看，各行均继续保持各自的特色优势。工商银行更加偏重全面化，在 2019 年年报中增加"发展第一个人金融银行战略、手机银行业务转型、智慧银行转型"等新战略方向；农业银行经营战略更加偏向"三农"与乡村振兴，年报中新增"推进零售业务与网点转型"描述；建设银行则更加注重其住房领域的传统优势，"零售优先"战略则未在 2019 年年报中被明显提及；中国银行维持其国际业务的优势，在 2019 年年报明确提出"推进跨境、教育、体育、银发四个战略级场景建设"；交通银行服务区域更接近长三角、粤港澳大湾区、京津冀等地区，年报中新增"信贷政策在智能制造、无人配送、在线消费、医疗健康等领域加速布局"等经营策略；邮储银行经营网点

表 1 　　　　　　　　　　　　　　上市国有银行经营战略

	2019 年	2018 年	主要变化
工商银行	全面启动"第一个人金融银行"战略；手机银行成为业务转型核心，推进网点转型，完善一体化服务体系；推进智慧银行转型及金融科技发展，成立现代金融研究院，打造"工银研究"品牌；推进普惠金融和民营企业发展，以制造业为发力点服务实体经济；发展国际化战略、大资管战略	大力发展普惠金融，精准支持民营及小微企业；聚焦国家重要战略方向；深化零售、资管、投行等多方面综合化发展战略，加大金融科技投入	增加第一个人金融银行战略、明确手机银行业务转型、智慧银行转型

	2019 年	2018 年	主要变化
农业银行	服务"三农"，乡村振兴等；发展普惠金融、金融科技与产品创新；实施"推进数字化转型再造一个农业银行"战略构想，发展敏捷开发模式；推进零售业务与网点转型；服务国家重大战略和重大项目建设；发展大数据战略，内外部数据共享，综合化经营战略	培育差异化竞争优势，以乡村振兴战略为中心，加大对"三农"和中西部地区的资源配置力度，力争成为推动绿色金融发展的排头兵，加大金融科技投入，加快数字化建设	增加"推进零售业务与网点转型"描述
建设银行	服务国家重大战略项目；全面布局住房租赁平台、普惠金融、金融科技，开启第二发展曲线；完善海外布局，支持中国企业"走出去"；全面风险管理	推进住房租赁战略，启动普惠金融战略，实施金融科技战略；聚焦经济实体，开启第二发展曲线；运用数字化平台拓展新零售，推进零售优先战略；提升交易性业务实力	继续围绕住房租赁、普惠金融、金融科技为中心作为发展战略，零售优先战略未被提及
中国银行	推进对外经贸合作；发展金融科技战略，继续坚持数字化发展战略，成立金融研究院；推进跨境、教育、体育、银发四个战略级场景建设；服务国家重大战略实施；提升客户营销服务能力；建设新时代全球一流银行	提升业务全球化及个金业务比重；加快数字化发展，推动数字化转型；加快金融产品创新，完善普惠金融、交易银行、综合经营管理模式；全力服务国家全方位对外开放，建设新时代全球一流银行	明确提出推进跨境、教育、体育、银发四个战略级场景建设
交通银行	做强财富管理特色，坚持零售转型发展；坚持金融科技战略，推动科技赋能业务再造；打造"全功能、国际化、综合化"金融服务平台；国际化发展着重于跨境服务；信贷政策在智能制造、无人配送、在线消费、医疗健康等领域加速布局；支持国家重点战略布局，提升长三角、粤港澳大湾区、京津冀地区市场份额；绿色信贷战略；发展普惠金融	聚焦提升客户体验，做强财富管理特色，推进零售转型发展；坚持金融科技战略，探索智慧型银行建设；坚持国际化、综合化道路；支持国家重点战略布局，推进长三角地区经营一体化；完善全面风控体系；发展普惠金融	财富管理特色一以贯之，信贷方向向新型产业倾斜更加明确
邮储银行	推行强总部战略；大力发展"三农"、小微企业金融业务，推进普惠金融业务；加快数字化、敏捷化、场景化转型，开启第二曲线发展；践行科技兴行战略，迎接无接触商业模式；打造开放银行；服务国家重大发展战略；坚守零售银行战略，推进绿色金融发展	积极支持民营企业和小微企业发展，践行普惠金融；巩固县域网点优势，坚持服务社区、中小企业、"三农"的三大定位；加快数字化转型，发展金融科技；推动绿色发展，建立全面风控体系	更加强调敏捷化、场景化转型，出现第二曲线发展、无接触商业模式、开放银行等新提法

广泛，零售特色明显，更加注重服务"三农"，绿色金融为其较为明显的优势，年报中出现"更加强调敏捷化、场景化转型，推进第二曲线发展、无接触商业模式、开放银行发展"等新提法。国有银行资产规模较大，因此对于其他三类银行的"轻资本"发展方向，均未有提及。

二、股份制银行

2019 年，股份制银行发展战略相对也较为全面，轻型银行发展、金融科技与数字化战略、综合化金融服务商、打造开放银行、普惠金融、绿色金融等均为各家股份制银行经营战略中的高频词。从不同点看，浦发银行更加突出数字化，而对普惠金融的关注度则相对有限；经营战略上，浦发银行对国际化战略提及变少，继续增加对开放银行的支持力度，明确将在公司、零售、金融机构等业务方向增加创新力度。招商银行对金融科技特别重视，而对普惠金融倾斜较少，仅完成"两增两控"任务；其主要发展战略没有改变，新提出"开放和融合"模式创新与数字化创新。中信银行更加注重在传统业务上进行创新发展，对金融科技发展则重视程度较低；近两年经营策略主要变化是明确倾力发展交易银行，对公业务由转型改为稳定发展。光大银行继续保持其财富管理特色，经营战略中对于普惠金融更加重视，对实体企业支持力度有所加强；2019 年年报中新提出推进"敏捷、科技、生态"转型，打造"科技银行"等战略方向。华夏银行更加注重服务京津冀地区，对于普惠金融关注度较低，发展战略中新提出打造"商行+投行"服务特色，与兴业银行、平安银行及众多城商行的发展战略更加接近。民生银行注重其民营银行本质，对于民营企业支持力度较大，普惠金融发展融入其中，近两年民生银行发展战略未有明显变化。兴业银行近两年发展策略未发生明显变化，继续保持其绿色金融特色，推进"商行+投行"策略发展。平安银行零售特色定位明确，科技特色鲜明，但绿色金融发展重视度有限；发展战略中增加"数字化银行、生态银行、平台银行"等作为新的发力点。浙商银行服务区域更注重浙江省，新提出"平台化服务"战略。

表 2　　　　　　　　　　上市股份制银行经营战略

	2019 年	2018 年	主要变化
浦发银行	推进数字化战略，赋能业务发展；以开放银行为方向，推进全栈数字化建设，打造开放共享数字化商业模式；在公司、零售、金融机构三大领域业务创新；服务国家重大发展战略，积极支持上海重大任务发展	聚焦一流数字生态银行战略，推进数字化经营管理转型，发力金融科技；稳步推进国际化；服务国家重大战略，加大对长三角、自贸区支持；支持小微、民企、战略新兴产业发展，助力普惠金融	对国际化战略提及变少，增加对开放银行的支持力度；明确公司、零售、金融机构方向增加创新力度
招商银行	坚持"轻型银行"建设；聚焦高频生活场景，打造最佳客户体验；探索开放新业态形式；坚守零售特色，坚持"开放和融合"模式创新与数字化创新；加大数字化投入，发展金融科技；进一步提升国际化、综合化服务能力	以"轻型银行"为发展目标，推进创新驱动发展战略；继续保持零售领先的战略；加大金融科技投入力度，致力于成为客户体验最佳的金融科技银行	主要发展战略没有改变，新提出"开放和融合"模式创新与数字化创新

	2019 年	2018 年	主要变化
中信银行	大力发展普惠金融，支持民营及中小企业发展；全面融入国家重大发展战略；发挥中信集团"金融＋实业"的独特优势；大力发展金融科技，加快数字化转型；稳定传统对公业务，倾力发展交易银行，发力发展零售与金融市场业务；聚焦轻资本发展	积极发展普惠金融业务；着力零售业务、对公业务转型；坚持轻资本导向，实现金融市场业务特色化发展；加强金融科技创新；确保核心存款增长	明确倾力发展交易银行，对公业务由转型改为稳定发展
光大银行	打造一流财富管理银行，全力服务国家战略；深耕普惠金融，助力民企及中小微企业；与光大生态协同发展；全面落实科技发展战略，推进"敏捷、科技、生态"转型，打造"科技银行"	打造一流财富管理银行，推进财富管理 3.0 建设；积极对接国家发展战略；促进普惠金融发展，助力民企及中小微企业；强化科技创新驱动，加快科技转型；探索特色国际化布局	新提出推进"敏捷、科技、生态"转型，打造"科技银行"
华夏银行	坚持"北京的银行"定位；支持国家区域发展战略；发展金融科技，推动数字化转型；推进零售业务转型，向轻资本发展，打造"商行＋投行"服务特色；布局综合化经营，建设"京津冀金融服务主办行""中小企业金融服务商"品牌；推进绿色金融发展	推动金融科技创新，启动数字化流程再造；强化零售业务发展，发展"轻型银行"；完善综合化经营布局；建设"京津冀金融服务主办行""中小企业金融服务商"品牌；推进绿色金融特色业务；全面风险统筹管理	提出打造"商行＋投行"服务特色
民生银行	坚持做民营企业的银行，加速民企战略落地；做科技金融的银行，科技赋能零售发展；做综合服务的银行，推进资管业务转型发展；向数字化、轻型化、综合化银行转变	确定"民营企业的银行、科技金融的银行、综合服务的银行"的战略定位，向数字化、轻型化、综合化银行转变；服务中小微客户；全面风险管理	无明显变化
兴业银行	推进"商行＋投行"发展策略，增强结算型、投资型、交易型银行建设；同业金融致力于"金融市场、金融机构综合运营商"定位；大力发展绿色金融；发展金融科技，推进数字化转型	推进"商行＋投行"发展策略，以轻资本、轻资产、高效率为发展方向，提升结算型、投资型、交易型银行建设；加快绿色金融、普惠金融发展；发展金融科技	无明显变化
平安银行	加大对民企的支持力度，打造国内领先的数字化银行，以科技促发展；零售转型，发力基础零售、消费金融及私行财富，构建覆盖客户全旅程的生态银行；搭建互通互联的平台银行	以"中国最卓越、全球领先的智能化零售银行"为目标，科技赋能业务发展；坚持零售转型战略方向，发力基础零售、消费金融及私行财富；做精对公业务，资金投向国家战略新兴产业及民营企业；打造"商行＋投行"模式	数字化银行、生态银行、平台银行为新的发力点

	2019 年	2018 年	主要变化
浙商银行	继续坚持"两总"总目标：最具竞争力的股份制银行、浙江省最重要的金融平台，深化平台化服务战略；加强金融科技创新与商业模式创新，打造第二发展曲线；健全风险管理体制	确立了"两最"总目标和全资产经营战略，依托地理位置优势，将重心向浙江省内适当倾斜，力争成为浙江省最重要金融平台	提出平台化服务战略

三、城商行

城商行由于受监管要求，经营区域有一定限制，因此各上市城商行更趋向于区域化发展。2019 年，各上市城商行战略多以服务地区战略、发展零售业务、支持民营小微企业、打造综合金融服务平台等为主。

战略特色方面，北京银行的文化金融特色在各城商行中独树一帜；上海银行将零售业务放在重中之重的位置，对科技企业支持力度更大，战略位置更高，符合上海及长三角地区的产业特点；江苏银行将普惠金融战略提到更高的位置；南京银行明确服务长三角地区和京沪浙地区，区域定位清晰；宁波银行将金融科技发展下沉至分行，且其零售特色明显；徽商银行服务范围主要以安徽省为主，该行明显在加快数字化进程，但在对接国家大发展及区域战略方面描述较少；杭州银行在战略中明确说明不会盲目扩张，区域定位明确；盛京银行对于零售非常重视，但是对金融科技发力程度明显不足；锦州银行布局农村金融市场，而其年报对于自身经营战略描述非常少，银行发展规划不明；中原银行对于农村金融布局良好，始终坚持"上网下乡"战略；天津银行区域定位明确，其对金融科技重视程度略低；长沙银行将经营范围下沉至县域，普惠金融发展良好；哈尔滨行借助地理优势，对俄罗斯金融已成为其非常具有优势的特色业务；贵阳银行的普惠金融、扶贫均为其特色战略，对金融科技重视程度相对较低；郑州银行战略较为稳定，商贸物流为其特色发展战略；青岛银行在金融科技发展方面明确采用"内部创新＋第三方合作"模式，接口银行提法非常有特色，发展普惠金融主要以供应链为依托；九江银行主要发展普惠金融战略，"三农"扶持力度较大；苏州银行对金融科技重视程度非常高，其发展成果较多。综合来看，各上市城商行在共性的基础上各有特色，东部发达地区上市城商行金融科技重视程度较高，中西部地区则发展力度有限，更多的是将线下业务线上化。

发展战略变化方面，北京银行将"数字化转型"战略改为"科技强行"战略，发展金融科技力度进一步强化；江苏银行新提出打造"商行＋投行"模式，朝轻资产方向更进一步；南京银行对做精公司业务更加明晰，服务区域明确增加京浙沪地区；宁波银行大战略未发生变化，新成立财富管理部与私人银行部，继续发力零售业务；徽商银行新提出重点进行数字化转型发展，服务区域由安徽扩展至长三角地区；杭州银行提出进行大零售转型，转型方向更加明确；盛京银行对"一主体两中心"未再重点说明，加强了对于金融市场业务的发展力度；青岛银行对公司业务定位精准，"交易银行＋投行"战略未再提；九江银行对于普惠金融定位更加细致：专注"新三农"业务，汽车金融方向未提及；苏州银行明确提出深耕小微金融、民生金融、科技金融，未再提及消费金融；甘肃银行删除了"综合化、国际化"的发展战略，增加了"专业化"描述；贵州银行通过"超常规发展大零售"进行零售业务转型，新提出打造"绿色银行"品牌；泸州银行提出要逐步开展国际业务、资产证券化业务、理财业务等，探索互联网业务。

表3   上市城商行经营战略

	2019 年	2018 年	主要变化
北京银行	推进"四化两型"战略；服务国家重大战略；发展金融科技，坚持"科技强行"战略，打造科技金融、文化金融、普惠金融等特色品牌；转型零售业务，加快"轻型化"转型发展	服务国家重大战略；发展普惠金融，服务小微、民营企业，推动科技金融、文化金融发展；发展交易银行业务；零售业务转型发展；进行数字化转型；围绕轻资本战略发展；推进"建设十大银行"重大战略	数字化转型战略改为"科技强行"战略
上海银行	对接区域发展战略，成为所在区域重要金融服务商；"重中之重"定位零售业务，发展消费金融、财富管理、养老金融等特色产业；推进精品银行战略发展；发力金融科技，推进数字化转型；探索普惠金融新发展模式	发展"精品银行"战略；服务国家区域重大战略；重点发展零售业务，发展消费金融、财富管理、养老金融等特色产业；支持科技企业发展；发展金融科技，打造开放数字化金融平台；以供应链为突破口支持普惠金融发展	无明显变化
江苏银行	扎根江苏，服务三大经济圈，大力拓展先进制造业及战略新兴产业；支持小微、民营企业；打造"商行＋投行"模式，发力交易银行业务；发展金融科技，打造"最具互联网大数据基因的银行"	根植地方，服务地方；致力于服务小微、民营企业；发展金融科技，打造"智慧化银行"；打造"开放银行"，拓展公共用户平台；进行零售转型，打造"轻型银行"、"交易银行"。塑造科创、绿色、跨境等业务特色，推进综合经营	提出打造"商行＋投行"模式
南京银行	实施大零售战略、交易银行战略；做精公司业务：强化营销、打造综合金融服务产品、金融科技支持、塑造绿色金融品牌；发展金融科技，进行数字化转型；深耕长三角地区和京沪地区	推进"大零售"和"交易银行"两大战略；发展金融科技，推进数字化转型；聚焦国家战略，加强大、中、小实体客户服务能力，支持民营企业发展；发力供应链金融、贸易金融、现金管理业务、跨境金融；服务长三角地区	对做精公司业务更加明晰，服务区域明确增加京浙沪地区

	2019 年	2018 年	主要变化
宁波银行	强化长三角为中心、珠三角和环渤海布局；践行普惠金融，创新小微产品；发展金融科技；打造多元化利润中心，聚焦大零售及轻资本业务；探索和实施"大银行做不好，小银行做不了"的经营策略	强化长三角为中心、珠三角和环渤海布局；支持小微企业与民营企业，发展普惠金融；发展金融科技，在众多分行设立科技部；聚焦大零售及轻资本业务；探索和实施"大银行做不好，小银行做不了"的经营策略	大战略没有变化。零售服务中，新成立财富管理部与私人银行部
徽商银行	聚焦长三角发展战略；攻关"一体两翼"；进行数字化转型；着力发展"民生、产业、绿色、科技、普惠、扶贫"六大金融；调整资产负债结构，主动降低同业投资规模；信贷资金支持新兴产业、现代服务业、传统优势产业、绿色产业	布局一体两翼：一体指着力发展"民生、产业、绿色、科技、普惠、扶贫"六大金融，两翼指创新转型及提升管理质效。发展国际化业务；发展信息科技；服务安徽五大发展行动计划	新提重点进行数字化转型发展，服务区域由安徽扩展为长三角、主动降低同业规模
杭州银行	大力推进大零售转型；转型为轻资本消耗、产能为本、效率为先，强调非利息收入，新兴业务为重的银行；做强大零售、做专大公司、做优大资管、区域化特色、数字化创新和综合化经营；服务小微，发展普惠金融；做精长三角，立足省会，不盲目扩张	中期发展目标是成为"轻、新、精、合"的品质银行；做强大零售、做专大公司、做优大资管、区域化特色、数字化创新和综合化经营	新提大零售转型，对于转型方向更加明确
盛京银行	推进大零售战略转型，加速推进财富管理体系与零售信贷体系建设；推动金融市场业务发展；建设全面风险管理体系；发展金融科技；践行普惠金融	建设综合性、多元化、高质量、具有竞争力的银行；大力发展轻资产与轻资本业务；一主体两中心：东北地区为主体，立足京津冀与长三角地区；推动大零售战略转型；打造财资管理体系；提升金融科技水平	对于"一主体两中心"未再重点说明，加强金融市场业务发展
锦州银行	服务地方经济，服务民营小微企业，深耕本地市场；坚持"1226战略"	服务地方经济、服务小微企业、服务城乡居民，深耕区域小微、普惠金融及涉农领域	无明显变化
中原银行	推动数字化转型发展，发展科技银行、数据银行；聚焦国家战略发展；积极践行普惠金融，完善农村金融服务体系，实施"上网下乡"战略	数字化转型发展，拥抱金融科技，打造敏捷银行；布局农村金融市场；响应国家战略发展，助力地区经济建设；支持民营经济，发展普惠金融	无明显变化

	2019 年	2018 年	主要变化
天津银行	服务京津冀协同发展战略，发展成京津冀主流银行；发展金融科技，开拓获客新途径；推进"转型 + 创新"发展战略；公司业务转型交易银行；个人银行业务以"超常规发展大零售"为战略；发展普惠金融	主动缩表，调整资产负债结构；服务地方经济，助力京津冀协同发展，成为京津冀主流银行；转型为以客户为中心、以科技及数据引领的银行，成为体验一流的数字化银行；发展普惠金融	无明显变化
长沙银行	服务本地区经济，发展综合金融服务平台；依靠数字化驱动，推进零售转型；推进金融科技发展，拓展"科技 + 业务 + 生态"模式；拓展县域市场，发展普惠金融；为主要客户打造全流程财务资金管理体系，支持民营企业与小微企业发展，做湖南人的主办银行	全面对接湖南省发展战略，深耕本土产业，专业服务中小微企业，成为湖南金融企业龙头；服务群众，发展普惠金融，推进县域金融发展；推动零售转型发展，发展金融市场业务，打造一站式综合金融服务商；发展金融科技，推动智慧金融发展	数字化重视程度增加
哈尔滨行	发展零售信贷战略；巩固对俄罗斯金融品牌地位；支持"三农"，拓展农业金融业务，坚守小额信贷战略，发展数字化普惠金融；发展金融科技	优先施行大零售战略；发展对俄罗斯金融业务；施行小额信贷战略，全力支持"三农"，深耕农业业务，落实数字普惠金融发展，加大信息科技投入	无明显变化
贵阳银行	零售业务转型发展；发展大数据、绿色生态特色；服务市民、服务中小及"三农"，发展普惠金融，助力地区脱贫、服务地方战略发展；发展金融科技	发展大公司金融、大零售、大同业、大投行战略；推动"大数据特色银行、绿色生态特色银行"；服务市民、服务中小，发展普惠金融、服务地方战略	无明显变化
成都银行	服务本地区发展战略；精准营销，发展供应链金融，发展普惠金融，支持民营小微企业；推进大零售战略，坚持"精细化、大零售、数字化"转型方向；发展金融科技，提高其业务引领地位	对接国家及省市战略；积极服务民营和小微企业，打造小微企业专属金融产品；做"精"成都、做"实"四川、做"大"渝陕；坚持"精细化、大零售、数字化"转型方向，以"五年全面跻身全国城商行前十强"为战略目标	金融科技地位得到提升
重庆银行	以创新发展、综合经营作为转型方向；大力发展金融科技；发展普惠金融；坚持存款立行战略	实施大数据智能化引领创新战略；深度融入渝、川、黔、陕区域发展格局，支持民营企业，发展普惠金融；推动"专业化、综合经营化、信息智能化"转型	无明显变化

	2019 年	2018 年	主要变化
郑州银行	结合地区优势，助力国家及地区战略发展，做商贸物流银行；支持民营企业，做中小企业融资专家；发展普惠金融，做精品市民银行；推进零售与公司业务转型；发展金融科技，助力转型与创新	根植河南，深耕郑州，聚焦商贸金融、小微金融，市民金融，发起"中国商贸物流联盟"，构建"金融＋物流＋电商"跨界合作，推进公司与零售业务转型；发展金融科技，上线新信息系统	无明显变化
江西银行	构建金融科技生态，助力公司、零售业务转型，发力机构业务与交易银行业务；坚持服务小微企业市场定位，服务中小微企业，践行普惠金融；服务地方发展战略，服务社区居民；发展绿色金融	以科技创新为驱动，发展智慧金融；坚持服务小微企业市场定位，发展特色业务；服务地方经济发展战略，服务社区居民，发力创新产业与绿色环保产业	无明显变化
青岛银行	立足青岛，服务山东；推动金融科技发展，以"科技卓越"为目标，发展"金融＋科技＋场景"模式；坚持"公司做精，零售聚焦"，公司业务打造投行、科技、港口、文创等特色；构建覆盖全生活场景零售银行生态圈	致力于成为科技引领、管理精细、特色鲜明的新金融精品银行；培育基础客户群，发展金融科技；坚持"接口银行"战略特色；完善普惠金融；将零售转型作为战略转型核心之一，公司业务以"交易银行＋投行"为发展主线	公司业务定位精准，"交易银行＋投行"没有再提及
九江银行	立足江西，服务长江经济带及京九沿线；发展零售业务，提供综合化服务；推动普惠金融下沉，专注"新三农"业务；优化结构，提高发展质量；动力赋能，实现提质增效；发展绿色信贷	立足江西，服务长江经济带及京九沿线；做特色化、差异化、国际化的一流中小银行；打造零售品牌，提升科技赋能；发展普惠金融、绿色金融、汽车金融	对于普惠金融定位更加细致：专注"新三农"业务；汽车金融未提及
苏州银行	坚持"以小为美，以民唯美"的战略理念，坚持普惠金融，深耕小微金融、民生金融、科技金融；融入区域战略布局，加快数字化转型，发展金融科技；推动"大零售战略"；推进综合化经营平台；向"轻资本、轻资产"转型	深耕苏州，面向江苏，辐射长三角；支持科技金融与绿色金融发展，做中小企业专业银行；开发新产品，提供"私人定制服务"；构建"苏式金融"，发展消费金融；发展大资管平台；实施"云端"战略，发展金融科技，打造数字银行	明确提出深耕小微金融、民生金融、科技金融；消费金融未提及
甘肃银行	支持地区经济发展；实施数字化转型，强化金融科技应用与跨界合作；以服务客户为中心，走"差异化、精细化、专业化"道路；构建大零售业务体系，进行零售业务转型；完善批发业务服务体系	构建大零售业务体系，推动零售业务转型；发展金融科技；服务普惠金融，支持农业发展；支持国家、地区战略发展；走"差异化、综合化、精细化、国际化"道路	删除了"综合化、国际化"描述，增加了"专业化"描述

	2019 年	2018 年	主要变化
西安银行	聚焦财政、医疗、住房、交通、旅游、公共资源等生态；发展智慧城市、普惠金融，争取做地方小微企业成长首选合作银行；发展金融科技；深耕文创、科技特色；围绕"数字化、特色化、综合化"转型，打造西部领先上市银行	服务本地区经济发展，围绕"数字化、特色化、综合化"转型，打造西部领先上市银行；科技引领、创新转型；开拓普惠金融，推进西安"智慧城市"建设；深入推进"大零售"战略；全面强化公司银行、零售银行、金融市场、小企业业务和支撑体系五大板块	无明显变化
晋商银行	服务山西经济发展，支持重大项目建设；加大政银合作力度；推进普惠金融服务，加大对民营、小微企业支持力度，协助企业转型升级；推动零售业务转型	服务地区经济，成为地区精品区域商业银行；推进零售业务转型，拓展财富管理及私人银行业务；推进普惠金融发展；发展特色小微金融业务，增强与地方企业、政府合作；发展互联网金融业务	无明显变化
贵州银行	服务地区经济发展；推进公司业务转型，超常规发展大零售；加快金融市场、交易银行、资产管理等战略业务发展；支持小微企业，发力绿色金融，打造"绿色银行"品牌；发展金融科技，打造数字银行	服务地区经济发展战略；丰富公司银行业务，关注旅游、医疗保健、城市基建、大数据、制造业等，大力发展投行与交易银行业务；提高零售银行业务质量与规模	通过超常规发展大零售进行零售业务转型，新提出打造"绿色银行"品牌
泸州银行	建立"未来银行"实验室，探索互联网金融业务；启动国际业务、资产证券化业务、理财业务等；服务长江经济带、四川自贸区建设；发展普惠金融	支持地方经济发展；发展普惠金融，支持民营及小微企业；发展金融科技	新增"逐步开展国际业务、理财等业务，探索互联网业务"等方向

四、农商行

农商行为中国银行体系的重要组成部分，其营业网点更多分布在县级行政单位，更加接近农村地区，因此各家上市农商行战略更多偏向于服务"三农"、小微、绿色信贷、乡村振兴、城乡一体化等方向，各行战略差异较小。相对来说，各农商行对金融科技投入力度较低，相对只是将线下业务线上化，并无明确的科技引领战略。

2019 年，各家上市农商行经营战略较为稳定，变化较少。渝农商行新提出"零售立行、科技兴行、人才强行"战略；常熟银行新战略中，市场定位更加趋近为"三农"及小微企业服务；苏农银行对供应链金融更加重视，发展"科技金融"变为"科创金融"；张家港行新增实施跨区域发展战略，是仅有的将跨区域发展写入战略的上市农商行。

表4 上市农商行经营战略

	2019 年	2018 年	主要变化
渝农商行	服务国家、地区战略；坚持"零售立行、科技兴行、人才强行"战略；发展大零售体系；打造自主可靠、引领发展的金融科技平台；做小做零售转型，坚持县域金融业务战略；发展绿色信贷；坚持"三化"战略	加快金融科技创新，扎根重庆，深耕乡村与农村，巩固县域市场龙头地位；发展大众金融战略，推进普惠金融发展；投贷联动发展公司业务，支持民营、小微企业；"三化"战略：经营特色化、管理精细化、良好企业文化	提出"零售立行、科技兴行、人才强行"战略
广州农商	发展金融科技，推进全面数字化转型；以立足"三农"，服务"三农"为宗旨；发展绿色金融；实施"大同业"战略；推进乡村振兴	支持实体企业、民营企业和乡村振兴战略，发展普惠金融；推进金融科技与业务融合，继续推进数字化转型；不断提升"机场＋航空公司"营销组织管理体系实施效果；实施"大同业"战略；推动绿色信贷发展	无明显变化
青农商行	根植青岛，拓展山东，辐射华东六省；打造普惠银行、交易银行、平台开放银行；服务"三农"、城乡居民，统筹城乡，支持中小企业；向"轻资本、轻资产"的交易性银行转型；"一体两翼"战略转型	根植青岛，拓展山东，辐射华东六省；推进以"大零售"为主体，以公司国际业务和金市投资理财业务为两翼的"一体两翼"战略转型，超轻型银行发展；发展普惠金融、金融科技、智慧银行；服务"三农"，统筹城乡，支持中小企业	无明显变化
紫金银行	坚持"服务'三农'、服务中小、服务城乡"市场定位；践行普惠金融；坚持大零售转型，稳定公司业务，助力金市业务发展；深化金融科技应用；服务地区与国家战略；探索网格化管理与城郊农三区差异化经营	立足南京，面向全省，力争成为品牌卓越的省会城市农商行；坚持"服务'三农'、服务中小、服务城乡"市场定位；以金融科技为支撑，发展大零售业务；探索城区郊区农区差异化发展模式	无明显变化
常熟银行	市场定位清晰，打造支农支小主力银行；深化零售转型，打造小微金融专营银行；复制小微技术，打造专注普惠区域银行；推进改革创新，强化金融科技引领支撑	践行普惠金融，坚持支农支小市场定位；拓展服务网络，不断下沉金融服务重心；深化综合化零售转型；金融科技引领，创新汇聚转型升级动能	市场定位更加趋近为"三农"与小微企业服务
九台农商	全面实施"三农"金融、社区银行、合作平台、公益慈善的四位一体建设；金融资源向"三农"、民营经济、中小企业倾斜；深化银企、银校、银医、银银合作	金融资源向"三农"、民营经济、中小企业倾斜；服务乡村振兴战略；有效利用农村金融综合改革试点政策；发展零售业务，拓展新兴业务	无明显变化

	2019 年	2018 年	主要变化
无锡银行	以服务"三农"、服务中小微企业、服务实体经济发展为宗旨；推进"专业化、精细化、数字化、敏捷化"四化建设	以服务"三农"、服务中小微企业、服务市民为宗旨；强化零售管理；加强信息科技等中后台体系建设	无明显变化
江阴银行	践行支农支小普惠金融，贯彻乡村振兴战略，扶持地方实体经济发展；加速推进零售转型，发展大零售	践行支农支小普惠金融，支持"乡村振兴"战略，扶持地方经济发展；根植江阴，辐射苏州、无锡、常州县域	无明显变化
苏农银行	支农支小，服务乡村振兴，发展普惠金融；深化零售银行、轻型银行、智慧银行、特色银行转型；发力供应链金融、绿色金融、科创金融；发展金融科技；坚持四轮驱动与四板联动	强化零售、公司、机构民生、金融市场"四轮驱动"，坚持吴江、苏州、异地、线上"四板联动"；向零售、轻型、智慧和特色银行转型；坚守支农支小、服务实体、服务民生的市场定位；发展绿色金融、普惠金融、科技金融	对供应链金融更加重视，发展"科技金融"变为"科创金融"
张家港行	坚守支农中小、做小做散定位；服务实体经济、服务"三农"、服务县域、小微和民营经济；实施跨区域发展战略；实施"互联网＋"战略；实施零售银行转型战略；与支付巨头签订合作协议，发展智慧金融	以支农支小，发展普惠金融、服务实体经济为转型方向；发力小企业贷款、小微金融、网络金融、零售业务等方向；联合业内领先科技公司发展智慧金融	新增实施跨区域发展战略

五、总结

从发展战略来看，四类银行均有不同特征，各类型内的银行也有不同的侧重点。如国有行发展战略涉及方面均最为广泛，包括国家重大战略、实体经济发展、民生就业、普惠金融、绿色金融等各个方面。各股份行及城商行改变资产规模优先的观点，更多发展轻资产业务。股份行发展战略也相对全面，但其侧重点更偏重零售业务，对于民生就业、普惠金融、绿色金融重视程度没有国有银行高，主要以完成监管指标任务为主。上市城商行战略更偏重于发展零售转型及服务地区经济发展，对于地区小微企业发展支持力度更大。上市农商行对"三农"发展支持力度更足，服务地区经济发展定位更加明确。从共性上看，四类银行对于零售业务重视程度均较高，财富管理等业务为多数银行未来的发展方向。

金融科技方面，国有行及多数股份行重视程度、投入力度非常大，多数银行将金融科技视为传统银行业务发展的挑战。城商行对金融科技重视程度次之，且内部对金融科技重视差异化程度较高；农商行则重视程度更为有限，主要与各行经营及竞争环境有较大关系。整体来看，各行多采用自主研发及与科技巨头公司合作并行的模式发展金融科技。

　　普惠金融方面，城商行与农商行更为重视且成果更加显著，主要与各行经营地域多服务县市及乡村有关，供应链金融为普惠金融发展创造了良好的载体。

　　值得注意的是，多数上市股份行、城商行在其战略中均提出做特色银行，但从各行发展战略看，各行发展战略及转型方向上同质性依旧较高，并未做到各行所说的差异化竞争，真正做成"特色银行"道阻且长。

专题二　资产业务

2019 年，上市银行资产呈现较快增长趋势，其中，增速依农商行、股份制银行、城商行、国有银行顺序递减。各银行加大了对信贷业务的资产投放力度，大部分银行的贷款增速高于总资产增速，在总资产中的比重有所上升。部分城商行受贷款区域约束和能力约束，通过购买证券增加资产收益，故而其证券投资占比较高。受经济下行等影响，银行风险偏好降低，倾向于向总体风险更小的个人投放贷款。2019 年银行个人类贷款增速普遍高于公司类贷款增速。受多次降准、银行回归主业等影响，银行的同业往来资产、现金及存放中央银行款项有所减少。

一、上市银行资产总体发展情况

截至 2019 年底，51 家上市银行资产总额合计 196.47 万亿元，同比增长 8.9%。总体来看，各家银行都呈现稳步增长态势，但增速相差较大。

6 家国有银行资产基本保持较快增长，多数国有银行的总资产增速为 8.3%。其中，工商银行的总资产达到 30.11 万亿元，资产规模最大；农业银行的增速最快，达到 10.0%；交通银行的增速最慢，仅为 3.9%（见表 1）。

表 1　　　　　　　　　　　　　国有银行资产规模比较

	2019 年末值（亿元）	2018 年末值（亿元）	2017 年末值（亿元）	2019 年变动率（%）
工商银行	301094.36	276995.40	260870.43	8.7
建设银行	254362.61	232226.93	221243.83	9.5
农业银行	248782.88	226094.71	210533.82	10.0
中国银行	227697.44	212672.75	194674.24	7.1
邮储银行	102167.06	95162.11	90125.51	7.4
交通银行	99056.00	95311.71	90382.54	3.9
平均值	205526.73	189743.94	177971.73	8.3

贷款和垫款为国有银行的主要资产，占资产比重普遍在一半及以上。农业银行、邮储银行和交通银行占比均有增加，其他银行略有减少。多数国有银行证券投资占比有所增长，但农业银行和建设银行占比有所减少。多次降准使国有银行法定存款准备金减少，各国有银行

中国上市银行可持续发展分析（2020）

现金及存放中央银行款项占比均有不同程度的下降。同业往来资产方面，工商银行、建设银行、农业银行略有增加，而中国银行、交通银行和邮储银行有所减少（见表2）。

表2　　　　　　　　　　　　　　国有银行资产结构比较

	现金及存放中央银行款项（%）			贷款和垫款（%）			同业往来资产（%）			证券投资（%）		
	2019年末占比	2018年末占比	2017年末占比	2019年末占比	2018年末占比	2017年末占比	2019年末占比	2018年末占比	2017年末占比	2019年末占比	2018年末占比	2017年末占比
工商银行	11.0	12.2	−1.2	54.2	54.3	−0.1	6.3	6.1	0.2	25.4	24.4	1.0
建设银行	10.3	11.3	−1.0	57.2	57.6	−0.4	5.9	4.5	1.4	24.4	24.6	−0.2
农业银行	9.4	12.4	−3.0	56.0	50.7	5.3	6.1	4.6	1.5	24.2	30.5	−6.3
中国银行	10.9	11.3	−0.4	51.5	54.1	−2.6	5.9	6.6	−0.7	29.8	26.9	2.9
邮储银行	7.7	8.8	−1.1	52.3	49.8	2.5	6.5	8.9	−2.4	30.3	29.6	0.7
交通银行	11.3	12.6	−1.3	47.1	43.6	3.5	4.4	7.0	−2.6	36.0	35.6	0.4

9家股份制银行资产扩张速度较快，资产增速均值为10.4%。其中，招商银行的资产总额最大，达到7.42万亿元；浦发银行的资产总额增长额最大，达到7163.23亿元。浙商银行的资产增速最快，达到7.2%；仅兴业银行、光大银行和浙江银行的增长幅度低于10%，分别为6.5%、8.6%和9.4%（见表3）。

表3　　　　　　　　　　　　　　股份制银行资产规模比较

	2019年末值（亿元）	2018年末值（亿元）	2017年末值（亿元）	2019年变动率（%）
招商银行	74172.40	67457.29	62976.38	10.0
兴业银行	71456.81	67116.57	64168.42	6.5
浦发银行	70059.29	62896.06	61372.4	11.4
民生银行	66818.41	59948.22	59020.86	11.5
中信银行	67504.33	60667.14	56776.91	11.3
光大银行	47334.31	43573.32	40882.43	8.6
平安银行	39390.70	34185.92	32484.74	15.2
华夏银行	30207.89	26805.80	25089.27	12.7
浙商银行	18007.86	16466.95	15367.52	9.4
平均值	53883.56	48790.81	46459.88	10.4

从结构上看，股份制银行的贷款和垫款占比最大，且占比除民生银行外均有增加。股份制银行现金及存放中央银行款项占比普遍下降，且其占比普遍低于国有银行（见表4）。多数股份制银行的同业往来资产占比较为稳定，在0.3个百分点的范围内波动。半数以上股份制银行的证券投资占比有不同程度下降。

表 4　　　　　　　　　　　　　　　　股份制银行资产结构比较

	现金及存放中央银行款项（%）			贷款和垫款（%）			同业往来资产（%）			证券投资（%）		
	2019 年末占比	2018 年末占比	2017 年末占比	2019 年末占比	2018 年末占比	2017 年末占比	2019 年末占比	2018 年末占比	2017 年末占比	2019 年末占比	2018 年末占比	2017 年末占比
招商银行	7.7	7.3	9.8	57.7	55.6	54.2	7.0	9.1	7.7	24.3	24.8	25.1
兴业银行	6.8	7.1	7.3	46.8	42.3	36.6	5.0	3.4	3.1	37.8	43.1	48.6
浦发银行	6.8	7.1	7.9	55.4	54.9	50.6	4.0	3.9	3.1	29.7	30.6	34.3
中信银行	5.6	6.5	10	51.3	50.2	54.7	5.5	5.6	6.2	32.7	32.9	25.5
民生银行	6.9	8.9	7.5	57.7	57.9	46.3	5.0	4.7	4.6	27.8	26.4	36.2
光大银行	7.7	8.4	8.7	55.9	54.2	48.5	2.1	4.0	7.0	30.3	29.9	31.7
平安银行	6.4	8.1	9.5	57.4	57.0	51.1	5.8	5.7	7.1	27.1	24.9	24.8
华夏银行	6.4	7.8	9	60.6	58.4	54	2.1	2.4	4.5	29.8	29.4	30.5
浙商银行	7.3	7.7	10	55.5	50.8	42.3	3.1	3.4	4.6	28.8	34.3	39.6

26 家城商行总资产增速为 8.6%，各家城商行的资产规模和资产增速差异较大。其中，北京银行的资产总额最大，达到 2.74 万亿元。资产规模增长最快的依次是贵州银行、宁波银行和青岛银行，增速分别为 20.0%、18.0%、17.6%；哈尔滨行、锦州银行 2 家银行资产规模负增长，增速分别为 −5.3% 和 −1.1%（见表 5）。

表 5　　　　　　　　　　　　　　　　城商行资产规模比较

	2019 年末值（亿元）	2018 年末值（亿元）	2017 年末值（亿元）	2019 年变动率（%）
北京银行	27370.40	25728.65	23298.05	6.4
上海银行	22370.82	20277.72	18077.67	10.3
江苏银行	20650.58	19258.23	17705.51	7.2
南京银行	13434.35	12432.69	11411.63	8.1
宁波银行	13177.17	11164.23	10320.42	18.0
徽商银行	11317.21	10505.06	9081.00	7.7
杭州银行	10240.70	9210.56	8329.75	11.2
盛京银行	10214.81	9854.33	10306.17	3.7
锦州银行	8363.07	8459.23	7234.18	−1.1
中原银行	7098.85	6204.44	5219.90	14.4
天津银行	6694.01	6593.40	7019.14	1.5
长沙银行	6019.98	5266.30	4705.44	14.3
哈尔滨行	5830.89	6155.88	5642.55	−5.3
贵阳银行	5603.99	5033.26	4641.06	11.3
成都银行	5583.86	4922.85	4345.39	13.4
重庆银行	5012.32	4503.69	4227.63	11.3

续表

	2019 年末值（亿元）	2018 年末值（亿元）	2017 年末值（亿元）	2019 年变动率（%）
郑州银行	5004.78	4661.42	4358.29	7.4
江西银行	4561.19	4190.64	3700.05	8.8
贵州银行	4093.89	3412.03	2873.26	20.0
青岛银行	3736.22	3176.59	3062.76	17.6
九江银行	3633.52	3116.23	2712.54	16.6
苏州银行	3434.72	3110.86	2841.18	10.4
甘肃银行	3350.45	3286.22	2711.48	2.0
西安银行	2782.83	2434.90	2341.21	14.3
晋商银行	2475.71	2275.71	2068.70	8.8
泸州银行	916.81	825.50	708.79	11.1
平均值	8191.27	7540.79	6882.45	8.6

从结构上看，城商行的贷款和垫款比重最高，且其占总资产比例均有增长，但普遍低于国有银行、股份制银行的比重。城商行的证券投资占比较高，但受 2019 年会计准则变更影响，部分城商行的证券投资占比相较上年有大幅下降（见表6）。城商行持续回归主业，同业往来资产占资产比重普遍小幅下滑。

表6 城商行资产结构比较

	现金及存放中央银行款项（%）			贷款和垫款（%）			同业往来资产（%）			证券投资（%）		
	2019 年末占比	2018 年末占比	2017 年末占比	2019 年末占比	2018 年末占比	2017 年末占比	2019 年末占比	2018 年末占比	2017 年末占比	2019 年末占比	2018 年末占比	2017 年末占比
北京银行	6.2	8.4	7.9	51.4	47.4	44.6	4.9	6.0	9.2	35.7	36.1	36.3
上海银行	6.3	7.2	7.5	42.1	40.4	35.6	8.4	8.2	8.9	14.2	42.4	46.1
江苏银行	6.4	7.5	7.6	49.0	44.9	41.1	3.5	2.8	5.5	37.9	41.4	42.5
南京银行	7.0	7.5	9.3	40.9	37.0	32.7	9.1	4.5	6.4	46.1	47.8	48.6
宁波银行	7.1	7.9	8.7	38.7	36.9	32.2	2.8	1.4	3.2	18.9	48.5	50.5
徽商银行	8.1	8.4	10.2	39.8	35.3	33.6	4.2	3.7	5.4	42.2	48.0	46.1
杭州银行	8.3	9.1	8.9	38.8	36.6	32.9	9.7	8.1	5.2	41.9	44.4	51.5
盛京银行	8.9	9.9	8.2	43.7	37.4	26.4	4.7	3.4	8.7	40.9	48.2	55.0
锦州银行	12.6	7.6	7.2	49.2	41.3	28.9	1.7	1.9	2.2	33.1	46.3	58.8
中原银行	10.2	10.4	12.3	41.0	39.7	36.7	6.7	6.8	4.5	35.5	40.7	43.5
天津银行	8.9	9.5	8.2	42.0	42.0	34.4	3.1	2.7	4.2	42.2	37.2	51.8
长沙银行	7.8	8.2	13.7	41.9	37.4	31.8	2.4	2.6	2.2	12.5	50.1	50.8
哈尔滨行	9.0	12.3	12.3	44.3	40.4	40.9	0.6	5.2	4.5	35.2	30.9	36.2
贵阳银行	8.1	8.7	10.9	35.1	32.6	26.1	2.8	1.7	3.6	48.4	51.3	54.8

	现金及存放中央银行款项（%）			贷款和垫款（%）			同业往来资产（%）			证券投资（%）		
	2019年末占比	2018年末占比	2017年末占比	2019年末占比	2018年末占比	2017年末占比	2019年末占比	2018年末占比	2017年末占比	2019年末占比	2018年末占比	2017年末占比
成都银行	9.7	13.5	12.9	40.0	36.4	33	3.9	4.1	14.4	45.3	44.4	38.1
重庆银行	6.4	7.4	10.3	47.6	45.7	40.7	12.2	12.9	8.8	31.8	32.1	37.7
郑州银行	7.7	9.9	10.5	37.8	33.0	28.6	1.5	2.0	5.6	48.7	50.6	51.1
江西银行	8.8	9.0	10.8	46.2	39.5	33.7	3.4	4.3	2.3	43.2	45.5	50.9
贵州银行	15.7	13.4	17.3	43.9	41.1	30.1	1.5	4.55	4.9	3.0	2.5	45.3
青岛银行	10.6	9.3	8.8	45.3	38.8	31.2	1.9	1.9	2.5	32.0	45.8	53.7
九江银行	9.7	9.1	10.6	47.7	44.0	36.7	3.4	5.9	10.9	37.0	38.5	38.2
苏州银行	6.6	9.92	11.4	45.2	44.1	45.6	7.3	7.77	6.1	34.4	31.2	34.9
甘肃银行	7.5	9.6	10.7	49.2	47.1	46.2	6.0	9.9	15	33.9	31.3	25.9
西安银行	9.0	10.7	10.4	53.5	53.1	46.8	0.7	1.6	7.9	7.5	33.2	33.7
晋商银行	7.7	10.4	11.4	45.1	43.1	45.6	7.8	11.19	6.1	37.7	33.4	34.9
泸州银行	10.3	10.1	11.5	47.2	36.9	26.6	7.3	9.2	18.8	32.8	28.1	29.2

　　10家农商行总资产增速为10.9%，各家农商行的资产规模和资产增速差异较大。其中，渝农商行的资产总额最大，达到1.03万亿元。资产规模增长最快的是广州农商，增速为17.1%，主要由贷款及垫款、证券投资的增长所致。广州农商、青农商行、常熟银行、江阴银行资产稳步增长，增速均超过10%（见表7）。

表7　　　　　　　　　　　　　上市农商行资产规模比较

	2019年末值（亿元）	2018年末值（亿元）	2017年末值（亿元）	2019年变动率（%）
渝农商行	10297.90	9506.18	9057.78	8.3
广州农商	8941.54	7632.90	7357.14	17.1
青农商行	3416.67	2941.41	2510.54	16.2
常熟银行	1848.39	1667.04	1458.25	10.9
紫金银行	2013.19	1931.65	1709.49	4.2
无锡银行	1619.12	1543.95	1371.25	4.9
九台农商	1732.76	1642.53	1870.09	5.5
江阴银行	1263.43	1148.53	1094.03	10.0
张家港行	1230.45	1134.46	1031.29	8.5
苏农银行	1259.55	1167.82	952.71	7.9
平均值	3362.30	3031.65	2841.26	10.9

　　从结构上看，农商行的资产均集中于贷款和垫款（见表8），且相较上年均有不同程度的增长。证券投资也是农商行资产的重要组成部分，其占总资产比重普遍高于30%。不同农商行的同业往来资产差异较大，渝农商行、广州农商、紫金银行、苏农银行同业往来资产

占总资产较高，均超过 8%；张家港行、苏农银行同业往来资产占总资产比例较低，占比分别为 1.3% 和 0.8%。

表 8 农商行资产结构比较

	现金及存放中央银行款项（%）			贷款和垫款（%）			同业往来资产（%）			证券投资（%）		
	2019 年末占比	2018 年末占比	2017 年末占比	2019 年末占比	2018 年末占比	2017 年末占比	2019 年末占比	2018 年末占比	2017 年末占比	2019 年末占比	2018 年末占比	2017 年末占比
渝农商行	7.5	9.0	10.7	40.4	38.3	35.8	14.2	18.6	16.6	36.6	32.9	35.1
广州农商	11.1	13.3	14.1	51.8	47.8	38.8	8.9	7.3	13.2	26.6	29.9	19.6
青农商行	7.6	9.1	10.7	50.0	44.5	42.5	4.6	5.8	7.9	35.9	38.1	36
常熟银行	9.5	10.1	10.7	56.9	53.2	51.4	2.1	1.5	2.3	29.6	32.6	33.1
紫金银行	9.9	10.0	10.2	48.8	43.4	40.6	8.8	12.4	14.9	30.7	31.7	31.6
无锡银行	8.1	9.6	12	50.7	47.4	46.9	2.3	8.1	4.8	37.0	32.7	34.1
九台农商	13.6	13.7	12.9	53.9	45.9	40.9	4.7	7.1	8	22.6	28.3	19.7
江阴银行	8.6	10.1	9.5	53.1	52.1	48.7	0.8	1.2	1.7	35.1	33.6	37.4
张家港行	9.4	9.9	9.9	56.1	51.3	46	1.3	1.0	4	30.8	34.8	37.2
苏农银行	9.5	10.9	12.3	52.6	49.2	49.8	8.4	9.9	8.3	26.6	26.6	25.8

二、贷款和垫款情况

2019 年，51 家上市商业银行的贷款和垫款净额总量为 103.84 万亿元，增速为 12.6%，占资产总额的 53.0%。其中，城商行贷款与垫款增速最快，农商行次之，股份制银行随后，国有银行最慢。从客户结构看，个人类贷款增速普遍高于公司类贷款增速。

2019 年，6 家国有银行贷款与垫款净额总量为 66.42 万亿元，增速为 10.2%。其中，工商银行的贷款和垫款净额最大，达到 16.33 万亿元，且该行垫款净额占总资产比重最高，其比重为 54.2%。邮储银行的贷款和垫款增速最快，达到 13.7%（见表 9）。

表 9 上市国有银行贷款和垫款规模比较

	贷款和垫款净额（亿元）			贷款和垫款占总资产比重（%）			贷款和垫款净额 2019 年变动率（%）
	2019 年末	2018 年末	2017 年末	2019 年末	2018 年末	2017 年末	
工商银行	163265.52	150461.32	138929.66	54.2	54.3	53.3	7.8
农业银行	128196.10	114615.42	103163.11	42.6	50.7	49.0	10.6
中国银行	127434.25	115157.64	106443.04	42.3	54.1	54.7	9.6
建设银行	145406.67	133654.30	125744.73	48.3	57.6	56.8	8.1
交通银行	51836.53	47423.72	44732.55	17.2	49.8	49.5	8.5
邮储银行	48080.62	41495.38	35415.71	16.0	43.6	39.3	13.7
平均值	110703.28	100.467.96	92404.80	36.8	51.7	51.9	9.7

　　国有银行基本都以公司类贷款为主，占比都超过 50%。仅邮储银行因网点分布广，其以个人类贷款为主，个人类贷款占邮储银行贷款的 55.3%。2019 年，邮储银行的公司类贷款增速最快，达到 13.6%；其个人贷款增速也最快，达到 18.6%（见表 10）。整体上来看，除交通银行外，国有银行个人贷款的增速均超过了公司类贷款的增速。

表 10　　　　　　　　　　　上市国有银行贷款和垫款结构比较①

	公司类贷款				个人类贷款			
	2019 年末值（亿元）	2018 年末值（亿元）	2017 年末值（亿元）	2019 年占比（%）	2019 年末值（亿元）	2018 年末值（亿元）	2017 年末值（亿元）	2019 年占比（%）
工商银行	99472.88	94214.90	92879.90	60.9	63836.24	56365.74	49454.58	39.1
农业银行②	79219.19	72363.61	63350.86	59.4	54076.27	46772.64	40002.73	40.6
中国银行	79863.80	73475.98	69727.01	61.3	50478.09	44400.85	39238.57	38.7
建设银行	84354.26	77887.10	76235.47	56.3	65524.80	59575.45	52798.94	43.7
交通银行	35495.29	32186.01	31693.74	66.9	17547.65	16356.27	14098.82	33.1
邮储银行	22233.98	19570.25	16836.62	44.7	27507.88	23198.40	19464.73	55.3

　　2019 年，股份制银行贷款及垫款净额总量为 26.56 万亿元，同比增长 14.1%。股份制银行中，招商银行的贷款与垫款净额最大，合计为 4.28 万亿元。华夏银行贷款与垫款占总资产比重最高，为 60.6%。浙商银行的贷款与垫款增速最快，达到 19.3%，主要由于其个人类贷款的增速远远超过其他 8 家股份制银行（见表 11）。

表 11　　　　　　　　　　　上市股份制银行贷款和垫款规模比较

	贷款和垫款净额（亿元）			贷款和垫款占总资产比重（%）			贷款和垫款
	2019 年末	2018 年末	2017 年末	2019 年末	2018 年末	2017 年末	2019 年变动率（%）
中信银行	38926.02	35156.50	31059.84	57.7	57.9	54.7	10.7
光大银行	26441.36	23612.78	19808.18	55.9	54.2	48.5	12.0
招商银行	42773.00	37499.49	34146.12	57.7	55.6	54.2	14.1
浦发银行	38781.91	34554.89	31038.53	55.4	54.9	50.6	12.2
民生银行	34304.27	30082.72	27297.88	51.3	50.2	46.3	14.0
华夏银行	18291.71	15662.41	13555.85	60.6	58.4	54.0	16.8
平安银行	22593.49	19497.57	16604.20	57.7	57.0	51.1	15.9
兴业银行	33451.80	28384.45	23488.31	46.8	42.3	36.6	17.9
浙商银行	9989.33	8370.76	6498.17	55.5	50.8	42.3	19.3
平均值	29505.88	25869.06	22610.79	55.3	53.5	48.7	14.8

---

　　①　公司类贷款 = 企业贷款及垫款 + 贴现票据。

　　②　仅农业银行有其他和境外存款，因此农业银行的公司类贷款和个人类贷款加总不等于农业银行的贷款与垫款总额。

股份制银行贷款结构差异较大，浙商银行、华夏银行的公司类贷款占比较高，分别为74.0%、71.1%；招商银行、平安银行比较注重个人贷款业务，个人贷款占比较高，分别为52.3%、62.6%（见表12）。从增速上来看，除光大银行外的股份制银行的个人贷款的增速均快于公司类贷款。

表12 　　　　　　　　　　　　上市股份制银行贷款和垫款结构比较

	公司类贷款				个人类贷款			
	2019年末值（亿元）	2018年末值（亿元）	2017年末值（亿元）	2019年占比（%）	2019年末值（亿元）	2018年末值（亿元）	2017年末值（亿元）	2019年占比（%）
中信银行	22671.73	21239.22	19653.03	56.7	17308.14	14844.90	12315.84	43.3
光大银行	14636.30	13064.73	12020.52	55.8	11575.08	10532.03	8300.04	44.2
招商银行	21526.29	21244.63	17797.49	47.7	23626.16	16588.05	17852.95	52.3
浦发银行	22967.10	18163.42	19524.69	57.8	16753.76	14832.28	12421.31	42.2
民生银行	20746.77	18262.01	16984.80	59.5	14129.24	12305.45	11058.27	40.5
华夏银行	12358.68	11816.56	10709.35	71.1	5030.03	4318.60	3231.47	28.9
平安银行	8094.99	7818.29	8551.95	37.4	13572.21	11540.13	8490.35	62.6
兴业银行	17960.80	17676.78	15198.71	55.3	14495.47	11664.04	9108.24	44.7
浙商银行	7224.68	6461.71	5389.46	74.0	2537.42	1623.13	1339.33	26.0

2019年，城商行贷款及垫款净额总量为9.23万亿元，同比增长27.1%。北京银行规模最大，为1.41万亿元。西安银行的贷款与垫款占总资产比重最高，达到55.0%。泸州银行的贷款与垫款增速最快，达到46.8%，主要是由于其公司类贷款猛增所致；哈尔滨行贷款和垫款增速最慢，仅为4.0%（见表13）。整体来看，城商行的贷款和垫款整体增长速度较快，增速普遍高于15%。

表13 　　　　　　　　　　　　上市城商行贷款和垫款规模比较

	贷款和垫款净额（亿元）			贷款和垫款占总资产比重（%）			贷款和垫款
	2019年末	2018年末	2017年末	2019年末	2018年末	2017年末	2019年变动率（%）
北京银行	14069.98	12186.45	10390.23	51.4	47.4	44.6	15.5
天津银行	2812.29	2769.43	2416.37	42.0	42.0	34.4	1.5
上海银行	9412.21	8183.60	6431.91	42.1	40.4	35.6	15.0
重庆银行	2386.27	2059.23	1721.62	47.6	45.7	40.7	15.9
宁波银行	5100.39	4115.92	3321.99	38.7	36.9	32.2	23.9
南京银行	5494.78	4605.75	3734.80	40.9	37.0	32.7	19.3
盛京银行	4463.76	3680.78	2717.83	43.7	37.4	26.4	21.3
徽商银行	4504.20	3706.61	3052.09	39.8	35.3	33.6	21.5
哈尔滨行	2584.96	2485.72	2306.47	44.3	40.4	40.9	4.0
锦州银行	4118.20	3491.10	2060.85	49.2	41.3	28.5	18.0
郑州银行	1892.67	1539.99	1244.56	37.8	33.0	28.6	22.9
青岛银行	1691.58	1233.67	955.15	45.3	38.8	31.2	37.1

| | 贷款和垫款净额（亿元） | | | 贷款和垫款占总资产比重（%） | | | 贷款和垫款 |
	2019 年末	2018 年末	2017 年末	2019 年末	2018 年末	2017 年末	2019 年变动率（%）
江苏银行	10109.01	8639.78	7278.44	49.0	44.9	41.1	17.0
杭州银行	3974.82	3374.60	2742.97	38.8	36.6	32.9	17.8
贵阳银行	1964.75	1641.70	1209.79	35.1	32.6	26.1	19.7
中原银行	2912.30	2465.52	1917.09	41.0	39.7	36.7	18.1
九江银行	1733.69	1371.48	995.28	47.7	44.0	36.7	26.4
成都银行	2235.11	1790.66	1435.89	40.0	36.4	33.0	24.8
长沙银行	2521.91	1971.22	1495.25	41.9	37.4	31.8	27.9
西安银行	1530.32	1292.49	1094.57	55.0	53.1	46.8	18.4
泸州银行	447.59	304.86	188.34	48.8	36.9	26.6	46.8
江西银行	2029.90	1655.23	1247.69	46.2	39.5	33.7	22.6
甘肃银行	1647.67	1546.34	1252.55	49.2	47.1	46.2	6.6
晋商银行	1117.13	981.18	942.50	45.1	43.1	45.6	13.9
苏州银行	1553.26	1372.28	1159.64	45.2	44.1	40.8	13.2
贵州银行	4526.96	3491.10	2090.85	54.1	41.3	28.9	29.7
平均值	3692.35	3138.62	2515.57	44.2	40.4	35.2	19.6

　　城商行的公司类贷款普遍远高于个人贷款，最突出的是锦州银行，该行的公司类贷款占比97.5%，而个人贷款只有2.5%（见表14）。普遍公司类贷款增速低于个人类贷款增速。

表 14　　　　　　　　　　　上市城商行贷款和垫款结构比较

| | 公司类贷款 | | | | | 个人类贷款 | | | | |
	2019 年末值（亿元）	2018 年末值（亿元）	2017 年末值（亿元）	2019 年变动率（%）	2019 年占比（%）	2019 年末值（亿元）	2018 年末值（亿元）	2017 年末值（亿元）	2019 年变动率（%）	2019 年占比（%）
北京银行	10014.81	8602.57	7417.98	0.16	69.2	4449.17	3618.25	3072.40	0.23	30.8
天津银行	1619.38	1808.51	2145.01	-0.10	56	1271.42	1060.10	343.79	0.20	44
上海银行	6507.26	5738.74	4899.71	0.13	66.9	3217.79	2768.21	1740.51	0.16	33.1
重庆银行	1550.52	1424.34	1145.82	0.09	63.1	907.8	687.75	626.24	0.32	36.9
宁波银行	3494.04	2920.21	2405.37	0.20	66	1796.98	1370.66	1056.64	0.31	34
南京银行	3972.40	3509.66	2996.05	0.13	69.8	1716.24	1293.73	893.47	0.33	30.2
盛京银行	3994.76	3511.45	2645.05	0.14	87.4	575.12	254.52	150.08	1.26	12.6
徽商银行	2856.53	2365.20	2023.21	0.21	61.6	1783.32	1452.46	1123.74	0.23	38.4
哈尔滨行	1445.20	1383.75	1190.22	0.04	54.8	1190.84	1153.88	1183.76	0.03	45.2
锦州银行	4311.81	3586.60	2024.87	0.20	97.5	108.55	120.66	101.61	-0.10	2.5
郑州银行	1363.18	1156.54	943.43	0.18	69.6	595.94	439.19	341.13	0.36	30.4
青岛银行	1182.87	850.37	673.15	0.39	68.5	545.09	413.5	307.46	0.32	31.5
江苏银行	6645.47	6186.80	5594.42	0.07	63.9	3759.50	2705.29	1878.47	0.39	36.1

续表

	公司类贷款					个人类贷款				
	2019 年末值（亿元）	2018 年末值（亿元）	2017 年末值（亿元）	2019 年变动率（%）	2019 年占比（%）	2019 年末值（亿元）	2018 年末值（亿元）	2017 年末值（亿元）	2019 年变动率（%）	2019 年占比（%）
杭州银行	4061.32	2227.31	1901.42	0.82	72.3	1580.44	1277.46	936.93	0.24	27.7
贵阳银行	1582.68	1306.33	955.42	0.21	78.4	436.89	396.71	299.73	0.10	21.6
中原银行	1677.80	1492.00	1249.72	0.12	56.1	1314.25	1051.70	739.31	0.25	43.9
九江银行	1193.98	1006.06	655.7	0.19	66.7	595.57	412.23	371.55	0.44	33.3
成都银行	1658.88	1369.84	1087.33	0.21	71.8	651.42	488.46	399.29	0.33	28.2
长沙银行	1583.23	1331.93	1092.05	0.19	60.8	1020.00	712.1	452.82	0.43	39.2
西安银行	984.59	977.67	924.96	0.01	64.3	545.76	349.36	197.82	0.56	35.7
泸州银行	384.02	254.29	144.32	0.51	86.1	61.76	57.36	49.69	0.08	13.9
江西银行	1292.90	1035.70	853.16	0.25	61.6	807.28	669.3	440.26	0.21	38.4
甘肃银行	1361.84	1328.60	1156.46	0.03	79.9	342.66	280.25	146.38	0.22	20.1
贵州银行	1481.84	1218.89	776.9	0.22	85.2	257.68	168.6	107.5	0.53	14.8
晋商银行	976.47	866.04	680.55	0.13	84.6	178.35	150.38	128.62	0.19	15.4
苏州银行	1039.96	967.82	840.24	0.07	64.8	564.21	445.45	315.82	0.27	35.2

2019 年，农商行贷款与垫款净额总量为 1.63 万亿元，同比增长 19.9%。农商行中，广州农商的贷款和垫款净额最大，达到 4630.51 亿元；渝农商行次之，为 4163.41 亿元（见表15）。常熟银行贷款与垫款占总资产比重最高，达到 56.9%。增速上，广州农商和青农商行增速最快，依次为 26.9% 和 30.8%。

表15 上市农商行贷款和垫款规模比较

	贷款和垫款净额（亿元）			贷款和垫款占总资产比重（%）			贷款和垫款
	2019 年末	2018 年末	2017 年末	2019 年末	2018 年末	2017 年末	2019 年变动率（%）
无锡银行	820.97	731.44	643.09	50.7	47.4	46.9	12.2
渝农商行	4163.41	3640.26	3241.10	40.4	38.3	35.8	14.4
江阴银行	670.70	598.18	532.85	53.1	52.1	48.7	12.1
常熟银行	1052.16	887.27	749.19	56.9	53.2	51.4	18.6
苏农银行	662.46	574.54	474.63	52.6	49.2	49.8	15.3
广州农商	4630.51	3649.68	2857.02	51.8	47.8	38.8	26.9
九台农商	933.94	753.55	764.92	53.9	45.9	40.9	23.9
张家港行	690.79	581.80	474.48	56.1	51.3	46.0	18.7
紫金银行	981.61	837.59	694.49	48.8	43.4	40.6	17.2
青农商行	1709.96	1307.56	1067.57	50.0	44.5	42.5	30.8
平均值	1631.65	1356.19	1149.93	51.4	44.7	40.5	19.0

和城商行相似，农商行的公司类贷款和个人贷款的比重差异大。其中，江阴银行的公司类贷款占比 83.8%，而个人贷款占比只有 16.2%（见表16）。张家港行、江阴银行及常熟

银行公司类贷款业务规模均收缩，九台农商公司类贷款业务几乎持平，其他银行的公司类贷款、个人类贷款正常增长，普遍个人类贷款增速略快于公司类贷款。整体而言，农商行个人类贷款保持较好增速。

表16　　　　　　　　　　　　上市农商行贷款和垫款结构比较

	公司类贷款				个人类贷款			
	2019 年末值（亿元）	2018 年末值（亿元）	2017 年末值（亿元）	2019 年占比（%）	2019 年末值（亿元）	2018 年末值（亿元）	2017 年末值（亿元）	2019 年占比（%）
无锡银行	709.02	648.26	568.27	83.5	140.28	105.17	92.47	16.5
渝农商行	2748.47	2478.80	2247.95	62.9	1622.38	1332.56	1135.51	37.1
江阴银行	549.56	554.66	504.39	83.8	106.33	75.20	54.15	16.2
常熟银行	444.00	454.51	406.47	42.9	591.42	473.45	371.64	57.1
苏农银行	538.54	486.01	424.47	78.9	143.76	107.90	66.39	21.1
广州农商	3337.44	2696.35	1977.61	72.8	1247.19	1083.54	962.52	27.2
九台农商	568.59	568.48	590.69	71.3	228.34	146.55	197.45	28.7
张家港行	398.08	425.24	375.16	60.9	256.03	176.36	115.21	39.1
紫金银行	766.13	653.54	545.01	75.1	253.35	217.88	182.37	24.9
青农商行	1330.41	992.24	781.74	74.4	456.68	377.50	342.71	25.6

三、个人贷款结构

国有银行中个人贷款总量最高的是中国银行，为6.55万亿元，交通银行最低，为1.75万亿元。各行的个人贷款的增长率均高于贷款和垫款的增长率，其中邮储银行最高，达到18.6%。总体来看，六大国有银行的个人贷款业务在全部贷款中的比重持续提升。

表17　　　　　　　　　　　　大型国有银行个人贷款业务总量

	2019 年值（亿元）	2018 年值（亿元）	2017 年值（亿元）	2019 年变动率（%）	个人贷款占全部贷款比重（%）
工商银行	63836.24	56365.74	49454.58	13.3	39.1
农业银行	54076.27	46658.71	40002.73	15.9	42.2
中国银行	65524.80	58398.03	39238.57	12.2	45.1
建设银行	50478.09	44400.85	51938.53	13.7	39.6
邮储银行	27507.88	23198.40	19464.73	18.6	57.2
交通银行	17547.65	15076.95	12665.75	16.4	33.9

六家国有银行的个人贷款业务披露口径略有差异，但都包含了个人住房贷款、信用卡透支两项，此外，工商银行、农业银行和建设银行还包含了个人消费贷款以及个人经营性贷款。

2019年末，工商银行91.5%的个人贷款是个人住房贷款以及信用卡透支，占比分别为80.9%和10.6%。农业银行85.8%的个人贷款是房贷和信用卡透支，占比分别为77.0%和

8.8%。中国银行 81.7% 的个人贷款来源于个人住房贷款，11.4% 的个人贷款来源于信用卡透支。建设银行 79.1% 的个人贷款来源于个人住房贷款，9.4% 的个人贷款来源于信用卡透支业务。特别地，邮储银行和交通银行个人住房贷款占比分别为 61.8% 和 64.7%，远低于其他四大国有银行 80% 左右的占比。此外，交通银行 26.6% 的个人贷款来源于信用卡透支业务，远高于另外四家国有银行 10% 左右的占比；而邮储银行这一数字仅为 4.5%。

从结构变动来看，六家国有银行个人贷款业务结构变动不大。各家国有银行的信用卡透支和个人消费占比（除工商银行、邮储银行外）都呈现出上涨的趋势。其中，中国银行、交通银行和邮储银行的个人住房贷款占比增加，个人消费贷款或者其他贷款业务占比减少；建设银行和交通银行则正好相反。个人住房贷款占比绝对值变化最大的是交通银行，占比较 2018 年增长了 3.1%。邮储银行的个人住房贷款占比基本和 2018 年持平，同时其个人消费贷款占比明显高于其他五大行，体现出其以个人业务为主的经营模式。

表 18 　　　　　　　　　　　　　大型国有银行个人贷款结构分析

	个人住房贷款占比（%）			个人消费贷款占比（%）			个人经营贷款占比（%）			信用卡透支占比（%）			其他占比（%）		
	2019年	2018年	2017年	2019年	2018年	2017年	2019年	2018年	2017年	2019年	2018年	2017年	2019年	2018年	2017年
工商银行	80.9	81.5	79.6	—	3.6	5.2	—	3.8	4.4	10.6	11.1	10.8	8.4	—	—
农业银行	77.0	78.4	78.4	3.4	3.4	3.4	4.9	4.6	5.1	8.8	8.2	7.9	6.0	5.4	5.2
中国银行	81.7	78.9	78.0	3	—	—	0.7	—	—	11.4	9.6	9.5	3.2	11.5	12.4
建设银行	79.1	81.4	82.7	—	3.6	1.7	—	0.6	1.1	9.4	11.2	10.2	11.4	3.2	4.4
交通银行	64.7	61.6	63.6	—	—	—	—	—	—	26.6	30.9	28.3	8.7	7.5	8.1
邮储银行	61.8	61.1	59.4	11.5	11.9	13.2	—	15.1	—	4.5	4.3	4.0	22.2	7.7	23.5

2019 年末，股份制银行中个人贷款的总量为 11.92 万亿元，同比增长 18.1%。其中，个人贷款最多的是招商银行，为 2.36 万亿元，而个人贷款最低的是浙商银行，为 2756.77 亿元。个人贷款的增长率整体高于个人存款的增长率。其中，浙商银行的个人贷款增长率最高，达到 36.9%。总体来看，个人贷款业务在全部贷款中的比重均有所增加。

表 19 　　　　　　　　　　　　　　股份制银行个人贷款业务总量

	2019年值（亿元）	2018年值（亿元）	2017年值（亿元）	2019年变动率（%）	2019年个人贷款占贷款总量比重（%）
招商银行	23626.16	20093.39	17852.95	17.6	55.2
中信银行	17308.14	14844.90	12315.84	16.6	44.5
浦发银行	16753.76	14832.28	12421.31	13.0	43.2
兴业银行	14495.47	11664.04	9108.24	24.3	43.3
民生银行	14129.24	12305.45	11058.27	14.8	41.2
平安银行	13572.21	11540.13	8490.35	17.6	60.1
光大银行	11575.08	9392.08	7504.82	23.2	43.8
华夏银行	5030.03	4318.60	3231.47	16.5	27.5
浙商银行	2756.77	2014.08	1339.33	36.9	27.6

股份制银行的个人贷款业务都披露了个人住房贷款和信用卡透支，中信银行和光大银行还披露了个人消费贷款以及个人经营性贷款，招商银行、浦发银行和浙商银行披露了个人经营性贷款，民生银行和平安银行则是披露了个人消费贷款的情况。与2018年类似，各大股份制银行的个人贷款投放总体稳定，但是各有业务侧重点。

2019年末，兴业银行有62.8%的个人贷款来源于个人住房贷款，是股份制银行中个人住房贷款占比最高的。平安银行是股份制银行里信用卡透支占比最高的，达到了个人贷款总量的39.8%。从趋势来看，9家股份制银行中的5家信用卡透支占比均有较大增长。浙商银行是股份制银行中经营性贷款占比是最高的，达到了47.1%。

从结构变动来看，各股份制银行的个人贷款业务结构变动差异较大。招商银行的主要个人业务占比同比变化不大；光大银行的个人住房贷款的占比降低了0.5%，而个人消费和信用卡透支占比则增长了0.2%和0.3%。华夏银行的个人住房贷款占比增长了1.8%，平安银行个人住房贷款占比增长了14.5%；招商银行和兴业银行的个人住房贷占比变动不大，信用卡消费金融业务有小幅度上升。民生银行的个人住房贷款业务占比增长了2.4%，而信用卡透支业务占比同比减少了0.4%。总体来看，各大股份制银行，受到楼市强调控、限购等政策影响，个人贷款业务中个人住房贷款业务比重有所下降，而个人消费金融方面则在不断发展。

表20 股份制银行个人贷款结构分析

	个人住房贷款占比（%）			个人消费贷款占比（%）			个人经营贷款占比（%）			信用卡透支占比（%）			其他占比（%）		
	2019年	2018年	2017年	2019年	2018年	2017年	2019年	2018年	2017年	2019年	2018年	2017年	2019年	2018年	2017年
中信银行	44.9	41	40.7	11.9	18.4	18.1	13.1	13.5	13.6	29.7	27.1	27.5	—	—	—
光大银行	35.8	36.3	44.3	12.1	11.9	4.4	13.7	13.8	15.1	38.3	38	36.2	—	—	—
华夏银行	42.9	41.1	46.5	—	—	—	—	—	—	33.5	38.2	36.5	23.6	20.7	17
平安银行	30.3	15.8	18	—	28.2	31.9	—	—	—	39.8	41	35.8	16.7	15	14.3
招商银行	46.9	46.2	46.7	—	—	—	17.5	17.5		28.4	28.6	27.5	24.7	7.7	8.3
浦发银行	43.6	39.7	40.7	—	—	—	16.4	16.2	15.1	25.2	29.2	33.7	14.9	14.9	10.6
兴业银行	62.8	64.3	65.4	—	—	—				24.1	23.3	23.7	13.1	12.4	10.9
民生银行	29.7	27.3	31.7	—	33.8	33.8	32.2			31.6	32	26.6	6.5	7	7.9
浙商银行	19.2	22.1	21.2	—	—	—	47.1	53.1	65.9	—	4.0	—	33.7	24.9	13

2019年，城商行个人贷款的总量为3.03万亿元，同比增长27.2%，个人贷款占全部贷款的比重为32.2%。其中，个人贷款总量最大的是北京银行，为4449.17亿元，个人贷款最小的泸州银行，为61.76亿元。其中盛京银行的个人贷款增长率最高，达到126.05%。总体来看，除锦州银行外，各家银行的个人贷款业务在全部贷款中的比重均有不同程度的增加。

表 21 城商行个人贷款业务总量

	2019 年值（亿元）	2018 年值（亿元）	2017 年值（亿元）	2019 年变动率（%）	2019 年个人贷款占贷款总量比重（%）
北京银行	4449.17	3635.19	3085.94	22.4	31.6
天津银行	1271.42	1060.10	343.79	19.9	45.2
上海银行	3217.79	2768.21	1740.51	16.2	34.2
重庆银行	907.80	687.75	626.24	32.0	38.0
宁波银行	1796.98	1370.66	1056.64	31.1	35.2
南京银行	1716.24	1293.73	893.47	32.7	31.2
盛京银行	575.12	254.42	150.08	126.1	12.9
徽商银行	1783.32	1452.46	1123.74	22.8	39.6
哈尔滨行	1190.84	1153.88	1183.76	3.2	46.1
郑州银行	595.94	439.19	341.13	35.7	31.5
青岛银行	545.09	413.50	307.46	31.8	32.2
江苏银行	3759.50	2705.29	1878.47	39.0	37.2
杭州银行	1587.38	1277.46	936.93	24.3	39.9
贵阳银行	436.89	396.71	299.73	10.1	22.2
中原银行	1314.25	1051.70	739.31	25.0	45.1
九江银行	595.57	412.23	371.55	44.5	34.4
成都银行	651.42	488.46	399.29	33.4	29.1
长沙银行	1020.00	712.10	452.82	43.2	40.4
西安银行	545.76	349.36	197.82	56.2	35.7
泸州银行	61.76	57.36	49.69	7.7	13.8
江西银行	807.28	669.30	440.26	20.6	39.8
甘肃银行	342.66	280.25	146.38	22.3	20.8
锦州银行	108.55	120.66	108.32	−10.0	2.6
晋商银行	178.35	150.38	178.35	18.6	16.0
苏州银行	564.21	445.45	564.21	26.7	36.3
贵州银行	257.68	168.60	257.68	52.8	14.9

　　横向对比来看，大部分上市城商行个人贷款业务中个人住房贷款占比较高。其中，该占比在 50% 以上的有成都银行、江西银行、晋商银行，均为地处于中小企业并不发达的中西部地区。宁波银行较为特殊，个人住房贷款占比仅为 1.6%，而消费贷款占全部个人贷款业务的比重为 78.9%，体现出宁波银行根植于地方经济，以发展消费信贷为主的战略模式。

　　从结构变动来看，主要城商行个人贷款业务结构变动不大。个人住房贷款的占比上升的城商行有 13 家，下降的有 11 家。已披露个人消费贷款占比的城商行中，上升、下降的均为 10 家。其中，各城商行中个人消费贷款占比的同比变动百分点，最大的是西安银行，为

46.3 个百分点。从地区差异上看，东部沿海地区的城商行，如上海银行、江苏银行、宁波银行和南京银行，个人消费贷款占比均在 43% 以上；其中，上海银行、江苏银行、宁波银行是仅有的三家个人消费贷款余额均在千亿元以上的银行，分别为 1750.59 亿元、1627.68 亿元、1418.71 亿元，可见地区经济水平与经济发展模式的差异也在一定程度上影响了区域性银行的业务模式。

表 22 城商行个人贷款结构分析[①]

	个人住房贷款占比（%）			个人消费贷款占比（%）			个人经营贷款占比（%）			信用卡透支占比（%）			其他占比（%）		
	2019年	2018年	2017年	2019年	2018年	2017年	2019年	2018年	2017年	2019年	2018年	2017年	2019年	2018年	2017年
北京银行	—	67.2	68.4	—	5.5	5.7	—	27.3	25.9	—	—	—	—	—	—
天津银行	17.6	21.6	61.9	72.1	73.5	25.6	1.4	4.2	11.1	9.0	0.7	1.4			
上海银行	29.4	26.3	37.1	54.4	56.9	39.8	10.4	5.6	8.9	5.8	11.2	14.3			
重庆银行	29.5	30.0	27.5	45.4	45.4	47.9	7.3	17.8	17.8	17.8	6.9	6.7			
宁波银行	1.6	0.9	1.1	78.9	83.9	82.6	—	15.2	16.3	19.5					
南京银行	37.1	43.9	58.2	48.7	44.3	33.6	2.8	8.6	4.9	11.4	2.8	2.8	0.1	0.4	0.6
盛京银行	62.7	81.8	61.5	30.1	12.1	26.6	6.2	2.9	7.1	1.0	3.1	4.5	0.0	0.1	0.4
徽商银行	50.5	58.5	75.4	—	—	—	4.4	5.8	3.7	—			45.8	37.1	18.8
哈尔滨行	14.0	15.7	—	43.2	44.6	63.7	28.5	27.7	32.2			10.7	8.5		
郑州银行	50.4	37.0	30.0	9.7	16.2	25.9	4.7	37.9	37.7	35.1	4.3	3.3	—		
青岛银行	67.4	73.1	78.5	17.4	9.3	5.7	—	14.1	10.6	12.6			2.6	3.5	5.2
江苏银行	46.0	47.2	52.8	43.3	39.1	31.1	4.9	7.9	9.9	5.9	5.9	6.2	—		
杭州银行	36.7	42.0	41.5	28.7	25.3	27.2	—	32.7	31.4	34.6					
贵阳银行	34.7	31.2	30.6	—	—	—	12.9	45.9	46.3	46.0	13.4	14.4	6.4	9.5	8.6
中原银行	53.0	48.4	54.1	19.2	27.6	18.3	—	19.9	27.3	20.8	—		7.0	4.2	0.3
九江银行	42.3	49.2	51.6	38.0	24.5	23.5	3.0	22.5	24.9	16.7	3.8				
成都银行	92.8	14.4	14.1	0.7	0.2	0.4	2.4	0.4	0.5	4.1	0.4	0.4	—		
长沙银行	38.8	3.8	3.5	—	1.3	—	1.8	1.6	0.2	18.1	2.1	1.5	41.2	1.1	4.6
西安银行	32.9	7.4	11.8	54.5	8.2	5.7	11.3	2.3	0.5	1.4	0.4	0.4	—		
泸州银行	31.9	59.4	73.5	12.4	21.4	22.7	55.7	81.1	65.7	—			—		
江西银行	68.7	8.1	7.2	16.7	2.6	2.6	10.0	1.2	1.7	4.6	0.6	0.9	—		
甘肃银行	49.8	13.3	7.9	29.8	8.0	7.9	20.4	7.9	13.3	—			—		
锦州银行	—	10.8	7.4	—	5.2	6.4	—	82.7	85.0	—	1.3	1.2	—	0.0	0.0
晋商银行	60.5	8.7	5.8	9.1	20.9	5.0	14.4	10.3	9.2	16.0	6.3	3.3	—	—	0.7
苏州银行	35.7	2.9	2.4	29.8	33.6	2.0	34.5	35.3	46.1	—			—		
贵州银行	54.5	7.7	7.0	4.9	19.1	6.0	39.3	10.6	30.1	1.3	—	—	—	2.4	12.8

[①]　北京银行未在 2019 年年报中披露个人贷款细分项目数据。

从个人贷款业务来看，2019 年，主要农商行个人贷款总计 4496.07 亿元，同比增长 21.0%，个人贷款占全部贷款的比重为 27.6%。其中，渝农商行个人贷款占比最高，为 39.0%。主要农商行的个人贷款占比相较于国有银行、股份制银行和城商行呈现较低的水平，体现出农商行个人业务存款与贷款的错配问题。

表 23   农商行个人贷款业务总量

	2019 年值（亿元）	2018 年值（亿元）	2017 年值（亿元）	2019 年变动率（%）	2019 年个人贷款占贷款总量比重（%）
渝农商行	1622.38	1332.56	1135.51	21.7	39.0
江阴银行	106.34	75.20	54.15	41.4	15.9
苏农银行	143.76	107.90	66.39	33.2	21.7
广州农商	1247.19	1083.54	962.52	15.1	26.9
张家港行	256.03	176.36	115.51	45.2	37.1
紫金银行	253.35	217.88	182.37	16.3	25.8
青农商行	456.68	377.50	342.71	21.0	26.7
无锡银行	140.28	105.17	92.47	33.4	17.1
常熟银行	41.71	34.32	26.19	21.5	4.0
九台农商	228.34	206.69	197.45	10.5	24.4

横向对比来看，大多数农商行个人贷款结构中占比最大项为个人住房贷款，占比达到 50% 左右。多数农商行信用卡透支占比高于 30%，个人经营性贷款占比低于 10%，而个人消费贷款的占比依然保持较低水平，为 5%~20%。其中，2019 年，张家港行、常熟农商行和九台农商行的个人住房贷款占比偏低，分别为 24.4%、13.9% 和 14.6%，相对应地，这三家农商行的信用卡透支占比分别为 57.2%、64.3% 及 73.1%。

从结构变动来看，主要城商行个人贷款业务结构变动较大。其中，个人住房贷款的占比上升的农商行为 5 家，下降的农商行为 4 家；已披露个人消费贷款占比的农商行中，上升的为 1 家，下降的为 6 家；已披露个人经营性贷款占比的农商行中，上升的为 2 家，下降的为 8 家。信用卡透支占比上升的农商行为 7 家，下降的为 3 家。总体来看，各家农商行在个人贷款投向上展现出不同的经营模式。

表 24   农商行个人贷款结构分析

	个人住房贷款占比（%）			个人消费贷款占比（%）			个人经营贷款占比（%）			信用卡透支占比（%）			其他占比（%）		
	2019 年	2018 年	2017 年	2019 年	2018 年	2017 年	2019 年	2018 年	2017 年	2019 年	2018 年	2017 年	2019 年	2018 年	2017 年
渝农商行	45.1	45.3	44.2	—	—	—	2.8	32.3	33.6	31.1	3.0	3.7	21.0	19.5	18.5
江阴银行	54.8	44.4	26.7	10.3	10.9	17.6	—	44.0	55.1	33.8	—	—	1.1	0.7	0.6
苏农银行	42.2	51.2	68.1	—	—	—	1.2	—	24.2	—	1.3	1.1	56.6	47.5	6.6
广州农商	51.1	50.1	48.7	9.1	12.3	15.6	7.4	29.4	27.4	32.5	8.2	8.3	—	—	—

续表

	个人住房贷款占比（%）			个人消费贷款占比（%）			个人经营贷款占比（%）			信用卡透支占比（%）			其他占比（%）		
	2019年	2018年	2017年	2019年	2018年	2017年	2019年	2018年	2017年	2019年	2018年	2017年	2019年	2018年	2017年
张家港行	24.4	24.9	29.1	17.2	8.8	14.6	—	63.5	51.2	57.2	—	—	1.2		
紫金银行①	—	64.0	66.2	—	14.0	11.1	—	19.0	19.8	—	3.1	2.8	—	—	—
青农商行	46.6	39.8	38.9	5.9	6.8	7.7	—	53.1	53.0	47.5	—	—	0.1	0.3	0.4
无锡银行	65.3	69.2	71.2	—	—	—	2.6	—	—	—	4.3	6.8	32.1	26.6	21.9
常熟银行	13.9	12.1	13.4	18.5	19.5	25.5	3.3	64.3	56.3	64.3	4.2	4.9			
九台农商	14.6	11.5	14.0	12.1	17.5	17.3	0.1	70.9	68.2	73.1	0.1	—	—	—	—

四、证券投资发展情况

（一）证券投资分析②

2019 年末，上市银行均已实行新金融工具准则，受到新准则分类方式变化的影响，51 家上市商业银行的证券投资总额为 56.0 万亿元，同比增长 4.9%。总体来看，国有银行增速最快，股份制银行增速其次，农商行次之，只有城商行为负增长。

国有银行证券投资额稳步增长，平均增速 9.3%。其中，工商银行的证券投资总额最大，为 7.65 万亿元。邮储银行的证券投资占总资产比重最高，达到 36.0%（见表 25）。工商银行的证券投资增速最快，为 13.2%；交通银行的证券投资增速最慢，为 6.5%。

表 25　　　　　　　　　　　　上市国有银行证券投资比较

	证券投资（亿元）			占总资产比重（%）			证券投资 2019 年变动率（%）
	2019 年末	2018 年末	2017 年末	2019 年末	2018 年末	2017 年末	
工商银行	76471.17	67546.92	57567.04	25.4	24.4	22.1	13.2
农业银行	74229.30	68850.75	61527.43	29.8	30.5	29.2	7.8
中国银行	55140.62	50545.51	45547.22	24.2	23.8	23.4	9.1
建设银行	62132.41	57149.09	51816.48	24.4	24.6	23.4	8.7
交通银行	30058.43	28219.09	25282.76	30.3	29.6	28.0	6.5
邮储银行	36750.30	33874.87	31670.33	36.0	35.6	35.1	8.5
平均值	55797.04	51031.04	45568.54	28.4	28.1	25.6	9.3

股份制银行证券投资额总体增长，平均增速为 7.4%。其中，兴业银行的证券投资总额最大，为 2.70 万亿元；兴业银行的证券投资占总资产比重也最高，达到 37.8%（见表 26）。但兴业银行 2019 年证券投资额有所下滑，同比下滑 6.6%。浙商银行证券投资额同比下滑

---

①　紫金银行 2019 年年报未披露个人贷款细分项目数据。
②　证券投资额 = 交易性金融资产 + 可供出售金融资产 + 持有至到期投资 + 应收款项类投资。

8.3%。仅中信银行、华夏银行和平安银行的证券投资保持较快增速，依次为 17.1%、14.3% 和 25.3%。

表 26   上市股份制银行证券投资比较

	证券投资（亿元）			占总资产比重（%）			证券投资
	2019 年末	2018 年末	2017 年末	2019 年末	2018 年末	2017 年末	2019 年变动率（%）
中信银行	18735.96	16001.63	14452.98	27.8	26.4	25.5	17.1
光大银行	14335.46	13010.80	12979.36	30.3	29.9	31.7	10.2
招商银行	18044.37	16713.99	15783.56	24.3	24.8	25.1	8.0
浦发银行	20835.47	19228.15	21046.98	29.7	30.6	34.3	8.4
民生银行	21843.05	19700.17	21358.97	32.7	32.9	36.2	10.9
华夏银行	8994.30	7870.21	7653.26	29.8	29.4	30.5	14.3
平安银行	10655.80	8503.17	8070.02	27.1	24.9	24.8	25.3
兴业银行	26975.21	28889.92	31171.58	37.8	43.0	48.6	−6.6
浙商银行	5180.37	5649.33	6090.30	28.8	34.3	39.6	−8.3
平均值	16177.78	15063.04	15400.78	29.8	30.7	33.1	7.4

2019 年末，上市银行均已实行新金融工具准则，受到新准则分类方式变化的影响，城商行证券投资总体规模缩减，均值减少 13.6%。其中，北京银行的证券投资总额最大，为 9766.10 亿元。郑州银行的证券投资占总资产比重最高，达到 53.0%（见表 27）。泸州银行的证券投资增速最快，为 29.6%；长沙银行受新金融工具准则的分类方式变化，证券投资计入额大幅缩减 97.1%，西安银行的证券投资大幅缩减 −74.1%。

表 27   城商行证券投资比较

	证券投资（亿元）			占总资产比重（%）			证券投资
	2019 年末	2018 年末	2017 年末	2019 年末	2018 年末	2017 年末	2019 年变动率（%）
北京银行	9766.10	9289.36	8446.60	38.6	36.1	36.3	5.1
天津银行	2826.82	2455.14	3634.53	45.7	37.2	51.8	15.1
上海银行	3180.55	8590.62	8332.03	15.4	42.4	46.1	−63.0
重庆银行	1594.78	1446.32	1594.29	34.5	32.1	37.7	10.3
宁波银行	2488.92	5453.47	5213.87	20.5	48.8	50.5	−54.4
南京银行	6187.21	5942.06	5550.76	49.3	47.8	48.6	4.1
盛京银行	4174.92	4747.66	5663.66	44.3	48.2	55.0	−12.1
徽商银行	4772.54	5046.45	4187.77	45.8	48.0	46.1	−5.4
哈尔滨行	2051.16	1899.10	2044.94	38.6	30.9	36.2	8.0
锦州银行	2770.48	3920.57	4253.72	35.7	46.3	58.8	−29.3
郑州银行	2439.82	2360.39	2226.74	53.0	50.6	51.1	3.4
青岛银行	1194.65	1453.97	1645.89	34.8	45.8	53.7	−17.8
江苏银行	7829.49	7978.14	7530.25	40.6	41.4	42.5	−1.9
杭州银行	4290.04	4086.35	4291.89	44.6	44.4	51.5	5.0
贵阳银行	2714.95	2579.78	2541.53	52.2	51.3	54.8	5.2

续表

| | 证券投资（亿元） | | | 占总资产比重（%） | | | 证券投资 |
	2019年末	2018年末	2017年末	2019年末	2018年末	2017年末	2019年变动率（%）
中原银行	2520.68	2526.45	2269.24	38.7	40.7	43.5	-0.2
九江银行	1344.22	1200.56	1034.95	39.8	38.5	38.2	12.0
成都银行	2527.22	2185.12	1654.08	48.3	44.4	38.1	15.7
长沙银行	75.54	2639.82	2389.88	1.3	50.1	50.8	-97.1
西安银行	209.47	809.47	789.70	8.2	33.2	33.7	-74.1
泸州银行	301.15	232.37	207.17	35.5	28.1	29.2	29.6
江西银行	1895.78	1907.04	1884.30	46.8	45.5	50.9	-0.6
甘肃银行	1135.09	1028.76	701.05	33.9	31.3	25.9	10.3
晋商银行	934.01	760.31	907.26	37.7	33.4	34.9	22.8
苏州银行	1480.34	1366.45	1300.45	36.2	40.0	45.3	8.3
平均值	1179.90	971.62	721.88	34.4	31.2	31.9	21.4

2019年，农商行证券投资规模小幅增加，平均增速为1.3%。其中，渝农商行的证券投资总额最大，为3773.53亿元，且该行证券投资占总资产比重最高，达到36.6%（见表28）。渝农商行的证券投资增速最快，为20.8%；仅有无锡银行、江阴银行、九台农商、张家港行四家银行的证券投资为负增长，依次为-75.5%、-76.1%、-15.6%及-4.1%。

表28　　　　　　　　　　　　　　　农商行证券投资比较

| | 证券投资（亿元） | | | 占总资产比重（%） | | | 证券投资 |
	2019年末	2018年末	2017年末	2019年末	2018年末	2017年末	2019年变动率（%）
无锡银行	123.65	504.18	468.16	7.6	32.7	34.1	-75.5
渝农商行	3773.53	3123.73	3174.87	36.6	32.9	35.1	20.8
江阴银行	92.36	386.04	408.87	7.3	33.6	37.4	-76.1
常熟银行	546.79	543.28	481.97	29.6	32.6	33.1	0.6
苏农银行	334.98	311.14	246.04	26.6	26.6	25.8	7.7
广州农商	2376.74	2278.53	1440.50	26.6	29.9	19.6	4.3
九台农商	392.18	464.54	367.98	22.6	28.3	19.7	-15.6
张家港行	378.72	394.86	383.41	30.8	34.8	37.2	-4.1
紫金银行	617.64	613.04	539.71	30.7	31.7	31.6	0.8
青农商行	1226.04	1120.25	904.42	35.9	38.1	36.0	9.4
平均值	986.26	973.96	841.59	25.4	32.1	29.6	1.3

（二）债券投资分析

在债券投资中，银行普遍以政府债和金融债为主。其中，除了邮储银行，国有银行的政府债所占比例普遍在50%以上，其投资风格更加稳健；股份制银行、城商行、农商行金融债、企业债所占比例较高，且近年来企业债占比有所提高，这些银行的风险偏好较高。

国有银行中，邮储银行的金融债比例很高，其他5家银行的政府债比例较高；因为配置政府债占用资本金较少，大型国有银行会配置一些政府债；邮储银行配置的政府债比例远低于其他国有银行。国有银行中，工商银行的债券投资规模最大，且该行增速最快，达到13.5%。农业银行的债券投资增速最慢，为0.8%（见表29）。

表29 上市国有银行债券投资结构比较

	政府债①			金融债②			企业债③			总额	
	2019年末（亿元）	占比（%）	2019年变动率（%）	2019年末（亿元）	占比（%）	2019年变动率（%）	2019年末（亿元）	占比（%）	2019年变动率（%）	2019年末（亿元）	2019年变动率（%）
工商银行	47892.76	69.8	17.6	14780.88	21.5	0.7	5954.86	8.7	17.5	68628.50	13.5
农业银行	35313.00	53.5	-3.3	24890.56	37.7	1.9	5770.23	8.7	28.5	65973.79	0.8
中国银行	36157.74	68.6	12.5	12695.62	24.1	-3.1	3866.44	7.3	12.2	52719.80	8.3
建设银行	42995.10	73.5	13.4	11197.11	19.2	9.8	4269.12	7.3	-4.7	58461.33	11.1
交通银行	17639.68	69.9	14.1	6274.25	24.9	-9.9	1322.97	5.2	4.3	25236.90	6.5
邮储银行	10617.99	33.7	16.7	19129.67	60.8	3.6	1724.01	5.5	61.3	31471.67	9.9

股份制银行④中，民生银行的债券资产规模最大，为1.55万亿元。从结构上来看，股份制银行的债券投资也主要集中于政府债、金融债（见表30）。

表30 上市股份制银行债券投资结构比较⑤

	政府债			金融债			企业债			总额	
	2019年末（亿元）	占比（%）	2019年变动率（%）	2019年末（亿元）	占比（%）	2019年变动率（%）	2019年末（亿元）	占比（%）	2019年变动率（%）	2019年末（亿元）	2019年变动率（%）
中信银行	6747.82	54.7	42.0	4432.25	35.9	-15.3	1159.61	9.4	-8.1	12339.68	9.7
光大银行	3426.24	44.3	16.8	2335.14	30.2	2.3	1973.22	25.5	43.1	7734.60	17.3
招商银行	7831.89	57.4	22.2	4742.88	34.8	1.8	1071.15	7.8	8.9	13645.92	13.2
浦发银行	4810.18	31.5	5.6	3678.00	24.0	53.3	6805.00	44.5	365.5	15293.18	81.7
民生银行	8366.11	54.1	1.8	3831.69	24.8	4.3	3261.35	21.1	50.3	15459.15	9.9
华夏银行	3972.32	61.5	4.7	998.40	15.4	-4.4	1493.32	23.1	54.1	6464.04	11.4
平安银行	4622.49	60.1	29.5	2395.69	31.1	25.7	674.57	8.8	75.1	7692.75	31.3
兴业银行	8973.59	64.0	-2.5	1018.02	7.3	-11.8	4023.48	28.7	25.4	14015.09	3.3
浙商银行	99.52	33.6	—	47.34	16.0	—	149.66	50.5	—	296.52	—

---

① 包括政府及中央银行债券和公共实体债券。

② 包括政策性银行债、同业存单及其他金融机构债券。

③ 主要包括企业发行的债券。其中，建设银行、光大银行、招商银行、浦发银行、上海银行、徽商银行的企业债是指以企业发行的债为主的其他债券。

④ 部分银行信息披露不全，难以统计其债券投资情况。

⑤ 浙商银行2018年度债券投资结构无数据来源。

城商行中，北京银行的债券资产规模最大，为 3592.66 亿元。从结构上来看，城商行的各类债券的占比没有统一的特点，北京银行、上海银行、宁波银行、江苏银行、贵阳银行、成都银行、晋商银行以配置政府债为主，南京银行、盛京银行、锦州银行、杭州银行、中原银行、长沙银行、江西银行以配置金融债为主（见表 31）。

表 31　　　　　　　　　　　　　上市城商行债券投资结构比较①

	政府债			金融债			企业债			总额	
	2019年末（亿元）	占比（%）	2019年变动率（%）	2019年末（亿元）	占比（%）	2019年变动率（%）	2019年末（亿元）	占比（%）	2019年变动率（%）	2019年末（亿元）	2019年变动率（%）
北京银行	3037.73	84.6	11.6	379.67	10.6	-76.1	175.26	4.9	-26.0	3592.66	-21.0
天津银行	487.70	36.5	6.0	542.45	40.6	24.9	306.59	22.9	4.8	1336.74	12.6
上海银行	3635.48	66.2	-1.4	1525.07	27.8	138.6	328.63	6.0	-46.1	5489.18	11.2
重庆银行	1.95	0.8	2.1	19.98	8.1	-42.9	226.12	91.2	10.2	248.05	2.4
宁波银行	2024.59	83.9	31.1	238.48	9.9	-34.7	150.27	6.2	20.1	2413.34	18.6
南京银行	195.72	33.0	-88.1	302.24	50.9	-67.6	95.46	16.1	-65.5	593.42	-79.2
盛京银行	683.76	33.7	-1.3	1293.98	63.8	-4.4	50.58	2.5	-86.1	2028.32	-15.8
徽商银行	591.99	58.4	—	262.10	25.8	—	160.08	15.8	—	1014.17	—
哈尔滨行	296.81	44.5	44.8	185.58	27.8	-45.0	184.91	27.7	35.2	667.30	-1.7
锦州银行	47.37	9.5	-24.5	424.90	85.7	-6.8	23.76	4.8	-2.9	496.03	-8.7
郑州银行	316.14	41.0	9.5	369.70	48.0	-6.8	84.68	11.0	2.5	770.52	0.3
青岛银行	236.07	27.8	42.7	379.09	44.6	-19.9	234.46	27.6	22.8	849.62	2.4
江苏银行	2253.68	91.4	274.5	211.45	8.6	-85.8	0.01	—	-100.0	2465.14	15.6
杭州银行	750.41	29.9	-9.2	1265.34	50.4	3.6	493.37	19.7	306.6	2509.12	15.7
贵阳银行	1028.19	74.6	-4.3	234.12	17.0	-10.0	116.47	8.4	11.0	1378.77	-4.2
中原银行	466.54	35.8	63.0	704.41	54.0	45.5	133.92	10.3	-5.9	1304.87	43.0
九江银行	150.87	21.2	57.6	315.26	44.3	80.9	246.17	34.6	67.9	712.30	71.0
成都银行	764.90	86.0	19.6	29.50	3.3	-96.2	95.45	10.7	111.7	889.85	-39.2
长沙银行	69.68	33.1	-87.4	141.04	66.9	-73.3	0.01	—	-100.0	210.73	-82.9
泸州银行	21.82	29.6	-3.7	31.93	43.3	-13.4	19.96	27.1	-1.0	73.71	-7.5
江西银行	183.08	33.3	49.5	310.81	56.5	11.2	56.26	10.2	130.1	550.15	29.0
甘肃银行	149.07	47.7	184.6	119.38	38.2	62.5	43.85	14.0	-24.8	312.30	69.6
晋商银行	274.08	81.0	152.8	54.98	16.2	26.2	9.42	2.8	-22.1	338.48	106.3
苏州银行	238.76	46.6	29745.4	233.19	45.5	1112.6	40.18	7.8	100.9	512.13	1179.4

农商行中，渝农商行的债券投资规模最大，达到 1925.30 亿元。从债券投资的结构上来看，江阴银行、九台农商、张家港行和青农商行以政府债为主要对象，占比均达到 70% 以上；广州农商以金融债为主要对象（见表 32）。

---

① 西安银行未在 2019 年年报中披露债券投资结构细分项目数据。

表 32 　　　　　　　　　　　上市农商行债券投资结构比较

	政府债			金融债			企业债			总额	
	2019年末（亿元）	占比（%）	2019年变动率（%）	2019年末（亿元）	占比（%）	2019年变动率（%）	2019年末（亿元）	占比（%）	2019年变动率（%）	2019年末（亿元）	2019年变动率（%）
无锡银行	70.52	25.0	9.3	86.72	30.7	-40.4	125.23	44.3	24.9	282.47	-8.9
渝农商行	974.03	50.6	-19.8	334.84	17.4	-74.8	616.42	32.0	7.0	1925.30	-38.2
江阴银行	345.05	99.2	39.6	2.51	0.7	-97.6	0.30	0.1	-93.5	347.86	-2.3
常熟银行	291.86	52.2	20.6	137.07	24.5	35.8	130.48	23.3	44.5	559.41	29.1
苏农银行	108.05	55.6	84.4	43.64	22.5	246.3	42.64	21.9	4164.1	194.33	169.2
广州农商	626.48	44.8	52.9	708.52	50.7	3.8	63.54	4.5	-23.2	1398.54	19.0
九台农商	75.43	86.0	-12.8	12.30	14.0	-64.1	—	—	—	87.73	-31.2
张家港行[①]	114.97	81.1	—	0.50	0.4	—	26.30	18.5	—	141.76	—
紫金银行	274.19	68.7	78.7	32.25	8.1	32.6	92.40	23.2	41.8	398.83	64.2
青农商行	318.07	70.3	22.8	126.80	28.0	-40.3	7.60	1.7	-91.5	452.46	-19.3

五、同业往来资产发展情况

2019 年末，51 家上市商业银行的同业往来资产[②]为 11.03 万亿元，同比增长 9.3%。除农商行为负增长外，其他各类银行都实现正增长。

国有银行总体增速为 10.0%。工商银行规模最大，达 1.89 万亿元。建设银增速最快，45.3%（见表 33），其中存放同业款项同比增加 176.4%。中国银行、交通银行和邮储银行有所下滑。

表 33 　　　　　　　　　　　上市国有银行同业往来资产比较

	存放同业及其他金融机构款项			拆出资金			买入返售金融资产			总额	
	2019年末（亿元）	占比（%）	2019年变动率（%）	2019年末（亿元）	占比（%）	2019年变动率（%）	2019年末（亿元）	占比（%）	2019年变动率（%）	2019年末（亿元）	2019年变动率（%）
工商银行	4753.25	25.2	23.6	5670.43	30.0	-1.9	8451.86	44.8	15.1	18875.54	11.3
农业银行	2357.42	16.1	114.8	5231.83	35.7	-5.2	7085.51	48.3	91.0	14674.76	42.1
中国银行	5005.60	35.8	37.8	7445.72	53.2	-4.8	1543.87	11.0	-40.8	13995.19	-0.4
建设银行	4196.61	27.8	-13.8	5311.46	35.2	51.9	5578.09	37.0	176.4	15086.16	45.3
交通银行	1366.55	21.1	-16.5	4962.78	76.5	-12.1	155.55	2.4	-87.0	6484.88	-23.5
邮储银行	283.73	6.4	-79.8	2695.97	60.5	-5.6	1473.94	33.1	-38.5	4453.64	-33.1
平均值	2993.86	24.4	9.0	5219.70	42.6	0.6	4048.14	33.0	26.1	12261.70	10.0

---

① 张家港行 2018 年度债券投资结构无数据来源。

② 同业往来资产包含三个项目：存放同业及其他金融机构款项、拆出资金和买入返售金融资产。

股份制银行总体增长 4.9%。招商银行以 5225.07 亿元位居第一。兴业银行的同业往来资产增速最大，主要是由于存放同业及其他金融机构款项、拆出资金的飞速增长；光大银行的同业资产萎缩最快，同比减少 43.9%，主要是由于存放同业及其他金融机构款项、买入返售金融资产迅速减少（见表34）。

表34 上市股份制银行同业往来资产比较

	存放同业及其他金融机构款项			拆出资金			买入返售金融资产			总额	
	2019年末（亿元）	占比（%）	2019年变动率（%）	2019年末（亿元）	占比（%）	2019年变动率（%）	2019年末（亿元）	占比（%）	2019年变动率（%）	2019年末（亿元）	2019年变动率（%）
中信银行	1212.97	36.1	22.3	2045.47	60.9	16.1	99.54	3.0	-7.7	3357.98	17.4
光大银行	313.58	31.8	-23.5	602.70	61.2	-37.7	68.35	6.9	-81.9	984.63	-43.9
招商银行	1061.13	20.3	5.9	3074.33	58.8	-1.9	1089.61	20.9	-45.4	5225.07	-14.8
浦发银行	1037.55	37.2	10.0	1726.07	61.8	21.3	28.73	1.0	-75.2	2792.35	12.5
民生银行	531.80	14.5	2.0	2485.65	67.6	0.8	657.99	17.9	67.9	3675.44	8.8
华夏银行	159.38	25.1	-27.1	234.61	37.0	-42.3	240.50	37.9	1295.8	634.49	-1.3
平安银行	856.84	37.7	0.7	793.69	34.9	8.8	622.16	27.4	68.2	2272.69	16.5
兴业银行	872.60	24.2	63.7	2314.75	64.2	135.4	418.61	11.6	-45.7	3605.96	57.6
浙商银行	177.25	31.7	-11.6	91.84	16.4	-45.3	289.50	51.8	57.2	558.59	1.1
平均值	691.46	26.9	9.7	1485.46	57.9	11.1	390.55	15.2	-18.8	2567.47	4.9

城商行同业往来资产总额增长，增速为 12.1%。城商行中，上海银行的同业往来资产最大，为 1869.25 亿元。宁波银行的同业往来资产增长速度最快，增速达到 135.9%；哈尔滨行的同业往来资产收缩最快，同比减少 88.4%。25 家城商行中，仅有北京银行、哈尔滨行、锦州银行等 9 家城商行的同业往来资产为负增长（见表35）。

表35 上市城商行同业往来资产比较

	存放同业及其他金融机构款项			拆出资金			买入返售金融资产			总额	
	2019年末（亿元）	占比（%）	2019年变动率（%）	2019年末（亿元）	占比（%）	2019年变动率（%）	2019年末（亿元）	占比（%）	2019年变动率（%）	2019年末（亿元）	2019年变动率（%）
北京银行	192.06	14.4	-54.7	823.63	61.9	19.7	315.95	23.7	-26.5	1331.64	-13.6
天津银行	68.89	33.6	69.6	54.14	26.4	-51.6	81.74	39.9	219.8	204.77	15.0
上海银行	145.59	7.8	-3.5	1700.99	91.0	47.5	22.67	1.2	-93.8	1869.25	12.1
重庆银行	53.92	8.8	-27.4	54.00	8.8	-46.1	503.97	82.4	25.1	611.89	6.0
宁波银行	154.09	42.5	66.5	35.96	9.9	48.7	172.59	47.6	366.1	362.64	135.9
南京银行	947.04	77.2	157.0	8.00	0.7	-88.4	271.98	22.2	125.7	1227.02	119.8
盛京银行	211.04	44.0	-27.5	81.99	17.1	241.5	187.13	39.0	771.6	480.16	42.7
徽商银行	142.54	29.9	79.0	47.38	9.9	-5.7	286.51	60.1	9.0	476.43	21.3
哈尔滨行	22.02	59.0	-83.2	15.30	41.0	-81.3	0.00	0.0	-100.0	37.32	-88.4
锦州银行	82.95	58.7	-48.9	58.36	41.3	11943.7	0.00	0.0	-100.0	141.31	-13.7

续表

	存放同业及其他金融机构款项			拆出资金			买入返售金融资产			总额	
	2019年末（亿元）	占比（%）	2019年变动率（%）	2019年末（亿元）	占比（%）	2019年变动率（%）	2019年末（亿元）	占比（%）	2019年变动率（%）	2019年末（亿元）	2019年变动率（%）
郑州银行	19.30	25.0	-10.5	27.85	36.1	-26.1	29.99	38.9	-13.1	77.14	-17.7
青岛银行	13.12	18.9	-14.9	33.14	47.7	-19.4	23.26	33.5	675.3	69.52	16.8
江苏银行	331.04	45.9	37.4	329.15	45.6	48.3	61.60	8.5	-27.4	721.78	31.8
杭州银行	434.46	43.6	24.4	149.91	15.0	36.7	412.19	41.4	44.7	996.56	34.0
贵阳银行	90.38	58.6	157.5	0.51	0.3	49.6	63.40	41.1	23.2	154.29	78.2
中原银行	108.74	22.8	-31.5	200.39	42.0	99.8	168.39	35.3	3.0	477.51	13.0
九江银行	22.48	18.3	37.6	22.51	18.3	-20.1	78.08	63.4	-44.0	123.07	-33.1
成都银行	39.11	17.9	-73.3	178.80	82.1	467.6	0.00	0.0	-100.0	217.91	7.0
长沙银行	71.19	50.1	27.1	11.30	8.0	276.6	59.59	41.9	-22.0	142.07	4.9
西安银行	24.61	47.7	22.3	6.67	12.9	-33.7	20.26	39.3	154.8	51.54	35.2
泸州银行	32.85	49.2	53.8	1.13	1.7	-93.4	32.85	49.2	-12.7	66.83	-12.2
江西银行	20.00	13.2	-37.6	63.02	41.6	56.6	68.34	45.2	-37.7	151.35	-16.8
甘肃银行	39.68	19.6	-69.3	0.00	0.0	0.0	162.64	80.4	-16.7	202.32	-37.7
晋商银行	13.04	6.8	66.8	13.00	6.8	160.1	166.30	86.5	-31.2	192.34	-24.5
苏州银行	43.97	17.6	-26.3	107.93	43.3	99.3	97.43	39.1	-23.8	249.33	3.1
平均值	132.96	31.3	6.4	161.00	37.8	34.0	131.47	30.9	-2.1	425.44	12.1

农商行同业往来资产减少，总额增速为 -5.4%。农商行中，渝农商行的同业往来资产最大，为 1460.01 亿元。常熟银行同业往来资产增长幅度最大，增速为 60.4%；九台农商同业往来资产萎缩最快，同比减少 30.0%（见表 36）。

表 36　　　　　　　　　　　　上市农商行同业往来资产比较

	存放同业及其他金融机构款项			拆出资金			买入返售金融资产			总额	
	2019年末（亿元）	占比（%）	2019年变动率（%）	2019年末（亿元）	占比（%）	2019年变动率（%）	2019年末（亿元）	占比（%）	2019年变动率（%）	2019年末（亿元）	2019年变动率（%）
无锡银行	27.74	21.8	-67.2	39.08	30.7	169.5	60.31	47.4	134.5	127.13	2.0
渝农商行	156.25	10.7	-51.5	1303.76	89.3	-5.9	0.00	0.0	-100.0	1460.01	-17.4
江阴银行	7.72	73.4	11.6	2.80	26.6	-59.2	0.00	0.0	0.0	10.52	-23.7
常熟银行	12.01	30.6	-31.9	16.51	42.0	193.3	10.76	27.4	774.6	39.28	60.4
苏农银行	37.57	35.7	15.3	26.83	25.5	24.2	40.84	38.8	-33.9	105.24	-9.3
广州农商	307.00	38.4	182.5	206.04	25.8	34.7	285.93	35.8	-2.5	798.97	43.9
九台农商	61.93	76.4	-37.3	18.14	22.4	6.8	1.00	1.2	—	81.07	-30.0
张家港行	9.74	63.3	29.7	5.65	36.7	32.5	0.00	0.0	0.0	15.39	30.7
紫金银行	36.55	20.7	-38.5	48.97	27.7	-55.2	91.13	51.6	27.4	176.65	-26.5
青农商行	65.69	42.1	-30.2	67.63	43.4	67.4	22.63	14.5	-35.7	155.94	-8.1
平均值	72.22	24.3	-13.2	173.54	58.4	-1.3	51.26	17.3	-6.6	297.02	-5.4

专题三　负债业务

2019 年，各家商业银行通过不断探索新的方法和途径，积极开拓负债业务渠道，主动调整负债来源和结构。绝大多数上市银行的负债都实现了稳定增长，客户存款依然是各家银行负债的主要部分，这一现象在国有银行中体现得更为明显；农商行受监管政策影响，同业往来负债出现下滑。

一、上市银行负债总体变化情况

2019 年，所有上市银行的总负债规模为 180.49 万亿元，同比增加 13.87 万亿元，增长 8.4%。其中，国有商业银行平均增速为 7.8%，股份制商业银行平均增速为 9.7%，城商行平均增速为 8.3%，农商行平均增速为 10.0%。总体来看，股份制商业银行负债规模增长最快。

在 6 家大型国有商业银行中，工商银行的负债总额最大，达到 27.42 万亿元，比 2018 年增加 2.06 万亿元。增长最快的是农业银行，增速达到 9.5%；交通银行仅增长 3.2%（见表 1）。其余 4 家银行的增速保持在 6.4% 至 9.3% 之间。

表 1　　　　　　　　　　上市国有商业银行负债规模比较

	2019 年末值（亿元）	2018 年末值（亿元）	2017 年末值（亿元）	2019 年变动率（%）
工商银行	274174.33	253546.57	239459.87	8.1
农业银行	229185.26	209346.84	196239.85	9.5
中国银行	207930.48	195418.78	178997.45	6.4
建设银行	232011.34	212310.99	203285.56	9.3
交通银行	91046.88	88258.63	83619.83	3.2
邮储银行	96718.27	90408.98	85811.94	7.0

从结构上来看，6 家国有商业银行均表现为客户存款所占比例最大，其中邮储银行该项占比已达 96.3%（见表 2），交通银行相对较低，占比为 66.7%。同业往来负债次之，最少的是应付债券。此外，各家国有商业银行的负债结构变化有差别，除交通银行和邮

储银行外，其他4家国有银行客户存款占比均下降。应付债券占比方面，各家银行保持平稳增长。

表2 上市国有商业银行负债结构比较①

	同业往来负债占比（%）			客户存款占比（%）			应付债券占比（%）		
	2019年末	2018年末	2017年末	2019年末	2018年末	2017年末	2019年末	2018年末	2017年末
工商银行	9.2	9.2	11.5	83.8	84.4	80.3	2.7	2.4	2.2
农业银行	8.2	7.7	8.0	80.9	82.9	82.5	4.8	3.7	2.4
中国银行	11.1	12.0	10.8	76.1	76.2	76.3	5.3	4.0	2.8
建设银行	10.0	8.8	8.8	79.2	80.6	80.5	4.6	3.7	2.9
交通银行	15.8	18.6	22.1	66.7	65.6	59.0	4.4	3.6	3.4
邮储银行	1.8	2.8	2.8	96.3	95.4	94.0	1.0	0.8	0.9

在9家股份制银行中，招商银行2019年负债总额规模最大，达67995.33亿元，比2018年增加5974.09亿元，增速为9.6%（见表3）。变动额最大的浦发银行，共增加6336.52亿元，增速10.9%。其他股份制商业银行的增幅也在5%以上。

表3 上市股份制商业银行负债规模比较

	2019年末值（亿元）	2018年末值（亿元）	2017年末值（亿元）	2019年变动率（%）
中信银行	62179.09	56136.28	52652.58	10.8
光大银行	43473.77	40348.59	37828.07	7.7
招商银行	67995.33	62021.24	58142.46	9.6
浦发银行	64448.78	58112.26	57062.55	10.9
民生银行	61510.12	55638.21	55122.74	10.6
华夏银行	27514.52	24618.65	23394.29	11.8
平安银行	36260.87	31785.50	30264.20	14.1
兴业银行	65960.29	62390.73	59941.09	5.7
浙商银行	16727.58	15442.46	14470.64	8.3

从结构上来看，除了中信银行和华夏银行，其他上市股份制商业银行的同业往来负债占比均有下降（见表4）。各股份制商业银行的客户存款占比均有所上升。在应付债券端，光大银行、浙商银行占比下降，华夏银行占比变动较小，其余6家银行都有所上升。

---

① 负债包含同业往来负债、客户存款、应付债券和其他，表中仅列示前三项占比（即总负债占比）及变动。

表4　　　　　　　　　　　　　　上市股份制商业银行负债结构比较

	同业往来负债占比（%）			客户存款占比（%）			应付债券占比（%）		
	2019 年末	2018 年末	2017 年末	2019 年末	2018 年末	2017 年末	2019 年末	2018 年末	2017 年末
中信银行	18.6	18.1	19.2	65.5	65.0	64.7	10.5	9.8	8.4
光大银行	14.6	16.9	19.3	69.4	63.7	60.1	8.6	11.8	11.8
招商银行	11.5	12.1	14.4	71.7	71.4	69.9	8.5	6.9	5.1
浦发银行	21.6	23.0	28.7	56.8	56.0	53.2	15.6	14.5	12.0
民生银行	20.6	21.2	25.8	59.1	57.4	53.8	13.3	12.1	9.1
华夏银行	18.2	15.6	15.7	60.7	60.6	61.3	14.7	14.6	15.8
平安银行	12.0	13.4	15.4	67.8	67.6	66.1	14.2	12.0	11.3
兴业银行	24.6	28.8	31.1	57.5	53.0	51.5	13.6	11.5	11.1
浙商银行	16.0	18.1	24.7	68.4	63.1	59.5	12.3	15.9	13.2

　　在城商行中，北京银行2019年末负债总额为25280.77亿元，在城商行中最大，同比增加1493.46亿元（见表5）。青岛银行增长最快，达到18.3%，主要是客户存款和应付债券负债项目总额的增加所致。除了哈尔滨行和锦州银行出现负债总额负增长外，其余城商行负债总额均为正增长。

表5　　　　　　　　　　　　　　上市城商行负债规模比较

	2019 年末值（亿元）	2018 年末值（亿元）	2017 年末值（亿元）	2019 年变动率（%）
北京银行	25280.77	23787.31	21530.91	6.3
天津银行	6182.24	6116.19	6571.58	1.1
上海银行	20598.55	18660.04	16603.26	10.4
重庆银行	4626.18	4157.57	3903.03	11.3
宁波银行	12169.81	10351.93	9748.36	17.6
南京银行	12555.07	11645.03	10729.52	7.8
盛京银行	9423.59	9284.03	9783.62	1.5
徽商银行	10422.28	9802.29	8488.88	6.3
哈尔滨行	5314.48	5680.97	5218.46	−6.5
锦州银行	7765.00	7851.60	6632.53	−1.1
郑州银行	4605.87	4282.79	4023.90	7.5
青岛银行	3431.44	2901.62	2801.53	18.3
江苏银行	19286.22	18013.18	16577.23	7.1
杭州银行	9615.26	8638.92	7815.08	11.3
贵阳银行	5200.72	4674.83	3502.53	11.2
中原银行	6520.54	5647.67	4758.99	15.5
九江银行	3379.94	2880.23	2536.03	17.3
成都银行	5227.56	4610.09	4095.15	13.4
长沙银行	5601.65	4948.49	4465.48	13.2
西安银行	2546.15	2234.96	2164.05	13.9
泸州银行	847.91	761.83	665.44	11.3
甘肃银行	3103.56	3033.75	2545.35	2.3
江西银行	4049.04	3735.32	3467.33	8.4
晋商银行	2274.12	2110.68	1921.93	7.7
苏州银行	3145.18	2864.99	2618.38	9.8
贵州银行	3755.00	3157.44	—	18.9

城商行的客户存款比重与股份制银行的近似，均远低于国有银行的客户存款比重。从结构上来看，各上市城市商业银行的负债结构有些许变化。除了九江银行外，其他上市城市商业银行的同业往来负债占比在2019年末普遍减少；2019年末，上市城市商业银行的客户存款占比增加相对较多（见表6）。

表6　　　　　　　　　　　　上市城商行负债结构比较①

	同业往来负债占比（%）			客户存款占比（%）			应付债券占比（%）		
	2019年末	2018年末	2017年末	2019年末	2018年末	2017年末	2019年末	2018年末	2017年末
北京银行	17.0	19.0	17.6	61.1	58.3	58.9	15.8	17.1	18.5
天津银行	16.1	13.7	22.9	56.8	56.1	54.5	19.5	26.1	18.1
上海银行	25.8	26.7	27.6	58.4	55.9	55.6	9.3	10.1	10.1
重庆银行	12.4	12.9	13.8	60.8	61.7	61.2	22.8	23.3	22.7
宁波银行	11.0	9.9	17.2	64.0	62.5	58.0	17.5	20.1	17.6
南京银行	5.3	7.1	9.5	68.8	66.2	67.3	16.2	18.1	18.5
盛京银行	17.4	16.8	28.7	69.5	56.5	48.4	8.6	20.1	14.4
徽商银行	19.0	17.8	19.1	57.9	58.5	60.4	17.6	9.3	13.6
哈尔滨行	8.3	8.2	7.9	81.2	70.5	72.5	8.6	19.8	17.5
锦州银行	27.8	29.14	—	52.3	56.8	51.6	14.2	11.4	13.5
郑州银行	27.8	14.0	16.2	52.3	62.5	63.5	14.2	21.9	18.2
青岛银行	8.8	11.6	15.2	63.4	61.3	57.1	22.9	22.5	24.5
江苏银行	12.4	12.3	18.9	62.8	60.7	60.8	22.4	18.5	14.0
杭州银行	11.3	12.3	17.1	62.5	61.7	57.4	18.7	18.0	20.6
贵阳银行	12.9	11.6	9.5	64.5	67.9	75.1	13.7	18.3	13.7
中原银行	9.6	19.0	18.1	64.9	61.9	64.4	21.4	16.5	15.6
九江银行	24.0	4.6	7.6	59.8	75.7	70.8	12.2	14.2	15.9
成都银行	7.6	4.3	11.4	75.5	76.4	76.4	14.7	17.5	10.7
长沙银行	5.2	6.3	7.9	74.0	69.0	75.4	14.2	20.7	13.3
西安银行	6.5	1.7	6.5	70.0	69.8	67.2	22.3	25.6	21.3
泸州银行	2.4	11.4	18.1	67.9	68.6	63.3	22.5	18.1	16.2
甘肃银行	4.7	10.1	10.6	72.5	69.5	75.5	21.5	13.7	9.4
江西银行	6.4	15.3	13.4	76.3	67.4	70.3	12.7	15.8	12.5
晋商银行	8.1	5.3	11.6	68.3	67.8	70.9	0.0	24.3	13.6
苏州银行	15.5	15.3	22.1	70.6	67.3	64.4	11.9	13.4	9.37
贵州银行	6.7	3.9	—	69.31	69.7	—	22.4	24.8	—

在农商行中，渝农商行2019年负债总额9404.28亿元，是10家上市农商行中最大的，比2018年增加了619.59亿元，增速为7.1%（见表7）。广州农商行的负债规模增加最大，

① 负债包含同业往来负债、客户存款、应付债券和其他，表中仅列示前三项占比及变动。

为 1127.36 亿元，增速达到 15.9%。而青农商行增速最快，为 16.0%。整体来看，所有农商行的负债均有所增长。

表 7　　　　　　　　　　　上市农商行负债规模比较

	2019 年末值（亿元）	2018 年末值（亿元）	2017 年末值（亿元）	2019 年变动率（%）
无锡银行	1501.82	1434.66	1277.73	4.7
渝农商行	9404.28	8784.69	8405.32	7.1
江阴银行	1144.70	1042.14	1000.49	9.8
常熟银行	1669.40	1531.69	1347.16	9.0
苏农银行	1143.30	1072.61	867.98	6.6
广州农商	8204.45	7077.09	6872.36	15.9
九台农商	1576.15	1491.46	1703.58	5.7
张家港行	1123.07	1034.36	947.84	8.6
紫金银行	1875.70	1808.72	1609.94	3.7
青农商行	3164.06	2727.98	2331.36	16.0

从结构上来看，农商行客户存款是农商行的核心负债，其比重均值为 74.4%，普遍高于城商行（64.5%）、股份制银行（62.0%）。大部分农商行客户存款占负债的 70% 以上。除了广州农商行外，农商行的应付债券 2019 年占比普遍提高（见表 8）。

表 8　　　　　　　　　　　上市农商行负债结构比较

	同业往来负债占比（%）			客户存款占比（%）			应付债券占比（%）		
	2019 年末	2018 年末	2017 年末	2019 年末	2018 年末	2017 年末	2019 年末	2018 年末	2017 年末
无锡银行	2.2	7.0	7.0	85.4	83.6	83.6	7.9	5.4	5.4
渝农商行	5.4	13.8	13.8	71.6	68.1	68.1	18.2	12.4	12.4
江阴银行	8.8	12.8	12.8	83.2	79.3	79.3	4.5	3.2	3.2
常熟银行	7.9	6.4	6.4	82.7	73.5	73.5	6.8	15.1	15.1
苏农银行	6.4	8.3	8.3	83.9	82.3	82.3	7.1	6.7	6.7
广州农商	6.3	10.2	10.2	80.2	71.1	71.1	9.7	14.8	14.8
九台农商	8.4	9.4	9.4	77.9	76.2	76.2	9.0	11.8	11.8
张家港行	8.4	16.4	16.4	82.7	74.4	74.4	5.6	3.0	3.0
紫金银行	9.2	11.3	11.3	71.2	63.3	63.3	18.8	23.4	23.4
青农商行	7.9	6.2	6.2	69.2	74.6	74.6	20.9	15.9	15.9

二、客户存款变化情况

2019 年末，51 家上市银行客户存款总额 134.39 万亿元，同比增长 8.8%。其中，国有银行 91.09 万亿元，增长 7.0%；股份制银行 28.33 万亿元，增长 13.3%；城商行 12.61 万亿元，增长 11.9%；农商行 2.36 万亿元，增长 14.9%。整体来看，四类银行存款增速相差不大，城商行存款增长稍快于其他银行。

6 家国有银行中，客户存款规模最大的是工商银行，达到 22.98 万亿元，其次是农业银行，为 18.54 万亿元。客户存款增速最快的是邮储银行，为 8.0%，其次是建设银行，为 7.4%。从增长额看，工商银行增加 15687.21 亿元，排名第一；建设银行增加 12576.15 亿元，位居次席。不论是从存款规模的绝对量还是变化量来看，国有商业银行对于客户存款的重视程度很高，且在积极促进客户存款业务（见表 9）。

表 9   上市国有商业银行客户存款规模比较

	2019 年末		2018 年末		2017 年末		2019 年
	余额（亿元）	占比（%）	余额（亿元）	占比（%）	余额（亿元）	占比（%）	变动率（%）
工商银行	229776.55	83.8	214089.34	84.4	192263.49	80.3	7.3
农业银行	185428.61	80.9	173462.90	82.9	161942.79	82.5	6.9
中国银行	158175.48	76.1	148835.96	76.2	136579.24	76.3	6.3
建设银行	183662.93	79.2	171086.78	80.6	163637.54	80.5	7.4
交通银行	60729.08	66.7	57933.24	65.6	49303.45	59.0	4.8
邮储银行	93140.66	96.3	86274.40	95.4	80626.59	94.0	8.0

9 家上市股份制银行中，招商银行客户存款规模最大，2019 年末达到 4.87 万亿元，占负债总额的 71.7%。光大银行和浙商银行的客户存款规模增长速度最快，达到 17.3%，其次是兴业银行 14.9%。从变动额看，兴业银行增加 4913.20 亿元，排名第一。其余各家银行也维持了较快的增速，均在 10% 以上，可以看到客户存款对于银行的重要性（见表 10）。

表 10   上市股份制银行客户存款规模比较

	2019 年末		2018 年末		2017 年末		2019 年
	余额（亿元）	占比（%）	余额（亿元）	占比（%）	余额（亿元）	占比（%）	变动率（%）
中信银行	40732.58	65.5	36496.11	65.0	34076.36	64.7	11.6
光大银行	30178.88	69.4	25719.61	63.7	22726.65	60.1	17.3
招商银行	48749.81	71.7	44275.66	71.4	40643.45	69.9	10.1
浦发银行	36618.42	56.8	32533.15	56.0	30379.36	53.2	12.6
民生银行	36370.34	59.1	31944.41	57.4	29663.11	53.8	13.9
华夏银行	16712.76	60.7	14924.92	60.6	14339.07	61.3	12.0
平安银行	24597.68	67.8	21491.42	67.6	20004.20	66.1	14.5
兴业银行	37948.32	57.5	33035.12	52.9	30868.93	51.5	14.9
浙商银行	11437.41	68.4	9747.70	63.1	8606.19	59.5	17.3

城商行中，2019 年末北京银行客户存款达到 15451.30 亿元，规模最大；其次是江苏银行、上海银行。青岛银行的客户存款的增速最快，达到 21.1%；只有锦州银行客户存款额出现了负增长，为 -8.8%，其余城商行客户存款均为正增长（见表 11）。

表 11　　　　　　　　　　　上市城商行客户存款规模比较

| | 2019 年末 | | 2018 年末 | | 2017 年末 | | 2019 年 |
	余额（亿元）	占比（%）	余额（亿元）	占比（%）	余额（亿元）	占比（%）	变动率（%）
北京银行	15451.30	61.1	13860.06	58.3	12686.98	58.9	11.5
天津银行	3509.96	56.8	3428.77	56.1	3578.58	54.5	2.4
上海银行	12035.52	58.4	10424.90	55.9	9235.85	55.6	15.4
重庆银行	2810.49	60.8	2563.94	61.7	2387.05	61.2	9.6
宁波银行	7792.24	64.0	6467.21	62.5	5652.54	58.0	20.5
南京银行	8636.53	68.8	7705.56	66.2	7226.23	67.3	12.1
盛京银行	6550.71	69.5	5249.41	56.5	4735.81	48.4	24.8
徽商银行	6034.55	57.9	5737.98	58.5	5128.08	60.4	5.2
哈尔滨行	4313.62	81.2	4002.80	70.5	3782.58	72.5	7.8
锦州银行	4064.08	52.3	4455.76	56.7	3422.64	51.6	-8.8
郑州银行	2921.26	63.4	2677.58	62.5	2554.07	63.5	9.1
青岛银行	2154.25	62.8	1779.11	61.3	1600.84	57.1	21.1
江苏银行	12055.62	62.5	10933.28	60.7	10078.33	60.8	10.3
杭州银行	6199.76	64.5	5327.83	61.7	4486.27	57.4	16.4
贵阳银行	3375.82	64.9	3124.79	66.8	2629.98	75.1	8.0
中原银行	3897.32	59.8	3493.87	61.9	3067.08	64.4	11.5
九江银行	2552.63	75.5	2179.34	75.7	1796.37	70.8	17.1
成都银行	3867.19	74.0	3522.92	76.4	3127.97	76.4	9.8
长沙银行	3920.17	70.0	3412.02	69.0	3366.41	75.4	14.9
西安银行	1728.23	67.9	1559.77	69.8	1455.09	67.2	10.8
泸州银行	614.37	72.5	523.86	68.8	421.45	63.3	17.3
甘肃银行	2368.69	76.3	2107.23	69.5	1922.31	75.5	12.4
江西银行	2845.49	70.3	2604.49	69.7	2438.37	70.3	9.3
晋商银行	1553.22	68.3	1431.76	67.8	1361.99	70.9	8.5
苏州银行	2221.14	70.6	1926.75	67.5	1687.37	64.4	15.3
贵州银行	2602.66	69.3	2200.84	69.7	—	—	18.3

10 家上市农商行中，2019 年末渝农商行客户存款规模最大，达到 6734.02 亿元，占负债总额的 71.6%。从变动额看，广州农商增加 1159.08 亿元，排名第一。从增长速率看常熟银行的增长速率最快，达到 22.1%，其次是广州农商，为 21.4%。除了渝农商行外，其余各家银行存款均维持了较快的增速，增速均在 10% 以上（见表 12）。

表 12   上市农商行客户存款规模比较

	2019 年末		2018 年末		2017 年末		2019 年变动率（%）
	余额（亿元）	占比（%）	余额（亿元）	占比（%）	余额（亿元）	占比（%）	
无锡银行	1281.96	85.4	1158.08	80.7	1068.27	83.6	10.7
渝农商行	6734.02	71.6	6161.66	70.1	5721.84	68.1	9.3
江阴银行	952.88	83.2	847.58	81.3	793.08	79.3	12.4
常熟银行	1380.79	82.7	1131.01	73.8	990.05	73.5	22.1
苏农银行	959.56	83.9	827.48	77.1	714.65	82.3	16.0
广州农商	6582.43	80.2	5423.35	76.6	4886.72	71.1	21.4
九台农商	1228.40	77.9	1095.21	73.4	1298.82	76.2	12.2
张家港行	928.92	82.7	795.04	76.9	705.44	74.4	16.8
紫金银行	1335.12	71.2	1147.10	63.4	1018.34	63.3	16.4
青农商行	2188.06	69.2	1926.10	70.6	1739.35	74.6	13.6

（一）存款主体结构

在上市银行的全部存款中，大部分银行都是对公存款占比较高；增速方面，个人存款增速普遍快于对公存款。

2019 年末，在国有银行的存款结构中，除农业银行、邮储银行外，其他银行的公司存款占比均高于个人存款，其中交通银行的公司存款占比达到 68.9%，约为个人存款的 2 倍。邮储银行的个人存款占比为 87.9%，个人存款比重较为突出。从变动结构看，在公司存款和个人存款中，除了邮储银行公司存款出现负增长外，其他国有银行存款均为正增长，且个人存款增速均超过公司存款增速（见表 13）。

表 13   上市国有商业银行存款主体结构比较①

	公司存款				个人存款			
	2019 年末值（亿元）	2018 年末值（亿元）	2017 年末值（亿元）	2019 年变动率（%）	2019 年末值（亿元）	2018 年末值（亿元）	2017 年末值（亿元）	2019 年变动率（%）
工商银行	120282.62	114811.41	105576.9	4.8	104777.44	94364.18	83801.06	11.0
农业银行	69639.13	66187.19	63794.47	5.2	106200.51	97979.94	92465.1	8.4
中国银行	83014.69	79324.13	73837.74	4.7	69896.48	64224.70	58312.28	8.8
建设银行	92407.10	89598.06	87008.72	3.1	89598.06	79716.23	71058.13	12.4
交通银行	40317.84	39440.98	33496.00	2.2	19699.22	17764.88	15772.73	10.9
邮储银行	11289.65	11577.80	11997.81	-2.5	81833.14	74679.11	68614.04	9.6

---

① 除了公司存款和个人存款外，有的银行还存在其他存款项目，故表中各存款占比加总不为 1。占比为占客户存款比例。

在股份制银行的存款结构中，对公存款的重要性和占比明显更高。其中，浙商银行的对公存款占比为85.7%，位居第一；招商银行占比最低，但也达到62.7%。从增速上看，华夏银行和光大银行无论是在对公存款还是在对私存款上增速优势明显，公司存款和个人存款都保持较高的增长率；浙商银行个人存款增速最高，为63.5%，这主要是由于基数较小。相较之下，招商银行的公司存款和个人存款增速略低（见表14）。

表14　　　　　　　　　　　上市股份制商业银行存款主体结构比较

	公司存款				个人存款			
	2019年末值（亿元）	2018年末值（亿元）	2017年末值（亿元）	2019年变动率（%）	2019年末值（亿元）	2018年末值（亿元）	2017年末值（亿元）	2019年变动率（%）
中信银行	31606.50	29039.14	28680.20	8.8	8781.70	7125.09	5334.38	23.3
光大银行	20465.16	17226.66	15793.07	18.8	6843.05	5119.04	3810.95	33.7
招商银行	30381.01	28377.21	27258.23	7.1	18063.21	15629.53	13385.22	15.6
浦发银行	27894.55	25752.39	25451.31	8.3	8359.60	6478.74	4884.33	29.0
民生银行	28789.31	25786.13	24552.47	11.6	7183.63	5752.89	4920.08	24.9
华夏银行	13416.42	10242.14	10195.41	31.0	3126.63	2208.44	2473.34	41.6
平安银行	18532.62	16669.66	16594.21	11.2	5836.73	4615.91	3409.99	26.4
兴业银行	28057.25	25433.01	25093.52	10.3	6617.32	5255.73	3938.23	25.9
浙商银行	9696.18	8641.86	8020.55	12.2	1596.62	976.63	556.88	63.5

在城商行的存款结构中，对公存款占比普遍高于国有银行，但低于股份制银行。2019年末，宁波银行的对公存款占比为79.4%，位居第一；锦州银行占比最低，为30.1%（见表15）。城商行个人存款增长快于公司存款的特点较为突出。

表15　　　　　　　　　　　上市城商行存款主体结构比较

	公司存款				个人存款			
	2019年末值（亿元）	2018年末值（亿元）	2017年末值（亿元）	2019年变动率（%）	2019年末值（亿元）	2018年末值（亿元）	2017年末值（亿元）	2019年变动率（%）
北京银行	10932.93	10959.09	9504.73	-0.2	3543.29	2900.97	2503.60	22.1
天津银行	2600.23	2567.83	2753.28	1.3	731.67	692.32	628.81	5.7
上海银行	8067.23	7298.95	6515.51	10.5	2917.38	2303.07	2052.68	26.7
重庆银行	1582.08	1527.89	1527.00	3.5	1008.13	804.86	677.21	25.3
宁波银行	6123.79	5238.55	4329.69	16.9	1591.42	1228.67	1058.59	29.5
南京银行	6482.27	5911.66	5757.44	9.7	1636.22	1414.26	1062.45	15.7
盛京银行	3880.59	3169.83	2869.90	22.4	2121.01	1590.14	1420.80	33.4
徽商银行	3846.41	3752.99	3689.10	2.5	1769.67	1417.41	1232.92	24.9
哈尔滨行	2204.81	2298.57	2495.07	-4.1	1856.57	1256.06	1287.52	47.8
锦州银行	1192.29	1991.86	1907.38	-40.1	2762.36	2345.82	1515.27	17.8

	公司存款				个人存款			
	2019 年末值（亿元）	2018 年末值（亿元）	2017 年末值（亿元）	2019 年变动率（%）	2019 年末值（亿元）	2018 年末值（亿元）	2017 年末值（亿元）	2019 年变动率（%）
郑州银行	1664.47	—	1683.65	—	955.87	—	675.63	—
青岛银行	1478.81	1186.45	1072.74	24.6	647.96	568.99	522.26	13.9
江苏银行	8092.46	7711.22	6419.99	4.9	3071.83	2559.55	1876.93	20.0
杭州银行	4842.61	4120.09	3526.37	17.5	1062.04	988.50	737.44	7.4
贵阳银行	2200.16	2156.20	2211.14	2.0	975.21	839.53	659.17	16.2
中原银行	2110.38	1984.81	1566.24	6.3	1740.07	1477.08	1246.43	17.8
九江银行	1363.94	1480.97	1048.61	-7.9	916.06	696.52	520.83	31.5
成都银行	2401.59	2305.67	1991.81	4.2	1360.19	1158.67	1007.32	17.4
长沙银行	2459.63	2321.13	2403.19	6.0	1350.37	1028.48	843.95	31.3
西安银行	916.55	932.07	878.88	-1.7	737.04	583.26	476.70	26.4
泸州银行	298.12	276.25	261.15	7.9	308.12	194.73	160.30	58.2
甘肃银行	720.29	653.90	824.29	10.2	1364.61	452.90	819.99	201.3
江西银行	1835.56	1815.10	1762.03	1.1	860.20	649.06	580.97	32.5
晋商银行	687.46	720.14	770.22	-4.5	684.92	579.50	401.44	18.2
苏州银行	1195.41	1112.16	1001.40	7.5	869.42	725.42	600.59	19.9
贵州银行	1549.46	1484.29	—	4.4	816.19	628.37	—	29.9

在农商行的存款结构中，大部分农商行个人存款占比较高。2019 年末，渝农商行的个人存款占比为 76.0%，位居第一；无锡银行占比最低，为 40.4%（见表16）。

表 16 上市农商行存款主体结构比较

	公司存款				个人存款			
	2019 年末值（亿元）	2018 年末值（亿元）	2017 年末值（亿元）	2019 年变动率（%）	2019 年末值（亿元）	2018 年末值（亿元）	2017 年末值（亿元）	2019 年变动率（%）
无锡银行	676.47	653.90	627.38	3.5	518.08	452.90	412.20	14.4
渝农商行	1560.31	1539.36	1478.56	1.4	5115.72	4546.80	4148.16	12.5
江阴银行	416.42	394.07	374.19	5.7	429.55	385.26	363.26	11.5
常熟银行	467.74	444.11	410.43	5.3	796.18	622.07	522.44	28.0
苏农银行	507.89	445.82	379.37	13.9	367.07	323.60	288.24	13.4
广州农商	3092.78	2517.48	2201.25	22.9	3169.21	2400.61	2127.64	32.0
九台农商	381.20	404.67	467.04	-5.8	815.28	657.67	788.70	24.0
张家港行	478.91	318.07	309.72	50.6	429.07	348.40	324.86	23.2
紫金银行	707.93	636.77	580.69	11.2	583.65	483.75	422.86	20.7
青农商行	947.22	851.91	727.12	11.2	1208.81	1073.52	1011.65	12.6

（二）存款期限结构

在国有商业银行存款期限结构中，除了邮储银行外，其他银行的活期存款和定期存款所占比重基本相当。2019年末，工商银行的活期存款和定期存款的总额最大，分别为11.06万亿元、11.45万亿元。从增长结构上来看，各家银行的活期存款和定期存款都保持较快的正增长（见表17）。中国银行、建设银行、交通银行活期存款增长较快，而其他银行定期存款增长较快。

表17　　　　　　　　　　上市国有商业银行存款期限结构比较

	活期存款				定期存款			
	2019年末值（亿元）	2018年末值（亿元）	2017年末值（亿元）	2019年变动率（%）	2019年末值（亿元）	2018年末值（亿元）	2017年末值（亿元）	2019年变动率（%）
工商银行	110606.48	103363.18	98901.96	7.0	114453.58	105812.41	90475.99	8.2
农业银行	105618.52	99956.66	94383.05	5.7	70221.12	64210.47	61876.52	9.4
中国银行	75819.40	71146.23	65686.15	6.6	70363.74	66553.36	62736.20	5.7
建设银行	101376.44	92363.40	88933.34	9.8	80211.42	76950.89	69133.51	4.2
交通银行	25983.57	24362.50	24979.00	6.7	34033.49	32843.36	24290.14	3.6
邮储银行	34724.03	33862.43	33290.47	2.5	58389.50	52394.48	47321.38	11.4

在股份制银行的存款期限结构中，招商银行的活期存款总额最高，为2.86万亿元，占比接近60%，其余8家股份制银行的定期存款占比均高于活期存款，其中以平安银行、浙商银行、光大银行最为显著。从增速看，股份制银行的活期存款增长出现了负增长，定期存款均为正增长，且增速较高，存款呈定期化趋势（见表18）。活期存款增长最快的是兴业银行，达到16.7%；定期存款增长最快的是光大银行，为32.0%。

表18　　　　　　　　　　上市股份制商业银行存款期限结构比较

	活期存款				定期存款			
	2019年末值（亿元）	2018年末值（亿元）	2017年末值（亿元）	2019年变动率（%）	2019年末值（亿元）	2018年末值（亿元）	2017年末值（亿元）	2019年变动率（%）
中信银行	19504.49	17846.44	18799.63	9.3	20883.71	18317.79	15214.95	14.0
光大银行	10017.51	9242.20	8857.58	8.4	17290.70	13103.50	7820.51	32.0
招商银行	28632.89	28753.50	25540.93	-0.4	19811.33	15253.24	15102.52	29.9
浦发银行	15513.60	14640.38	15379.37	6.0	20740.55	17590.75	14956.27	17.9
民生银行	14180.50	13026.39	13700.19	8.9	21792.44	18512.63	15772.36	17.7
华夏银行	7489.18	7215.32	1670.32	3.8	6066.22	5235.26	2473.34	15.9
平安银行	7952.66	7068.59	7575.99	12.5	13948.39	11667.44	9385.52	19.5
兴业银行	14639.08	12548.58	13106.39	16.7	20035.49	18140.16	15676.74	10.4
浙商银行	3767.71	3487.23	3119.20	8.0	7525.10	6131.27	5458.23	22.7

2019 年末，在城商行银行的存款期限结构中，天津银行的活期存款占比最高，为 57.5%，锦州银行的定期存款占比最高，为 83.0%。部分城商行的活期存款出现负增长；除了徽商银行，大部分城商行定期存款为正增长，城商行的存款定期化趋势明显（见表 19）。活期存款增长最快的是甘肃银行，因其基数较小，达到 120.0%；定期存款增长最快的是西安银行，也因其基数较小，为 322.0%。

表 19   上市城商行存款期限结构比较

	活期存款				定期存款			
	2019 年末值（亿元）	2018 年末值（亿元）	2017 年末值（亿元）	2019 年变动率（%）	2019 年末值（亿元）	2018 年末值（亿元）	2017 年末值（亿元）	2019 年变动率（%）
北京银行	7667.31	7092.28	6726.24	8.1	6808.91	5981.14	5282.09	13.8
天津银行	2018.77	1952.97	1996.66	3.4	1313.13	1307.18	1385.43	0.5
上海银行	4401.81	4001.42	3814.83	10.0	6582.80	5600.61	4753.35	17.5
重庆银行	820.94	788.89	797.36	4.1	1769.27	1543.86	1406.85	14.6
宁波银行	3409.03	3007.13	2940.44	13.4	4306.18	3460.08	2447.83	24.5
南京银行	2541.56	2398.86	2855.14	5.9	5576.93	4927.07	3964.75	13.2
盛京银行	2286.86	1742.29	1291.77	31.3	3714.74	3017.68	2998.93	23.1
徽商银行	3083.48	2907.82	2732.83	6.0	2532.60	2262.58	2189.19	11.9
哈尔滨行	1239.26	1178.28	1532.95	5.2	2822.12	2376.35	2249.63	18.8
锦州银行	673.38	767.59	664.69	−12.3	3281.27	3570.09	2757.96	−8.1
郑州银行	1026.23	—	1083.20	—	1594.11	—	1276.08	—
青岛银行	1132.16	911.66	833.57	24.2	994.61	843.77	761.43	17.9
江苏银行	3935.90	3976.88	4096.88	−1.0	6801.05	5383.77	4200.04	26.3
杭州银行	3092.40	2698.15	2654.03	14.6	2812.25	2410.44	1609.78	16.7
贵阳银行	1492.68	1681.81	2004.67	−11.2	1682.69	1313.92	865.64	28.1
中原银行	1843.96	1742.30	1729.81	5.8	2006.49	1719.59	1082.87	16.7
九江银行	1070.74	997.96	854.50	7.3	1209.26	936.38	714.94	29.1
成都银行	1971.34	1976.88	1715.60	−0.3	1790.43	1487.46	1283.53	20.4
长沙银行	2070.09	1853.39	2085.93	11.7	1739.92	1496.22	1161.22	16.3
西安银行	751.79	711.16	832.55	5.7	929.25	220.22	523.03	322.0
泸州银行	265.53	228.14	224.16	16.4	340.72	290.95	197.30	17.1
甘肃银行	784.74	356.71	897.13	120.0	1300.15	750.09	747.15	73.3
江西银行	1298.42	1370.27	1305.99	−5.2	1397.34	1093.89	1037.01	27.7
晋商银行	519.79	478.59	511.47	8.6	852.59	821.09	746.01	3.8
苏州银行	849.83	755.32	692.67	12.5	1215.01	1082.25	909.32	12.3
贵州银行	1314.74	1430.33	—	−8.1	1050.90	682.33	—	54.0

在农商行的存款期限结构中，苏农银行的活期存款占比最高，为49.7%，无锡银行的定期存款占比最高，为64.8%。除了九台农商，农商行的活期存款、定期存款均稳步增长（见表20）。活期存款增长最快的是青农商行，达到21.5%；定期存款增长最快的是广州农商，为22.0%。整体来看，较之其他银行，农商行更加依赖定期存款，大部分农商行的定期存款占比均超过50%。

表20　　　　　　　　　　　　上市农商行存款期限结构比较

	活期存款				定期存款			
	2019年末值（亿元）	2018年末值（亿元）	2017年末值（亿元）	2019年变动率（%）	2019年末值（亿元）	2018年末值（亿元）	2017年末值（亿元）	2019年变动率（%）
无锡银行	390.82	356.71	342.70	9.6	803.72	750.09	696.88	7.1
渝农商行	2411.71	2338.57	2289.24	3.1	4264.31	3747.59	3337.47	13.8
江阴银行	349.51	328.65	298.72	6.3	496.46	450.69	438.73	10.2
常熟银行	506.61	446.48	418.23	13.5	757.32	618.70	514.63	22.4
苏农银行	437.69	411.42	362.57	6.4	437.27	358.00	305.04	22.1
广州农商	2395.78	2232.36	2127.21	7.3	3866.18	2685.74	2201.67	44.0
九台农商	497.15	458.24	471.64	8.5	699.33	604.09	784.10	15.8
张家港行	317.27	270.97	256.30	17.1	492.76	395.50	378.27	24.6
紫金银行	562.18	516.69	458.76	8.8	729.40	603.83	544.79	20.8
青农商行	930.20	867.05	713.71	7.3	1225.82	1058.38	1025.06	15.8

三、同业往来负债变化情况

2019年，51家上市银行的同业往来负债总额为21.71万亿元，同比增长4.4%，占总负债比为12.1%。其中，国有银行10.64万亿元，同比增长5.9%；股份制银行8.05万亿元，增长2.5%；城商行2.82万亿元，增长5.3%；农商行2012.75亿元，减少10.9%。农商行同业往来负债降速最快。股份制银行的同业往来负债占总负债比最大，而农商行的最小。

在国有上市银行中，工商银行是同业往来负债规模最大的，为2.27万亿元，占总负债比为9.2%，增速为8.6%。农业银行、建设银行也有所增加，增速分别为17.1%和22.9%，而中国银行、交通银行和邮储银行下降明显，降幅分别为1.5%、12.2%和31.0%。

从结构上来看，除了邮储银行外，其他5家国有商业银行在同业往来负债中的主要部分是同业及其他金融机构存放款项，中国银行、建设银行、工商银行和农业银行该项占比已经超过70%（见表21）。拆入资金方面，除了邮储银行占比为15.0%外，其余三家银行该项占比均在20%附近。相对占比最小的为卖出回购款项，除了邮储银行外，卖出回购款项均为四家银行占比最小的分项，邮储银行的卖出回购款项占同业负债比重达到了57.5%。

表 21 上市国有商业银行同业往来负债规模及结构比较①

	同业及其他金融机构存放款项（亿元）			拆入资金（亿元）			卖出回购款项（亿元）			同业往来负债占总负债比率（%）	
	2019年末	2018年末	2017年末	2019年末	2018年末	2017年末	2019年末	2018年末	2017年末	2019年末	2018年末
工商银行	17763.20	13282.46	12146.01	4902.53	4862.49	4919.48	2632.73	5148.01	10463.38	9.2	9.2
农业银行	15039.09	11243.22	9747.30	3253.63	3255.41	2800.61	531.97	1571.01	3197.89	8.2	7.7
中国银行	16680.46	17312.09	14252.62	4622.65	3272.49	2416.92	1774.10	2850.18	2584.00	11.1	12.0
建设银行	16726.98	14274.76	13369.95	5215.53	4202.21	3836.39	1146.58	307.65	742.79	10.0	8.8
交通银行	9216.54	11013.24	13075.21	4126.37	4033.18	4443.73	1068.58	1375.13	979.83	15.8	18.6
邮储银行	472.52	741.65	484.54	257.96	398.45	736.17	986.58	1349.19	1151.43	1.8	2.8

股份制商业银行中，兴业银行是同业往来负债总额占总负债比值最大的，达到24.6%。华夏银行的增速为30.1%，在股份制商业银行中增长最快；兴业银行同业往来负债同比减少9.8%，收缩最快。整体上，各股份制商业银行同业往来负债有增有减。从结构上来看，股份制商业银行的同业及其他金融机构存放款项的所占比重明显高于其他项目（见表22）。

表 22 上市股份制商业银行同业往来负债规模及结构比较

	同业及其他金融机构存放款项（亿元）			拆入资金（亿元）			卖出回购款项（亿元）			同业往来负债占总负债比率（%）	
	2019年末	2018年末	2017年末	2019年末	2018年末	2017年末	2019年末	2018年末	2017年末	2019年末	2018年末
中信银行	9511.22	7822.64	7980.07	925.39	1153.58	775.95	1118.38	1203.15	1345.00	18.6	18.1
光大银行	4443.20	4900.91	5774.47	1662.25	1520.37	1067.98	256.03	404.11	455.81	14.6	16.9
招商银行	5555.81	4708.26	4391.18	1659.21	2039.5	2727.34	632.33	781.41	1256.20	11.5	12.1
浦发银行	10008.28	10677.69	13143.18	1625.41	1486.22	1387.82	2275.83	1195.64	1844.64	21.6	23.0
民生银行	10283.95	9152.22	11385.31	1346.59	1766.38	1774.62	1017.05	896.87	1075.22	20.6	21.2
华夏银行	3023.37	2930.72	2313.56	1040.64	771.11	650.45	937.74	143.78	700.02	18.2	15.6
平安银行	3686.91	3927.38	4309.04	260.71	246.06	280.24	400.99	79.88	63.59	12.0	13.4
兴业银行	12339.37	13448.83	14460.59	1923.10	2208.31	1879.29	1934.12	2305.69	2297.94	24.6	28.8
浙商银行	1329.50	1716.30	2974.22	338.53	379.32	292.50	1000.67	704.37	301.34	16.0	18.1

城商行中，锦州银行的同业往来负债占总负债比值最大，为27.8%，而西安银行的比值最小，为2.4%。九江银行同业往来负债的增速达92.0%，在城商行中增长最快。整体来看，同业往来负债总额有增有减。从结构上来看，大多数城商行的同业及其他金融机构存放款项的所占比重明显高于其他同业科目，但宁波银行、杭州银行拆入资金所占比重较高（见表23）。

---

① 占比为占同业往来负债比例。

表23　　　　　　　　　　　　**上市城商行同业往来负债规模及结构比较**

	同业及其他金融机构存放款项（亿元）			拆入资金（亿元）			卖出回购款项（亿元）			同业往来负债占总负债比率（%）	
	2019年末	2018年末	2017年末	2019年末	2018年末	2017年末	2019年末	2018年末	2017年末	2019年末	2018年末
北京银行	3615.73	3609.29	2983.00	451.03	685.52	495.33	230.91	213.34	311.72	17.0	19.0
天津银行	453.85	337.28	770.36	211.99	215.56	227.19	329.94	283.62	506.96	16.1	13.7
上海银行	3946.18	3689.68	3286.54	741.65	683.36	518.01	633.50	611.51	785.73	25.8	26.7
重庆银行	271.03	288.41	419.31	167.74	140.3	61.00	134.26	105.74	59.95	12.4	12.9
宁波银行	356.97	212.15	272.92	359.62	539.44	946.06	626.94	269.30	459.89	11.0	9.9
南京银行	237.49	386.17	432.04	142.06	237.17	142.57	285.02	201.80	448.58	5.3	7.1
盛京银行	968.37	809.94	1536.52	65.89	428.21	513.24	601.17	323.09	756.23	17.4	16.8
徽商银行	1113.36	1176.96	958.15	363.03	287.79	254.28	503.65	278.45	408.55	19.0	17.8
哈尔滨行	86.68	279.29	230.72	169.50	153.94	133.48	183.62	29.91	45.90	8.3	8.2
锦州银行	1780.19	1646.29	—	277.31	207.60	134.66	101.07	434.45	390.64	27.8	29.1
郑州银行	99.55	273.99	289.34	141.13	136.53	223.48	163.86	189.56	140.85	8.8	14.0
青岛银行	164.63	116.33	249.02	99.16	72.07	57.74	160.27	148.50	119.00	12.4	11.6
江苏银行	1367.83	1509.11	2280.62	412.16	303.04	282.40	394.34	395.61	567.37	11.3	12.3
杭州银行	581.98	502.73	906.63	278.76	451	325.69	375.93	110.51	101.76	12.9	12.3
贵阳银行	261.98	242.44	371.03	207.55	161.55	109.43	27.71	28.44	26.74	9.6	9.9
中原银行	615.78	608.02	396.51	280.59	127.29	57.17	665.45	335.28	408.10	24.0	19.0
九江银行	142.44	31.68	8.12	51.40	17.75	11.17	63.79	82.02	174.06	7.6	4.6
成都银行	102.84	77.1	42.74	12.21	10.78	5.72	159.34	111.69	418.73	5.2	4.3
长沙银行	142.32	184.13	140.23	84.11	20.34	48.00	140.02	106.22	164.40	6.5	6.3
西安银行	12.25	38.14	48.03	9.41	0.57	2.65	39.92	0.00	90.12	2.4	1.7
泸州银行	39.50	52.75	47.88	0.00	17.2	8.70	0.00	16.81	64.06	4.7	11.4
甘肃银行	0.00	155.14	298.20	0.00	33.00	98.00	0.00	117.17	66.89	—	10.1
江西银行	312.12	318.64	—	25.55	170.95	—	197.04	36.9	0.00	13.2	15.3
晋商银行	42.11	24.80	114.69	19.11	1.00	5.00	122.01	86.76	103.01	8.1	5.3
苏州银行	90.56	146.87	269.34	164.13	169.17	130.90	232.29	123.08	178.64	15.5	15.3
贵州银行	161.07	99.84	2983.00	10.01	—	—	79.67	21.75	311.72	6.7	—

　　在农商行中，紫金银行的同业往来负债占总负债比值最大，达到9.2%。江阴银行是同业往来负债总额增长最快的，增速高达211.7%。由于部分农商行上一年的同业往来负债子项目基数较小，故而增长率波动较大。从结构上来看，与其他银行不同，大部分农商行的卖出回购款项的所占比重明显高于其他项目（见表24）。

表 24　　　　　　　　　　上市农商行同业往来负债规模及结构比较

	同业及其他金融机构存放款项（亿元）			拆入资金（亿元）			卖出回购款项（亿元）			同业往来负债占总负债比率（%）	
	2019年末	2018年末	2017年末	2019年末	2018年末	2017年末	2019年末	2018年末	2017年末	2019年末	2018年末
无锡银行	4.64	21.72	20.58	1.51	0.89	—	27.14	20.03	69.25	2.2	3.0
渝农商行	94.93	235.01	854.88	260.76	288.74	229.80	150.86	59.21	75.45	5.4	6.6
江阴银行	5.06	0.21	5.78	8.01	4.75	0.72	87.18	27.20	121.29	8.8	3.1
常熟银行	14.63	12.44	4.41	14.99	0.79	1.30	102.30	75.26	81.06	7.9	5.8
苏农银行	11.87	16.66	0.17	13.06	1.29	0.26	48.11	62.98	71.72	6.4	7.5
广州农商	410.39	632.16	434.70	9.85	15.54	35.72	97.30	118.18	238.29	6.3	10.8
九台农商	62.78	47.11	46.91	43.79	11.06	16.52	26.11	84.07	96.80	8.4	9.5
张家港行	9.03	23.5	21.74	8.91	22.47	2.00	76.43	93.12	131.66	8.4	13.4
紫金银行	36.20	67.85	72.95	19.94	32.88	16.55	115.66	97.92	92.67	9.2	11.0
青农商行	27.48	9.06	34.10	50.11	29.84	25.65	173.72	147.79	84.06	7.9	6.8

四、应付债券变化情况

2019 年末，所有上市银行应付债券总额为 13.44 万亿元，在总负债中的占比有所提升，增速达到 12.9%。其中，国有银行 4.52 万亿元，增长 35.1%；股份制银行 5.44 万亿元，增长 17.3%；城商行 3.06 万亿元，下降 1.6%；农商行 4090.80 亿元，下降 0.3%。

国有银行中，农业银行的应付债券余额最大，为 11082.12 亿元，增速也最快，为 42.0%，主要是二级资本债和美元债的发行量上升。邮储银行债券余额最小，为 969.79 亿元，增速为 27.3%（见表 25）。

表 25　　　　　　　　　　上市国有商业银行应付债券规模比较

	2019年末		2018年末		2017年末		2019年变动率（%）
	余额（亿元）	占总负债比率（%）	余额（亿元）	占总负债比率（%）	余额（亿元）	占总负债比率（%）	
工商银行	7428.75	2.7	6178.42	2.4	5269.40	2.2	20.2
农业银行	11082.12	4.8	7806.73	3.7	4750.17	2.4	42.0
中国银行	10960.87	5.3	7821.27	4.0	4991.28	2.8	40.1
建设银行	10765.75	4.6	7757.85	3.7	5965.26	2.9	38.8
交通银行	4039.18	4.4	3176.88	3.6	2876.62	3.4	27.1
邮储银行	969.79	1.0	761.54	0.8	749.32	0.9	27.3

股份制银行中，浦发银行的应付债券总额为 10035.02 亿元，是 9 家股份制商业银行中最大的；浙商银行和光大银行规模较小，分别为 2062.41 亿元和 3719.04 亿元（见表 26）。在规模变动方面，兴业银行的增长数额最多，增加 1812.62 亿元；光大银行和浙商银行的应

付债券减少，减少额分别为 685.45 亿元和 397.56 亿元。在增速方面，招商银行增长 36.1%，为 9 家银行中最高。整体来看，股份制银行的应付债券占总负债比重明显高于国有银行。

表 26　　　　　　　　　上市股份制商业银行应付债券规模比较

	2019 年末		2018 年末		2017 年末		2019 年变动额（亿元）	2019 年变动率（%）
	余额（亿元）	占总负债比率（%）	余额（亿元）	占总负债比率（%）	余额（亿元）	占总负债比率（%）		
中信银行	6502.74	10.5	5524.83	9.8	4412.44	8.4	977.91	17.7
光大银行	3719.04	8.6	4404.49	10.9	4453.96	11.8	-685.45	-15.6
招商银行	5781.91	8.5	4249.26	6.9	2964.77	5.1	1532.65	36.1
浦发银行	10035.02	15.6	8414.40	14.5	6862.96	12.0	1620.62	19.3
民生银行	8172.25	13.3	6745.23	12.1	5019.27	9.1	1427.02	21.2
华夏银行	4035.84	14.7	3604.69	14.6	3696.89	15.8	431.15	12.0
平安银行	5137.62	14.2	3818.84	12.0	3424.92	11.3	1318.78	34.5
兴业银行	8991.16	13.6	7178.54	11.5	6629.58	11.1	1812.62	25.3
浙商银行	2062.41	12.3	2459.97	15.9	1905.52	13.2	-397.56	-16.2

城商行中，郑州银行应付债券总额为 1052.46 亿元，占总负债的 22.85%，是上市城商行中占比最高的（见表 27）。在规模变动方面，盛京银行的应付债券增长数额最多，减少 1055.74 亿元。增速方面，徽商银行的应付债券增长率为 200.4%，为 22 家银行中最高。整体来看，城商行的应付债券占负债比重远高于股份制银行和国有银行，其对债券融资依赖性更强。

表 27　　　　　　　　　上市城商行应付债券规模比较

	2019 年末		2018 年末		2017 年末		2019 年变动率（%）
	余额（亿元）	占总负债比率（%）	余额（亿元）	占总负债比率（%）	余额（亿元）	占总负债比率（%）	
北京银行	3995.62	15.80	4056.02	17.05	3983.40	18.5	98.5
天津银行	1206.70	19.52	1598.24	26.13	1186.88	18.1	75.5
上海银行	1907.12	9.26	1893.76	10.15	1681.48	10.1	100.7
重庆银行	1053.86	22.78	969.83	23.33	887.27	22.7	108.7
宁波银行	2128.86	17.49	2084.37	20.14	1714.99	17.6	102.1
南京银行	2039.42	16.24	2109.96	18.12	1984.80	18.5	96.7
盛京银行	809.93	8.59	1865.67	20.10	1409.20	14.4	43.4
徽商银行	1832.43	17.58	914.44	9.33	1151.80	13.6	200.4
哈尔滨行	459.63	8.65	1127.66	19.85	913.34	17.5	40.8
锦州银行	1101.09	14.18	896.69	11.42	895.65	13.5	122.8
郑州银行	1052.46	22.85	936.49	21.87	731.70	18.2	112.4
青岛银行	768.59	22.40	652.41	22.48	686.33	24.5	117.8

中国上市银行可持续发展分析（2020）

续表

	2019 年末		2018 年末		2017 年末		2019 年变动率（%）
	余额（亿元）	占总负债比率（%）	余额（亿元）	占总负债比率（%）	余额（亿元）	占总负债比率（%）	
江苏银行	3600.21	18.67	3327.74	18.47	2323.42	14.0	108.2
杭州银行	1314.39	13.67	1555.29	18.00	1608.15	20.6	84.5
贵阳银行	1112.83	21.40	1016.89	21.75	481.08	13.7	109.4
中原银行	797.20	12.23	932.78	16.52	741.29	15.6	85.5
九江银行	496.67	14.69	409.00	14.20	402.48	15.9	121.4
成都银行	743.28	14.22	807.74	17.52	436.68	10.7	92.0
长沙银行	1247.45	22.27	1024.12	20.70	595.29	13.3	121.8
西安银行	573.05	22.51	572.46	25.61	461.18	21.3	100.1
泸州银行	182.23	21.49	138.01	18.12	107.75	16.2	132.0
甘肃银行	394.59	12.71	415.77	13.70	239.61	9.4	94.9
江西银行	551.79	13.63	611.30	16.37	434.74	12.5	90.3
晋商银行	—	—	512.38	24.28	261.63	13.6	—
苏州银行	372.95	11.86	385.21	13.45	245.31	9.4	-3.2
贵州银行	841.23	22.40	782.82	24.80	—	—	7.5

农商行中，渝农商行应付债券总额为 1713.30 亿元，占总负债的 18.2%，是 10 家农商行中占比最高的，张家港行规模最小，为 62.71 亿元（见表 28）。在规模变动方面，青农商行的增长数额最多，增加 141.03 亿元。增速方面，张家港行增长 33.6%，为上市农商行中最高。

表 28   上市农商行应付债券规模比较

	2019 年末		2018 年末		2017 年末		2019 年变动率（%）
	余额（亿元）	占总负债比率（%）	余额（亿元）	占总负债比率（%）	余额（亿元）	占总负债比率（%）	
无锡银行	118.54	7.9	164.31	11.5	69.57	5.4	-27.9
渝农商行	1713.30	18.2	1596.09	18.2	1039.01	12.4	7.3
江阴银行	51.13	4.5	119.60	11.5	32.49	3.2	-57.2
常熟银行	114.33	6.9	240.69	15.7	203.57	15.1	-52.5
苏农银行	80.95	7.1	126.40	11.8	58.34	6.7	-36.0
广州农商	792.40	9.7	658.75	9.3	1013.84	14.8	20.3
九台农商	142.20	9.0	205.52	13.8	200.40	11.8	-30.8
张家港行	62.71	5.6	46.95	4.5	28.77	3.0	33.6
紫金银行	353.33	18.8	425.16	23.5	376.84	23.4	-16.9
青农商行	661.91	20.9	520.88	19.1	369.90	15.9	27.1

190

专题四　收入支出

一、收入分析

（一）营业收入总量分析

2019 年，51 家上市银行营业收入总额为 5.25 万亿元，同比增长 10.5%。从整体来看，各类银行营业收入增长趋势出现分化。国有银行增长态势趋缓，营业收入总量合计 3.25 万亿元，增速达 7.9%，与上年持平；股份制银行与城商行增速发力，增速分别达到 14.1% 和 19.2%，较上年增速分别增长 4.4 个百分点和 5.8 个百分点；农商行增速下滑，达到 9.7%，较上年减少 9.8 个百分点。

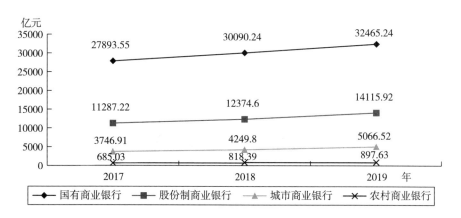

图1　2017—2019 年各类商业银行营业收入变化

国有银行中，工商银行营业收入总量与增速均排在国有银行的第一，实现收入 8551.64 亿元，增长 10.5%，较上年提高 4 个百分点。中国银行增速 8.9%，较上年提高 4.6 个百分点。建设银行与交通银行稳中有升，农业银行与邮储银行增速下滑，分别较上年下降 6.7 个百分点和 10 个百分点。

股份制银行中，招商银行营业收入总额仍位列第一，达到 2697.03 亿元。在营业收入增速方面，除招商银行较上年有所放缓，下滑了 4 个百分点，其余股份制银行营业收入快速增长，均在 10% 以上，其中光大银行增速达到 20.5%，增长的主要原因是利息净收入、手续费及佣金净收入增速分别达到 30.4% 和 17.2%。增速最快的是浦发银行，较上年提高 10.3

个百分点。

从城商行来看，营业收入最多的是北京银行，达到631.29亿元，晋商银行排在最后一位，为50.89亿元。在营业收入增速方面，城商行间分化较大，徽商银行、泸州银行、天津银行三家银行达到40%以上，而哈尔滨行、锦州银行受城商行信用事件影响，增速均在10%以下。

从农商行来看，渝农商行营业收入总额最高，达到266.30亿元。在营业收入增速方面，九台农商和张家港行增速分别达到5.4%和28.5%，分别较上年增长19.2个和4.2个百分点，其中九台农商上年增速为－13.7%。其余农商行营业收入增速均出现不同程度的下滑，广州农商增速下滑程度最大，较上年减少38.9个百分点。

表1 营业收入、利息净收入情况

	营业收入（亿元）				利息净收入（亿元）			
	2017年	2018年	2019年	2019年变动率（%）	2017年	2018年	2019年	2019年变动率（%）
工商银行	7265.02	7737.89	8551.61	10.52	5220.78	5725.18	6069.26	6.01
农业银行	5370.41	5985.88	6272.68	4.79	4419.30	4777.60	4868.71	1.91
中国银行	4832.78	5041.07	5491.82	8.94	3383.89	3597.06	3742.50	4.04
建设银行	6216.59	6588.91	7056.29	7.09	4524.56	4862.78	5106.80	5.02
交通银行	1960.11	2126.54	2324.72	9.32	1273.66	1309.08	1440.83	10.06
邮储银行	2248.64	2609.95	2768.09	6.06	1881.15	2341.22	2402.24	2.61
平均	4648.93	5015.04	5410.87	7.79	3450.56	3768.82	3938.39	4.94
中信银行	1567.08	1648.54	1875.84	13.79	996.45	1129.12	1272.71	12.72
光大银行	918.50	1102.44	1328.12	20.47	609.50	1019.18	1019.18	0
招商银行	2208.97	2485.55	2697.03	8.51	1448.52	1603.84	1730.90	7.92
浦发银行	1686.19	1708.65	1906.88	11.60	1069.12	1118.44	1288.50	15.21
民生银行	1442.81	1567.69	1804.41	15.10	865.52	766.80	979.43	27.73
华夏银行	663.84	722.27	847.34	17.32	473.18	515.38	645.61	25.27
平安银行	1057.86	1167.16	1379.58	18.20	740.09	747.45	899.61	20.35
兴业银行	1399.75	1582.87	1813.08	14.54	884.51	956.57	1029.88	7.66
浙商银行	342.22	389.43	463.64	16.74	243.91	263.86	338.74	28.39
平均	1254.14	1374.96	1568.40	15.14	810.09	902.29	1022.73	16.14
北京银行	503.53	554.88	631.29	13.77	393.76	455.53	495.79	8.84
天津银行	101.43	121.38	170.54	40.50	84.01	67.06	132.23	97.18
上海银行	331.25	438.88	498.00	13.47	191.17	299.37	303.21	1.28
重庆银行	101.45	106.30	117.91	10.92	81.15	68.76	88.39	28.55
宁波银行	253.14	289.30	350.81	21.26	163.89	191.20	195.64	2.32
南京银行	248.39	274.06	324.42	18.38	200.91	215.67	213.80	－0.87
盛京银行	132.50	158.85	210.07	32.24	120.76	124.18	163.50	31.66
徽商银行	225.08	209.18	311.59	48.96	201.97	179.67	247.26	37.62

	营业收入（亿元）				利息净收入（亿元）			
	2017 年	2018 年	2019 年	2019 年变动率（%）	2017 年	2018 年	2019 年	2019 年变动率（%）
哈尔滨行	141.34	143.25	151.24	5.58	113.08	101.27	108.36	7.00
锦州银行	188.06	212.83	232.45	9.22	185.33	191.01	194.67	1.92
郑州银行	101.94	111.57	134.87	20.88	81.06	66.43	89.84	35.24
青岛银行	55.83	73.72	96.16	30.44	48.02	44.64	68.46	53.36
江苏银行	338.39	352.24	449.74	27.68	278.15	254.47	255.37	0.35
杭州银行	141.22	170.54	214.09	25.54	122.67	139.92	156.13	11.59
贵阳银行	124.77	126.45	146.68	16.00	108.61	110.66	120.88	9.24
中原银行	128.15	167.84	190.22	13.33	122.01	137.44	156.10	13.58
九江银行	58.54	78.66	95.49	21.40	56.39	55.68	72.77	30.69
成都银行	96.54	115.90	127.25	9.79	74.63	96.74	103.21	6.69
长沙银行	121.28	139.41	170.17	22.06	111.20	115.50	122.78	6.30
西安银行	49.26	59.76	68.45	14.54	41.56	51.04	56.21	10.13
泸州银行	16.80	19.34	28.07	45.14	15.74	17.72	27.18	53.39
江西银行	94.52	113.51	129.53	14.11	74.81	89.16	106.19	19.10
甘肃银行	80.53	88.72	72.33	−18.47	74.85	71.27	52.88	−25.80
晋商银行	43.98	45.85	50.89	10.99	40.15	37.57	32.45	−13.63
苏州银行	68.99	77.37	94.24	21.80	59.38	65.91	60.64	−8.00
平均	149.88	170.00	202.66	19.21	121.81	129.92	144.96	11.58
渝农商行	239.88	260.92	266.30	2.1	215.01	200.14	232.91	16.37
苏农银行	27.26	31.50	35.21	11.8	25.25	26.84	29.31	9.20
广州农商	134.79	206.67	236.57	14.5	116.95	132.72	185.64	39.87
九台农商	58.40	50.38	53.11	5.4	47.36	35.20	41.65	18.32
张家港行	24.14	29.99	38.53	28.5	21.25	27.20	31.83	17.02
无锡银行	28.51	31.92	35.38	10.8	26.85	29.89	29.45	−1.47
紫金银行	36.22	42.30	46.75	10.5	33.38	37.63	39.93	6.11
江阴银行	25.07	31.86	34.04	6.8	21.00	23.42	24.72	5.55
常熟银行	49.97	58.24	64.45	10.7	43.24	50.99	56.90	11.59
青农商行	60.79	74.62	87.29	9.7	57.88	65.30	70.90	8.58
平均	68.50	81.84	89.76	10.87	60.82	62.93	74.32	13.11
所有银行	872.26	950.67	1050.90	10.54	632.9524	692.22	744.04	7.49

（二）营业收入结构

2019 年，利息净收入仍是商业银行营业收入的最主要构成部分，其中泸州银行利息净收入占营业收入的比例最高，为 96.83%，民生银行这一比例最低，为 54.28%。与 2018 年相比，各类银行营业收入都有较大提升，但除了部分银行投资净收益下降以外，部分股份制银行的手续费及佣金净收入也有所下降。

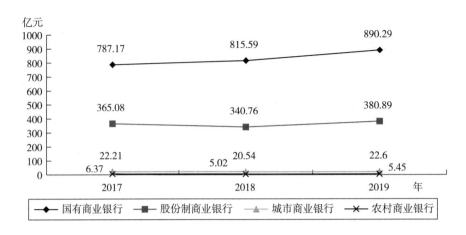

图2　2017—2019 年各商业银行手续费及佣金净收入与变化

1. 国有银行

与 2018 年相比，各国有银行利息净收入均有所上升。工商银行规模最大，利息净收入、手续费及佣金净收入和投资净收益分别达到 6069.26 亿元、1556 亿元和 95 亿元，占比分别为 70.97%、18.20% 和 1.11%。交通银行的利息净收入占比最低，为 61.98%，农业银行最高，为 77.62%。工商银行、农业银行、邮储银行投资净收益均有所下降，分别为 2018 年的 50.48%、88.33% 和 57.57%。

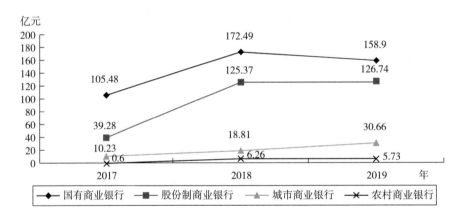

图3　2017—2019 年各商业银行投资净收益及变动

2. 股份制银行

我国股份制银行资产规模差异较大，营业收入情况也存在较大的不同。招商银行营业收入总额最大，为 2697.03 亿元，浙商银行营业收入总额最小，为 463.64 亿元。相比于 2018 年，股份制银行整体表现出了较好的增长态势，除光大银行、浦发银行、华夏银行、中信银行和兴业银行在投资净收入方面小幅下降外（占 2018 年投资净收入的 30.26%～85.91% 不等），其他银行在营业收入各方面都呈现出了增长，其中，中信银行利息净收入增幅最大，为 12.72%，较为奇特的是，光大银行的利息净收入未实现增长。

3. 城商行

对于城商行，北京银行营业收入总额最大，利息净收入达 495.79 亿元，手续费及佣金收入达 73.86 亿元，投资净收益达 58.24 亿元。就营业收入构成而言，泸州银行利息净收入占营业总收入的比例最大，为 96.83%，江苏银行最低，为 56.78%。除重庆银行、锦州银行、郑州银行、贵阳银行和西安银行在手续费及佣金净收入上有所下降和天津银行在投资净收益上有所下降外，其余城商行各项收入均有所上升，值得一提的是，北京银行投资净收益从 2018 年的 2.81 亿元增长到了 58.24 亿元，增幅达到了 107.26%，江苏银行的投资净收益增幅也相对较大，为 238.34%。

4. 农商行

农商行方面，营业收入占据主导的仍旧是利息净收入，占比最高的为无锡银行，为 93.6%，占比最低的为广州农商，为 64.2%。中间业务和投资收益差别较大，占比区间分别为 2%～8% 和 0～22.5%。不同的农商行之间资产规模差异较大，营业收入也存在较大的不同。相比于其他种类的银行，农商行的利息净收入下降现象更为普遍。苏州银行、晋商银行、甘肃银行和无锡银行都出现了利息净收入的下降，其中甘肃银行降幅最大，利息净收入从 2018 年的 71.27 亿元降至 52.88 亿元，仅占上年的 74.20%。

表 2　　　　　　　　　手续费及佣金净收入和投资净收益情况

	手续费及佣金净收入（亿元）				投资净收益（亿元）			
	2017 年	2018 年	2019 年	2019 年变动率（%）	2017 年	2018 年	2019 年	2019 年变动率（%）
工商银行	1396.25	1453.01	1556.00	7.09	119.27	188.21	95.00	−49.52
农业银行	729.03	781.41	869.26	11.24	62.78	179.31	158.39	−11.67
中国银行	886.91	872.08	896.12	2.76	121.55	186.79	236.15	26.43
建设银行	1177.98	1230.35	1372.84	11.58	64.11	145.86	205.49	40.88
交通银行	405.51	412.37	476.69	15.60	42.64	108.48	128.07	18.06
邮储银行	127.37	144.34	170.85	18.37	222.55	226.28	130.28	−42.43
平均	787.17	815.59	890.29	9.16	105.48	172.49	158.90	−7.88
中信银行	468.58	370.08	463.84	25.34	69.88	157.99	121.22	−23.27
光大银行	307.74	197.73	231.69	17.17	−2.12	109.19	76.89	−29.58
招商银行	640.18	664.80	714.93	7.54	62.05	126.36	157.71	24.81
浦发银行	455.80	390.09	404.47	3.69	135.85	157.97	135.71	−14.09
民生银行	477.42	481.31	522.95	8.65	27.15	126.61	208.74	64.87
华夏银行	184.07	177.58	180.16	1.45	−15.27	40.68	12.31	−69.74
平安银行	306.74	312.97	367.43	17.40	6.32	91.86	97.10	5.70
兴业银行	—	429.78	496.79	15.59	—	264.82	249.92	−5.63
浙商银行	80.13	42.52	45.79	7.69	30.35	52.86	81.02	53.27
平均	365.08	340.76	380.89	11.78	39.28	125.37	126.74	1.09
北京银行	105.79	88.79	73.86	−16.81	3.95	2.81	58.24	1972.60

	手续费及佣金净收入（亿元）				投资净收益（亿元）			
	2017 年	2018 年	2019 年	2019 年变动率（%）	2017 年	2018 年	2019 年	2019 年变动率（%）
天津银行	20.33	15.38	22.66	47.33	—	37.93	14.30	-62.30
上海银行	62.56	59.80	65.67	9.82	96.37	79.06	110.75	40.08
重庆银行	16.80	13.42	12.58	-6.26	3.41	18.70	13.81	-26.15
宁波银行	59.00	57.94	77.84	34.35	33.45	50.73	65.41	28.94
南京银行	34.89	35.88	40.44	12.71	15.26	20.46	57.61	181.57
盛京银行	16.13	6.27	11.55	84.21	1.51	38.71	43.14	11.44
徽商银行	28.44	37.06	41.64	12.36	-0.76	-0.67	—	—
哈尔滨行	24.45	23.91	24.78	3.64	—		4.32	—
锦州银行	7.37	7.58	2.44	-67.81	0.31	1.00	2.40	140.00
郑州银行	18.65	18.74	16.10	-14.09	4.58	26.37	19.33	-26.70
青岛银行	8.29	8.66	12.17	40.53	1.00	19.24	11.48	-40.33
江苏银行	57.79	52.22	60.23	15.34	2.29	38.34	129.72	238.34
杭州银行	16.17	11.83	16.65	40.74	8.25	25.54	40.73	59.48
贵阳银行	14.14	12.19	9.68	-20.59	1.09	2.40	16.07	569.58
中原银行	7.70	12.80	18.66	45.78	—	13.04	2.84	-78.22
九江银行	3.50	2.79	4.16	49.10	—	—	—	—
成都银行	3.93	3.08	4.27	38.64	16.94	15.56	18.69	20.12
长沙银行	10.94	15.80	17.73	12.22	-1.49	4.07	19.99	391.15
西安银行	7.60	7.83	5.82	-25.67	0.39	0.54	0.60	11.11
泸州银行	-0.02	0.02	0.05	150.00	—	—	0.57	—
江西银行	14.91	6.53	6.67	2.14	—	14.61	16.13	10.40
甘肃银行	3.77	1.66	2.53	52.41	1.17	0.43	1.31	204.65
晋商银行	3.32	4.24	6.25	47.41	0.77	3.49	7.46	113.75
苏州银行	8.83	9.15	10.73	17.27	1.62	1.34	19.47	1352.99
平均	22.21	20.54	22.60	10.03	10.23	18.81	30.66	63.00
渝农商行	22.96	20.66	23.22	12.39	0.27	33.39	6.61	-80.20
江阴银行	0.53	0.65	0.99	52.31	3.31	7.17	7.41	3.35
常熟银行	4.24	3.67	3.24	-11.72	1.08	2.31	3.36	45.45
苏农银行	0.69	0.72	1.28	77.78	1.20	3.75	4.60	22.67
广州农商	22.91	15.48	16.82	8.66	-16.39	6.49	0.53	-91.83
九台农商	6.15	3.76	3.16	-15.96	2.59	0.12	0.21	75.00
张家港行	1.14	0.33	0.07	-78.79	1.51	2.08	5.11	145.67
紫金银行	1.77	2.56	2.64	3.13	0.17	0.41	3.89	848.78
青农商行	1.63	1.49	1.99	33.56	-0.14	6.32	21.08	233.45
无锡银行	1.63	0.86	1.12	30.23	0.45	0.51	4.47	776.47
平均	6.37	5.02	5.45	8.57	-0.60	6.26	5.73	-8.47
所有银行	168.62	170.48	187.79	10.15	26.41	56.16	59.51	1.06

（三）利息净收入

对于大部分商业银行的利息收入，客户贷款和垫款收入占主导地位，但仍有部分银行投资性利息收入占比最大，如贵阳银行 2019 年投资性利息收入为 112.78 亿元，同时客户贷款和垫款收入仅为 107.64 亿元。而在利息支出中，吸收存款利息支出占较高的比例，这一现象对于国有银行最为明显，而就部分城商行和股份制银行而言，同业往来和吸收存款的利息支出较为接近。

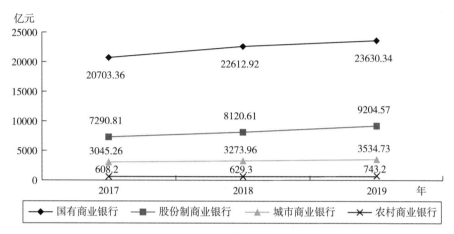

图 4　2017—2019 年各商业银行利息净收入变化情况

1. 国有银行

国有银行利息收入中客户贷款和垫款收入最大，其次是投资性利息收入，存放中央银行款项收入和同业往来利息收入基本持平。除交通银行外，国有银行投资性利息收入占比普遍较低，其中中国银行最低，仅占 20.90%。与 2018 年相比，各国有银行在同业往来利息收入、存放中央银行利息收入出现了一定的下降，邮储银行同业往来收入降幅最大，仅占上年的 59.22%，但是投资性利息收入及客户贷款和垫款收入都有所上升（除交通银行外，客户贷款和垫款利息收入增幅均在 10% 以上），整体利息收入呈上升态势。在利息支出方面，存款利息支出仍占绝大部分，从 62.30% 到 94.53% 不等。同业往来利息支出也占据了较大比例，应付债券和向中央银行借款利息支出则基本相当。

2. 股份制银行

股份制银行存放中央银行款项收入和同业往来收入普遍下降，除浦发银行和兴业银行外，其余银行均为下降，其中华夏银行同业收入降幅较大，仅占 2018 年的 67.53%。从利息收入来看，除浦发银行小额下降外（占上年的 98.46%），各股份制银行均实现了利息收入的增长，但由于各银行有效控制了利息支出，规模基本与 2018 年持平甚至有一定的下降，其中光大银行利息支出下降幅度最大，仅占上年的 74.81%，而中信银行增幅最大，为 9.04%，最终各股份制银行皆实现了利息净收入的增长。

3. 城商行

城商行普遍实现了利息净收入的增长。在利息收入方面，除江苏银行下降了约 20 亿元，仅占上年的 97.66% 外，其余银行均实现了利息收入的增长，南京银行增幅达 109.47%，中原银行增幅也相对较大，为 52.57%。而在利息支出方面，吸收存款仍然占据主导地位，不过其占利息总支出的比例明显低于国有银行，其中哈尔滨行占比最大，高达 69.05%，而徽商银行占比最小，仅为 45.85%，而不同城商行间应付债券和同业往来情况差异较大，反映了银行间不同的经营模式和资金运转方式。

4. 农商行

利息净收入的下降对于农商银行较为普遍。一方面，农商行利息收入规模较小且增长乏力，2019 年只有苏州银行、甘肃银行、渝农商行和广州农商利息收入超过 100 亿元，九台农商和苏州银行利息收入有所下降，降幅分别为 7.93% 和 3.73%；另一方面，除九台农商和紫金银行利息支出有所下降外（分别下降 10.35% 和 6.29%）其余各农商银行的利息支出普遍增加，增幅最高的张家港行、无锡银行和青农商行增幅分别达 22.84%、18.06% 和 14.90%。与 2018 年相比，同业往来和应付债券支出普遍下降，向中央银行借款基本持平，吸收存款支出则有所上升。以广州农商为例，其向中央银行借款基本持平，同业往来和应付债券支出分别下降 37.87% 和 21.77%，吸收存款支出则增长 33.19%。

表 3　　　　　　　　　　　　　利息收入与支出情况

	利息收入（亿元）				利息支出（亿元）			
	2017 年	2018 年	2019 年	2019 年变动率（%）	2017 年	2018 年	2019 年	2019 年变动率（%）
工商银行	8615.94	9480.94	10381.54	9.50	3395.16	3755.76	4312.28	14.82
农业银行	7136.99	7847.24	8591.41	9.48	2717.69	3069.64	3722.70	21.27
中国银行	6226.16	6879.00	7422.07	7.89	2842.27	3281.94	3679.57	12.12
建设银行	7501.54	8110.26	8834.99	8.94	2976.98	3247.48	3728.19	14.80
交通银行	3175.18	3488.64	3674.53	5.33	1901.52	2179.56	2233.70	2.48
邮储银行	3052.85	3601.66	3882.38	7.79	1171.70	1260.44	1480.14	17.43
平均	5951.44	6567.96	7131.15	8.57	2500.89	2799.14	3192.76	14.06
中信银行	2207.62	2419.33	2684.98	10.98	1211.17	1290.21	1412.27	9.46
光大银行	1603.43	1856.88	2100.44	13.12	993.93	1075.24	1081.26	0.56
招商银行	2420.05	2709.11	2929.94	8.15	971.53	1105.27	1199.04	8.48
浦发银行	2458.18	2674.88	2820.94	5.46	1389.06	1556.44	1532.44	-1.54
民生银行	2309.10	2353.47	2507.24	6.53	1443.58	1586.67	1527.81	-3.71
华夏银行	1002.32	1160.36	1284.37	10.69	529.14	644.98	638.76	-0.96
平安银行	1480.68	1628.88	1775.49	9.00	740.59	881.43	875.88	-0.63
兴业银行	2526.44	2705.78	2696.77	-0.33	1641.93	1749.21	1666.89	-4.71
浙商银行	625.82	722.52	794.88	10.01	381.91	458.66	456.14	-0.55
平均	1848.18	2025.69	2177.23	7.48	1033.65	1149.79	1154.50	0.41
北京银行	902.09	1064.60	1107.40	4.02	902.09	1064.60	1107.40	4.02
天津银行	278.95	274.88	322.68	17.39	194.94	207.82	190.45	-8.36

续表

	利息收入（亿元）				利息支出（亿元）			
	2017 年	2018 年	2019 年	2019 年变动率（％）	2017 年	2018 年	2019 年	2019 年变动率（％）
上海银行	600.82	758.77	786.11	3.60	409.65	459.40	482.90	5.12
重庆银行	189.20	193.23	218.93	13.30	108.05	124.47	130.53	4.87
宁波银行	365.24	428.71	451.54	5.33	201.35	237.51	255.90	7.74
南京银行	471.22	535.01	552.36	3.24	270.31	319.34	338.56	6.02
盛京银行	422.78	428.05	449.44	5.00	302.02	303.88	285.94	−5.90
徽商银行	394.16	396.68	478.29	20.57	192.20	217.01	231.03	6.46
哈尔滨行	268.02	276.32	284.22	2.86	154.94	175.05	175.86	0.46
锦州银行	399.44	460.03	475.60	3.38	214.11	269.02	280.93	4.43
郑州银行	184.67	189.93	215.58	13.50	103.61	123.50	125.73	1.81
青岛银行	117.50	118.87	145.15	22.11	69.47	74.23	76.69	3.31
江苏银行	758.93	817.53	813.62	−0.48	480.79	563.06	558.25	−0.85
杭州银行	313.14	365.48	387.84	6.12	190.47	225.56	231.70	2.72
贵阳银行	194.31	232.63	253.08	8.79	85.69	121.96	132.20	8.40
中原银行	212.50	252.41	292.54	15.90	90.49	114.97	136.45	18.68
九江银行	118.35	125.71	157.20	25.05	61.96	70.02	84.43	20.58
成都银行	143.24	186.85	205.73	10.10	68.61	90.11	102.52	13.77
长沙银行	194.00	223.68	252.92	13.07	82.81	108.17	130.14	20.31
西安银行	84.54	102.53	115.31	12.46	42.98	51.50	59.10	14.76
泸州银行	33.28	39.99	54.12	35.33	17.54	22.26	26.94	21.0
江西银行	153.94	185.09	204.90	10.70	79.13	95.94	98.71	2.89
晋商银行	81.99	89.23	87.41	−2.04	41.84	51.66	54.96	6.39
苏州银行	135.09	148.42	142.88	−3.73	75.71	82.50	82.23	−0.33
平均	292.39	328.94	352.29	7.10	185.03	215.56	224.15	3.98
渝农商行	392.88	397.20	450.55	13.43	177.88	197.06	217.64	10.44
江阴银行	43.53	46.83	49.63	5.98	22.53	23.41	24.91	6.41
常熟银行	73.60	86.25	93.59	8.51	30.36	35.25	36.69	4.09
苏农银行	37.89	45.67	50.57	10.73	12.64	18.83	21.26	12.90
广州农商	291.86	294.46	357.45	21.39	174.92	161.74	171.82	6.23
九台农商	98.59	86.03	87.23	1.39	51.23	50.83	45.57	−10.35
张家港行	41.95	47.13	56.30	19.46	20.70	19.93	24.47	22.78
紫金银行	70.43	82.32	81.82	−0.61	37.05	44.70	41.89	−6.29
青农商行	101.00	120.35	134.15	11.47	43.11	55.05	63.25	14.90
无锡银行	55.21	60.79	65.93	8.46	28.35	30.90	36.48	18.06
甘肃银行	140.46	153.27	143.80	−6.18	65.61	81.99	90.92	10.89
平均	122.49	129.12	142.82	10.61	60.40	65.43	70.45	7.67
所有银行	1214.14	1339.08	1448.16	8.15	588.27	660.72	714.03	8.07

（四）净利差与净息差，生息资产和计息负债①

各银行间净利差和净息差差异较小，净利差和净息差最大的银行均为常熟银行，分别为3.22%和3.41%，而净利差和净息差最小的银行均为交通银行，分别达1.48%和1.58%。整体而言，绝大多数银行净利差和净息差均处于2%~3%，其中有11家银行净利差在2%以下，10家银行净息差在2%以上，而净利差或净息差在3%以上的只有常熟银行。整体而言，国有银行净利差和净息差大多有所下降，其中仅交通银行两者均实现增长（净利差增幅达6.47%，净息差增幅达4.64%），邮储银行净息差较上年增长6.38%，其余国有银行降幅区间为-7.73%~-2.16%。所有股份制银行净利差和净息差皆有所增长，招商银行净息差增幅最小，为0.78%，光大银行净利差增幅最大，为45.33%。城商行和农商行内部各银行变化情况差异较大，整体而言仍是两者均实现增长的银行较多。城商行中，天津银行净利差增幅最大，为52.85%，北京银行净利差降幅最大，为-19.46%；泸州银行净息差增幅最大，为21.74%，甘肃银行降幅最大，为-17.30%。农商行中，净利差和净息差增幅最大的青农商行和九台农商增幅分别达到20.09%和23.87%，降幅最大的渝农商行和甘肃银行则分别为-10.00%和-17.30%。

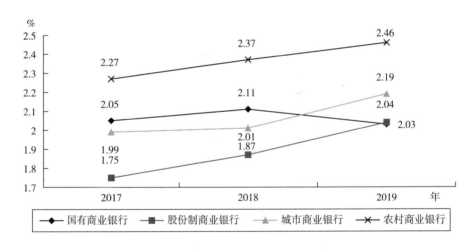

图5　2017—2019年各商业银行净利差及变动

在生息资产方面，资产规模最大的是工商银行，达270472.39亿元，规模最小的泸州银行仅为882.04亿元。国有银行生息资产规模较2018年均有所提升（农业银行增幅最大，为9.34%；中国银行增幅最小，为2.87%），其中工商银行、农业银行、中国银行和建设银行皆突破100000亿元，交通银行和邮储银行也在90000亿元以上。整体而言，除九台农商、江苏银行和贵阳银行生息资产规模有所下降外（分别为2018年的95.30%、97.94%和61.43%），其他银行均实现了一定幅度的增长，其中浦发银行增幅最大，达40.96%。计息

---

①　净利差是指商业银行平均生息资产收益率与平均计息负债成本率之差，净息差则是银行利息净收入和全部生息资产的比值。生息资产主要包括客户贷款、存放在中央银行款项以及存放和拆放同业款项；计息负债主要包括客户存款、卖出回购资产及拆入资金、发放债券、同业存放和向中央银行借款。

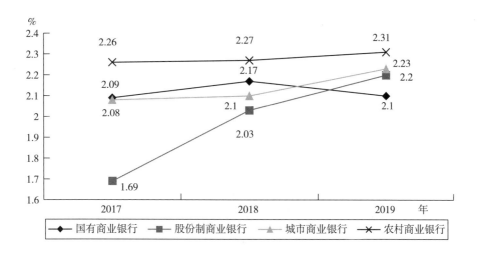

图6 2017—2019 年各商业银行净息差及变动

负债方面规模最大的同样为工商银行和泸州银行，分别达 245414.36 亿元和 818.85 亿元。相较于 2018 年，绝大多数银行的计息负债规模也有所上升。

表4　　　　　　　　　　　　　　生息资产和计息负债情况

	生息资产（亿元）				计息负债（亿元）			
	2017 年	2018 年	2019 年	2019 年变动率（%）	2017 年	2018 年	2019 年	2019 年变动率（%）
工商银行	234648.31	248682.43	270472.39	8.76	216180.65	228308.45	245414.36	7.49
农业银行	193679.20	205415.85	224607.79	9.34	177685.15	189630.79	207364.11	9.35
中国银行	183601.40	188864.86	203270.82	7.63	168554.54	176960.78	190253.40	7.51
建设银行	205169.14	212450.27	227825.65	7.24	190386.79	197669.28	211290.63	6.89
交通银行	80817.51	86928.88	91000.18	4.68	76355.21	83104.08	87116.07	4.83
邮储银行	78373.45	87753.55	96049.58	9.45	81513.52	86284.81	92991.51	7.77
平均	162714.84	171682.64	185537.74	7.85	151779.31	160331.37	172405.01	7.31
中信银行	55571.48	53963.68	59989.92	11.17	51862.47	51942.52	57806.51	11.29
光大银行	40119.66	39590.52	44153.97	11.78	37102.75	38705.93	41886.93	8.21
招商银行	59666.01	62449.67	66897.29	7.12	54914.55	49722.77	62987.68	26.68
浦发银行	50473.67	45389.20	61868.65	36.31	53761.41	56866.25	60253.01	5.96
民生银行	57544.54	56605.86	58323.03	3.03	54252.25	54829.61	56799.31	3.59
华夏银行	23492.09	26371.92	28827.10	9.31	22127.19	24840.49	27024.80	8.79
平安银行	31200.38	31861.51	34337.56	7.77	28989.43	30968.60	33204.08	7.22
兴业银行	59443.63	60903.19	62141.38	2.03	58400.29	60297.52	62476.10	3.61
浙商银行	14267.36	15173.44	16258.03	7.15	13810.95	15310.67	16232.48	6.02
平均	43530.98	43589.89	48088.55	10.63	41909.45	42609.37	46518.99	9.04

续表

	生息资产（亿元）				计息负债（亿元）			
	2017 年	2018 年	2019 年	2019 年变动率（%）	2017 年	2018 年	2019 年	2019 年变动率（%）
北京银行	18893.06	20991.51	25398.12	26.41	20995.43	23065.35	24505.54	6.24
天津银行	6718.26	6582.33	6635.23	0.80	5842.09	5899.49	5948.25	0.83
上海银行	16358.55	17041.82	17697.06	3.84	16323.67	17368.64	19256.36	10.87
重庆银行	3122.56	3847.21	4188.66	8.88	3832.03	3833.78	4080.61	6.44
宁波银行	7819.75	8784.35	8889.34	1.20	8677.97	9606.92	11055.77	15.08
南京银行	8646.82	9660.80	11521.01	19.26	10437.67	11261.79	12057.07	7.06
盛京银行	8073.90	8672.06	9291.01	7.14	7785.70	8426.87	8806.60	4.51
郑州银行	3898.78	3904.68	4166.85	6.71	3702.17	3999.55	4355.20	8.89
青岛银行	2791.49	2745.08	3209.33	16.91	2632.29	2791.41	3164.42	13.36
江苏银行	17563.69	18182.39	17808.15	-2.06	16695.29	17850.66	19414.95	8.76
杭州银行	7204.53	7940.53	7940.15	-0.004	7428.50	7428.50	8415.86	13.29
贵阳银行	4072.05	4746.81	2915.95	-38.57	3866.14	4592.91	5135.95	11.82
中原银行	4416.15	4862.09	5882.35	20.98	4029.68	4824.28	5656.84	17.26
九江银行	2434.19	2871.05	3551.56	23.70	2299.02	2688.84	3270.99	21.65
成都银行	3453.29	4373.43	4770.57	9.08	3539.17	4384.45	4961.04	13.15
长沙银行	—	4719.68	5076.12	7.55	—	4511.15	5342.87	18.44
西安银行	2191.01	2257.62	2490.58	10.32	2128.67	2194.14	2351.19	7.16
江西银行	3315.39	4022.65	4095.06	1.80	3219.93	3678.39	3998.25	8.70
甘肃银行	—	3011.31	3032.76	0.71	—	2715.07	2821.31	3.91
平均	7083.89	7250.80	7983.21	10.10	7320.22	7575.91	8230.55	8.64
渝农商行	8199.17	8205.61	10016.10	22.06	7508.07	8036.91	9272.35	15.37
江阴银行	943.64	1127.87	1219.13	8.09	939.61	1004.70	1081.89	7.68
常熟银行	1250.71	1502.28	1668.14	11.04	1176.30	1426.63	1537.90	7.80
苏农银行	910.55	1121.36	1225.69	9.30	849.64	1050.21	1134.92	8.07
广州农商	6883.48	6257.18	7115.12	13.71	6763.66	6644.43	7269.20	9.40
九台农商	1990.25	1587.61	1512.93	-4.70	1855.75	1659.62	1508.10	-9.13
紫金银行	—	1678.03	1811.25	7.94	—	1102.04	1234.27	12.00
青农银行	2036.27	2617.89	2713.21	3.64	2253.79	2385.46	2881.76	20.80
无锡银行	1037.22	1104.57	1254.17	13.54	1275.03	1474.82	1723.68	16.87
甘肃银行	—	3011.31	3032.76	0.71	—	2715.07	2821.31	3.91
平均	2906.41	2821.37	3156.85	8.53	2827.73	2749.99	3046.54	9.28
所有银行	37793.63	36099.63	39301.66	9.54	35873.16	34475.34	37271.52	8.69

表5 净利差和净息差情况

	净利差（%）				净息差（%）			
	2017 年	2018 年	2019 年	2019 年变动率（%）	2017 年	2018 年	2019 年	2019 年变动率（%）
工商银行	2.10	2.16	2.08	−3.70	2.22	2.30	2.24	−2.61
农业银行	2.15	2.20	2.03	−7.73	2.28	2.33	2.17	−6.87
中国银行	—	—	—	—	1.84	1.90	1.84	−3.16
建设银行	2.10	2.18	2.12	−2.75	2.21	2.31	2.26	−2.16
交通银行	1.44	1.39	1.48	6.47	1.58	1.51	1.58	4.64
邮储银行	2.46	2.64	2.45	−7.20	2.40	2.67	2.50	6.38
平均	2.05	2.11	2.03	−2.98	2.09	2.17	2.10	−0.63
中信银行	1.87	2.00	2.04	2.00	2.03	2.09	2.12	1.44
光大银行	1.32	1.50	2.18	45.33	1.52	1.74	2.31	32.76
招商银行	2.29	2.44	2.48	1.64	2.43	2.57	2.59	0.78
浦发银行	1.75	1.87	2.02	8.02	1.86	1.94	2.08	7.22
民生银行	1.35	1.64	1.87	14.02	1.50	1.87	2.11	12.83
华夏银行	1.88	1.80	2.10	16.67	2.01	1.95	2.24	14.87
平安银行	2.20	2.26	2.53	11.95	2.37	2.35	2.62	11.49
兴业银行	1.44	1.54	1.64	6.49	1.73	1.83	1.94	6.01
浙商银行	1.62	1.76	2.08	18.18	1.81	1.93	2.34	21.24
平均	1.75	1.87	2.04	13.81	1.92	2.03	2.20	12.07
北京银行	2.33	2.57	2.07	−19.46	2.12	2.28	2.07	6.24
天津银行	0.81	1.23	1.88	52.85	1.25	1.59	2.21	0.83
上海银行	1.38	1.93	2.23	15.54	1.25	1.76	1.71	10.87
重庆银行	1.89	1.78	2.03	14.04	2.11	1.79	2.11	6.44
宁波银行	2.17	2.20	2.41	9.55	1.94	1.97	1.84	15.08
南京银行	1.75	1.85	1.98	7.03	1.85	1.89	1.85	7.06
盛京银行	1.36	1.33	1.59	19.55	1.50	1.43	1.76	4.51
徽商银行	2.31	2.37	2.32	−2.11	2.18	2.21	2.51	13.57
锦州银行	2.58	1.93	2.26	17.10	2.88	2.46	2.50	1.63
郑州银行	1.94	1.77	2.28	28.81	2.08	1.70	2.16	27.06
青岛银行	1.57	1.67	2.10	25.75	1.72	2.23	2.13	−4.48
江苏银行	1.44	1.37	1.72	25.55	1.58	1.59	1.94	22.01
杭州银行	1.61	1.66	1.91	15.06	1.65	1.71	1.83	7.02
贵阳银行	2.56	2.25	2.36	4.89	2.67	2.33	2.40	3.00
中原银行	2.57	2.81	2.56	−8.90	2.76	2.83	2.65	−6.36
九江银行	2.16	2.49	2.36	−5.22	2.32	2.65	2.56	−3.40
成都银行	2.21	2.21	2.24	1.36	2.16	2.21	2.16	−2.26

续表

	净利差（%）				净息差（%）			
	2017 年	2018 年	2019 年	2019 年变动率（%）	2017 年	2018 年	2019 年	2019 年变动率（%）
长沙银行	2.56	2.34	2.55	8.97	2.67	2.45	2.42	−1.22
西安银行	1.79	2.00	2.12	6.00	2.01	2.23	2.26	1.35
泸州银行	2.55	2.43	2.85	17.28	2.65	2.53	3.08	21.74
江西银行	2.19	2.09	2.53	21.05	2.25	2.31	2.59	12.12
甘肃银行	2.74	2.07	1.74	15.94	2.91	2.37	1.96	−17.30
平均	2.02	2.01	2.17	7.96	2.11	2.11	2.22	5.21
渝农商行	2.40	2.40	2.16	−10.00	2.45	2.45	2.33	−4.90
江阴银行	2.08	2.42	2.20	−9.10	2.33	2.67	2.46	−7.87
常熟银行	3.10	3.27	3.22	−1.53	3.26	3.39	3.41	0.59
苏农银行	2.85	2.51	2.54	1.20	2.97	2.64	2.71	2.65
广州农商	1.65	2.28	2.66	16.67	—	—	—	—
九台农商	2.19	2.36	2.74	16.10	2.38	2.22	2.75	23.87
张家港行	2.12	2.37	2.51	5.91	2.33	2.56	2.74	7.03
紫金银行	1.95	1.90	2.00	5.26	2.11	2.08	2.12	1.92
青农商行	2.40	2.29	2.75	20.09	2.60	2.49	2.61	4.82
无锡银行	1.93	1.93	1.79	7.25	2.15	2.16	2.02	−6.48
甘肃银行	2.74	2.07	1.74	15.94	2.91	2.37	1.96	−17.30
平均	2.67	2.37	2.45	3.38	2.26	2.27	2.31	1.76
所有银行	2.12	2.08	2.20	6.84	2.10	2.14	2.22	5.04

二、费用比较

银行业务及管理费用主要包括职工工资、福利费、业务宣传费、工会经费、差旅费、会议费、印刷费、租赁费等。从上市银行年度报告来看，业务及管理费主要集中在员工成本项目。随着银行资产规模的快速增长，以及新业务的开展，银行业务及管理费均呈高速增长的态势。业务及管理费规模方面，国有银行平均费用最高，城商行最低。

（一）费用规模分析

整体而言，从国有银行到农商行，其费用规模依次减小。国有银行中除交通银行外，费用规模均在 1000 亿元以上，其中工商银行规模最大，达 1990.50 亿元，而其余银行费用规模均未超过 1000 亿元，费用规模最大的中信银行达 519.64 亿元，而最小的九台农商仅为4.77 亿元。在非国有银行中，共有七家银行费用规模在 20 亿元以下，分别是江西银行（19.50 亿元）、江阴银行（10.78 亿元）、常熟银行（14.28 亿元）、苏农银行（12.19 亿元）、九台农商（4.77 亿元）、张家港行（12.00 亿元）、紫金银行（13.88 亿元）和无锡银行（10.48 亿元）。与 2018 年相比，除招商银行、渝农商行和九台农商费用规模有所下降外（分别为上年的 66.71%、95.96% 和 89.16%），其余银行均有所上升。

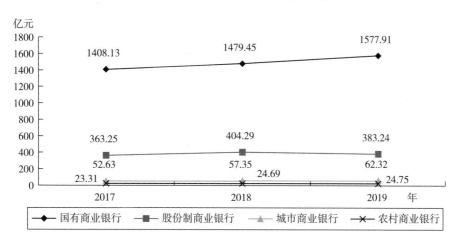

图 7　2017—2019 年各商业银行费用规模及变动

表 6			费用规模情况	
	2017 年（亿元）	2018 年（亿元）	2019 年（亿元）	2019 年变动率（%）
工商银行	1777.23	1850.41	1990.50	7.57
农业银行	1770.10	1872.00	1912.24	2.15
中国银行	1369.63	1416.10	1537.82	8.60
建设银行	1591.18	1672.08	1795.31	7.37
交通银行	604.05	640.40	665.60	3.94
邮储银行	1336.60	1472.15	1565.99	6.37
平均	1408.13	1479.45	1577.91	6.66
中信银行	457.58	503.95	519.64	3.11
光大银行	293.17	317.36	362.16	14.12
招商银行	667.72	771.12	514.39	-33.29
浦发银行	410.47	425.41	430.52	1.20
民生银行	457.61	471.37	482.44	2.35
华夏银行	218.78	235.33	259.20	10.14
平安银行	316.16	353.91	408.52	15.43
兴业银行	381.30	444.51	492.59	10.82
浙商银行	66.45	115.63	121.68	5.23
平均	363.25	404.29	399.02	-1.30
北京银行	135.22	139.78	146.67	4.93

	2017 年（亿元）	2018 年（亿元）	2019 年（亿元）	2019 年变动率（%）
天津银行	32.51	32.91	—	—
上海银行	81.05	90.06	99.49	10.47
重庆银行	—	15.26	16.73	9.63
宁波银行	87.67	99.64	120.38	20.81
南京银行	72.53	78.41	88.87	13.34
盛京银行	36.17	39.45	46.31	17.39
徽商银行	32.33	35.57	41.55	16.81
青岛银行	17.64	24.31	—	—
江苏银行	97.46	101.04	115.31	14.12
杭州银行	44.82	51.01	61.47	20.51
贵阳银行	21.36	20.85	38.58	85.04
九江银行	19.51	22.68	27.83	22.71
成都银行	17.76	19.64	33.75	71.84
长沙银行	40.83	47.57	52.28	9.90
西安银行	—	16.63	17.47	5.05
江西银行	—	18.41	19.50	5.92
晋商银行	—	16.19	28.42	7.55
苏州银行	26.05	28.67	29.32	2.27
平均	50.86	53.67	58.80	9.56
渝农商行	83.31	79.20	76.00	-4.04
江阴银行	9.60	10.20	10.78	5.69
常熟银行	11.14	12.92	14.28	10.53
苏农银行	8.87	10.77	12.19	13.18
广州农商	51.64	59.84	66.76	11.56
九台农商	6.25	5.35	4.77	-10.84
张家港行	8.77	10.60	12.00	13.21
青农商行	21.70	24.05	26.40	9.77
无锡银行	8.55	9.30	10.48	12.69
平均	23.31	24.69	24.75	0.24
所有银行	318.54	319.94	348.32	4.93

（二）人均分析

人均薪酬方面，整体看来，国有银行的人均薪酬略低于其他类别的商业银行。国有银行中，交通银行人均薪酬最高，达 37.51 万元，然后分别为建设银行 30.50 万元、中国银行 29.33 万元、邮储银行 28.75 万元、工商银行 28.52 万元、农业银行 26.78 万元。在其余银行中，招商银行人均薪酬最高，达 100.41 万元。国有银行、股份制银行和城商行在人均薪酬上都表现出了较好的增长态势，仅宁波银行和青岛银行略有下降（分别为上年的 95.36% 和 48.96%），其中青岛银行各年度人均薪酬差异较大，没有表现出明显的变化趋势。相比之下，农商行中人均薪酬的下降现象则较为普遍，渝农商行、江阴银行、常熟银行、苏州银行和苏农银行皆有所下降，其中渝农商行和苏农银行降幅相对较大，分别占上年的 89.97% 和 91.94%。

表7　　　　　　　　　　　　　　　　　人均薪酬情况

	2017 年（万元）	2018 年（万元）	2019 年（万元）	2019 年变动率（%）
工商银行	25.37	26.95	28.52	5.83
农业银行	23.35	26.14	26.78	2.45
中国银行	26.40	27.58	29.33	6.35
建设银行	27.32	29.60	30.50	3.04
交通银行	29.67	31.85	37.51	17.77
邮储银行	—	26.32	28.75	9.23
平均	26.42	28.07	30.23	7.70
中信银行	48.51	44.79	47.74	6.59
光大银行	34.93	39.19	39.46	0.69
招商银行	48.96	57.68	100.41	74.08
浦发银行	43.30	44.81	46.89	4.64
民生银行	43.40	44.37	47.09	6.13
华夏银行	36.21	37.96	41.66	9.45
平安银行	48.52	51.17	58.60	14.52
兴业银行	40.32	41.60	46.46	11.68
浙商银行	—	—	54.67	—
平均	43.02	45.20	53.66	18.73
北京银行	45.94	44.11	48.48	9.91
天津银行	18.06	20.09	—	—
上海银行	44.36	46.42	49.45	6.53
宁波银行	44.77	46.99	44.81	−4.64
南京银行	46.79	48.04	—	—
盛京银行	39.46	38.56	39.58	2.65
徽商银行	33.96	37.39	43.74	16.98
青岛银行	22.45	34.60	16.94	−51.04
江苏银行	44.11	47.03	51.29	9.06
杭州银行	41.50	45.00	49.33	9.62

续表

	2017 年（万元）	2018 年（万元）	2019 年（万元）	2019 年变动率（%）
贵阳银行	37. 27	35. 69	40. 32	12. 97
九江银行	26. 43	29. 54	35. 00	18. 48
成都银行	32. 04	36. 11	38. 75	7. 31
长沙银行	36. 55	37. 99	38. 68	1. 82
西安银行	—	28. 97	29. 06	0. 31
晋商银行	—	26. 71	31. 02	16. 14
苏州银行	39. 95	43. 81	40. 95	− 6. 53
平均	36. 33	37. 97	39. 82	4. 87
渝农商行	34. 48	35. 10	31. 58	− 10. 03
江阴银行	61. 90	61. 86	61. 08	− 1. 26
常熟银行	30. 27	33. 84	33. 62	− 0. 65
苏农银行	36. 44	46. 88	43. 10	− 8. 06
广州农商	38. 95	51. 07	23. 85	− 53. 30
九台农商	25. 62	28. 63	26. 51	− 7. 40
张家港行	25. 08	30. 69	35. 87	16. 88
青农商行	20. 91	27. 85	30. 08	8. 01
无锡银行	30. 18	32. 64	36. 37	11. 43
平均	33. 76	38. 73	35. 78	− 7. 62
所有银行	35. 81	38. 10	40. 61	6. 59

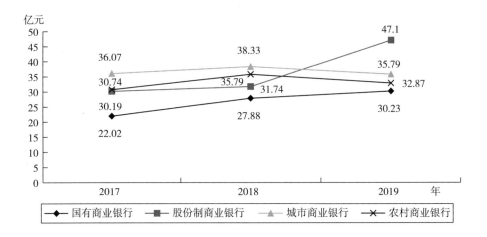

图 8　2017—2019 年各商业银行人均薪酬及变动

即使是同类的银行，不同的银行之间的人均费用和人均产值也存在较大的差异。整体而言，平安银行人均费用最高，达 119. 27 万元，九台农商最低，为 7. 67 万元。近年来，各国有银行人均费用皆保持增长，2019 年已接近 60 万元。相比之下，交通银行和邮储银行人均费用明显较高，分别达到 75. 78 万元和 89. 79 万元。股份制银行方面，人均费用多在 80 万元以上，其中平安银行人均费用超过 100 万元。城商行方面，大多数人均费用在 65 万元，少数成本较低，如甘肃银行仅为 10 万元左右，而北京银行等成本较高的银行，可达 95 万元左右。农商行的人均费用则普遍在 50 万元左右。

就人均产值而言，北京银行最高，达 421.56 万元，九台农商最低，为 85.41 万元。国有银行中，交通银行最高，为 264.69 万元，农业银行最低，为 135.18 万元。2019 年，股份制银行人均费用皆超 300 万元，其中平安银行最高，达到 402.76 万元，华夏银行和光大银行略低。城商行的人均产值总体在 260 万元左右，其中北京银行、上海银行等城商行超过 400 万元，而中原银行、甘肃银行、晋商银行等不足 200 万元。各农商行人均产值差异相对较大，但近三年内总体趋势为增长，2019 年大多在 200 万元左右，其中最高的无锡银行达到 240.7 万元。

表 8 人均费用和人均产值情况

	人均费用（万元）				人均产值（万元）			
	2017 年	2018 年	2019 年	2019 年变动率（%）	2017 年	2018 年	2019 年	2019 年变动率（%）
工商银行	39.23	41.18	44.72	8.60	160.36	172.22	192.13	11.56
农业银行	36.32	39.52	41.21	4.28	110.21	126.37	135.18	6.97
中国银行	44.02	45.66	49.71	8.87	155.33	162.55	177.51	9.20
建设银行	45.12	48.33	51.71	6.99	176.30	190.45	203.26	6.73
交通银行	64.18	69.05	75.78	9.75	208.26	229.29	264.69	15.44
邮储银行	77.91	86.19	89.79	4.18	131.08	152.80	158.72	3.87
平均	51.13	54.72	58.82	7.49	156.92	171.08	188.58	10.23
中信银行	80.67	89.33	91.09	1.97	276.26	292.22	328.84	12.53
光大银行	66.53	70.55	79.39	12.53	208.44	245.08	291.14	18.79
招商银行	92.06	103.38	60.74	−41.25	304.56	333.23	318.49	−4.42
浦发银行	75.64	76.39	73.91	−3.25	310.74	306.80	327.34	6.69
民生银行	79.06	80.80	81.86	1.31	249.27	268.73	306.18	13.94
华夏银行	51.30	57.00	66.55	16.75	155.67	174.96	217.56	24.35
平安银行	97.27	102.21	119.27	16.69	325.48	337.08	402.76	19.48
兴业银行	64.63	70.51	81.48	15.56	237.26	251.07	299.91	19.45
浙商银行	50.28	84.35	80.70	−4.33	258.98	284.09	307.51	8.24
平均	73.05	81.61	82.75	1.40	258.52	277.03	309.51	11.72
北京银行	92.11	94.70	97.94	3.42	343.00	375.93	421.56	12.14
天津银行	48.87	50.00	—	—	152.49	184.42	—	—
上海银行	78.65	86.11	81.02	−5.91	321.45	419.62	405.57	−3.35
重庆银行	—	37.04	39.14	5.67	249.51	258.07	275.88	6.90
宁波银行	71.95	72.81	69.43	−4.64	207.75	211.41	202.35	−4.29
南京银行	73.60	73.14	77.36	5.77	252.07	255.63	282.38	10.46
盛京银行	69.05	72.60	74.47	2.58	252.90	292.33	337.79	15.55

续表

	人均费用（万元）				人均产值（万元）			
	2017 年	2018 年	2019 年	2019 年变动率（%）	2017 年	2018 年	2019 年	2019 年变动率（%）
徽商银行	33.96	37.39	43.74	16.98	236.43	219.85	328.02	49.20
青岛银行	49.76	63.40	—	—	157.49	192.28	233.57	21.47
江苏银行	65.80	67.24	75.38	12.11	228.46	234.42	293.99	25.41
杭州银行	63.25	67.92	73.75	8.58	199.29	227.08	256.85	13.11
贵阳银行	37.23	35.62	66.11	85.60	217.48	216.08	251.34	16.32
九江银行	52.46	63.05	72.59	15.13	157.37	218.68	249.06	13.89
成都银行	31.91	35.52	56.94	60.30	173.45	209.62	214.770	2.46
长沙银行	63.79	66.17	70.54	6.60	189.47	193.92	229.62	18.41
晋商银行	—	41.33	65.88	59.40	—	111.99	117.96	5.33
苏州银行	74.07	80.42	69.00	-14.20	196.16	217.03	221.80	2.20
平均	60.37	61.44	63.44	1.03	219.12	236.87	271.58	14.65
渝农商行	52.42	50.48	49.44	-2.06	150.94	166.32	173.25	4.17
江阴银行	61.90	61.86	61.08	-1.26	161.64	193.21	192.86	-0.18
常熟银行	30.56	33.84	33.53	-0.92	137.13	152.58	151.33	-0.82
苏农银行	58.70	70.44	69.83	-0.87	180.41	206.02	201.77	-2.06
广州农商	66.39	82.87	52.70	-36.41	173.29	286.20	186.75	-34.75
九台农商	8.93	9.23	7.67	-16.90	83.44	86.88	85.41	-1.69
张家港行	43.87	50.27	53.98	7.38	120.76	142.20	173.32	21.88
青农商行	42.58	46.02	53.05	15.28	119.29	142.79	175.42	22.85
无锡银行	59.96	63.96	71.15	11.24	199.93	219.53	240.19	9.41
平均	30.74	35.79	32.87	-8.16	47.26	52.11	51.40	-1.36
所有银行	55.04	59.25	60.13	1.49	179.99	195.50	218.12	11.57

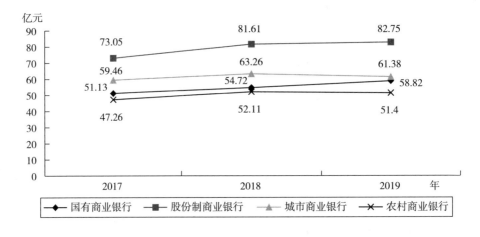

图 9　2017—2019 年各商业银行人均费用及变动

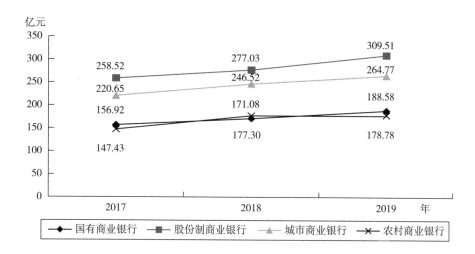

图10　2017—2019年各商业银行人均产值及变动

（三）点均费用

2019年，各商业银行点均费用较为接近。点均费用最大的为招商银行，达4721.28万元，点均费用最小的为邮储银行，达395.07万元。大部分银行点均费用均处于1000万元到3000万元范围内，其中有五家银行点均费用在3000万元以上，按照从大到小顺序依次为招商银行（4721.28万元）、浙商银行（4644.15万元）、民生银行（4180.59万元）、中信银行（3709.06万元）和平安银行（3861.25万元），有五家银行点均费用在1000万元以下，分别是西安银行（975.98万元）、徽商银行（959.63万元）、农业银行（826.06万元）、青农商行（741.57万元）和邮储银行（395.07万元）。

相较于2018年，绝大多数银行点均费用有所上升，其中上海银行增幅最大，达到了400.86%，而浙商银行、北京银行和渝农商行点均费用皆有所下降，分别为2018年的97.60%、98.98%和97.39%。

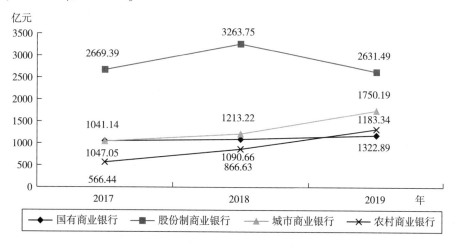

图11　2017—2019年各商业银行点均费用及变动

表9 点均费用情况

	2017 年（万元）	2018 年（万元）	2019 年（万元）	2019 年变动率（%）
工商银行	1104.42	1100.12	1198.74	8.96
农业银行	748.11	800.65	826.06	3.17
中国银行	1180.21	1206.12	1314.49	8.99
建设银行	1116.43	1203.94	1835.28	52.44
交通银行	1847.25	1975.93	2161.74	9.40
邮储银行	333.85	370.64	395.07	6.59
平均	1047.05	1090.66	1183.34	8.50
中信银行	3176.96	3465.96	3709.06	7.01
光大银行	2451.25	2534.82	2803.25	10.59
招商银行	3672.83	4260.33	4721.28	10.82
浦发银行	2281.66	2512.76	2687.39	6.95
民生银行	3996.59	4120.37	4180.59	1.46
华夏银行	2260.12	2302.64	2528.78	9.82
平安银行	2930.12	3348.25	3861.25	15.32
兴业银行	1847.38	2070.08	2305.94	11.39
浙商银行	5102.34	4758.55	4644.15	−2.40
平均	2669.39	3263.75	2631.49	−19.37
北京银行	2410.34	2211.71	2189.10	−1.02
上海银行	383.96	469.57	2351.90	400.86
南京银行	4007.18	4105.24	—	—
徽商银行	748.46	821.55	959.63	16.81
青岛银行	1378.14	1814.03	2174.47	19.87
杭州银行	2229.85	2476.21	2885.92	16.55
贵阳银行	1180.47	1138.05	1294.78	13.77
九江银行	746.27	855.85	1023.19	19.55
成都银行	1491.26	1563.35	1730.69	10.70
长沙银行	—	1529.58	1579.35	3.25
西安银行	—	944.89	975.98	3.29
平均	1612.35	1630.00	1750.19	7.37
渝农商行	458.13	446.19	—	5.38
常熟银行	1279.31	1426.17	1502.89	4.01
苏农银行	2015.91	1889.47	1965.28	15.32
青农商行	601.11	643.05	741.57	71.3
无锡银行	743.48	794.87	1361.04	33.93
平均	1019.59	1039.85	1392.70	33.93
所有银行	1717.61	1904.74	1857.11	−2.50

专题五　不良贷款

　　2019 年上市银行加大了信用风险管理和不良贷款核销力度，平均不良贷款率较 2018 年末下降 0.06 个百分点。拨备覆盖率方面，51 家上市银行整体的拨备覆盖率较上年末上升 10% ~ 244.42%；其中，国有银行的上升趋势最为明显，上升了 20.27 个百分点。从银行贷款质量来看，各行五级分类保持稳定，城商行的波动幅度高于国有大行和股份制银行，农商行的波动幅度较上年有所下降，但是国有银行的贷款损失比重相对其他类别银行还是很高。各行不良贷款主要集中在批发和零售、制造业等行业，但是不同类别银行的不良贷款分布行业有所差别。

一、不良贷款率分析

　　2019 年末，51 家上市银行平均不良贷款率从 1.52% 下降至 1.46%，不同类型的上市银行出现分化，国有银行、股份制银行、农商行的不良贷款率呈下降趋势，而城商行的不良贷款率上升。具体来看，国有银行、股份制银行、城商行、农商行的平均不良贷款率分别为 1.33%、1.60%、1.73%、1.45%，比 2018 年末分别下降了 0.06%、下降了 0.04%、增长了 0.07%、下降了 0.02%。具体数据见图 1。

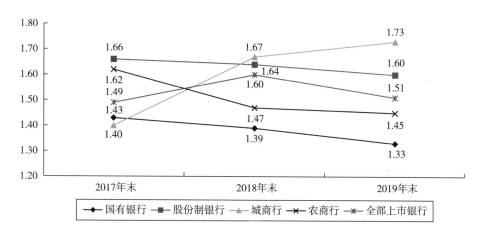

图 1　上市银行不良贷款率变动趋势

　　国有银行中，2019 年，交通银行的不良贷款率最高，为 1.47%，邮储银行的不良贷款率最低，仅为 0.86%；整体的不良贷款率呈现出下降趋势。具体来看，除邮储银行不良贷款率与上年持平外，其他银行均存在不同程度的下降。其中，变动率最大的为农业银行，较上年末减少 0.19 个百分点。具体数据见表 1。

表 1 国有银行近三年不良贷款率情况

银行类别	银行名称	不良贷款率（%）			
		2017 年	2018 年	2019 年	2019 年变动百分比
国有银行	工商银行	1.55	1.52	1.43	− 0.09
	农业银行	1.81	1.59	1.40	− 0.19
	中国银行	1.45	1.42	1.37	− 0.05
	建设银行	1.49	1.46	1.42	− 0.04
	邮储银行	0.75	0.86	0.86	0.00
	交通银行	1.50	1.49	1.47	− 0.02
	平均值	1.43	1.39	1.33	− 0.07

股份制银行中，2019 年，9 家内有 7 家银行的不良贷款率下降，浦发银行、浙商银行 2 家银行的不良贷款率上升，但整体也是呈下降的趋势。其中，浦发银行的不良贷款率最高，为 2.05%，招商银行的不良贷款率最低，为 1.16%；变动率最大的为招商银行，较上年末减少 0.2 个百分点。具体数据见表 2。

表 2 股份制银行近三年不良贷款率情况

银行类别	银行名称	不良贷款率（%）			
		2017 年	2018 年	2019 年	2019 年变动百分比
股份制银行	招商银行	1.61	1.36	1.16	− 0.20
	兴业银行	1.59	1.57	1.54	− 0.03
	浦发银行	2.14	1.92	2.05	0.13
	中信银行	1.68	1.77	1.65	− 0.12
	民生银行	1.71	1.76	1.56	− 0.20
	光大银行	1.59	1.59	1.56	− 0.03
	平安银行	1.70	1.75	1.65	− 0.10
	华夏银行	1.76	1.85	1.83	− 0.02
	浙商银行	1.15	1.20	1.37	0.17
	平均值	1.66	1.64	1.60	− 0.05

在 26 家上市城商行中，不良贷款率分化比较严重，有 14 家银行的不良贷款率下降，9 家银行的不良贷款率上升，3 家银行的不良贷款率和上年持平。其中，锦州银行[①]的不良贷

[①] 锦州银行 2019 年的不良贷款管理问题较大，同比增长 1.53%，不良贷款率达到 6.52%，远超商业银行监管核心指标 5% 的限制。主要受到经济下行压力加大以及区域经济恶化的影响，导致资产大幅减值和行业不良贷款率激增。

款率最高，为6.52%，超过商业银行监管核心指标的5%限制，宁波银行的不良贷款率最低，为0.78%；同时，锦州银行的不良贷款率变动最大，同比增长1.53个百分点。具体数据见表3。

表3　　　　　　　　　　　城商行近三年不良贷款率情况

银行名称	不良贷款率（％）			
	2017 年	2018 年	2019 年	2019 年变动百分比
北京银行	1.24	1.46	1.40	-0.06
上海银行	1.15	1.14	1.16	0.02
江苏银行	1.41	1.39	1.38	-0.01
南京银行	0.86	0.89	0.89	0.00
宁波银行	0.82	0.78	0.78	0.00
徽商银行	1.05	1.04	1.04	0.00
杭州银行	1.59	1.45	1.34	-0.11
盛京银行	1.49	1.71	1.75	0.04
锦州银行	1.04	4.99	6.52	1.53
中原银行	1.83	2.44	2.23	-0.21
天津银行	1.50	1.64	1.98	0.34
长沙银行	1.24	1.29	1.22	-0.07
哈尔滨行	1.70	1.73	1.99	0.26
贵阳银行	1.34	1.35	1.45	0.09
成都银行	1.69	1.54	1.43	-0.11
重庆银行	1.35	1.36	1.27	-0.09
郑州银行	1.50	2.47	2.37	-0.10
江西银行	1.64	1.91	2.26	0.35
青岛银行	1.69	1.68	1.65	-0.02
九江银行	1.62	1.99	1.71	-0.28
苏州银行	1.43	1.68	1.53	-0.15
甘肃银行	1.74	2.29	2.45	0.16
西安银行	1.24	1.20	1.18	-0.02
晋商银行	1.64	1.88	1.86	-0.02
贵州银行	1.60	1.88	1.18	-0.18
泸州银行	0.99	0.80	0.94	0.14
平均值	1.40	1.67	1.73	0.06

在10家农商行中，8家银行的不良贷款率下降，广州农商、苏农银行2家的不良贷款率上升。其中，江阴银行的不良贷款率最高，为1.83%，常熟银行的不良贷款率最低，为0.96%；变动率幅度最大的是广州农商，同比增长0.46个百分点。具体数据见表4。

表4   **农商行近三年不良贷款率情况**

银行名称	不良贷款率（%）			
	2017 年	2018 年	2019 年	2019 年变动百分比
渝农商行	0.98	1.29	1.25	− 0.04
广州农商	1.51	1.27	1.73	0.46
青农商行	1.86	1.57	1.46	− 0.10
紫金银行	1.84	1.69	1.68	− 0.01
常熟银行	1.14	0.99	0.96	− 0.02
九台农商	1.73	1.75	1.68	− 0.06
无锡银行	1.38	1.24	1.21	− 0.03
江阴银行	2.39	2.15	1.83	− 0.32
苏农银行	1.64	1.31	1.33	0.02
张家港行	1.78	1.47	1.38	− 0.09
平均值	1.62	1.47	1.45	− 0.02

从不良贷款率增减状况来看，具体如图2所示，城商行中不良贷款率增加的银行占比最高，其次是股份制银行、农商行，国有银行均为持平或下降情况。具体来看，在51家上市的商业银行中，13家商业银行的不良贷款率同比增长，占比25.49%，比2018年的44.68%下降了19.19个百分点。国有银行中，除邮储银行相对持平外，其他5家银行的不良贷款率较上年均有不同程度的下降；股份制银行中，浦发银行、浙商银行2家的不良贷款率上升，占股份制银行的22.22%；城商行中，锦州银行、哈尔滨行、上海银行、郑州银行等9家银行的不良贷款率上升，占比34.62%，为四类银行中不良贷款率增加银行占比最高的；农商行中，仅有广州农商、苏农银行的不良贷款率上升，占比20%。具体数据见图2。

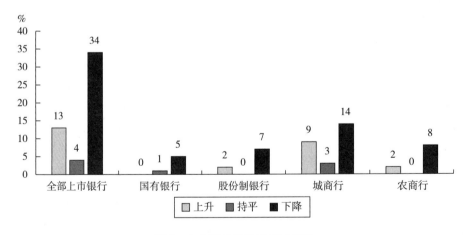

图2　上市不良贷款率增减状况

二、拨备覆盖率

2019年，51家上市银行的平均贷款拨备覆盖率为244.42%，同比提高10个百分点，四类银行均呈提高趋势。国有银行、股份制银行、城商行、农商行的平均贷款拨备覆盖率分别为 243.31% 、201.93% 、247.52% 、283.32% ；其中国有银行的拨备覆盖率增长幅度最大，为 20.27 个百分点，其次是农商行，增长 14.32 个百分点；股份银行和城商行分别增长 4.79 个百分点和 10.51 个百分点。

国有银行中，除交通银行外，其余 5 家银行的贷款拨备覆盖率都均有所增长。邮储银行的拨备覆盖率最高，为 389.45% ，同时也是拨备覆盖率变动最大的银行，较 2018 年末增长 42.65 个百分点。

股份制银行中，兴业银行、浦发银行、华夏银行、浙商银行 4 家银行的拨备覆盖率较 2018 年末有所减少，降幅最大的是浙商银行，减少了 49.57 个百分点。其余 5 家商业银行的拨备覆盖率均上升，其中，招商银行仍然是股份制银行中拨备覆盖率最高的，达到 426.18% ，同时也是 2019 年度股份制银行中拨备覆盖率变动最大的银行，同比增长了 68 个百分点。

城商行中，包括南京、甘肃、天津、哈尔滨、青岛、晋商、江西、中原 8 家银行的拨备覆盖率同比减少，降幅最大的是南京银行，减少了 44.95 个百分点。除此之外的 18 家银行拨备覆盖率均上升，其中，宁波银行的拨备覆盖率最高，达到了 524.08% ；贵州银行的拨备覆盖率变动最大，同比增长 81.23 个百分点。

农商行中，只有广州农商的拨备覆盖率下降，同时也是变动幅度最大的银行，降低了 68.55 个百分点。常熟银行的拨备覆盖率仍然居高不下，达到了 481.28% ，较上年增长了 36.26 个百分点。具体数据见表 5。

表 5   上市银行贷款拨备覆盖率近三年情况

银行类别	银行名称	贷款拨备率（%）			
		2017 年	2018 年	2019 年	2019 年变动百分比
国有银行	工商银行	154.07	175.76	199.32	23.56
	农业银行	208.37	252.18	288.75	36.57
	中国银行	159.18	181.97	182.86	0.89
	建设银行	171.08	208.37	227.69	19.32
	邮储银行	324.77	346.80	389.45	42.65
	交通银行	154.73	173.13	171.77	−1.36
	平均值	195.37	223.04	243.31	20.27
股份银行	招商银行	262.11	358.18	426.78	68.60
	兴业银行	211.78	207.28	199.13	−8.15
	浦发银行	133.39	156.38	133.85	−22.53
	中信银行	169.44	157.98	175.25	17.27
	民生银行	155.61	134.05	155.50	21.45
	光大银行	158.18	176.16	181.62	5.46
	平安银行	151.08	155.24	183.12	27.88
	华夏银行	156.51	158.59	141.92	−16.67
	浙商银行	296.94	270.37	220.80	−49.57
	平均值	188.34	197.14	202.00	4.86

银行类别	银行名称	贷款拨备率（%）			
		2017 年	2018 年	2019 年	2019 年变动百分比
城商行	北京银行	265.57	217.51	224.69	7.18
	上海银行	272.52	332.95	337.15	4.20
	江苏银行	184.25	203.84	232.79	28.95
	南京银行	462.54	462.68	417.73	−44.95
	宁波银行	493.26	521.83	524.08	2.25
	徽商银行	287.45	302.22	303.86	1.64
	杭州银行	211.03	256.00	316.71	60.71
	盛京银行	186.02	160.81	160.90	0.09
	锦州银行	268.64	123.75	127.28	3.53
	中原银行	197.50	156.11	151.77	−4.34
	天津银行	193.81	250.37	220.58	−29.79
	长沙银行	260.00	275.40	279.98	4.58
	哈尔滨行	167.24	169.88	152.50	−17.38
	贵阳银行	269.72	266.05	291.86	25.81
	成都银行	201.41	237.01	253.88	16.87
	重庆银行	210.16	225.87	279.83	53.96
	郑州银行	207.75	154.84	159.85	5.01
	江西银行	215.17	171.42	165.65	−5.77
	青岛银行	153.52	168.04	155.09	−12.95
	九江银行	192.00	169.69	182.34	12.65
	苏州银行	201.90	174.33	224.07	49.74
	甘肃银行	222.00	169.47	135.87	−33.60
	西安银行	203.08	216.53	262.41	45.88
	晋商银行	183.96	212.68	199.92	−12.76
	泸州银行	294.49	319.36	349.78	30.42
	贵州银行	192.77	243.72	324.95	81.23
	平均值	238.38	237.01	247.52	10.51
农商行	渝农商行	431.24	347.79	380.31	32.52
	广州农商	186.75	276.64	208.09	−68.55
	青农商行	272.16	290.05	310.23	20.18
	紫金银行	245.73	229.58	236.95	7.37
	常熟银行	325.93	445.02	481.28	36.26
	九台农商	171.48	160.41	167.58	7.17
	无锡银行	193.77	234.76	288.18	53.42
	江阴银行	192.13	233.71	259.13	25.42
	苏农银行	201.50	248.18	249.32	1.14
	张家港行	185.60	223.85	252.14	28.29
	平均值	240.63	269.00	283.32	14.32
全部上市银行平均值		225.57	234.42	244.43	10.01

三、贷款质量分析

从贷款五级分类的角度来看，四类商业银行的正常类贷款平均占比都是最高的，达到了 95%～97%；不良类贷款的占比比较低，占比在1%～2%。不良贷款中，次级类平均占比在 0.7%左右，可疑类占比在0.5%～0.6%，损失类占比在0.1%～0.3%。具体数据见表6。

表6　　　　　　　　　　　　　上市银行五级贷款近三年情况

贷款质量	时间	平均占比（%）				
		国有银行	股份制银行	城商行	农商行	上市银行
正常类	2017 年	95.81	95.42	95.85	94.65	95.53
	2018 年	96.20	95.75	95.00	95.60	95.40
	2019 年	96.52	96.09	95.17	95.97	95.66
关注类	2017 年	2.76	2.92	2.76	3.72	2.98
	2018 年	2.41	2.61	3.32	2.92	3.00
	2019 年	2.15	2.31	3.06	2.57	2.72
次级类	2017 年	0.43	0.64	0.68	0.66	0.64
	2018 年	0.43	0.70	0.92	0.72	0.78
	2019 年	0.50	0.71	0.92	0.72	0.69
可疑类	2017 年	0.65	0.60	0.49	0.81	0.59
	2018 年	0.61	0.56	0.53	0.65	0.57
	2019 年	0.56	0.52	0.61	0.65	0.57
损失类	2017 年	0.36	0.42	0.22	0.15	0.26
	2018 年	0.35	0.38	0.23	0.10	0.25
	2019 年	0.27	0.36	0.25	0.08	0.24

从各类银行的五级贷款同2018年末变动情况来看，正常类贷款平均占比存在不同程度的增加，而关注类贷款平均占比存在不同程度的下降；次级类、可疑类和损失类贷款的平均占比同比变动情况存在分化，多呈现下降情况。具体数据见图3。

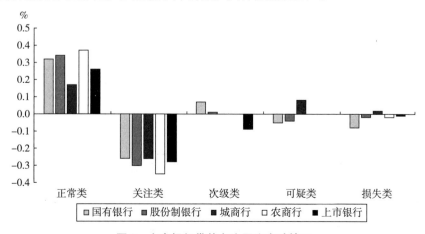

图3　上市银行贷款占比同比变动情况

中国上市银行可持续发展分析（2020）

具体来看，从已经公布的 51 家上市银行 2019 年度财务报表得出，31 家上市银行的正常类贷款占比较 2018 年末增加，16 家银行的关注贷款占比有所增加；次级贷款占比方面，较 2018 年末增加的银行和减少的银行数量几乎接近，有 24 家银行的次级贷款占比出现了不同程度的上升；30 家上市银行的可疑贷款占比上升，只有 15 家上市银行的损失类贷款占比在上升。具体数据见图 4。

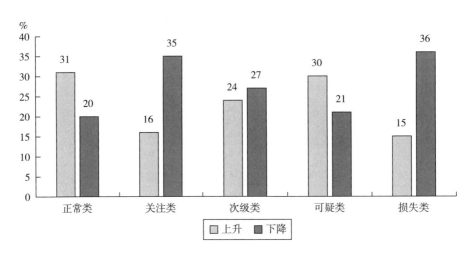

图 4 各类贷款占比同比变动的银行数量情况

国有银行中，邮储银行的不良贷款占比最低，高质量贷款占比 99.14%；交通银行的高质量贷款占比 98.53%。股份制银行中，招商银行、浙商银行的高质量贷款占比为 98.84%、98.63%；浦发银行、华夏银行则为 97.95%、98.17%。26 家城商行的贷款质量分化严重，高质量贷款占比较高的宁波银行、南京银行、泸州银行其占比分别达到了 99.22%、99.11%、99.06%；锦州银行的贷款质量较差，不良贷款率高达 6.52%。10 家农商行中，常熟银行、无锡银行的高质量贷款占比较高，可以达到 99.04%、98.79%。具体数据见表 7。

表 7 　　　　　　　　　　　**2019 年上市银行五级贷款具体情况**

银行类别	银行名称	2019 年上市银行贷款质量分布（%）					
		正常	关注	次级	可疑	损失	不良
国有银行	工商银行	95.85	2.71	0.58	0.68	0.17	1.43
	农业银行	96.36	2.24	0.50	0.78	0.13	1.40
	中国银行	96.41	2.22	0.59	0.40	0.38	1.37
	建设银行	95.65	2.93	0.70	0.55	0.16	1.42
	邮储银行	98.48	0.66	0.30	0.13	0.43	0.86
	交通银行	96.37	2.16	0.32	0.80	0.35	1.47

银行类别	银行名称	2019 年上市银行贷款质量分布（%）					
		正常	关注	次级	可疑	损失	不良
股份制银行	招商银行	97.66	1.17	0.35	0.39	0.43	1.16
	兴业银行	96.68	1.78	0.57	0.62	0.35	1.54
	浦发银行	95.42	2.53	1.00	0.56	0.49	2.05
	中信银行	96.12	2.22	0.78	0.75	0.12	1.65
	民生银行	95.48	2.96	0.64	0.56	0.37	1.56
	光大银行	96.23	2.21	0.87	0.44	0.25	1.56
	平安银行	96.35	2.01	0.81	0.27	0.56	1.65
	华夏银行	94.61	3.56	0.73	0.61	0.49	1.83
	浙商银行①	96.29	2.34	0.67	0.49	0.22	1.37
城商行	北京银行	97.35	1.25	0.91	0.29	0.21	1.40
	上海银行	96.96	1.88	0.33	0.75	0.08	1.16
	江苏银行	96.68	1.94	0.53	0.72	0.13	1.38
	南京银行	97.90	1.21	0.52	0.16	0.21	0.89
	宁波银行	98.48	0.74	0.21	0.39	0.19	0.78
	徽商银行	97.45	1.51	0.48	0.41	0.15	1.04
	杭州银行	97.73	0.94	0.70	0.34	0.30	1.34
	盛京银行	95.90	2.35	1.66	0.07	0.01	1.75
	泸州银行	95.40	3.66	0.49	0.45	0.00	0.94
	中原银行	94.25	3.51	0.96	0.87	0.40	2.23
	天津银行	93.49	4.55	1.07	0.70	0.19	1.96
	长沙银行	95.34	3.44	0.70	0.31	0.21	1.22
	哈尔滨行	94.63	3.38	1.05	0.66	0.28	1.99
	贵阳银行	95.79	2.76	0.19	0.58	0.69	1.45
	成都银行	97.64	0.92	0.43	0.37	0.63	1.43
	重庆银行	95.61	3.11	0.40	0.63	0.25	1.27
	郑州银行	95.55	2.08	1.36	1.00	0.01	2.37
	江西银行	92.83	4.92	1.10	0.43	0.73	2.26
	青岛银行	94.86	3.49	0.56	1.01	0.08	1.65
	九江银行	95.52	2.77	0.50	0.91	0.31	1.71
	苏州银行	95.95	2.53	0.67	0.23	0.62	1.53
	甘肃银行	92.13	5.41	0.75	1.53	0.18	2.45
	西安银行	96.42	2.41	0.41	0.62	0.15	1.18
	晋商银行	95.57	2.57	1.20	0.50	0.16	1.86
	贵州银行	98.04	0.78	0.93	0.18	0.07	1.18
	锦州银行	76.90	15.40	5.80	1.70	0.20	6.52

---

①　浙商银行：五级贷款计算时未考虑公允价值变动计入其他综合收益、应计利息项目。

续表

银行类别	银行名称	2019 年上市银行贷款质量分布（%）					
		正常	关注	次级	可疑	损失	不良
农商行	渝农商行	96.43	2.32	0.79	0.43	0.03	1.25
	广州农商	95.15	3.11	0.11	1.49	0.13	1.73
	青农商行	92.51	6.03	0.45	0.93	0.09	1.46
	紫金银行	96.56	1.75	1.00	0.56	0.12	1.68
	常熟银行	97.49	1.55	0.71	0.15	0.10	0.96
	九台农商	96.67	1.65	0.54	1.11	0.03	1.68
	无锡银行	98.42	0.37	0.59	0.48	0.14	1.21
	江阴银行	95.94	2.23	0.64	1.06	0.13	1.83
	苏农银行	94.51	4.16	1.31	0.01	0.01	1.33
	张家港行	96.05	2.57	1.05	0.31	0.01	1.38

从正常、关注和不良三种形态来看，各银行在三类贷款中的比重基本保持稳定，总体来看，城商行、农商行的波动幅度高于国有银行和股份制银行。从近三年的贷款情况来看，青农商行与锦州银行值得重点关注，三类贷款的变化比较大。青农商行 2017 年的正常类贷款占比仅有 88.53%，低于 2017 年农商行正常类贷款 94.65% 的均值；经过 2018年、2019 年升级修整，正常类贷款达到 91.29%、92.51%，虽低于 2019 年农商行平均值 95.97% 和全部上市银行平均值 96.02%，但较 2017 年有明显提升。此外锦州银行的情况更为严重，其正常类贷款占比从 2017 年的 96.65% 暴跌至 2018 年的 78.28%，2019 年进一步降至 76.90%。

表 8 　　　　　　　　　　　　**青农商行贷款质量对比情况**

青农商行贷款质量（%）	正常	关注	次级	可疑	损失
2017 年	88.53	9.61	0.22	1.39	0.25
2018 年	91.29	7.15	0.47	0.91	0.19
2019 年	92.51	6.03	0.45	0.93	0.09
2019 年农商行平均	95.97	2.57	0.72	0.65	0.08
2019 年全部上市银行平均	96.02	2.47	0.69	0.57	0.24

从不良贷款的三类看，除国有银行的平均可疑贷款占比高于次级贷款占比外，其他各类银行在三类贷款的占比顺序均为次级贷款、可疑贷款、损失贷款。从贷款类型来看，城商行和农商行的次级贷款占比最高，达到了 0.72%，国有银行的次级占款占比最低，为 0.50%；农商行的可疑贷款占比最高达到了 0.65%，股份制银行的可疑贷款占比比较低，仅有 0.52%；股份制银行的损失类贷款占比最高，达到了 0.36%，农商行的损失类贷款占比仅有 0.08%，是四类银行中比例最小的。具体数据见图 5。

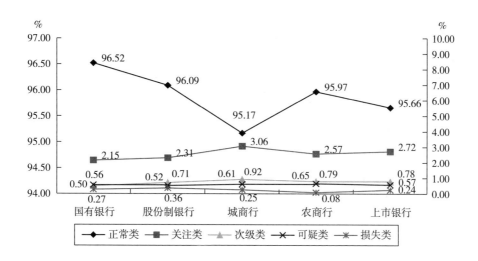

图5　上市银行贷款质量分布

国有银行中，邮储银行、交通银行两家银行的次级贷款占比低于国有银行次级贷款平均占比，分别低了0.2个百分点和0.18个百分点；股份制银行中，招商银行、兴业银行、民生银行、浙商银行4家银行的次级贷款占比低于该类别银行的平均占比，其中，招商银行低于平均值的幅度最大，低了0.36个百分点，而浦发银行高于平均值0.29个百分点；城商行中，北京银行、盛京银行、中原银行、天津银行等10家银行的次级贷款占比高于城商行的次级贷款平均占比，其中，盛京银行高0.94个百分点；农商行中，渝农商行、紫金银行、常熟银行、苏农银行、张家港行的次级贷款占比高于农商行次级贷款平均占比，苏农银行超过平均值0.62个百分点。具体数据见图6。

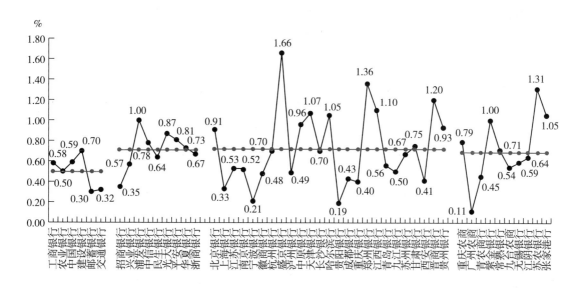

图6　上市银行次级类贷款占比情况

可疑贷款方面，国有银行中，工商银行、农业银行、交通银行3家银行的可疑贷款占比高于国有行平均可疑贷款占比，其中，农业银行高出了0.22个百分点；股份制银行中，兴业银行、浦发银行、中信银行、民生银行、华夏银行这5家银行的可疑贷款占比高于股份行平均值，中信银行高出0.23个百分点；城商行中，上海银行、江苏银行、中原银行、天津银行等12家银行的可疑贷款占比高于城商行平均值，其中甘肃银行超出0.97个百分点；农商行中，广州农商、青农商行、九台农商、江阴银行这4家银行的可疑贷款占比高于平均值，其中广州农商高出了0.84个百分点。具体数据见图7。

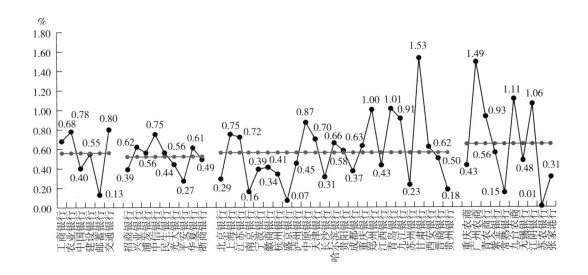

图7　上市银行可疑类贷款占比情况

损失贷款方面，6家国有银行中，中国银行、邮储银行、交通银行3家银行的损失贷款比例高于国有银行损失贷款比例平均值，其中，最高的是邮储银行，高出了0.16个百分点；9家股份制银行中，招商银行、浦发银行、民生银行、平安银行、华夏银行5家银行的损失类贷款占比高于股份制银行平均值，其中，平安银行高出0.2个百分点；26家城商行中，包括杭州银行、中原银行、江西银行、贵阳银行、成都银行在内的8家银行的损失类贷款占比高于城商行平均值，其中江西银行高出了0.48个百分点，为最大；10家农商行中，包括广州农商、青农商行、无锡银行在内的等6家银行的损失类贷款占比高于农商行平均值，但是整体偏离都不是很大。具体数据见图8。

四、不良贷款行业分析

有40家银行①披露了行业不良贷款率的情况，制造业、批发和零售业、建筑业、采矿

---

　　①　未披露行业不良贷款率的银行有中国银行、北京银行、常熟银行、江苏银行、江阴银行、无锡银行、西安银行、苏农银行、张家港行、长沙银行、紫金银行等12家银行。

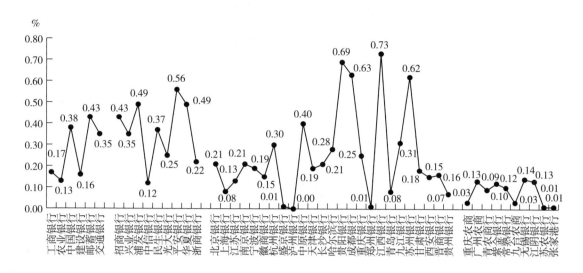

图8 上市银行损失类贷款占比情况

业、交通运输业为不良贷款排名前五的行业。在排名前五行业中，38 家银行有制造业，33 家银行有批发和零售业。仅 1 家银行包括教育业，有 2 家银行包括金融业、科学研究和技术服务业。具体数据见图 9。

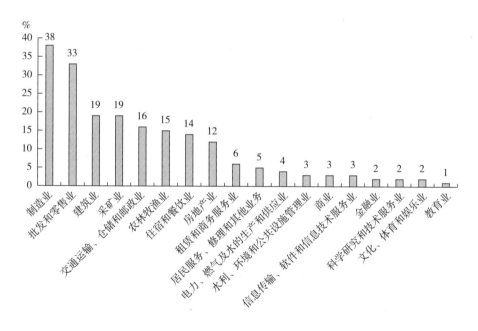

图9 40 家上市银行披露行业不良贷款前五统计

不同银行的最高行业不良率差异明显。其中，工商银行发放给批发和零售业的贷款，不良率达到了 10.45%；浦发银行发放的农林牧渔业贷款，不良率高达 16.25%；江西银行和天津银行发放的居民服务、修理业和采矿业的贷款，不良率高达 33.92%、31.91%；广州农商发放给农林牧渔业的贷款，不良率达到 10.89%。具体数据见表 9。

表 9   **上市银行不良贷款前五行业排名及其不良率**

银行类别	银行名称	不良贷款行业及其不良贷款率（%）				
国有银行	工商银行	批发和零售业	住宿和餐饮业	制造业	采矿业	建筑业
		10.45	8.1	5.12	4.39	2.12
	农业银行	批发和零售业	制造业	采矿业	租赁和商务服务业	房地产业
		9.83	5.06	2.34	1.46	1.45
	建设银行	制造业	批发和零售业	采矿业	建筑业	交通运输、仓储和邮政业
		6.6	5.24	4.22	1.72	1.67
	邮储银行	批发和零售业	制造业	租赁和商务服务业	建筑业	采矿业
		3.81	3.55	0.45	0.16	0.097
	交通银行	批发和零售业	制造业	住宿和餐饮业	采矿业	建筑业
		5.24	4.11	3.26	2.55	1.54
股份制银行	中信银行	批发和零售业	制造业	建筑业	电力、燃气及水的生产和供应业	房地产业
		8.08	6.09	2.6	1.43	1.19
	光大银行	制造业	批发和零售业	电力、热力、燃气和水生产和供应业	交通运输、仓储和邮政业	建筑业
		4.67	4.54	1.39	1.12	0.78
	招商银行	制造业	采矿业	批发和零售业	租赁和商务服务业	信息传输、软件和信息技术服务业
		6.09	5.32	3.19	2.08	1.85
	浦发银行	农林牧渔业	批发和零售业	采矿业	制造业	房地产业
		16.25	8.1	6.54	5.98	2.63
	民生银行	农林牧渔业	制造业	采矿业	批发和零售业	住宿和餐饮业
		4.84	4.31	3.37	2.11	1.87
	华夏银行	采矿业	批发和零售业	制造业	建筑业	交通运输、仓储和邮政业
		6.99	5.79	5.2	2.1	1.29
	平安银行	采矿业	商业	制造业	交通运输、仓储和邮政业	建筑业
		13.55	7.24	3.43	3.09	2.23
	兴业银行	金融业	批发和零售业	制造业	交通运输、仓储和邮政业	采矿业
		9.49	6.87	3.34	2.59	2.52
	浙商银行	制造业	电力、热力、燃气和水生产和供应业	交通运输、仓储和邮政业	批发和零售业	建筑业
		5.41	3.92	2.86	2.77	1.83

银行类别	银行名称	不良贷款行业及其不良贷款率（%）				
城商行	上海银行	批发和零售业	制造业	文化、体育和娱乐业	金融业	建筑业
		10.78	1.7	1.65	1.27	1.13
	南京银行	居民服务、修理和其他业务	制造业	批发和零售业	科学研究和技术服务业	房地产业
		7.29	2.59	2.44	0.9	0.82
	宁波银行	住宿和餐饮业	文化、体育和娱乐业	商业贸易业	信息传输、软件和信息技术服务业	科学研究和技术服务业
		4.34	3.36	1.62	1.61	1.41
	徽商银行	餐饮及旅游业	能源及化工业	制造业	商业及服务	建筑业
		4.85	4.02	3.27	2.13	1.74
	杭州银行	住宿和餐饮业	建筑业	批发和零售业	制造业	租赁和商务服务业
		16.95	5.97	4.92	3.28	2.66
	盛京银行	制造业	批发和零售业	房地产业	交通运输、仓储和邮政业	住宿和餐饮业
		6.18	2.51	1.91	1.67	1.42
	中原银行	农林牧渔业	批发和零售业	制造业	交通运输、仓储和邮政业	住宿和餐饮业
		13	8.58	8.05	4.31	2.13
	天津银行	采矿业	住宿和餐饮业	信息传输、软件和信息技术服务业	批发和零售业	制造业
		31.91	10.03	7.7	7.42	6.96
	哈尔滨行	制造业	农林牧渔业	建筑业	居民服务、修理和其他	交通运输、仓储和邮政业
		11.31	7.88	5.75	5.14	3.21
	贵阳银行	住宿和餐饮业	批发和零售业	制造业	房地产业	农林牧渔业
		24.39	3.56	2	1.46	0.78
	成都银行	居民服务、修理和其他业务	建筑业	采矿业	制造业	住宿和餐饮业
		10.8	9.6	7.64	6.35	5.92
	重庆银行	批发和零售业	采矿业	制造业	电力、热力、燃气和水生产和供应业	农林牧渔业
		6.74	3.78	2.91	2.82	1.86

银行类别	银行名称	不良贷款行业及其不良贷款率（%）				
城商行	郑州银行	农林牧渔业	制造业	批发和零售业	住宿和餐饮业	交通运输、仓储和邮政业
		21.38	10.82	4.25	3.07	2.19
	江西银行	居民服务、修理和其他业务	批发和零售业	农林牧渔业	住宿和餐饮业	制造业
		33.92	9.97	9.23	5.45	3.63
	青岛银行	制造业	批发和零售业	房地产业	建筑业	水利、环境和公共设施管理业
		8.81	2.48	0.52	0.33	0.32
	九江银行	农林牧渔业	制造业	批发和零售业	交通运输、仓储和邮政业	房地产业
		8.71	8.04	5.59	3.07	2.7
	苏州银行	制造业	批发和零售业	农林牧渔业	建筑业	交通运输、仓储和邮政业
		4.57	3.93	1.44	1.04	0.53
	甘肃银行	电力、热力、燃气和水生产和供应业	采矿业	批发和零售业	制造业	农林牧渔业
		11.37	4.93	4.62	3.61	3.39
	晋商银行	农林牧渔业	教育业	批发和零售业	制造业	采矿业
		16.35	14.58	6.62	3.47	3.38
	泸州银行	交通运输、仓储和邮政业	制造业	批发和零售业	建筑业	
		10.25	9.14	0.74	0.08	
	贵州银行	采矿业	建筑业	房地产业	批发和零售业	制造业
		14.39	3.87	3.43	2.39	1.4
	锦州银行	农林牧渔业	采矿业	交通运输、仓储和邮政业	房地产业	水利、环境和公共设施管理业
		31.43	27.00	24.49	16.36	11.88
农商行	渝农商行	房地产业	制造业	建筑业	批发和零售业	水利、环境和公共设施管理业
		8.62	2.85	2	1.77	0.01
	广州农商	农林牧渔业	交通运输、仓储和邮政业	制造业	租赁和商务服务业	批发和零售业
		10.89	6.97	3.63	3.18	0.83

续表

银行类别	银行名称	不良贷款行业及其不良贷款率（%）				
农商行	青农商行	农林牧渔业	制造业	住宿和餐饮业	批发和零售业	房地产业
		5.44	3.82	1.76	1.67	1.64
	九台农商	制造业	住宿和餐饮业	居民服务、修理和其他业务	采矿业	建筑业
		3.57	3.5	3.28	2.39	2.30

从各类银行不良贷款率的行业分布来看，股份制银行、城商行的不良贷款行业分布范围较大，国有银行、农商行的范围相对较小，制造业、批发和零售业、采矿业和建筑业较为集中。具体来看，国有银行不良贷款排名前五行业也正是所有银行的前五行业，但是国有银行在农林牧渔业、科学研究和技术服务业、卫生和社会服务业、能源业等行业没有不良贷款；农商行在金融业、科学研究和技术服务业、教育等行业没有不良贷款。股份制银行和城商行涉及的不良贷款行业更多，不良贷款率也差别较大，其中，农林牧渔业、采矿业、住宿和餐饮业的不良贷款率相对国有行较高。具体见表10。

表10　　　　　　　　　　按类别上市银行不良贷款率前五行业①

所有上市银行	国有银行	股份制银行	城商行	农商行
制造业	批发和零售业	制造业	制造业	制造业
批发和零售业	制造业	批发和零售业	批发和零售业	批发和零售业
建筑业	采矿业	采矿业	农林牧渔业	房地产业
采矿业	建筑业	交通运输、仓储和邮政业	住宿和餐饮业	建筑业
交通运输、仓储和邮政业	交通运输、仓储和邮政业	建筑业	建筑业	住宿和餐饮业

从行业角度来看，上市银行的不良贷款率较高的行业为批发和零售业（4.54%）、制造业（4.44%）、采矿业（3.38%）、居民服务、修理和其他服务业（3.28%）、农林牧渔业（2.625%）。

国有银行不良贷款率较为集中的行业是住宿和餐饮业（5.68%）、批发和零售业（5.24%）、制造业（5.06%）、采矿业（2.55%）、建筑业（1.54%）。

股份制银行不良贷款率较高的五个行业为商业（7.24%）、采矿业（5.93%）、制造业（5.20%）、批发和零售业（5.165%）、农林牧渔业（3.065%）。

城商行中，不良贷款率排名前五的行业分别是居民服务（5.14%）、修理和其他服务业（4.435%）、批发和零售业（4.1%）、制造业（4.02%）、住宿和餐饮业（3.705%）。

仅有4家农商行披露了行业不良贷款率，排名前五的行业分别为农林牧渔业

---

① 将上市银行行业不良贷款率由高到低排列，根据排名前五的频率，选取前五行业。

（5.44%）、制造业（3.60%）、采矿业（2.39%）、文化、体育和娱乐业（2.11%）、房地产业（1.955%），农商行的农林牧渔业不良贷款率排名靠前。具体数据见表11。

表11 **行业不良贷款率**①

行业	不良贷款率（%）				
	上市银行	国有银行	股份制银行	城商行	农商行
制造业	4.44	5.06	5.20	4.10	3.60
批发和零售业	4.54	5.24	5.165	4.435	1.32
建筑业	1.42	1.54	1.80	1.17	1.445
采矿业	3.38	2.55	5.93	3.38	2.39
交通运输、仓储和邮政业	1.21	0.82	1.29	0.865	1.60
租赁和商品服务业	0.56	0.84	0.735	0.30	0.60
房地产业	0.89	0.94	0.78	0.905	1.955
水利、环境和公共设施管理业	0.285	0.13	0.30	0.52	0.085
电力、热力、燃气及水生产和供应业	0.615	0.56	1.295	0.42	0.21
金融业	0.30	0.05	0.41	0.73	—
农林牧渔业	2.625	—	3.065	1.86	5.44
住宿和餐饮业	2.60	5.68	0.94	3.705	1.76
信息传输、软件和信息技术服务业	1.41	0.755	1.85	1.735	0.33
科学研究和技术服务业	1.41	—	1.51	1.41	0.79
文化、体育和娱乐业	0.84	—	—	0.76	2.11
教育	0.38	0.39	—	0.37	—
卫生和社会工作	0.26	—	—	0.26	—
居民服务、修理和其他服务业	3.28	—	—	5.14	1.73
科教文卫	1.145	1.145	—	—	—
公共及社会机构	0.04	—	0.04	—	—
商业	2.13	—	7.24	1.875	—
能源业	2.46	—	0.9	4.02	—

---

① 行业不良贷款率选取的是所有披露了行业信息的上市银行的同一行业不良贷款率中位数。

专题六　风险管理

　　本专题从风险管理信息披露、组织架构、制度建设与荣誉获得四个维度对上市银行的风险管理情况进行了分析。从总体看，国有银行不论是在风险管理的重视程度，还是信息披露、组织架构和制度建设等方面，均显著优于其他三类银行，整体质量较高；股份制银行较国有银行存在一定差距，尤其在风险管理的组织架构方面。城商行、农商行在组织架构和制度建设方面与前两类银行差别较大，且其内部存在管理质量参差不齐的现象。

一、风险管理信息披露

　　各行在信用风险、市场风险、流动性风险、操作风险、国别风险、声誉风险、银行账簿利率风险、信息科技风险的敞口、形成原因、管理目标、计量及管理政策偏好等方面的披露差异明显。其中，在信用风险、市场风险、流动性风险、操作风险方面实现了全面披露，在国别风险、声誉风险与银行账簿利率风险方面的披露存在一定差别。国有银行与股份制银行均披露了国别风险相关内容。其中，中信银行、光大银行 2019 年新增国别风险披露内容；城商行、农商行在国别风险方面披露率较低。在银行账簿利率风险披露上，国有银行与股份制银行披露情况相对于城商行与农商行相对较好，但披露效果也不尽理想，仍有进一步提高的空间。

表1　　　　　　　　　　　　　　　　　风险情况披露表①

银行名称	信用风险	市场风险	流动性风险	操作风险	国别风险	声誉风险	银行账簿利率风险
工商银行	●	●	●	●	●	●	●
农业银行	●	●	●	●	●	●	×
中国银行	●	●	●	●	●	●	△
建设银行	●	●	●	●	●	●	×
邮储银行	●	●	●	●	●	●	●
交通银行	●	●	●	●	●	●	×
招商银行	●	●	●	●	●	●	×
兴业银行	●	●	●	●	●	●	●
浦发银行	●	●	●	●	●	●	×
中信银行	●	●	●	●	△	●	●
民生银行	●	●	●	●	●	●	●

① 截至报告写作时间，锦州银行年报尚未公布。

银行名称	信用风险	市场风险	流动性风险	操作风险	国别风险	声誉风险	银行账簿利率风险
光大银行	●	●	●	●	△	●	×
平安银行	●	●	●	●	●	●	●
华夏银行	●	●	●	●	●	●	△
浙商银行	●	●	●	●	●	●	×
北京银行	●	●	●	●	×	●	△
上海银行	●	●	●	●	●	●	×
江苏银行	●	●	●	●	×	●	×
南京银行	●	●	●	●	×	●	×
宁波银行	●	●	●	●	●	●	×
徽商银行	●	●	●	●	×	●	×
杭州银行	●	●	●	●	×	●	×
盛京银行	●	●	●	●	△	●	●
中原银行	●	●	●	●	×	●	×
天津银行	●	●	●	●	×	×	×
长沙银行	●	●	●	●	×	●	×
哈尔滨行	●	●	●	●	×	×	×
贵阳银行	●	●	●	●	×	●	△
成都银行	●	●	●	●	×	●	×
重庆银行	●	●	●	●	×	●	×
郑州银行	●	●	●	●	×	●	×
江西银行	●	●	●	●	×	●	×
青岛银行	●	●	●	●	×	●	×
九江银行	●	●	●	●	×	●	×
苏州银行	●	●	●	●	×	●	●
甘肃银行	●	●	●	●	×	●	×
西安银行	●	●	●	●	×	●	△
晋商银行	●	●	●	●	×	●	×
贵州银行	●	●	●	●	×	●	●
泸州银行	●	●	●	●	×	●	×
渝农商行	●	●	●	●	×	●	×
广州农商	●	●	●	●	×	×	×
青农商行	●	●	●	●	×	×	×
紫金银行	●	●	●	●	×	●	×
常熟银行	●	●	●	●	×	●	×
九台农商	●	●	●	●	×	●	×
无锡银行	●	●	●	●	×	●	×
江阴银行	●	●	●	●	×	△	×
苏农银行	●	●	●	●	△	●	×
张家港行	●	●	●	●	×	×	×

注："●"表示披露该风险内容，"×"表示未披露该风险内容，"△"表示2019年新披露内容。

二、风险管理组织架构

各银行明确了董事会、监事会、高级管理层、操作执行层在风险管理上的具体职责，形成了明确、清晰、有效的全面风险管理体系。董事会承担全面风险管理的最终责任，下设风险管理委员会、关联交易控制委员会、审计委员会等专门委员会行使风险管理职能。监事会承担全面风险管理的监督责任，下设监督委员会，在监事会授权下对董事会、高级管理层风险管理职责履行情况、全面风险管理效果等方面进行监督和评估。高级管理层负责执行董事会批准的总体政策及体系，承担全面风险管理的实施责任；下设风险管理委员会、资产负债管理委员会等专业委员会，组织、协调、审查、决策和督导各项风险管理工作。

在风险管理工作中，由业务部门、风险管理职能部门和内部审计部门组成职责明确的风险管理"三道防线"，各司其职，共同致力于风险管理目标的实现。第一道防线包括各业务条线和分支管理部门，负责具体实施各条线风险管理的各项工作；第二道防线包括风险管理职能部门，负责统筹安排和组织推动风险管理体系的建立和实施；第三道防线包括各级审计部门，负责定期检查评估操作风险管理状况，对风险管理体系运行的有效性进行评估，向董事会审计委员会进行报告，依照规定揭示和报告评估过程中发现的问题。

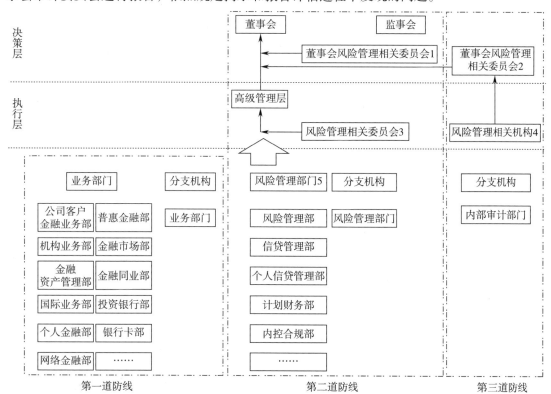

图1　风险管理组织结构

　　各银行的"三道防线"风险管理组织架构相似，但在具体部门和相关委员会的设置方面由于银行自身的情况不同又存在一定的差别。我们总结了部分具有代表性的银行在"三道防线"下相关机构的设置。标题项的相关架构与图1位置相对应，展示各银行在相关防线中的同一架构处的具体部门设置。如表2所示，"风险管理部门5"表示高级管理层下各风险管理职能部门，工商银行的风险管理职能部门主要包括风险管理部、信贷与投资管理部等；农业银行的风险管理职能部门主要包括信用管理部、信用审批部、风险资产处置部等。

　　各银行在风险管理组织架构的建设和披露质量方面参差不齐，国有银行的建设最为完善、披露也最为全面，通过架构图的形式展现了风险管理组织的设置。股份制银行、城商行、农商行在风险管理组织建设和披露方面仍需重视和提高，目前的展示形式仍以文字表述为主，不能够全面和清晰地展示出建设框架和各机构部门之间的关系。

表2　　　　　　　　　　　　　　代表性银行风险管理组织结构

银行名称	董事会风险管理相关委员会1	董事会风险管理相关委员会2	风险管理相关委员会3	风险管理相关机构4	风险管理部门5
工商银行	董事会风险管理委员会 美国区域机构风险委员会	董事会审计委员会	资产负债管理委员会 风险管理委员会（信用风险管理委员会、市场风险管理委员会、操作风险管理委员会）	内部审计局	风险管理部 信贷与投资管理部 资产负债管理部 内控合规部 办公室 全面深化改革领导小组办公室 金融科技部 法律事务部
农业银行	董事会风险管理/消费者权益保护委员会 美国区域机构风险委员会	董事会审计及合规管理委员会	风险管理与内部控制委员会 资产负债管理委员会 贷款审查委员会 资产负债管理委员会	审计局、审计分局	信用管理部 信用审批部 风险资产处置部 内控合规监督部（反洗钱中心） 运营管理部 风险管理部 资产负债管理部 等等
中国银行	风险政策委员会 美国风险与管理委员会	审计委员会	风险管理与内部控制委员会 反洗钱工作委员会 资产处置委员会 信用风险管理与决策委员会	审计部	风险管理部 信用审批部 授信管理部 内控与法律合规部 办公室 财务管理部

银行名称	董事会风险管理相关委员会1	董事会风险管理相关委员会2	风险管理相关委员会3	风险管理相关机构4	风险管理部门5
建设银行	风险管理委员会	审计委员会	风险管理与内控管理委员会	审计部	风险管理部 信贷管理部 资产负债管理部 内控合规部 公共关系与企业文化部 战略与政策协调部
邮储银行	风险管理委员会 关联交易控制委员会	审计委员会	风险管理委员会 授信业务审议委员会 资产负债管理委员会	审计局、审计分局	授信管理部 风险管理部 内控合规部 资产负债管理部 信息科技管理部 办公室 战略发展部
中信银行	风险管理委员会	审计与关联交易控制委员会	风险内控委员会	审计部、区域审计中心	法律保全部 授信业务管理部 授信审批部 风险管理部 合规部 金融市场部 办公室 资产负债部
北京银行	风险管理委员会 关联交易委员会	审计委员	信用风险委员会 信用风险政策委员会 不良资产处置委员会 信用风险模型管理委员会 资产负债委员会 投资审批委员会 操作风险委员会	审计部	风险管理部（含市场风险室、风险政策室） 信用审批部 法律合规部（含操作风险室） 投贷后管理部 新资本协议实施办公室
南京银行	风险管理委员会	审计委员	风险管理委员会 内控合规委员会 资产负债管理委员会 资产保全委员会	审计部	风险管理部 授信审批部 资产保全部 法律合规部 资产负债管理部 信息技术部 办公室 董事会办公室

银行名称	董事会风险管理相关委员会 1	董事会风险管理相关委员会 2	风险管理相关委员会 3	风险管理相关机构 4	风险管理部门 5
贵阳银行	风险管理委员会 关联交易控制委员会	审计委员会	市场风险管理委员会 操作风险管理委员会 资产负债管理委员会 信息科技管理委员会 业务连续性管理委员会 授信审查委员会 投资业务审查委员会 产品创新委员会	稽核审计部	授信评审部 资产保全部 计划财务部 办公室 法律合规部 等等

三、风险管理制度建设

董事长、行长致辞是银行工作重点目标与方向的概括，风险管理通常出现在各董事长、行长的致辞中。根据统计，国有银行在风险管理方面最为重视，6 家国有银行的致辞中均提到风险管理相关的策略目标与体系建设、应对与化解措施等内容。相比于国有银行，其他三类银行中有部分银行也十分重视风险管控，但仍有部分银行的关注程度可进一步提高。股份制银行、城商行、农商行，致辞中涉及风险管理内容的银行占比分别为 89%、79%、60%。

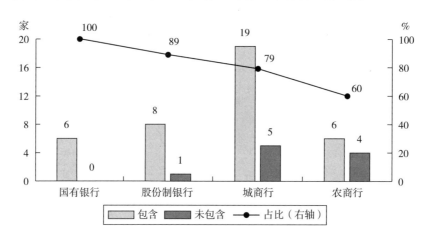

图 2   各类银行致辞中包含风险管理情况统计

2019 年，各银行的风险管理制度建设进一步完善。各银行根据自身的风险偏好制定相应的风险管理政策，构建更为全面的风险管理架构，对风险进行监督和评价。

国有银行在风险管理制度建设方面均十分重视，6 家国有银行均坚持稳健审慎的风险偏好，制定风险管理策略。各银行在 2019 年的制度建设较多地集中在进行包括各类风险的全方位、全流程风险管理体系建设，针对不同类别的风险出台相应的举措；关注内控合规管理机制建设。同时顺应时代的潮流，加强线上、大数据的风险控制，完善风险管理技术和手段，进一步提升风险管理的前瞻性和有效性。除了共性，各行也呈现出特色：工商银行、中国银行关注点包括境外业务相关的制度建设；工商银行针对子公司的交叉性风险防控与穿透以及同业机构风险的化解均有所关注，更加体现了商业银行承载经济运行"稳定器"的作用。

表3 国有银行风险管理制度建设内容概要

银行名称	风险管理制度建设
工商银行	强化底线思维，坚持增量防控和存量处置并举，全力打好防范化解金融风险攻坚战。 持续推进资产质量"夯基固本"工程，统筹把好新增准入、存量管控、不良处置"三道关口"。 开展内控合规"压实责任年"活动，深化信贷、资产处置等八大重点领域风险治理。 对标全球最佳实践，加强境外风险管理、反洗钱、合规管理三大体系建设。 加强各类交叉性风险防控和子公司穿透管理，确保风险"看得清、摸得透、管得住"。 助力化解中小同业机构风险，提振市场信心和预期，发挥大行市场"稳定器"作用。
农业银行	提升信用风险管控水平，严格集团客户统一授信和境内外一体化授信，严格风险分类，加强拨备管理，夯实资产质量基础；加强交易管理和风险敞口管理，切实防范市场异常波动和共振风险。 强化新业务、新产品、新模式风险管控，加强线上信贷制度流程体系建设，完善线上风控模型，探索大数据风险监测手段。 不断深化反洗钱合规体系建设，加强反洗钱顶层设计，完善反洗钱系统平台和工具。 强化双线责任管理、基础管理、员工网格化管理和科技案防等"四支利箭"案防体系建设。
中国银行	研判国际形势变化，做足应急工作预案，保持全球业务稳健运行。 推进不良资产清收化解，一批重点化解项目取得重大突破，关注类、逾期类贷款实现"双降"，集团资产质量保持稳定。 持续完善合规管理机制，推进反洗钱工作向纵深发展。 认真落实各项监管要求，不断完善内控管理机制，提炼推广先进经验和典型做法，夯实内控案防基础。 加强消费者权益保护，监管部门评价持续提升。
建设银行	完善全面主动智能的风险管理体系，推进风险管理系统建设优化，强化数字化、智能化、集约化风险管控。 加强信用风险管理，资产质量稳中向好，风险抵补能力逐步提升；夯实流动性管理基础，发挥好大行市场"稳定器"作用。 加强IT风险、合规风险、操作风险、国别风险等全方位、全流程风险管理，并推动先进风险管理技术和工具的开放共享。
邮储银行	持续完善"全面、全程、全员"的全面风险管理体系，严守风险底线和合规防线，把好新增入口、存量管控、不良处置"三道闸口"，完善房地产、地方政府隐性债务等重点领域风控措施。
交通银行	增强下行周期中主动经营与管理风险的能力，在打好风险防控攻坚战中夯实经营发展根基。 深化风险授信管理改革，通过落实风险防控责任制、做实风险统一扎口管理、加强风险监测能力建设，铸就"全覆盖、差异化、专业化、智慧化、责任制"的风险授信管理体系。 聚焦资产质量管控，加强风险防范的前瞻性和针对性，突出重点行业风险管理，完善区域风险管理框架。

与国有银行相比，股份制银行在风险管理制度建设的共性更多，关注最多的为风险管理体制改革的深化，建立全面的风险管理体系；以及风险内控数字化的建设，将新技术应用到

业务中来，更好地起到风险甄别和监测作用。但其对风险管理的关注程度和披露质量相比于国有银行仍有差距，尤其是在风险管理制度建设、信息披露等方面有待提高。

表4　　　　　　　　　　　　　股份制银行风险管理制度建设内容概要

银行名称	风险管理制度建设
招商银行	完善稳健审慎的风险文化。 完善风险管理体系，优化大类资产配置，加强对各类非传统风险的管理。
浦发银行	完善全面风险管理体系，健全"前中后"三道防线。为依法合规高效处置不良资产创造条件，解决存量风险，控增量风险，夯实资产质量。 强化风险内控数字化建设，提升风险预测、预防、预警功能，深化董事会对审计垂直管理，提升审计独立性和有效性。 对重点领域和重大风险，成立攻坚小组和专班，及时精准"排雷""拆弹"对潜在风险继续采取主动措施进行逐步化解，严控新增，多措并举提升清收处置成效。 对将来可能显现的"黑天鹅"和"灰犀牛"风险，强化日常风险监测与评估，做好处置预案，守住不发生系统性、区域性金融风险的底线。
中信银行	深化内控合规建设，坚守合规经营底线，强化监督检查和问责惩戒。 深化风险管理体制改革，建立授信审批经营主责任人制、管理主责任人制、专职审批人制，制定不良资产责任认定办法，优化个贷集中运营模式，制定子公司统一授信管理方案，推行差异化授信政策和授权方案。 完善问责制度，优化问责体系。 实现境内外机构"三年覆盖一次"的审计目标，审计监督成效持续提高。 推进管理数字化，深化渠道效能管理、数字风险管理、数字考核管理、数字人力资源管理，全面向精细化管理转型。
民生银行	在紧跟市场，关注风险，加强同业服务的同时，金融市场等各项业务平稳发展。 建设制度数据库，开展合规文化教育，让合规经营内化于心、外化于行。
光大银行	落实"四个统一"风险管理职责，有力防范和化解金融风险。
平安银行	坚持审慎的风险原则，坚守资产质量生命线。 通过智慧风控平台，实现对风险的智能预警。 从原则到工具，全方位构筑防范系统性金融风险的坚实防线。
华夏银行	增量防控和存量处置，以前所未有的工作力度清收处置不良和逾期贷款，以前所未有的财务资源核销不良资产，以前所未有的规范整治力度严守"不发生、少发生、少迁徙"三道防线。 严守风险底线，巩固攻坚成果。严格防范增量风险，加大新增行业和客户结构调整力度，加强对新业务、新产品、新技术应用的风险评估。 全力化解存量风险。 深化风险体制标本兼治，持续推进全面风险管理体制改革。 加大新技术、新工具在风险管理领域中的应用。 坚持依法合规经营，持续塑造良好合规文化。
浙商银行	建立统一集中的全面风险管理体系，持续完善授信政策体系，构建"基本政策＋专项政策"模式。 实施差异化授信授权管理，完善金融机构客户和集团客户的统一授信管理机制。 推进大数据风控平台建设，风险预警的及时性和有效性大幅提升。 全面贯彻"五个从严"内控合规管理基本要求，完善三项内控长效机制，内控合规管理明显强化。

　　城商行在风险管理制度的建设方面更为具体，多数行重点着眼于流动性风险、信用风险以及反洗钱风险等的具体举措。授信政策、业务流程的完善也是很多银行（如上海银行、江苏银行等）制度建设的重要方面。除此之外，内控合规、数字化风险防控、风险文化和意识也是很多城商行制度建设的主要着力点。

　　城商行业务主要集中于其发源地与周边地区，业务模式、管理理念受到当地政治、经济、文化等发展状况的影响，在风险管理偏好策略方面存在一定的差异：江浙一带的城商行在风险偏好策略方面相对激进，北京地区的城商行风险偏好则偏积极与稳健，而东北地区的城商行风险偏好相对稳健和保守，西北西南地区银行则积极、稳健、保守均有。

表5　　　　　　　　　　　　　　城商行风险管理制度建设内容概要

银行名称	风险管理制度建设
上海银行	坚持底线思维，强化风险意识，塑造健康的风险文化，健全风险管理三道防线，持续完善全面风险管理体系。 完善授信政策，强化准入管理，优化信贷结构，健全资产质量管控机制；加强对大额授信的针对性管控力度，对表内外资产、集团客户等加大系统性管控范围，加大退出等刚性管理力度。 加强合规建设，深化内部控制，构建内控合规闭环优化机制。 加大风控系统智能化建设，构建"量化管理＋预警机控＋流程机控"风险管理新模式，推进风险有效前瞻预警，提升风险决策效力和量化管理水平。
江苏银行	加强各项基础管理，突出风险防控，稳步提升风控水平。 梳理完善授信业务流程，建立健全对公授信业务重大风险事项重检机制，聚焦重点行业、重点分行，有效控制新增不良贷款，抵御风险实力进一步增强。
南京银行	加强全面风险管理，发布风险偏好陈述书。 管控资产质量，妥善处置大额授信风险。 强化内控合规工作，加强案件防控，建立案防责任主体履职清单。 优化反洗钱管理体系，加快审计工作信息化转型。
宁波银行	完善全面风险管理体系，将合规经营理念融入银行经营管理中。 在实施既有风控措施的基础上，不断重检风险管理措施的针对性和有效性，通过穿行测试、流程回检，确保措施落实到位。 加大金融科技在风险管理上的应用，提升风险管理的系统化、数字化、智能化水平。
徽商银行	坚持合规经营，全面落实国家政策导向和各项监管意见，持续巩固乱象治理成果，扎实推进作风建设年活动，推进合规稳健的企业文化。 坚持风险管理不放松，抓深抓实信用风险、市场风险、流动性风险、操作风险等管理，实现各类风险可控。
盛京银行	加强全面风险管理体系建设，严守稳健经营底线，有效落实风险总监派驻制度，将风险控制嵌入业务的全流程，提高风险管理的精细化、专业化水平，强化流动性管理，加大问题资产清收力度。
中原银行	构建制度执行、内控检查、监督评价的全流程管理体系，强化信用风险、市场风险和操作风险三大风险的组合管理。 有序推进数字风控建设，搭建以风险价值及限额为核心的计量监控体系，建立风险模型实验室和大数据算法联合开发中心，完成新一代信贷系统一期上线，积极拓展外部数据应用。 坚持依法合规，从严治行，倡导自身作风建设和合规文化建设。

银行名称	风险管理制度建设
天津银行	强化全面风险管理，拆分"坏银行"取得阶段性成效，存量业务风险有序释放。 牢牢守住风险底线，对违规问题保持零容忍的问责处罚高压态势，实现连续三年保持零案件。
哈尔滨行	突出整章建制和规范执行，打造制度、系统、文化相融合的内控合规体系。 夯实全面风险管理责任分工和管理基础，确立前中后台分工明确、衔接顺畅、齐抓共管的风险治理体系。 推动智能风控体系建设，推动深化内评模型应用，持续优化规则策略，建立反欺诈预警模型，持续提高风控智能化的业务覆盖和刚性控制。 优化非零售内评模型，新建信用债模型，提高内评体系应用覆盖面。 聚焦流动性安全，提高日间流动性监测频率，丰富流动性管理手段，保证经营平稳。 建立健全问题响应机制，加强互联网安全防护，通过数据库审计和无线网络平台，强化网络安全纵深防御能力，确保系统安全稳定运行。 成立消费者权益保护部，敏感投诉及舆情事件协同处置效率提升。
贵阳银行	优化风险管理架构，深化全面风险管控手段，强化对重点领域的风险监测和控制，提升风险管控前瞻性和针对性。 强化操作风险管控，统筹开展授信业务、创新产品风险审查、员工行为排查、反洗钱风险评估和消费者权益保护检查等专项风险治理行动，全方位构筑防范系统性金融风险的坚实防线。
重庆银行	改善资产质量，归集整合贷后管理、不良资产处置职能，综合施策，精准发力，全面风险管理的防护网更加严实。 强化信用风险管理、线上业务规范、内部控制、员工行为管理等重点环节管控。
郑州银行	高度重视风险防范和内控建设，秉持"审慎、理性、稳健"理念，制定切合实际的风险偏好。 加快不良贷款处置，完善贷前贷后管理机制，降存量控新增效果明显，资产质量稳中向好。
青岛银行	全面推进信用风险一体化管理逐步显现成效，业务审批效率、不断提升风控水平。
九江银行	树立先进的风险管理理念，培育健康的风险管理文化，构建全面的风险管理体系，持续提升风险管理水平。 通过内控、合规、操作三合一系统建设，将合规要求融入经营管理的各项细节，从原则到工具全方位构筑合规经营的体制架构；优化资产质量，践行合规优先的核心价值观。
苏州银行	狠抓全面风险管理。 推进数字化风控。 加强员工行为管理，加大监督惩戒力度，强化内控合规向经营管理全流程穿透。 强化廉洁文化建设，完善警示教育机制，保持惩治腐败高压态势。
甘肃银行	健全全面风险管理体系，有效提升风险管控质量。 细化全行风险化解职责和工作机制，配套专项考核措施，充实保全条线人员力量，实施分级分层管理。 加强流动性应急管理，制定应急预案，优化资产负债期限结构，加强流动性风险识别预警。 扎实落实监管要求，深入推进各类检查工作，进一步夯实内控合规管理基础。
西安银行	提升全面风险管理治理能力，健全内部控制以及重大、关键风险的管控体系和机制流程。 强化并表全口径信用风险统筹管理，加大各专业领域的风险治理，重点梳理同业业务的分层管理与风险治理，加强资管业务、直销银行平台资产的风险评估与防范。 加强对参股、控股机构穿透管理的力度，使全行运营平稳，整体风险可控。

续表

银行名称	风险管理制度建设
晋商银行	科技化的引领、市场化的选人用人、专业化的经营服务、系统化的防控风险。
泸州银行	开展效率年提升活动，深入查找并整改全行存在的风险点和影响效率的问题，提升全行内控合规水平和风险管理能力。

农商行在风险管理制度建设与披露方面仍需进一步提升。农商行在各类银行中披露率最低，仅为60%。在披露风险管理制度建设的农商行中，在制度建设方面存在不够全面和规范的问题，更多地集中于意识到风险管控的重要性，提出完善制度、坚持风险底线等方面，针对具体的风险管控体系建设措施和主要方向较少提及。

表6 农商行风险管理制度建设内容概要

银行名称	风险管理制度建设
渝农商行	准确研判形势、保持战略定力、扎实练好内功，全面风险管控取得良好成效，资产质量和风险抵御能力稳中向好。
广州农商	坚定走合规经营、稳健发展之路，强调明确责任、落实责任、追究责任，尊崇制度、执行制度、完善制度，对违规违纪、违法犯罪行为保持零容忍和高压态势，坚决守住资金安全、运营安全、廉政安全底线。
青农商行	强化金融科技赋能力量，严格风险管控，提升管理效能。 建立大数据运营的专业组织，完善贷款审批事前介入机制，搭建数字化、智能化贷后预警模型，丰富不良贷款清收处置，并推进以智慧厅堂建设为载体、"三大集中"建设为支撑的运营体系转型，持续提升运维管理效能。
紫金银行	全面风险管控体系持续完善、不断强化，风险偏好和风险限额体系进一步优化，风险防控能力不断提升。 制订"6+1"风险管理专项实施方案，"大排查、大处置、大提升"行动与"治乱象"主题活动交叉互补，风险隐患和风险苗头深度涤清。
九台农商	全面加强资本管理，健全内控体系，各项监管指标保持合规稳健，在风险防控中稳固运营基础。 持续完善制度流程体系和全面风险管理体系，深化整治市场乱象活动，加强信用风险、流动性风险、市场风险、操作风险、声誉风险等管理。
苏农银行	强化内部管理，推进全行体制机制不断完善，风险管控能力持续增强，资产质量持续改善。 严把风险管理关口，按计划逐步退出"两高一剩"过剩产能行业，有序压降大额贷款占比，在行业、地区、客户的投放集中度更加合理。 将FinTech应用于金融行业，把客户画像、智能风控、大数据预警等系统作为核心竞争力打造。

四、风险管理荣誉获得

国有银行在风险管理荣誉获得方面比例最高，其次是城商行、农商行，股份制银行在荣誉获得和披露方面表现相对其他三类银行比例最低。具体来看，6家国有银行中，5家银行披露了在风险管理方面荣誉获得，比例高达83.33%，体现了对于风险管理工作的关注和重视。城商行和农商行的比例分别为30.77%、10.00%，9家股份制银行中，年报奖项披露中均未涉及风险管理荣誉获得，作为风险管理工作成效展现的一部分，仍有进一步提高空间。

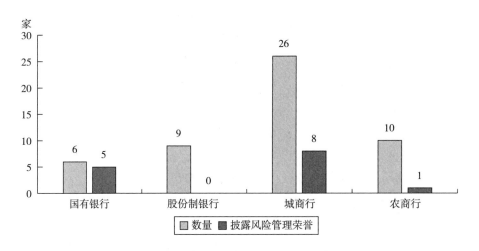

图3　各类银行风险管理荣誉统计

表 7 统计了部分银行风险管理方面的荣誉获得情况。奖项颁发单位包括《财资》《亚洲银行家》《金融时报》等，同时也包括诸如银行业协会、支付清算协会、银保监会办公厅等相关自律监管机构以及各类会议和课题研究竞赛等。它们从不同的维度对于银行的风险管理工作成效进行评价，体现各家银行在风险管理方面的建设以及自身特色。

表7　　　　　　　　　　　部分银行风险管理荣誉奖项展示

银行类别	银行名称	颁发单位	奖项
国有银行	农业银行	《财资》	最创新性风险管理奖
	中国银行	《亚洲银行家》	全面风险技术实施奖
	建设银行	《亚洲银行家》	中国全面风险管理成就奖
	邮储银行	《金融时报》	年度最佳风险管理银行
	交通银行	《金融电子化》	"知识图谱在风控领域的应用"获 2019 年度金融科技创新突出贡献奖
城商行	北京银行	《金融电子化》	"大数据风控引擎"获 2019 年度金融科技创新突出贡献奖
	上海银行	国务院反假货币工作联席会议	第六次会议通报表扬
		公安部经济犯罪侦查局、中国银联	2018 年银行卡安全合作委员会反欺诈优秀实践奖
		上海市人民政府反假货币工作联席会议办公室	2018 年度上海市反假货币工作先进集体
	江苏银行	普益标准	普益标准"综合理财能力""风控能力""信息披露规范性"三项排名中，位居全国城商行第一名
		《中国经营报》	卓越竞争力风险管理银行
	南京银行	银保监会银行业信息科技风险管理课题研究竞赛	银保监会银行业信息科技风险管理课题研究竞赛一类成果奖

银行类别	银行名称	颁发单位	奖项
城商行	徽商银行	安徽省银行业协会	2018 年度安徽银行业法律风险管理先进单位
		中国支付清算协会	支付安全和防范电信网络新型欺诈宣传周——活动优秀组织奖
		国家外汇管理局安徽省分局	2019 年银行外汇业务合规与审慎经营 A 类行
	哈尔滨行	万事达国际卡组织	2019 年度最佳风控表现奖
	西安银行	时代传媒	最佳风控银行机构
	泸州银行	中国银保监会办公厅	《中小商业银行操作风险监测模型研究与实践》被评为全国四类成果
农商行	张家港行	省联社	风险控制考核优胜奖

专题七　监管指标

上市银行共披露了 11 个监管指标，分别为收益类指标中的平均总资产收益率、平均净资产收益率、成本收入比；资本类指标中的资本充足率、核心一级资本充足率、核心资本充足率；信用风险类指标中的不良贷款率、拨备覆盖率、单一客户贷款集中度、最大十家客户贷款集中度；流动性类指标中的流动性比率、存贷比。

总的来看，各类银行 2019 年收益率进一步下降，其中城商行下降幅度最大，收益率指标不达标的银行数目有所增加。国有银行与股份制银行分别继续保持最高的总资产收益率与净资产收益率。各类银行的成本收入比均不同程度地下降，仅两家银行未达标。各行资本充足率均达到要求并较上年普遍增高。信用风险类指标表现欠佳，并未全部满足管理要求，拨备覆盖率指标未达标的银行数量也有所上升。流动性指标方面全部达到管理要求，银行间差异较大。

一、收益类指标

（一）平均总资产收益率与平均净资产收益率

2019 年，51 家上市银行平均总资产收益率为 0.82%，同比下降 0.01 个百分点；平均净资产收益率为 11.37%，同比下降 0.91 个百分点。2019 年，招商银行总资产收益率以 1.31% 蝉联榜首，甘肃银行以 0.15% 排在末位。净资产收益率方面，贵阳银行以 17.41% 的净资产收益率蝉联第一，较上年下降 1.47 个百分点。前三名不再全由城商行斩获，宁波银行与招商银行分列第二、第三名。甘肃银行以 2.05% 的净资产收益率处于末位（见表 1）。

根据银保监会《商业银行风险监管核心指标》的相关要求，总资产收益率不得低于 0.6%，净资产收益不得低于 11%。5 家银行总资产收益率上不达标，分别是：九江银行、盛京银行、中原银行、江西银行、甘肃银行。17 家银行在净资产收益率上不达标，其中除华夏银行外，均为城商行与农商行。对比来看，国有银行平均总资产收益率最高，股份制银行平均净资产收益率最高。

具体来看，国有银行平均总资产收益率为 0.91%，与上年基本持平；平均净资产收益率为 12.40%，较 2018 年下降 0.47 个百分点。建设银行继续以 1.11% 的平均总资产收益率和 13.18% 的净资产收益率位列第一。邮储银行以 0.62% 的总资产收益率居于末位，交通银行以 11.2% 的净资产收益率居于末位。

股份制银行平均总资产收益率为 0.88%，较 2018 年提升 0.02 个百分点；平均净资产收益率为 12.58%，较 2018 年下降 0.54 个百分点。招商银行两项指标均居于首位，分别是 1.31% 和 16.84%。浙商银行与中信银行以 0.76% 的平均总资产收益率并列末位，华夏银行以 10.61% 的平均净资产收益率位于末位。招商银行在两项指标中增幅最大，分别增长 0.07 个百分点和 0.27 个百分点。华夏银行在两项指标中跌幅最大，分别下降 0.03 个百分点和 2.06 个百分点。

城商行平均总资产收益率为 0.77%，较 2018 年下降 0.02 个百分点；平均净资产收益率为 10.97%，较 2018 年下降 1.42 个百分点。宁波银行在平均总资产收益率中表现最好，为 1.13%，贵阳银行在平均净资产收益率中表现最好，为 17.41%。甘肃银行在两项指标中处于末位，收益率分别为 0.15% 和 2.05%，均不达标。

农商行平均总资产收益率为 0.85%，较 2018 年上升 0.02 个百分点；平均净资产收益率为 10.65%，较 2018 年下降 0.31 个百分点。常熟银行以 1.08% 的总资产收益率居于首位，广州农商以 13.24% 的净资产收益率居于首位。九台农商总资产收益率表现欠佳，以 0.71% 的总资产收益率与 7.45% 的净资产收益率双双居于末位。

表1　　　　　　　　　　　平均总（净）资产收益率比较①

	平均总资产收益率（%）②				平均净资产收益率（%）③			
	2019 年	2018 年	2017 年	2019 年变动百分比	2019 年	2018 年	2017 年	2019 年变动百分比
工商银行	1.08	1.11	1.14	−0.03	13.05	13.79	14.35	−0.74
农业银行	0.90	0.93	0.95	−0.03	12.43	13.66	14.57	−1.23
中国银行	0.92	0.94	0.98	−0.02	11.45	12.06	12.24	−0.61
建设银行	1.11	1.13	1.13	−0.02	13.18	14.04	14.80	−0.86
交通银行	0.80	0.80	0.81	0.00	11.20	11.36	11.40	−0.16
邮储银行	0.62	0.57	0.55	0.05	13.10	12.31	13.07	0.79
国有银行	0.91	0.91	0.93	−0.01	12.40	12.87	13.41	−0.47
中信银行	0.76	0.77	0.74	−0.01	11.07	11.39	11.67	−0.32
光大银行	0.82	0.80	0.78	0.02	11.77	11.55	12.75	0.22
招商银行	1.31	1.24	1.15	0.07	16.84	16.57	16.54	0.27
浦发银行	0.90	0.91	0.92	−0.01	12.29	13.14	14.45	−0.85
民生银行	0.87	0.85	0.86	0.02	12.40	12.94	14.03	−0.54
华夏银行	0.78	0.81	0.82	−0.03	10.61	12.67	13.54	−2.06
平安银行	0.77	0.74	0.75	0.03	11.30	11.49	11.62	−0.19
兴业银行	0.93	0.93	0.92	0.00	14.02	14.27	15.35	−0.25
浙商银行	0.76	0.73	0.76	0.03	12.92	14.04	14.64	−1.12
股份制银行	0.88	0.86	0.86	0.01	12.58	13.12	13.84	−0.54

① 国有银行、股份制银行、城商行和上市商业银行的平均总资产收益率的平均值和平均净资产收益率的平均值均为算术平均值。
② 总资产收益率的计算公式是净利润总额除以平均总资产总额。
③ 净资产收益率的计算公式是归属于母公司股东的净利润总额除以平均净资产总额。

续表

	平均总资产收益率（%）				平均净资产收益率（%）			
	2019 年	2018 年	2017 年	2019 年变动百分比	2019 年	2018 年	2017 年	2019 年变动百分比
北京银行	0.81	0.82	0.85	−0.01	11.45	11.65	13.77	−0.20
天津银行	0.69	0.62	0.58	0.07	9.32	9.15	9.12	0.17
上海银行	0.95	0.94	0.86	0.01	12.94	12.67	12.63	0.27
重庆银行	0.91	0.88	0.95	0.03	13.00	12.80	14.90	0.20
宁波银行	1.13	1.04	0.97	0.09	17.10	18.72	19.02	−1.62
南京银行	0.96	0.94	0.88	0.02	16.53	16.96	16.94	−0.43
盛京银行	0.54	0.51	0.78	0.03	7.99	9.38	15.36	−1.39
徽商银行	0.92	0.90	0.94	0.02	14.60	15.08	15.56	−0.48
哈尔滨行	0.61	0.94	0.96	−0.33	7.41	10.71	13.50	−3.30
郑州银行	0.70	0.69	1.08	0.01	9.30	10.03	18.82	−0.73
青岛银行	0.68	0.66	0.65	0.02	8.27	8.36	10.80	−0.09
江苏银行					12.65	12.43	13.72	0.22
杭州银行	0.75	0.62	0.59	0.13	12.15	11.01	11.34	1.14
贵阳银行	1.13	1.08	1.10	0.05	17.41	18.88	19.76	−1.47
中原银行	0.48	0.41	0.82	0.07	5.52	5.43	9.57	0.09
九江银行	0.56	0.61	0.71	−0.05	7.69	8.66	11.31	−0.97
成都银行	1.06	1.00	0.98	0.06	16.63	16.04	16.83	0.59
长沙银行	0.93	0.92	0.93	0.01	15.61	16.91	18.25	−1.30
西安银行	1.03	0.99	0.93	0.04	11.94	12.61	12.66	−0.67
泸州银行	0.73	0.86	1.00	−0.13	9.47	14.66	14.83	−5.19
江西银行	0.48	0.70	0.85	−0.22	6.15	9.95	13.12	−3.80
甘肃银行	0.15	1.15	1.30	−1.00	2.05	16.43	22.46	−14.38
晋商银行	0.62	0.61		0.01	8.20	8.70		−0.50
苏州银行	0.80	0.18		0.62	9.85	10.08		−0.23
城商行	0.77	0.79	0.89	−0.02	10.97	12.39	14.74	−1.42
江阴银行	0.84	0.70	0.71	0.14	9.10	8.92	9.10	0.18
常熟银行	1.08	1.01	0.96	0.07	11.52	12.62	12.52	−1.10
苏农银行	0.75	0.76		−0.01	8.44	9.08	9.06	−0.64
广州农商	0.95	0.91	0.40	0.04	13.24	13.13	13.65	0.11
九台农商	0.71	0.67	0.70	0.04	7.77	7.45	10.79	0.32
张家港行	0.79	0.76	0.78	0.03	9.22	9.39	9.43	−0.17
紫金银行	0.72			0.72	10.80	11.93	11.88	−1.13
青农商行	0.90	0.90	0.93	0.00	12.38	12.86	12.77	−0.48
无锡银行	0.79	0.75	0.76	0.04	11.22	10.68	11.04	0.54
渝农商行	1.01	0.99	1.05	0.02	12.82	13.55	15.61	−0.73
农商行	0.85	0.83	0.86	0.02	10.65	10.96	11.59	−0.31
平均	0.82	0.83	0.87	0.00	11.37	12.29	13.54	−0.91

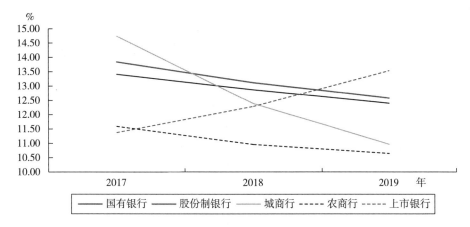

图1　2017—2019年各类银行净资产收益率变动

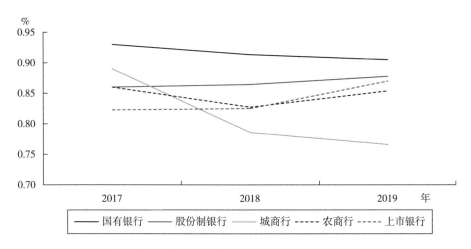

图2　2017—2019年各类银行总资产收益率变动

（二）成本收入比

2019年，50家上市银行的平均成本收入比为29.59%，较2018年下降1.23个百分点。其中上海银行成本收入比最低，为19.98%，邮储银行成本收入比最高为56.57%（见表2）。

银保监会对成本收入比的要求是不高于45%。共两家银行，邮储银行和九台农商未达标，其成本收入比分别为56.57%和51.08%。对比来看，股份制银行取代城商行，成本收入比最低，农商行成本收入比最高。

具体来看，国有银行平均成本收入比为32.50%，较2018年下降0.43个百分点。其中工商银行23.28%的成本收入比最低，邮储银行最高。

股份制银行平均成本收入比为27.65%，较上年下降1.78个百分点，其中浦发银行最低，为22.58%，招商银行最高，为32.09%，较上年上涨1.07个百分点。除招商银行外，股份制银行成本收入比较2018年均有所下降。

城商行平均成本收入比为28.11%，较2018年下降1.17个百分点。其中中原银行最高，为38.45%，上海银行最低，为19.98%。甘肃银行增幅最大，为6.81个百分点；苏州银行降幅最大，为 6.05 个百分点。

农商行平均成本收入比为 33.21%，较 2018 年下降 1.40 个百分点。常熟银行 38.24% 最高，广州农商 27.25% 最低。常熟银行增幅最大，为 1.71 个百分点；张家港行降幅最大，为 4.28 个百分点。

表 2　　　　　　　　　　　　　　　成本收入比比较①　　　　　　　　　　　　　单位：%

	2019 年	2018 年	2017 年	2019 年变动百分比
工商银行	23.28	23.91	24.46	-0.63
农业银行	30.49	31.27	32.96	-0.78
中国银行	28.00	28.09	28.34	-0.09
建设银行	26.53	26.42	26.95	0.11
交通银行	30.11	31.50	31.85	-1.39
邮储银行	56.57	56.41	64.64	0.16
国有银行	32.50	32.93	34.87	-0.43
中信银行	27.70	30.57	29.92	-2.87
光大银行	27.27	28.79	31.92	-1.52
招商银行	32.09	31.02	30.23	1.07
浦发银行	22.58	24.90	24.34	-2.32
民生银行	26.74	30.07	31.72	-3.33
华夏银行	30.59	32.58	32.96	-1.99
平安银行	29.61	30.32	29.89	-0.71
兴业银行	26.03	26.89	27.63	-0.86
浙商银行	26.24	29.69	31.96	-3.45
股份制银行	27.65	29.43	30.06	-1.78
北京银行	23.23	25.19	26.85	-1.96
天津银行	22.20	27.18	29.42	-4.98
上海银行	19.98	20.52	24.47	-0.54
重庆银行	22.27	22.93	22.00	-0.66
宁波银行	34.32	34.44	34.63	-0.12
南京银行	27.39	28.61	29.20	-1.22
盛京银行	21.31	24.13	26.22	-2.82
徽商银行	22.76	23.02	25.90	-0.26
哈尔滨行	32.71	30.88	29.71	1.83
郑州银行	26.46	27.96	26.15	-1.50
青岛银行	31.88	32.97	31.60	-1.09

① 成本收入比 = 业务及管理费/营业收入。部分银行的统计口径略有不同。其中，建设银行、交通银行和哈尔滨行 "成本收入比 = 业务及管理费/扣除其他业务成本的营业收入"；兴业银行、郑州银行、常熟银行和无锡银行 "成本收入比 = 业务及管理费加上其他业务成本/营业收入"；在香港上市的邮储银行、浙商银行、江西银行、九江银行、泸州银行、盛京银行、天津银行、中原银行、重庆银行、广州农商和九台农商 "成本收入比 = 营业费用（不含税金及附加）/营业收入"；徽商银行 "成本收入比 = 营业费用/营业收入。国有银行、股份制银行、城商行和上市商业银行成本收入比的平均值均为算术平均值。

	2019 年	2018 年	2017 年	2019 年变动百分比
江苏银行	25.64	28.68	28.80	−3.04
杭州银行	28.71	29.91	31.74	−1.20
贵阳银行	26.30	26.73	28.10	−0.43
中原银行	38.45	40.59	44.00	−2.14
九江银行	28.12	27.86	32.5	0.26
成都银行	26.52	25.77	28.27	0.75
长沙银行	30.72	34.12	33.67	−3.40
西安银行	25.68	27.97	30.09	−2.29
泸州银行	35.95	34.54	31.89	1.41
江西银行	26.08	30.48	32.18	−4.40
甘肃银行	31.53	24.72	28.81	6.81
晋商银行	34.79	35.75		−0.96
苏州银行	31.68	37.73		−6.05
城商行	28.11	29.28	29.83	−1.17
渝农商行	28.54	30.33	33.96	−1.79
江阴银行	31.66	32.03	38.29	−0.37
常熟银行	38.24	36.53	37.14	1.71
苏农银行	34.61	34.18	32.63	0.43
广州农商	27.25	28.05	37.11	−0.80
九台农商	51.08	54.72	50.77	−3.64
张家港行	31.15	35.43	36.33	−4.28
紫金银行	29.69	33.42	35.01	−3.73
青农商行	30.25	32.23	35.69	−1.98
无锡银行	29.66	29.18	30.03	0.48
农商行	33.21	34.61	36.70	−1.40
平均	29.59	30.82	31.98	−1.23

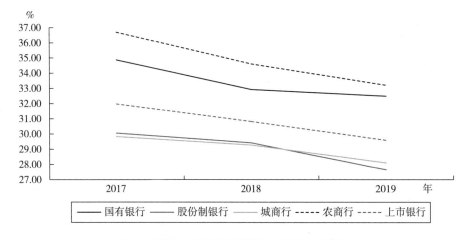

图 3 2017—2019 年各类银行成本收入比变动

二、资本类指标

根据 2012 年 6 月 8 日银保监会发布的《商业银行资本管理办法（试行）》的规定，资本监管分为四个层次：第一层次为最低资本要求，核心一级资本充足率、一级资本充足率和资本充足率的最低要求为 5%、6% 和 8%；第二层次为储备资本要求和逆周期资本要求，储备资本要求为 2.5%，逆周期资本要求为 0~2.5%；第三层次为系统重要性银行附加资本要求，为 1%；第四层次为第二支柱资本要求。《商业银行资本管理办法（试行）》实施后，正常时期系统重要性银行和非系统重要性银行的资本充足率要求分别为 11.5% 和 10.5%。2019 年，所有上市银行均符合监管要求（见表 3）。

表 3　　　　　　　　　　　各类银行资本充足率对比①

	资本充足率（%）②			核心一级资本充足率（%）			核心资本充足率（%）		
	2019 年	2018 年	2017 年	2019 年	2018 年	2017 年	2019 年	2018 年	2017 年
工商银行	16.77	15.39	15.14	13.20	12.98	12.77	14.27	13.45	13.27
农业银行	16.13	15.12	13.74	11.24	11.55	10.63	12.53	12.13	11.26
中国银行	15.59	14.97	14.19	11.30	11.41	11.15	12.79	12.27	12.02
建设银行	17.52	17.19	15.50	13.88	13.83	13.09	14.68	14.42	13.71
交通银行	14.83	14.37	14.00	11.22	11.16	10.79	12.85	12.21	11.86
邮储银行	13.52	13.76	12.51	9.90	9.77	8.60	10.87	10.88	9.67
国有银行	15.73	15.13	14.18	11.79	11.78	11.17	13.00	12.56	11.97
中信银行	10.50	12.47	11.65	8.69	8.62	8.49	10.20	9.43	9.34
光大银行	13.47	13.01	13.49	9.20	9.15	9.56	11.08	10.09	10.61
招商银行	15.54	15.68	15.48	11.95	11.78	12.06	12.69	12.62	13.02
浦发银行	13.86	13.67	12.02	10.26	10.09	9.50	11.53	10.79	10.24
民生银行	13.17	11.75	11.85	8.89	8.93	8.63	10.28	9.16	8.88
华夏银行	13.89	13.19	12.37	9.25	9.47	8.26	11.91	10.43	9.37
平安银行	13.22	11.50	11.20	9.11	8.54	8.28	10.54	9.39	9.18
兴业银行	13.36	12.20	12.19	9.47	9.30	9.07	10.56	9.85	9.67
浙商银行	14.24	13.38	12.21	9.64	8.38	8.29	10.94	9.83	9.96
股份制银行	13.47	12.98	12.50	9.61	9.36	9.13	11.08	10.18	10.03
北京银行	12.28	12.07	12.03	9.22	8.93	8.89	10.09	9.85	9.81
天津银行	15.24	14.53	10.74	10.62	9.83	8.64	10.63	9.84	8.65
上海银行	13.84	13.00	14.33	9.66	9.83	10.69	10.92	11.22	12.37
重庆银行	13.00	13.21	13.60	8.51	8.47	8.62	9.82	9.94	10.24
宁波银行	15.57	14.86	13.58	9.62	9.16	8.61	11.30	11.22	9.41
南京银行	13.03	12.99	12.93	10.01	9.74	7.99	8.87	8.51	9.37

---

① 国有银行、股份制银行、城商行和上市商业银行的平均总资产收益率的平均值和平均净资产收益率的平均值均为算术平均值。

② 资本充足率 = 资本净额/表内、表外风险加权资产期末总额。

	资本充足率（%）			核心一级资本充足率（%）			核心资本充足率（%）		
	2019 年	2018 年	2017 年	2019 年	2018 年	2017 年	2019 年	2018 年	2017 年
盛京银行	14.54	11.86	12.85	11.48	8.52	9.04	11.48	8.52	9.04
徽商银行	13.21	11.65	12.19	8.85	8.37	8.48	8.85	8.37	9.46
哈尔滨行	12.53	12.15	12.25	10.22	9.74	9.72	10.24	9.75	9.74
锦州银行	8.39	9.12		5.14	6.07		6.46	7.43	
郑州银行	12.11	13.15	13.53	7.98	8.22	7.93	10.05	10.48	10.49
青岛银行	14.76	15.68	16.60	8.36	8.39	8.71	11.33	11.82	12.57
江苏银行	12.89	12.55	12.62	8.59	8.61	8.54	10.10	10.28	10.40
杭州银行	13.54	13.15	14.30	8.08	8.17	8.69	9.62	9.91	10.76
贵阳银行	13.61	12.97	11.56	9.39	9.61	9.51	10.77	11.22	9.54
中原银行	13.02	14.73	13.15	8.51	9.44	12.15	10.31	11.49	12.16
九江银行	11.68	11.55	10.51	9.01	8.90	8.75	9.01	8.90	8.75
成都银行	15.69	14.08	14.00	10.13	11.14	11.05	10.14	11.15	11.05
长沙银行	13.25	12.24	11.74	9.16	9.53	8.70	10.76	9.55	8.72
西安银行	14.58	14.17	13.83	12.62	11.87	11.59	12.62	11.87	11.59
泸州银行	12.09	13.29	13.69	9.31	10.69	10.40	9.31	10.69	10.40
江西银行	12.63	13.60	12.90	9.96	10.78	9.38	9.97	10.79	9.40
甘肃银行	11.83	13.55	11.54	9.92	11.01	8.71	9.92	11.01	8.71
晋商银行	13.60	12.99		11.47	10.63		11.47	10.63	
苏州银行	14.36	12.96		11.30	10.07		11.34	11.10	
城商行	13.25	13.04	12.93	9.48	9.43	9.31	10.22	10.22	10.12
渝农商行	14.88	13.52	13.03	12.42	10.95	10.39	12.44	10.96	10.40
江阴银行	15.29	15.21	14.14	14.16	14.02	12.94	14.17	14.04	12.95
常熟银行	15.10	15.12	12.97	12.44	10.49	9.98	12.49	10.53	9.92
苏农银行	14.67	14.89	13.42	12.17	10.99	12.27	12.17	10.99	12.27
广州农商	14.23	14.28	12.00	9.96	10.50	10.69	11.65	10.53	10.72
九台农商	11.98	11.83	12.20	9.55	9.40	9.47	9.66	9.50	9.66
张家港行	15.10	15.65	12.93	11.02	11.94	11.82	11.02	11.94	11.82
紫金银行	14.78	13.35	13.94	11.07	9.70	9.69	11.07	9.70	9.69
青农商行	12.26	12.55	12.59	10.48	10.60	10.50	10.49	10.61	10.51
无锡银行	15.85	16.81	14.12	10.20	10.44	9.93	10.20	10.44	9.93
农商行	14.41	14.32	13.13	11.35	10.90	10.77	11.54	10.92	10.79
平均	13.83	13.56	13.05	10.21	10.06	9.82	11.03	10.69	10.48

　　总体来看，2019 年，上市银行平均资本充足率为 13.83%，同比增长 0.27 个百分点；核心一级资本充足率为 10.21%，同比增长 0.15 个百分点；核心资本充足率为 11.03%，同比增长 0.34 个百分点。整体上，上市银行资本充足率压力不大，其中建设银行以 17.52%的资本充足率位列首位，锦州银行以 8.39%的资本充足率位列末位。核心一级资本方面，

江阴银行最高，为 14.16%；锦州银行最低，为 5.14%。

具体来看，国有银行资本充足率为 15.73%，同比增长 0.60 个百分点；核心资本充足率为 13.00%，同比增长 0.44 个百分点。其中邮储银行以 13.52% 的资本充足率与 10.87% 的核心资本充足率均位列末位。

股份制银行的平均资本充足率为 13.47%，同比增长 0.49 个百分点；平均核心资本充足率为 11.08%，同比增长 0.90 个百分点。其中中信银行平均资本充足率与平均核心资本充足率均最低，分别为 10.50% 和 10.20%。2018 年资本充足率最低的平安银行以 1.72 个百分点的增幅居首。

城商行的平均资本充足率为 13.25%，同比增长 0.21 个百分点；平均核心资本充足率为 10.22%，与 2018 年基本持平。其中锦州银行在两项指标中均位列末位，分别为 8.39% 和 6.46%。

农商行的平均资本充足率为 14.41%，同比增长 0.09 个百分点；平均核心资本充足率为 11.54%，同比增长 0.62 个百分点。其中九台农商银行在两项指标中位于末位，分别为 11.98% 和 9.66%。

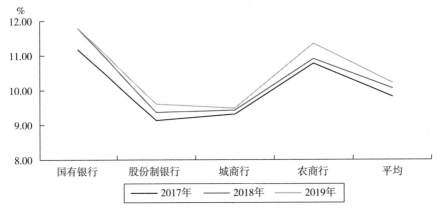

图4　2017—2019 年各类银行核心一级资本充足率变动

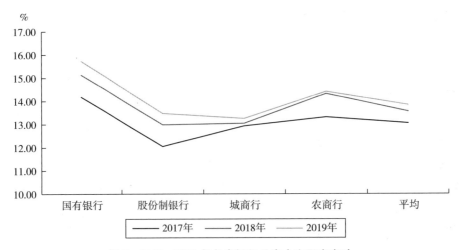

图5　2017—2019 年各类银行总资本充足率变动

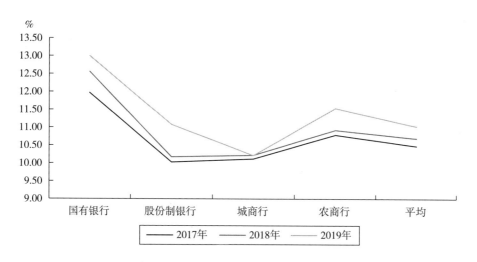

图 6 2017—2019 年各类银行核心资本充足率变动

三、信用类风险指标

（一）不良贷款率与拨备覆盖率

2019 年，上市银行平均不良贷款率为 1.61%，较 2018 年同比提高 0.01 个百分点；平均拨备覆盖率为 244.43%，同比增长 10.01 个百分点。2019 年，银行业不良贷款核销提速，核销总额达到 8468.76 亿元，平均每家银行核销 152.94 亿元，同比增长 0.97%，较 2018 年增速明显放缓。

2019 年，锦州银行不良贷款率最高，达到 6.52%，宁波银行最低，仅为 0.78%。拨备覆盖率方面，宁波银行最高，为 524.08%；锦州银行最低，为 127.28%。

在所有银行中，天津银行核销增速最快，达到 297 倍，由 2018 年的 1400 万元增长至 2019 年的 41.72 亿元；江苏银行核销降幅最大，达 94.32%。与 2018 年普遍加快核销不同，2019 年上市银行核销变化差异较大，是对未来不良核销压力与不良率上升预判的不同和先前核销规模不同所致。

银保监会要求不良贷款率不高于 5%，拨备覆盖率不低于 150%。不良贷款率除锦州银行外全部达标，拨备覆盖率共 4 家银行未达标，分别是招商银行、华夏银行、锦州银行、甘肃银行。对比来看，城商行取代股份制银行，成为不良贷款率最高的银行类型，国有银行依旧最低。拨备覆盖率同 2018 年一致，农商行最高，股份制银行最低。

具体来看，国有银行平均不良贷款率为 1.33%，较上年同比减少 0.06 个百分点；平均拨备覆盖率为 243.31%，较上年同比增长 20.27 个百分点。除邮储银行平均不良贷款率与上年持平外，国有银行资产质量均有不同程度的改善。核销方面，国有银行平均核销 560.94 亿元，同比减少 52.74 亿元，降幅达 8.6%，其中农业银行降幅最大，达到 22%。

股份制银行平均不良贷款率为 1.60%，同比减少 0.04 个百分点；平均拨备覆盖率为 202.00%，同比增长 4.86 个百分点。其中，浦发银行不良贷款率最高，为 2.05%；招商银行不良贷款率最低，为 1.16%。2019 年，股份制银行平均核销不良贷款 380.00 亿元，同比增加 44.50 亿元，增幅达 13.3%。其中浙商银行增幅最大，达 93%。

城商行平均不良贷款率为 1.75%，同比增长 0.07 个百分点；平均拨备覆盖率为 244.42%，同比增长 7.67%。2019 年，城商行平均核销 25.17 亿元，同比增加 4.99 亿元，增幅达 24.7%。其中江苏银行降幅最大，达 94%。

农商行平均不良贷款率为 1.45%，同比下降 0.02 个百分点；平均拨备覆盖率为 283.32%，同比增长 14.32 个百分点。其中江阴银行不良贷款率最高，达 1.83%，常熟银行最低，为 0.96%。2019 年农商行核销金额平均为 8.78 亿元，较 2018 年继续下降，降幅达 6.4%，远低于其他类型的银行。

表 4 各类银行不良贷款率与拨备覆盖率比较

	不良贷款率（%）			拨备覆盖率（%）			核销（百万元）		
	2019 年	2018 年	2017 年	2019 年	2018 年	2017 年	2019 年	2018 年	2017 年
工商银行	1.43	1.52	1.55	199.32	175.76	154.07	97653	108778	72201
农业银行	1.40	1.59	1.81	288.75	252.18	208.37	51398	66563	94293
中国银行	1.37	1.42	1.45	182.86	181.97	159.18	85004	91658	70344
建设银行	1.42	1.46	1.49	227.69	208.37	171.08	49078	43879	36991
交通银行	1.47	1.49	1.50	171.77	173.13	154.73	41983	50168	19554
邮储银行	0.86	0.86	0.75	389.45	346.80	324.77	11449	7164	6495
国有银行	1.33	1.39	1.43	243.31	223.04	195.37	56094	61368	49980
中信银行	1.65	1.77	1.68	175.25	157.98	169.44	60686	52415	40032
光大银行	1.56	1.59	1.59	181.62	176.16	158.18	26576	16162	6007
招商银行	1.16	1.36	1.61	426.78	358.18	262.11	32201	26197	24283
浦发银行	2.05	1.92	2.14	133.85	156.38	132.44	68004	61290	51254
民生银行	1.56	1.76	1.71	155.50	134.05	155.61	50930	58421	22798
华夏银行	1.83	1.85	1.76	141.92	158.59	156.51	15785	11019	9672
平安银行	1.65	1.75	1.70	183.12	155.24	151.08	47555	46409	39610
兴业银行	1.54	1.57	1.59	199.13	207.28	211.78	36526	28098	21529
浙商银行	1.37	1.20	1.15	220.80	270.37	296.94	3740	1937	1319
股份制银行	1.60	1.64	1.66	202.00	197.14	188.23	38000	33550	24056
北京银行	1.40	1.46	1.24	224.69	217.51	265.57	10044	11157	5359
天津银行	1.98	1.65	1.50	220.58	250.37	193.81	4172	14	299
上海银行	1.16	1.14	1.15	337.15	332.95	272.52	8686	4237	2445
重庆银行	1.27	1.36	1.35	279.83	225.87	210.16	826	3413	1441
宁波银行	0.78	0.78	0.82	524.08	521.83	493.26	1912	1142	1943
南京银行	0.89	0.89	0.86	417.73	462.68	462.54	5147	3032	1876
盛京银行	1.75	1.71	1.49	160.90	160.81	186.02	15	207	9

续表

	不良贷款率（%）			拨备覆盖率（%）			核销（百万元）		
	2019 年	2018 年	2017 年	2019 年	2018 年	2017 年	2019 年	2018 年	2017 年
徽商银行	1.04	1.04	1.05	303.86	302.22	287.45	2519	2173	2971
哈尔滨行	1.99	1.73	1.70	152.50	169.88	167.24	3104	1374	424
锦州银行	6.52	4.99		127.28	123.75		40	272	
郑州银行	2.37	2.47	1.50	159.85	154.84	207.75	3112	1780	1273
青岛银行	1.65	1.68	1.69	155.09	168.04	153.52	2252	1764	1041
江苏银行	1.38	1.39	1.41	232.79	203.84	184.25	199	3502	5449
杭州银行	1.34	1.45	1.59	316.71	256.00	211.03	2904	2855	2727
贵阳银行	1.45	1.35	1.34	291.86	266.05	269.72	1256	2136	1184
中原银行	2.23	2.44	1.83	151.77	156.11	197.50	3217	4298	423
九江银行	1.71	1.99	1.62	182.34	169.69	192.00	1629	1113	647
成都银行	1.43	1.54	1.69	253.88	237.01	201.41	1076	1600	1738
长沙银行	1.22	1.29	1.24	279.98	275.40	260.00	2858	177	114
西安银行	1.18	1.20	1.24	262.41	216.53	203.08	334	27	119
泸州银行	0.94	0.80	0.99	349.78	319.36	294.49	152	13	30
江西银行	2.26	1.91	1.64	165.65	171.42	215.17	2208	1308	947
甘肃银行	2.45	2.29	1.74	135.87	169.47	222.00	4204	825	
晋商银行	1.86	1.87		199.92	212.68		171	9	
苏州银行	1.53	1.68		224.07	174.33		882		
城商行	1.75	1.68	1.39	244.42	236.75	243.20	2517	2018	1546
渝农商行	1.25	1.29	0.98	380.31	347.79	431.24	1943	2986	1597
江阴银行	1.83	2.15	2.39	259.13	233.71	192.13	1174	994	249
常熟银行	0.96	0.99	1.14	481.28	445.02	325.93	658	538	715
苏农银行	1.33	1.31	1.64	249.32	248.18	201.50	993	819	810
广州农商	1.73	1.27	1.51	208.09	276.64	186.75	2202	1870	1290
九台农商	1.68	1.75	1.73	167.58	160.41	171.48	74		6
张家港行	1.38	1.47	1.78	252.14	223.85	185.60		518	605
紫金银行	1.68	1.69	1.84	236.95	229.58	245.73	447	312	380
青农商行	1.46	1.57	1.86	310.23	290.05	272.16	68	31	640
无锡银行	1.21	1.24	1.38	288.18	234.76	193.77	342	373	347
农商行	1.45	1.47	1.63	283.32	269.00	240.63	878	938	664
平均	1.61	1.59	1.50	244.43	234.42	226.02	15294	15146	12344

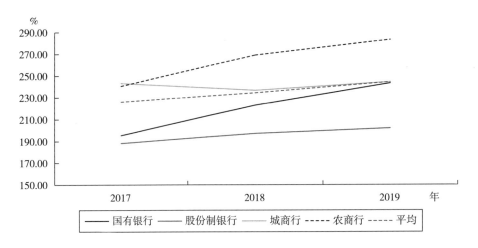

图7 2017—2019 年各类银行拨备覆盖率变动

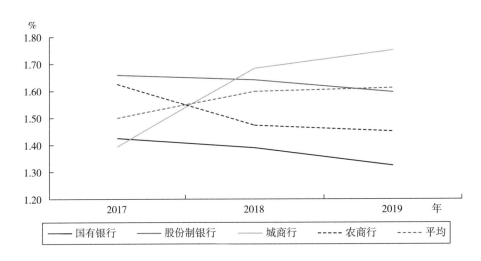

图8 2017—2019 年各类银行不良贷款率变动

（二）单一客户贷款集中度与最大十家客户贷款集中度

2019 年除锦州银行、宁波银行与广州农商未公布数据外，其他上市银行平均单一客户贷款集中度为 4.18%，同比下降 0.14 个百分点；最大十家客户贷款集中度平均为 21.05%，同比下降 0.99 个百分点。其中，单一客户贷款集中度最大的为邮储银行，达 27.19%；最小的为常熟银行，仅为 0.78%。最大十家客户贷款集中度方面，最大的是青农商行，达 53.56%；最小的是渝农商行，为 6.37%。

银保监会对单一客户贷款集中度的要求为不高于 10%，2019 年除甘肃银行与邮储银行外，上市银行全部达标。对最大十家客户贷款集中度的要求是不高于 50%，除青农商行外全部达标。

对比来看，国有银行单一客户贷款集中度最高，达到 7.48%，农商行在最大十家客户贷款集中度指标上位列首位，达 26.02%。股份制银行在两个指标中均位列末位。

具体来看，国有银行7.48%的单一客户贷款集中度较2018年下降0.73个百分点；平均最大十家客户贷款集中度为18.03%，较2018年下降1.06个百分点。其中邮储银行在两个指标中均位列首位，分别达到27.19%和39.42%。建设银行两项指标均最低，仅为2.65%和10.82%。

股份制银行平均单一客户贷款集中度为2.63%，较2018年下降0.05个百分点；最大十家客户贷款平均集中度为13.93%，同比下降1.18个百分点。较其他类型银行，集中度风险控制较好。其中招商银行单一贷款集中度最大，达4.89%；兴业银行最小，仅为1.38%。最大前十名客户贷款集中度最大的是浙商银行，为18.38%；浦发银行最小，为10.18%。

城商行平均单一客户贷款集中度为3.90%，较2018年增长0.21个百分点；最大前十名客户贷款集中度平均为22.61%，同比下降0.97个百分点。其中单一客户集中度方面，甘肃银行猛增6.08个百分点，达到10.30%，位列首位；最大前十名客户集中度方面青岛银行以38.26%位列首位。

农商行平均单一客户贷款集中度为4.28%，同比下降0.64个百分点；最大前十名客户贷款集中度平均为26.02%，同比下降1.13个百分点。其中青农商行以7.31%的单一客户贷款集中度位列首位，常熟银行居于末位，为0.78%；最大前十名客户贷款集中度方面，青农商行最高，为53.56%；渝农商行最低，为6.37%。

表5　　　　　　　　　　　　　各类银行贷款集中度比较

	单一最大客户贷款集中度（%）				最大前十家客户贷款集中度（%）			
	2019年	2018年	2017年	2019年变动百分比	2019年	2018年	2017年	2019年变动百分比
工商银行	3.10	3.80	4.90	-0.70	12.60	12.90	14.20	-0.30
农业银行	4.68	5.53	7.26	-0.85	13.83	15.25	18.27	-1.42
中国银行	3.20	3.60	3.80	-0.40	14.50	15.30	17.40	-0.80
建设银行	2.65	2.95	4.27	-0.30	10.82	13.05	13.90	-2.23
交通银行	4.08	3.60	2.63	0.48	17.02	16.64	12.90	0.38
邮储银行	27.19	29.78	35.04	-2.59	39.42	41.39	47.80	-1.97
国有银行	7.48	8.21	9.65	-0.73	18.03	19.09	20.75	-1.06
中信银行	2.27	2.44	2.25	-0.17	13.12	14.49	16.88	-1.37
光大银行	1.86	2.12	1.29	-0.26	10.91	11.88	10.00	-0.97
招商银行	4.89	4.21	3.58	0.68	18.34	17.20	13.95	1.14
浦发银行	1.48	1.75	2.13	-0.27	8.60	10.18	12.43	-1.58
民生银行	2.67	1.78	2.69	0.89	12.31	12.53	12.04	-0.22
华夏银行	3.20	2.35	2.92	0.85	15.77	16.00	16.96	-0.23
平安银行	3.80	5.13	5.20	-1.33	16.96	21.45	22.79	-4.49
兴业银行	1.38	1.59	2.84	-0.21	11.00	10.99	14.66	0.01
浙商银行	2.16	2.78	7.83	-0.62	18.38	21.33	4.44	-2.95
股份制银行	2.63	2.68	3.41	-0.05	13.93	15.12	13.79	-1.18

	单一最大客户贷款集中度（%）				最大前十家客户贷款集中度（%）			
	2019 年	2018 年	2017 年	2019 年变动百分比	2019 年	2018 年	2017 年	2019 年变动百分比
北京银行	2.02	3.16	3.29	-1.14	15.26	18.48	17.79	-3.22
天津银行	4.38	5.02	6.36	-0.64	31.76	29.47	41.55	2.29
上海银行	8.56	7.84	4.93	0.72	32.38	31.76	27.99	0.62
重庆银行	2.52	2.15	2.28	0.37	19.30	18.79	17.19	0.51
南京银行	3.54	4.11	3.69	-0.57	18.96	20.01	17.40	-1.05
盛京银行	2.08	1.84	1.91	0.24	13.17	12.75	12.68	0.42
徽商银行	2.75	1.80	2.64	0.95	17.15	14.71	15.94	2.44
哈尔滨行	4.91	3.44	3.06	1.47	25.28	24.88	20.41	0.40
锦州银行	1.30			1.30	7.50			7.50
郑州银行	4.11	4.13	3.12	-0.02	26.94	21.46	22.01	5.48
青岛银行	5.86	4.17	1.49	1.69	38.26	29.07	10.07	9.19
江苏银行	2.90	1.61	1.67	1.29	14.18	11.88	11.95	2.30
杭州银行	6.36	7.03	6.18	-0.67	29.27	29.09	23.51	0.18
贵阳银行	3.51	3.65	3.26	-0.14	27.10	27.81	26.90	-0.71
中原银行	4.20	2.10	2.50	2.10	17.70	15.70	16.50	2.00
九江银行	5.49	3.63	0.97	1.86	34.02	28.26	6.73	5.76
成都银行	3.07	3.28	3.07	-0.21	22.69	27.35	28.80	-4.66
长沙银行	2.98	3.35	4.42	-0.37	20.86	26.23	31.48	-5.37
西安银行	4.25	4.61	5.52	-0.36	32.47	36.03	45.37	-3.56
泸州银行	1.68	1.93	10.33	-0.25	12.94	15.76		-2.82
江西银行	2.87	5.10	1.55	-2.23	14.70	32.42	7.04	-17.72
甘肃银行	10.30	4.22	4.56	6.08	46.20	31.00	35.35	15.20
晋商银行	1.50				10.80			
苏州银行	2.36	2.98		-0.62	13.84	15.80		-1.96
城商行	3.90	3.69	3.66	0.47	22.61	23.58	21.83	0.57
渝农商行	5.15	5.95	6.47	-0.80	6.37	7.75	7.88	-1.38
江阴银行	3.94	5.06	3.95	-1.12	26.67	29.96	32.44	-3.29
常熟银行	0.78	0.95	1.09	-0.17	7.04	8.04	10.37	-1.00
苏农银行	4.57	5.81	6.93	-1.24	29.99	32.59	41.74	-2.60
九台农商	6.50	9.48	4.73	-2.98	46.62	42.79	33.55	3.83
张家港行	2.83	2.14	2.30	0.69	16.92	17.22	21.88	-0.30
紫金银行	4.43	4.80	5.62	-0.37	26.44	30.88	34.45	-4.44
青农商行	7.31	6.79	7.51	0.52	53.56	53.00	50.31	0.56
无锡银行	3.04	3.33	4.61	-0.29	20.54	22.16	28.61	-1.62
农商行	4.28	4.92	4.80	-0.64	26.02	27.15	29.03	-1.14
平均	4.18	4.32	4.64	0.01	21.05	22.04	21.51	-0.99

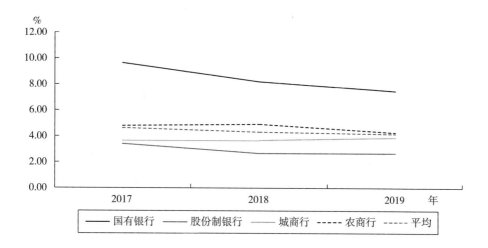

图9　2017—2019年各类银行单一客户贷款集中度变动

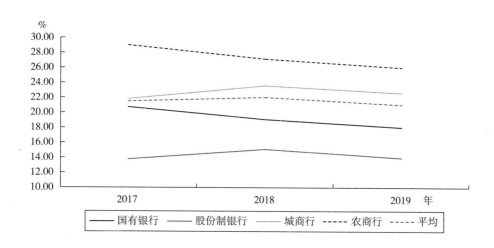

图10　2017—2019年各类银行前十名客户贷款集中度变动

四、流动性指标

（一）流动性比例

银保监会对流动性比例的要求是大于等于25%，所有上市银行全部满足监管要求（除盛京银行、中原银行、渝农商行、九台农商和甘肃银行未披露数据外）。2019年，徽商银行流动性比例大幅上涨112.03%，哈尔滨行大幅下降159.95%，其余银行变动均在一倍以下。2019年，流动性比率（人民币或本外币）最高的是贵阳银行97.49%，最低的是哈尔滨行42.82%。流动性比率（外币）最高的是徽商银行204.09%，最低的是南京银行31.99%。

（二）存贷比

2019 年，上市银行平均存贷比为 79.05%，同比增长 4.39 个百分点。华夏银行以 112.05% 居于首位，存在流动性风险；宁波银行最低，为 53.39%。对比来看，国有银行存贷比最低，股份制银行存贷比最高。

具体来看，国有银行平均存贷比为 74.37%，同比增长 3.08 个百分点；其中交通银行存贷比最高，为 88.33%；邮储银行最低，为 53.41%。国有银行存贷比均有所上升，其中建设银行上升幅度最大，达 3.97 个百分点。

股份制银行平均存贷比为 96.81%，同比增长 0.93 个百分点。其中华夏银行最高，达 112.05%；浙商银行最小，为 84.40%。其中光大银行降幅较大，达 4.52 个百分点。

城商行平均存贷比为 75.37%，同比增长 6.96 个百分点。其中锦州银行最高，达 104.13%；宁波银行最低，为 53.39%。其中徽商银行与锦州银行增长较快，分别为 74.66 个和 23.57 个百分点。

农商行平均存贷比为 75.09%，同比增长 1.87 个百分点。其中青农商行最大，达 82.86%；渝农商行最低，为 64.91%。青农商行增长较快，达 11.75 个百分点。

表6　　　　　　　　　各类银行存贷比①与流动性比较

	存贷比（%）				流动性比例（%）			
	2019 年	2018 年	2017 年	2019 年变动百分比	2019 年	2018 年	2017 年	2019 年变动百分比
工商银行	71.60	71.00	72.76	0.60	43.00	43.80	41.70	-0.80
农业银行	72.78	69.48	63.70	3.30	57.74	55.17	50.95	2.57
中国银行	82.40	79.20	79.78	3.20	54.60	58.70	47.10	-4.10
建设银行	77.68	73.71	70.73	3.97	51.87	47.69	43.53	4.18
交通银行	88.33	84.76	82.58	3.57	72.92	68.73	58.66	4.19
邮储银行	53.41	49.57	45.02	3.84	67.96	61.17	42.10	6.79
国有银行	74.37	71.29	69.10	3.08	58.02	55.88	47.34	2.73
中信银行	98.15	98.87	93.82	-0.72	63.88	50.80	45.29	13.08
光大银行	90.86	95.38	89.41	-4.52	72.63	64.26	59.93	8.37
招商银行	92.70	89.37	84.01	3.33	51.18	44.94	40.68	6.24
浦发银行	109.49	109.98	102.17	-0.49	52.18	56.05	0.00	-3.87
民生银行	96.77	96.51	94.54	0.26	54.06	51.64	39.80	2.42
华夏银行	112.05	108.11	94.54	3.94	53.69	51.23	45.08	2.46
平安银行	95.33	93.84	83.00	1.49	61.46	59.23	52.57	2.23
兴业银行	91.55	88.82	74.80	2.73	75.07	66.52	60.83	8.55
浙商银行	84.40	82.04	78.19	2.36	54.56	53.09	50.90	1.47
股份制银行	96.81	95.88	88.28	0.93	59.86	55.31	43.90	4.55

---

①　部分银行数据直接录入，部分银行采用"发放贷款和垫款/吸收存款"计算。

续表

	存贷比（%）				流动性比例（%）			
	2019 年	2018 年	2017 年	2019 年变动百分比	2019 年	2018 年	2017 年	2019 年变动百分比
北京银行	94.59	91.04	84.90	3.55	62.50	55.93	41.28	6.57
天津银行	85.05	86.59	69.56	-1.54	51.38	50.29	35.41	1.09
上海银行	81.89	81.61	71.90	0.28	61.59	44.17	41.71	17.42
重庆银行	88.27	82.38	72.12	5.89	78.35	92.53	79.55	-14.18
宁波银行	53.39	57.43	58.06	-4.04	53.39	57.43	51.54	-4.04
南京银行	66.98	65.52	53.83	1.46	58.65	51.62	46.82	7.03
盛京银行	71.28	73.24	59.02	-1.96				
徽商银行	76.89	2.23	61.37	74.66	43.22	37.19	44.29	6.03
哈尔滨行	61.92	64.16	62.76	-2.24	42.82	86.10	50.97	-43.28
锦州银行	104.13	80.56		23.57				
郑州银行	72.33	66.06	50.29	6.27	56.44	56.39	61.72	0.05
青岛银行	80.21	71.04	59.67	9.17	68.84	60.55	56.36	8.29
江苏银行	86.31	81.33	74.15	4.98	62.07	52.23	52.75	9.84
杭州银行	67.23	64.16	59.18	3.07	46.24	55.43	52.08	-9.19
贵阳银行	61.37	54.50	42.19	6.87	97.49	85.84	67.59	11.65
中原银行	77.71	73.48	64.85	4.23				
九江银行	70.11	65.08	57.19	5.03	75.57	296.63	208.65	0.00
成都银行	62.27	53.72	48.06	8.55	74.19	79.22	63.91	-5.03
长沙银行	66.80	59.26	34.36	7.54	62.06	57.53	34.36	4.53
西安银行	87.63	84.58	77.18	3.05	74.85	47.71	39.71	27.14
泸州银行	72.56	66.17	44.69	6.39	83.72	73.40	48.42	10.32
江西银行	73.81	65.46	53.04	8.35	58.74	57.93	47.94	0.81
甘肃银行	71.96	76.35	67.77	-4.39				
晋商银行	75.49	70.99		4.50	90.01	83.91	0.00	6.10
苏州银行	74.06	73.35		0.71	55.65	51.66	0.00	3.99
城商行	75.37	68.41	60.28	6.96	64.66	73.03	53.57	2.15
渝农商行	64.91	61.86	59.13	3.05				
江阴银行	75.39	77.67	70.43	-2.28	89.70	86.49	56.56	3.21
常熟银行	81.62	82.05	78.59	-0.43	43.67	54.21	43.09	-10.54
苏农银行	72.38	71.92	68.68	0.46	66.44	67.53	49.10	-1.09
广州农商	72.92	69.70	60.17	3.22	88.51	76.91	78.01	11.60
九台农商	78.23	70.79	60.69	7.44				
张家港行	78.64	86.03	69.62	-7.39	57.72	51.38	37.60	6.34
紫金银行	77.72	75.97	71.43	1.75	74.62	61.22	60.44	13.40
青农商行	82.86	71.11	64.65	11.75	71.45	59.65	50.90	11.80
无锡银行	66.25	65.06	61.85	1.19	94.10	88.06	47.29	6.04
农商行	75.09	73.22	66.52	1.88	73.28	68.18	52.87	5.10
平均	79.05	74.66	68.09	4.39	63.95	63.10	49.42	3.63

注：未直接披露存贷比数据的银行以贷款总额/存款总额计算。

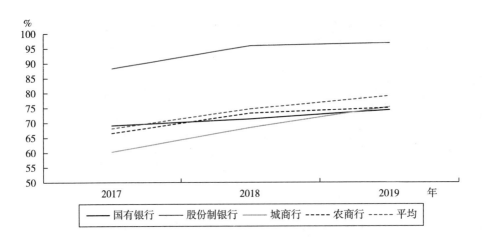

图11 2017—2019 年各类银行存贷比变动

专题八　金融科技

2019 年，51 家中国上市银行披露的年报中，均在公司发展战略层面加入了金融科技发展部署。各行依托移动互联网、大数据、人工智能、区块链等技术，在精准营销、提高用户体验、便捷支付、有效风险管控等方面取得了巨大进展。但是由于缺乏统一的披露口径、披露方法，各家银行关于金融科技发展情况的披露差异明显，相对集中于电子销售渠道研发、大数据风险控制、智能化网点设备改造以及智能化服务创新等方面。

一、销售渠道

商业银行的渠道建设主要包括两部分：一是物理渠道，二是电子银行渠道。电子渠道则以自助设备、手机银行、网银等为主体。

1. 网点布局

从整体上看，国有银行、股份制银行与城商行、农商行的物理网点数差距明显（见表1），它们的物理网点数均值分别为 18294 个、1632 个、281 个和 375 个。从变化情况来看，2019 年国有银行和股份制银行物理网点数出现轻微下降，分别减少了 0.7% 和 0.5%；城商行、农商行的物理网点数小幅增加，平均变动率分别为 1.9%、2.1%。整体来看，国内上市商业银行物理网点数增长逐渐趋零，部分银行减少趋势明显。

国有银行中除交通银行外，其他五家国有银行物理网点数量基数较大。物理网点最多的是邮储银行，拥有物理网点 39638 个，同比下降 0.2%。交通银行网点数量相对最少，截至 2019 年末只有 3169 个，较上年大幅减少 160 个。

股份制银行中，民生银行和兴业银行物理网点数量较多，分别为 2610 个和 2174 个。兴业银行物理网点数增速最高，为 6.6%；民生银行和浦发银行物理网点数降低较多，分别为 -6.1% 和 -5.1%。浙商银行 2019 年新披露网点数为 262 个，远低于股份制银行物理网点数平均值。

城商行中，江西银行和南京银行的网点数出现较明显下滑，同比分别减少 7.7% 和 3.8%；此外其余银行网点数均有所增加。宁波银行增长最为明显，网点数新增 40 个，增速达到 11.8%。

农商行中，渝农商行网点数达到 1774 个，远高于其他农商行。网点较少的农商行是无锡银行、江阴银行、苏农银行和张家港行，网点数分别为 77 个、91 个、93 个和 82 个。从变化趋势上看，农商行的物理网点数有所增加，增加较快的是张家港行，网点数从 45 个增加到 82 个，增速高达 82.2%。

表 1   **2019 年度上市银行物理网点变动表**①

	2019 年（个）	2018 年（个）	2017 年（个）	2019 年变动率（%）
工商银行	16605	16820	16511	−1.3
农业银行	23182	23413	23693	−1.0
中国银行	11699	11741	11605	−0.4
建设银行	15473	15519	15420	−0.3
邮储银行	39638	39719	39798	−0.2
交通银行	3169	3329	3355	−4.8
均值	18294	18424	18397	−0.7
招商银行	1843	1822	1830	1.2
兴业银行	2174	2039	2071	6.6
浦发银行	1606	1693	1799	−5.1
中信银行	1450	1458	1479	−0.5
民生银行	2610	2780	2964	−6.1
光大银行	1292	1256	1199	2.9
平安银行	1058	1057	1079	0.1
华夏银行	1026	1022	968	0.4
浙商银行	262	—	—	—
均值	1632	1641	1674	−0.5
北京银行	670	632	561	6.0
上海银行	317	317	312	0.0
江苏银行	539	543	540	−0.7
南京银行	200	208	198	−3.8
宁波银行	378	338	317	11.8
徽商银行	434	442	435	−1.8
杭州银行	213	206	201	3.4
盛京银行	206	205	201	0.5
锦州银行	—	243	232	—
中原银行	467	457	460	2.2
天津银行	—	230	242	—
长沙银行	332	311	240	6.8
哈尔滨行	376	368	363	2.2
贵阳银行	298	297	297	0.3

---

① 共 51 家银行，锦州银行、天津银行未披露 2019 年物理网点数量。口径为银行境内外分支机构数。

续表

	2019 年（个）	2018 年（个）	2017 年（个）	2019 年变动率（%）
成都银行	195	191	183	2.1
重庆银行	142	142	141	0.0
郑州银行	171	168	166	1.8
江西银行	241	261	276	−7.7
青岛银行	141	134	128	5.2
九江银行	272	265	255	2.6
苏州银行	163	164	163	−0.6
甘肃银行	210	209	202	0.5
西安银行	179	176	174	1.7
晋商银行	160	160	—	0.0
贵州银行	218	—	—	—
泸州银行	37	34	24	8.8
均值	281	276	265	1.9
渝农商行	1774	1775	1777	−0.1
广州农商	635	631	626	0.6
青农商行	356	359	361	−0.8
紫金银行	133	133	131	0.0
常熟银行	164	149	145	10.1
九台农商	345	325	431	6.2
无锡银行	77	74	72	4.1
江阴银行	91	92	91	−1.1
苏农银行	93	90	77	3.3
张家港行	82	45	43	82.2
均值	375	367	375	2.1

2. 自助银行及自助设备

总体而言，国有银行基数大，城商行和农商行自助银行基数小（见表2）。四大类银行的自助银行数均呈下降趋势，股份制银行的自助银行数减少最快，为10.5%。

国有银行中，农业银行、中国银行和邮储银行没有披露自助银行的数量。在披露数据的三家国有银行中，工商银行和建设银行自助银行数量接近，分别为2.59万个、2.71万个，远高于交通银行的1738个。交通银行的自助银行数在2019年呈较大幅度下滑，同比下降33.7%。

三家股份制银行披露了2019年自助银行业务。从自助银行数量来看，中信银行自助银行最少，为1750个，浦发银行自助银行数量最多，为3212个。从数量变化来看，招商银行、浦发银行和中信银行的自助银行数量均出现了下降，下降幅度最大的是中信银行，达14.8%。

五家城商行披露了自助银行的数据。总体而言，城市商业银行的自助银行数量少且出现不同程度减少，其中青岛银行略有增长。上海银行出现大幅下降，同比减少28.8%。徽商银行自助银行规模最大，拥有623家自助银行，2019年同比下降5.7%。

三家农商行披露了自助银行数据。农商行自助银行数目整体水平略低于城商行，且在报告期内全部呈现下滑趋势。广州农商减少最快，同比降低32.4%。

表2

2019年度上市银行自助银行变动表①

	2019年（个）	2018年（个）	2017年（个）	2019年变动率（%）
工商银行	25895	26786	27196	−3.3
建设银行	27126	28238	29047	−3.9
交通银行	1738	2621	3182	−33.7
均值	18253	19215	19808	−5.0
招商银行	3014	3259	3340	−7.5
浦发银行	3212	3603	4131	−10.9
中信银行	1750	2054	2656	−14.8
民生银行	—	3140	4485	—
均值	2659	2972	3376	−10.5
上海银行	423	469	558	−28.8
徽商银行	623	661	680	−5.7
郑州银行	251	292	314	−14.0
青岛银行	107	102	101	4.9
甘肃银行	150	168	171	−10.7
均值	311	338	365	−8.2
渝农商行	161	170	170	−5.3
广州农商	121	179	177	−32.4
九台农商	365	367	313	−0.5
苏农银行	—	33	—	—
均值	216	239	220	−9.6

从数据看，各行自助设备数量总体呈下降趋势，可能主要是其功能综合化发展的结果。国有银行中，邮储银行的自助设备数量最多，达14.75万台；交通银行仅拥有自助设备1.73万台，与其余五家国有银行存在明显差距。从变动幅度上看，邮储银行是唯一一家自助设备增加的国有银行，在其物理网点减少了0.2%的情况下自助设备增速达到了18.4%。中国银行自助设备减少最快，为18.5%。

四家股份制银行披露了2019年自助设备数据。招商银行的自助设备数量最多，达8768台，同比减少15%。浙商银行自助设备减幅最大，拥有1400台自助设备，同比减少18.9%。

---

① 共16家银行，农业银行、中国银行、邮储银行、光大银行等35家银行未披露自助银行数量。

　　城商行和农商行自助设备规模明显小于国有银行和股份制银行。城商行中，多数银行自助设备在 2019 年处于下降趋势，平均减少了 13.8%，在四类银行中减少幅度最为明显。盛京银行的自助设备减少幅度最大，较 2018 年下降了 18.9%；而甘肃银行和哈尔滨行的自助设备则大幅增长了 33.5% 和 16.4%。

　　农商行中，渝农商行自助设备最多，达到 4911 台，同比增长了 1.2%。广州农商减幅较大，达到 −5.8%。

表 3　　　　　　　　　　　　**自助设备数量及其业务规模**①

	2019 年（台）	2018 年（台）	2017 年（台）	2019 年变动率（%）
工商银行	82191	89646	95043	−8.3
农业银行	119300	141700	168500	−15.8
中国银行	69631	85394	89981	−18.5
建设银行	86767	92225	97007	−5.9
交通银行	17300	20600	25100	−16.0
邮储银行	147500	124600	119200	18.4
均值	87115	92361	99139	−5.7
招商银行	8768	10316	11382	−15.0
兴业银行	—	6527	7245	—
浦发银行	5327	5985	7308	−11.0
中信银行	6243	7053	9295	−11.5
民生银行	—	6888	8580	—
浙商银行	1400	1726	—	−18.9
均值	6779	7785	9328	−12.9
徽商银行	1803	2074	2532	−13.1
盛京银行	1692	2934	2491	−42.3
哈尔滨行	1232	1058	858	16.4
郑州银行	1350	1471	1461	−8.2
青岛银行	450	472	482	−4.7
苏州银行	650	—	—	—
甘肃银行	1059	793	772	33.5
均值	1264	1467	1433	−13.8
渝农商行	4911	4854	4989	1.2
广州农商	2799	2971	3258	−5.8
青农商行	813	811	—	0.2
九台农商	1127	1126	1393	0.1
均值	2946	2984	3213	−1.3

---

　　①　共 23 家银行，平安银行、华夏银行、光大银行、北京银行等 28 家银行未披露个人网银业务规模。

3. 个人网银

国有银行的个人网银业务发展较早，2019 年个人网银平均客户数为 2.66 亿户，平均交易额达 34.96 万亿元。从客户数增速来看，四类银行的客户数量普遍呈现快速增长，国有银行、股份制银行、城商行和农商行的个人网银客户数增速均值分别为 12.5%、17.1%、20.6%、9.9%，城商行发展最快，股份制银行紧随其后。然而交易额却均出现了不同程度的下滑，股份制银行尤为明显，2019 年大幅减少 26.1%；国有银行、城商行、农商行的交易额变动率均值分别为 -2.8%、-3.0%、-2.1%（见表 4）。

表 4　　　　　　　　　　　　　　个人网银业务规模①

	客户数（万户）				交易额（万亿元）			
	2019 年	2018 年	2017 年	2019 年变动率（%）	2019 年	2018 年	2017 年	2019 年变动率（%）
农业银行	31200.00	26500.00	22300.00	17.7	33.55	41.87	44.70	-19.9
中国银行	18230.62	16623.61	14797.22	9.7	36.37	30.08	22.59	20.9
建设银行	34100.00	30500.00	27073.00	11.8	31.09	—	36.35	
邮储银行	22900.00	21000.00	18400.00	9.0	—	1.79	2.15	
均值	26607.66	23655.90	20642.56	12.5	34.96	35.98	33.65	-2.8
兴业银行	1374.96	1298.00	1204.52	5.9	—	—	—	—
浦发银行	3435.02	3024.10	2507.93	13.6	6.35	9.38	11.21	-32.3
中信银行	4704.38	3804.89	2750.95	23.6	8.81	11.13	11.59	-20.8
浙商银行	134.30	111.97	—	19.9	0.97	—	—	
均值	3171.45	2709.00	2154.47	17.1	7.58	10.26	11.40	-26.1
上海银行	447.07	424.04	409.53	5.4	—	—	—	—
徽商银行	481.48	377.50	293.86	27.5	0.15	0.04	0.21	275.0
盛京银行	58.36	40.19	30.84	45.2	0.03	0.03	0.03	15.7
中原银行	88.56	59.46	45.64	48.9	0.00	—	—	
重庆银行	91.57	72.64	55.70	26.1	0.04	0.06	0.11	-38.4
郑州银行	146.13	104.40	70.41	40.0	0.07	0.07	—	-9.6
江西银行	128.79	106.51	—	20.9	—	0.26	—	
青岛银行	73.29	72.40	69.78	1.2	0.36	0.59	0.62	-39.3
九江银行	92.18	53.00	35.65	73.9	—	—	—	
苏州银行	84.12	69.29	—	21.4	—	—	—	
甘肃银行	95.85	102.10	97.70	—	0.34	0.22	0.16	54.5
均值	174.94	145.08	123.23	20.6	0.17	0.17	0.22	-3.0
渝农商行	225.51	211.65	277.50	6.5	—	0.25	0.19	
广州农商	224.00	197.42	166.00	7.5	0.28	0.29	0.27	-2.1
均值	224.76	204.54	221.75	9.9	0.28	0.29	0.27	-2.1

---

① 共 21 家银行，工商银行、交通银行、招商银行、华夏银行等 30 家银行未披露个人网银规模。

4. 企业网银

在企业网银业务方面，国有银行仍占据主导地位。建设银行企业客户 909.00 万户，交通银行企业客户 127.72 万户，但其增速较快。从增速来看，整个银行业企业网银客户呈现大幅增长，以农商行最为明显，达 36.3%。从交易额来看，国有银行的企业网银交易额也呈现上升态势，其中增速最高的是中国银行，增速达到 7.5%（见表 5）。

三家股份制银行披露了 2019 年企业网银业务数据。从客户规模角度分析，招商银行的客户数量最大，为 195.44 万；兴业银行的增长最快，增长率为 20.0%。然其交易额披露相对不充分，具有完整披露数据的招商银行交易额呈现减少趋势，减幅达 10.4%，与其客户大幅增长形成明显对比。

11 家城商行披露了 2019 年企业网银业务数据。从客户规模角度分析，城商行的规模远低于国有银行及股份制银行。宁波银行和徽商银行的客户数量最大，分别为 29.00 万和 24.00 万。整体来看，城商行的客户数基本呈现大幅增长态势，只有甘肃银行出现了小幅下滑，减幅为 4.4%。从交易额角度看，徽商银行企业网银交易规模最大，为 2.70 亿元。郑州银行增速最快，达 47.1%；甘肃银行降幅最大，达 64.7%。

三家农商行披露了企业网银数据，整体来看，农商行的企业网银客户数变动较大，平均增长 36.3%，但交易额出现小幅下降，减幅为 2.6%。

表 5　　　　　　　　　　　企业网银业务规模①

	客户数（万户）				交易额（万亿元）			
	2019 年	2018 年	2017 年	2019 年变动率（%）	2019 年	2018 年	2017 年	2019 年变动率（%）
工商银行	—	—	—	—	—	679.80	—	—
农业银行	723.00	620.00	531.80	16.6	180.80	172.10	72.70	5.1
中国银行	461.63	389.05	341.69	18.7	204.33	190.00	165.88	7.5
建设银行	909.00	757.00	603.00	20.1	208.68	—	272.40	—
交通银行	127.72	83.00	—	53.9	—	—	—	—
均值	697.88	588.68	492.16	18.5	192.57	181.05	119.29	6.4
招商银行	195.44	168.90	137.94	15.7	111.16	124.10	113.16	−10.4
兴业银行	41.17	34.31	27.93	20.0	—	—	—	—
民生银行	—	116.18	104.27	—	—	57.24	—	—
光大银行	—	52.85	40.29	—	—	—	—	—
浙商银行	13.94	—	—	—	10.79	—	—	—
均值	118.31	101.61	82.94	16.4	111.16	124.10	113.16	−10.4
宁波银行	29.00	22.33	—	29.9	—	—	—	—
徽商银行	24.00	19.47	14.76	23.3	2.70	2.02	2.06	33.7

---

① 共 26 家银行，邮储银行、中信银行、浦发银行、华夏银行等 25 家银行未披露企业网银规模。

	客户数（万户）				交易额（万亿元）			
	2019 年	2018 年	2017 年	2019 年变动率（%）	2019 年	2018 年	2017 年	2019 年变动率（%）
杭州银行	—	—	10.57	—	—	—	—	—
盛京银行	3.21	2.32	1.85	38.2	2.16	2.55	1.78	-15.3
中原银行	12.93	11.26	8.49	14.8	2.25	1.78	1.01	26.4
哈尔滨行	—	—	8.20	—	—	—	—	—
重庆银行	2.74	2.20	1.77	24.6	0.35	0.31	0.34	11.9
郑州银行	3.46	2.85	2.44	21.5	0.97	0.66	—	47.1
江西银行	4.99	4.20	—	18.8	—	1.21	—	—
青岛银行	11.73	7.50	7.47	56.4	1.27	1.38	0.98	-8.0
九江银行	4.25	3.15	2.09	34.9	—	—	—	—
苏州银行	7.40	6.70	—	10.4	—	—	—	—
甘肃银行	4.11	4.30	3.02	-4.4	0.41	1.16	0.69	-64.7
均值	8.30	6.63	5.24	25.2	1.52	1.53	1.14	-0.7
渝农商行	10.30	8.00	5.12	28.8	0.76	0.78	1.16	-2.6
广州农商	2.42	2.44	—	-0.8	0.92	0.82	—	12.2
青农商行	9.60	6.60	4.50	45.5	—	—	—	—
均值	9.95	7.30	4.81	36.3	0.76	0.78	1.16	-2.6

5. 手机银行

六家国有银行中工商银行的客户规模最大，达 3.61 亿户。中国银行手机银行的客户增长幅度最大，达 24.4%。六大国有银行客户数增加率均值为 17.1%，呈现较快增长。从交易额来看，农业银行规模最大，全年累计交易额 61.83 万亿元；中国银行交易额增速最快达到 41.2%。

九家股份制银行披露了手机银行数据，股份制银行客户规模增速均值为 36.3%，其中光大银行客户数量增速达到 63.7%，增速最快。招商银客户规模最大，达到 1.14 亿户，同比上升 45.6%。只有中信银行、民生银行和浦发银行持续披露了交易额。从交易额来看，股份制银行的交易额变动呈现出一定的差异性，中信银行和浦发银行分别以 38.6% 和 23.7% 的增速增长，而民生银行出现了 42.5% 的大幅萎缩。

城商行的客户数增速高于国有银行及股份制银行，平均增速为 41.4%。其中增速最快的是盛京银行，达到 89.3%。北京银行客户数最多，为 607.00 万户。从交易额来看，增速最快的依然是盛京银行，达到 150.0%，盛京银行的手机银行规模飞速扩张。

五家农商行披露了 2019 年手机银行业务，所有银行均呈现较快速度增长。无锡银行从

2018 年末的 34.00 万户增长到 55.00 万户，增速达 61.8%。农商行对交易额数据披露较少，无增速信息（见表 6）。

表 6　　　　　　　　　　　手机银行及其业务规模①

	客户数（万户）				交易额（万亿元）			
	2019 年	2018 年	2017 年	2019 年变动率（%）	2019 年	2018 年	2017 年	2019 年变动率（%）
工商银行	36100.00	—	—	—	—	—	—	—
农业银行	31000.00	25700.00	20600.00	20.6	61.83	49.00	31.80	26.2
中国银行	18082.26	14531.18	11532.57	24.4	28.28	20.03	10.97	41.2
建设银行	35100.00	31000.00	26638.00	13.2	58.93	58.24	57.32	1.2
交通银行	7458.72	7414.00	6106.00	0.6	11.10	11.00	7.65	0.9
邮储银行	26000.00	21800.00	17500.00	19.3	7.09	5.81	3.75	22.0
均值	23528.20	20089.04	16475.31	17.1	33.45	28.82	22.30	16.1
中信银行	4582.87	3669.97	2732.63	24.9	8.72	6.29	4.23	38.6
光大银行	8080.35	4937.33	3535.12	63.7	—	—	—	—
招商银行	11400.00	7827.04	5579.34	45.6	33.20	—	—	—
浦发银行	4259.57	3466.30	2706.06	22.9	9.02	7.29	5.15	23.7
华夏银行	1361.01	1110.03	—	22.6	—	—	—	—
民生银行	5211.00	4790.39	3079.17	8.8	9.20	16.01	—	−42.5
兴业银行	3130.61	2551.17	1844.59	22.7	—	—	—	—
平安银行	8946.95	6225.00	4172.00	43.7	—	—	—	—
浙商银行	337.68	248.69	107.71	35.8	—	—	—	—
均值	5743.63	4214.49	2969.58	36.3	8.87	6.79	4.69	30.6
北京银行	607.00	460.00	—	32.0	—	—	—	—
上海银行	580.71	450.45	319.61	28.9	—	—	—	—
重庆银行	91.48	71.85	53.83	27.3	0.18	0.15	0.11	19.8
盛京银行	187.84	99.22	61.80	89.3	0.05	0.02	0.01	150.0
徽商银行	454.09	319.60	—	42.1	0.76	0.38	—	100.0
哈尔滨行	194.31	117.20	72.72	65.8	0.43	0.21	—	106.3
郑州银行	169.30	121.50	75.62	39.3	0.25	0.22	0.08	13.6
青岛银行	235.62	156.40	111.31	50.7	0.40	0.33	0.26	21.2
杭州银行	234.14	164.60	—	42.2	—	—	—	—
贵阳银行	387.75	279.95	117.95	38.5	0.45	—	—	—
中原银行	605.72	396.99	—	52.6	—	—	—	—
九江银行	91.32	50.85	30.07	79.6	—	—	—	—

① 共 35 家银行，南京银行、成都银行、西安银行、长沙银行等 16 家银行未披露手机银行规模。

	客户数（万户）				交易额（万亿元）			
	2019 年	2018 年	2017 年	2019 年变动率（%）	2019 年	2018 年	2017 年	2019 年变动率（%）
江西银行	93.55	72.50	51.00	29.0	—	0.13	—	—
甘肃银行	228.49	178.30	130.00	28.1	0.10	0.19	0.08	-47.4
均值	226.04	159.82	102.39	41.4	0.20	0.18	0.11	7.6
渝农商行	957.34	824.10	681.58	16.2	1.09	—	0.96	
常熟银行	—	61.00	42.62	—		0.14	0.08	
九台农商	74.09	61.80	68.90	19.9				
青农商行	179.10	128.10	55.31	39.8				
苏州银行	249.06	196.55	—	26.7	0.44			
无锡银行	55.00	34.00	—	61.8				
均值	403.51	338.00	268.60	19.4	—			

二、科技投入、人才占比

在科技投入、科技成果等方面各行披露差异明显，工商银行、中国银行、建设银行、交通银行、邮储银行、中信银行、兴业银行、光大银行、平安银行、北京银行、上海银行、江苏银行等披露了科技投入及占比、科技人才队伍等信息。如工商银行截至 2019 年累计专利授权 603 项；邮储银行信息化工程建设 270 项；平安银行 2019 年 IT 资本性支出及费用投入同比增长 35.8%，其中用于创新性研究与应用的科技投入 10.91 亿元；光大银行金融科技创新投入 12.01 亿元；招商银行 2019 年金融科技项目 359 个，涉及预算金额 9.82 亿元。

从披露的金融科技投入和信息科技投入情况来看，工商银行和建设银行优势明显，2019年分别投入 163.74 亿元和 176.33 亿元；光大银行和招商银行增速明显，同比分别增长 44.7% 和 44.0%。按科技投入占比看，披露的各家银行较为相似，均在接近 3% 的水平上；北京银行和上海银行作为城商行能够达到和国有银行、股份制银行相似的水平，体现出其对科技发展非常重视。

表7 金融科技投入情况

	金融科技投入（万亿元）				投入占比（%）		
	2019 年	2018 年	2017 年	2019 年变动率（%）	2019 年	2018 年	2017 年
工商银行	163.74	—	—	—	—		
建设银行	176.33	—	—	—	2.57	2.19	
交通银行	50.45	41.03	—	23.0	2.50		
江苏银行	6.89	—	—				
均值	—						

表 8　　　　　　　　　　　信息科技投入情况

	信息科技投入（万亿元）				投入占比（%）		
	2019 年	2018 年	2017 年	2019 年变动率（%）	2019 年	2018 年	2017 年
中国银行	116.54	101.21	—	15.1	—	—	—
邮储银行	81.8	71.97	—	13.7	2.96	—	—
招商银行	93.61	65.02	—	44.0	—	—	—
中信银行	48.94	35.82	—	36.6	—	—	—
浦发银行	41.2	—	—	—	—	—	—
华夏银行	26.56	19.4	—	36.9	—	—	—
兴业银行	35.65	28.6	—	24.7	—	—	—
光大银行	34.04	23.52	—	44.7	2.56	—	—
北京银行	18	—	—	—	3.00	—	—
上海银行	14.33	10.47	—	36.9	2.95	—	—

从披露的金融科技人员和信息科技人员情况来看，工商银行人数最多，达到 3.48 万名，其余股份制银行和城商行人数较少。从人员占比角度看，工商银行依旧遥遥领先，达到 7.80%，中国银行和建设银行科技人员占比较低，只有 2.58% 和 2.75%。

表 9　　　　　　　　　　　金融科技人员情况

	金融科技人员（名）			人员占比（%）		
	2019 年	2018 年	2017 年	2019 年	2018 年	2017 年
工商银行	34800	—	—	7.80	—	—
交通银行	3460	2174	—	4.05	2.72	—

表 10　　　　　　　　　　　信息科技人员情况

	信息科技人员（名）			人员占比（%）		
	2019 年	2018 年	2017 年	2019 年	2018 年	2017 年
中国银行	—	—	—	2.58	2.54	2.50
建设银行	10178	—	—	2.75	—	—
中信银行	3182	2037	—	5.93	—	—
兴业银行	1910	—	—	4.07	—	—
光大银行	1542	—	—	3.38	—	—
上海银行	706	469	—	5.75	4.48	—

三、"科技大行"总览

1. 工商银行

工商银行全面构建"一部、三中心、一公司、一研究院"金融科技新布局，发布智慧银行生态系统 ECOS。重磅推出手机银行 5.0 版本，实施融 e 购 2.0 改版升级，推出融 e 联 4.0 版本。优化线上支付产品；深入推进"秒授信""互联互通"场景应用；持续完善以经营快贷、网贷通和数字供应链融资为核心的"小微 e 贷"线上融资产品体系。深化政务数字化建设合作，推出政银合作 APP"营商通""我的宁夏"政务 APP。推出融 e 行私人银行尊享版，完善"君子智投"智能投顾系统。在雄安新区设立工银科技有限公司，致力于"服务社会、共建生态、引领创新、荟聚人才"。组建金融科技研究院，设立 5G、区块链等多个实验室，探索"产学研用"一体化研发模式，整合提升科技创新力量。

2. 农业银行

农业银行制定了"推进数字化转型再造一个农业银行"的战略构想，提出"互联网化、数据化、智能化、开放化"。构建了以"农银 e 贷"为总品牌，"农银个人 e 贷""农银小微 e 贷""农银惠农 e 贷"和"农银产业 e 贷"为四大子品牌的线上信贷品牌和产品体系。大力推进金穗惠农通工程和互联网金融服务"三农""一号工程"，不断延伸服务网络。加快数字化转型，升级智能机器人服务，嵌入网银、掌银、微信银行等线上服务场景，试点推广对公客户远程视频核实开户业务。

3. 中国银行

中国银行坚持科技引领、创新驱动，持续推动全行数字化转型。云平台搭建已完成，深化云计算、大数据、人工智能三大新技术平台建设。中国银行先后推出线上秒贷产品"中银 E 贷"，智能投顾产品"中银慧投"，推出中银数字信用卡，构建"数字卡 +"支付生态。依托海内外一体化网络金融服务平台，进一步丰富海外企业网上银行与海外银企对接渠道服务功能。中国银行发布手机银行 6.0 版，推出投产智能化环球交易银行平台（iGTB 平台）一期，完成"中银企 E 贷"产品功能建设。推出银行业首家全功能无人网点"中国银行 5G 智能 + 生活馆"。2019 年相继设立中银金融科技、中银理财子公司。落实中国人民银行关于北京冬奥会支付环境建设工作要求，打造"科技冬奥"亮点。

4. 建设银行

建设银行着力推进智能化平台建设。加快构造"多触点、一体化"的智慧渠道，推出"5G + 智能银行"。对外构建 G、B、C 端伙伴式新生态，以开放共享的理念对外赋能。打造智慧政务服务平台，建立 APP、PC 端、网点 STM、"建行裕农通"、政务大厅"五位一体"服务模式。建设银行创新推出"聚合支付"品牌，为商户提供一点接入、一站式资金结算和对账服务的收单产品。持续开发资产管理云操作系统（AMOS）、资产管理协同中枢（AMCC）及资产管理数据与创新应用集市（AMDM），打造"大资管家"系统平台。

5. 交通银行

2019 年交通银行的线下渠道进一步精简集中，物理网点和自助设备数量持续下降。交通银行坚持科技引领，2018 年启动新一代集团信息系统智慧化转型工程（"新 531"工程），打造数字化、智慧型交行。2020 年初，先后成立信息科技发展规划办公室、金融科技创新研究院，董事会批准同意成立交银金融科技有限公司，加快推进全集团金融科技发展及信息系统建设，开展基础性、前沿性技术及产品研发。推进金融科技万人计划、FinTech 管培生、存量人才赋能转型三大工程。推出"以我为中心"的新版手机银行和新版"买单吧"APP，两大 APP 为用户打造一站式"金融＋生活"服务。优化"沃德理财顾问"财富管理策略建议，形成智能化、数字化人机协同服务的新模式。基于金融科技应用，创新推出智能定投服务方案（基金定投 PLUS）。

6. 邮储银行

邮储银行积极抓住数字时代发展机遇，以提升客户体验为导向，坚持科技赋能，加快产品迭代创新，推进线上渠道实现智能化、场景化、开放化。成立金融科技创新部和管理信息部，形成总行"三部两中心"IT 治理架构；新建的苏州研发分中心投入运营，形成"1＋3＋N"自主研发体系。推出手机银行 5.0 版本，开展企业网银 2.0 系统与开放式缴费平台等建设。邮储银行构建"内部挖潜＋外部拓展"双轮驱动模式，为有融资需求的客户提供"秒批秒贷全线上"的消费金融服务新体验。与多家头部互联网企业深化沟通交流、扩大合作领域、提升合作层次，大力挖潜新零售，提升数字化运营能力，并在线上开户、电子支付、网络贷款等多方面取得突破。邮储银行在现有的物理网点规模上，加大新型智能设备的投放，在物理网点相对减少的同时，自助设备数量大幅上升。

7. 招商银行

招商银行主动适应内外部形势变化，继续以金融科技为核动力，加快数字化转型，以 MAU 为"北极星"，拥抱"客户＋科技"，构建移动互联时代的竞争新优势，在自我迭代中打造 3.0 经营模式。在全国落地多家线下对公客户金融科技体验中心，为客户提供 38 个对公产品线上操作体验环境。加快建设云计算能力，加快应用上云进度。公司发布掌上生活 APP8.0 版本，从内容生态、品质电商、汽车生活三个维度重构与客户的连接；发布财资管理云平台 CBS7.0；投产招商银行企业 APP5.0。同时推出专门服务于小微企业的"招贷 APP"，为小微企业提供智能化、专业化、综合化的金融服务；加快推进"招投星"系统和"招投星"微信小程序更新迭代，打通行内外交流通道。招商银行在各地完善物理网点建设布局，使线下网点数小幅上升。同时自助银行和自助设备数量有所下降。

8. 平安银行

平安银行以科技驱动战略转型，通过科技手段创新业务模式、升级传统业务、促进智慧管理、提升队伍产能。依托集团核心技术，持续深化大数据、区块链、人工智能、云计算、生物识别等前沿科技与应用场景的融合，实现"技术引领"；坚持科技赋能金融，通过不断优化升级面向个人、公司、小微企业和金融同业客户的口袋银行、口袋财务、小企业数字金融和"行 e 通"等服务模式和平台，实现"模式和平台"引领；以"金融＋科技"双轮驱动，培养高素质的复合型金融科技人才队伍，并从硅谷、国内外领先互联网企业引入大量复合型高端技术人才，实现"人才引领"。平安银行零售以敏捷机制为基础，以 AI Bank 为内核，构建开放银行生态，实现对用户、员工、合作伙伴的连接、赋能与融合，推动商业模式的全面革新。升级打造"平安好链"供应链金融服务平台，为核心企业上下游提供线上融资、财资管理、智慧经营等一揽子综合金融服务。

9. 中信银行

中信银行积极推动金融科技应用，加快零售银行数字化转型，重塑零售业务发展模式，强化核心竞争力。发布手机银行 6.0，增强在线智能客服与实时智能推荐服务；开发"链 e 贷、政 e 贷、票 e 贷"等供应链金融产品，依托金融科技支撑，业内首创"物流 e 贷"，从申请到放款仅 5 分钟。银行自主研发的人工智能平台"中信大脑"，集模型开发、训练、部署、管理为一体，已开展百余项业务。中信银行手机银行 APP 实现了与 ATM、柜台、取号机等 6 个线下渠道的互联互通，向客户提供无卡存取款、网点取号、预填预办等 12 项服务，为客户提供全渠道一致性的服务体验。中信百信银行股份有限公司为中信银行与百度公司发起设立的国内首家具有独立法人资格的直销银行。自主研发设计的信用卡 StarCard 新核心系统，已于 2019 年 10 月 26 日成功上线投产。

10. 兴业银行

兴业银行坚定奉行"科技兴行"战略，主动拥抱金融科技，推动信息科技从支持保障角色向引领业务发展和促进经营模式转型转变。持续推进金融科技深化改革，释放出数字化生产潜能，推动 F 端引领、B 端 G 端支撑、C 端并进的开放银行逐步落地开花。已成为国内极少数具备银行核心系统自主研发能力的银行和国内对外输出核心系统技术的银行之一、成为国内最大的商业银行信息系统提供商之一。兴业银行已经完成四大体系认证，即信息安全管理体系认证、运维管理体系认证、软件开发管理体系认证、业务连续性管理体系认证，为"科技兴行"战略保驾护航。

11. 光大银行

光大银行线下网点数量基本平稳，集团整体以科技为舟，重塑资管投资投研、营销服务、风控合规、运营 IT 价值链条。以金融科技驱动和互联网平台思维为依托，构建开放的 E－SBU 生态圈，为一切有财富管理需求的客户制订综合金融服务方案，满足客户综合化、多元化、复杂化的金融服务需求。2019 年，第二家"光大超市"落地上海，引入 5G 技术、人工智能、大数据等创新手段，为客户提供线上线下全渠道协同、更加智能化、人性化的服务体验。

12. 民生银行

民生银行研究制定科技金融战略发展三年规划，努力实现"科技引领，数字民生"的战略愿景；大力发展直销银行、远程银行、小微线上微贷、信用卡线上服务等业务，提升智能服务能力，持续改善用户体验，积极迭代升级网络金融平台，持续创新网上银行、手机银行、微信银行"三个银行"，以及银企直联平台、网络支付平台、数字化运营平台、开放银行服务平台"四个平台"，网络金融整体服务能力提升明显。

专题九　中间业务

　　2019 年，51 家上市银行中间业务总收入达到 10777.79 亿元，同比增长 10.3%。国有银行和股份制银行的中间业务收入较上年均有所增长；26 家城商行中，19 家收入规模正增长，7 家有所下降；10 家农商行中，除九台农商外，其余 9 家都呈正增长。从整体增速方面，由快到慢依次是城商行、农商行、股份制银行和国有银行，其中农商行、股份制银行以及国有银行的增速差别不大，但城商行的中间业务规模增速明显快于其他行。

　　上市银行中间业务总收入在营业收入中占比 20.5%，比 2018 年降低 0.2 个百分点。在中间业务比重方面，由大到小依次是股份制银行、国有银行、城商行、农商行，四类银行的中间业务比重有明显差距，股份制银行的中间业务比重整体处于 24% ~ 34%，国有银行的中间业务比重整体处于 16% ~ 22%，城商行的中间业务比重整体处于 6% ~ 16%，农商行的中间业务比重处于 3% ~ 10%。此外，国有银行和农商行的中间业务比重与上年持平，股份制银行和城商行的比重较上年小幅下降。

表1　　　　　　　　　　　　　　　　中间业务收入规模及比重

	中间业务收入规模				中间业务收入占营业收入比重			
	2019 年（亿元）	2018 年（亿元）	2017 年（亿元）	2019 年变动率（%）	2019 年（%）	2018 年（%）	2017 年（%）	2019 年变动百分点
国有银行	6144.75	5657.00	5436.96	8.6	18.9	18.8	19.5	0.1
股份制银行	3912.25	3483.48	3660.76	12.3	27.7	28.2	32.4	-0.5
城商行	656.47	576.03	604.39	14.0	12.7	13.3	15.8	-0.6
农商行	64.32	58.04	70.72	10.8	7.2	7.1	10.3	0.1
合计	10777.79	9774.55	9772.82	10.3	20.5	20.5	22.4	-0.2

　　在中间业务结构方面各家银行存在一定差异。国有银行、股份制银行、城商行的中间业务结构相似，涵盖了银行卡业务、结算类、代理类、承诺及担保类、托管类、顾问咨询、资金理财、投资类、电子银行、外汇业务、交易类等。农商行的中间业务结构相对简单，主要集中于银行卡业务、结算类、代理业务、资金理财四类业务。此外，各家银行中间业务的集中度也存在差异，股份制银行普遍呈现出中间业务集中于银行卡类业务的特点，除招商银行和浙商银行外，其余 7 家股份制银行的银行卡类业务比重在 54% ~ 67%；国有银行也呈现出银行卡类业务占比相对较高的特点，但比重不及股份制银行，整体处于 27% ~ 46%。

　　从结构变动来看，各家银行中间业务结构的变化既有共性也有特性。国有银行、股份制银行、城商行的银行卡业务比重普遍增加，托管类业务比重有所下降，而农商行的中间业务结构变化未展现出明显共性。

一、国有银行

2019 年，6 家国有银行中间业务总收入 6144.75 亿元，同比增长 8.6%，收入规模排序与 2018 年相同，最高的是工商银行，达到 1716.41 亿元，最低的是邮储银行，为 319.75 亿元。各行收入规模都实现了正增长，其中增速最快的是农业银行和建设银行，增速均达到了 12.5%。农业银行的银行卡业务比重较大且增长 17.96%，叠加电子银行业务收入增长 55.69 亿元、增速 28.36%，使农业银行中间业务整体增速较快；建设银行也是在银行卡业务增长 13.92%，叠加电子银行业务收入增长 70.81 亿元、增速 38.1% 的带动下，实现快速增长的。邮储银行增速 9.7%，交通银行、工商银行和中国银行增速相对较慢，增速分别为 6.7%、5.7% 和 4.9%。

在中间业务比重方面，2019 年，国有银行中间业务收入在营业总收入中占比 18.9%，与上年的 18.8% 持平。具体而言，工商银行、中国银行、建设银行、交通银行的中间业务占比相近，均在 20% 左右，农业银行和邮储银行占比相对较小，分别为 16.4% 和 11.6%。在变化方面，2019 年，农业银行和建设银行的中间业务占比较上年均上升了 1.1%，邮储银行小幅上升了 0.4%。其余三家银行的中间业务占比小幅下滑。

表 2　　　　　　　　　　　　**国有银行中间业务收入规模及比重**

	中间业务收入规模				中间业务收入占营业收入比重			
	2019 年（亿元）	2018 年（亿元）	2017 年（亿元）	2019 年变动率（%）	2019 年（%）	2018 年（%）	2017 年（%）	2019 年变动百分点
工商银行	1716.41	1623.47	1586.66	5.7	20.1	21.0	21.8	-0.9
农业银行	1030.11	915.25	852.57	12.5	16.4	15.3	15.9	1.1
中国银行	1049.17	999.97	1008.00	4.9	19.1	19.8	20.9	-0.7
建设银行	1552.62	1380.17	1313.22	12.5	22.0	20.9	21.1	1.1
邮储银行	319.75	291.41	235.91	9.7	11.6	11.2	10.5	0.4
交通银行	476.69	446.73	440.60	6.7	20.5	21.0	22.5	-0.5
小计	6144.75	5657.00	5436.96	8.6	18.9	18.8	19.5	0.1

在中间业务结构方面，6 家国有银行的中间业务收入披露口径略有差异，但多数国有银行包含了银行卡手续费、结算类业务手续费、代理业务手续费、承诺及担保手续费、托管业务佣金、顾问咨询费、资金理财手续费七项。此外，工商银行和交通银行额外包含了投行类业务，农业银行和建设银行包含了电子银行业务，中国银行包含了外汇业务。

在中间业务分布上，国有银行普遍呈现出银行卡类业务占比相对较高的特点，整体处于 27%~46%。工商银行有 87.1% 的中间业务收入来源于银行卡业务、结算业务、资金理财以及投行业务，这四项业务收入的占比分别为 27.4%、21.7%、24.1%、13.9%；农业银行主要的中间业务是银行卡业务、结算业务、代理业务、电子银行业务，收入占比分别为

29.3%、11.1%、19.2%、24.5%，这四项业务收入占农业银行中间业务收入的84.1%；中国银行的银行卡手续费收入、结算业务收入、代理业务收入、承诺及担保类收入占比相对较高，分别达31.3%、14.0%、19.4%及12.1%，合计占中国银行中间业务收入的76.8%；建设银行的银行卡业务占比31.3%，同时其他中间业务发展均衡，结算类、代理业务、托管业务、顾问咨询业务、资金理财业务占比相近，分别为7.9%、10.9%、9.1%、6.7%、8.3%；交通银行中间业务的集中化特点明显，收入集中于银行卡业务和资金理财手续费收入，占比分别为44.4%和30.2%，其余中间业务收入相对较小；邮储银行的中间业务主要集中于银行卡类业务、结算类业务、代理业务、资金理财收入四大类，占比分别为45.9%、23.5%、14.2%、12.4%，合计96.0%。

从结构变动来看，2019年国有银行中间业务收入结构略有变化，主要特征体现在银行卡收入的比重小幅增加，代理业务、承诺及担保类业务、托管类业务收入的比重下降。在银行卡业务方面，除交通银行外，5家国有银行的银行卡业务占比均出现了不同幅度的上涨，工行、农行、中行、建行、邮储银行的银行卡业务占比分别上升0.5%、1.3%、1.4%、0.4%、1.5%，交通银行的银行卡业务占比下降0.8%；代理业务方面，除交通银行外，5家国有银行的代理业务占比均有所下降，工行、农行、中行、建行、邮储银行分别下降0.3%、3.7%、0.8%、0.7%、0.7%，交通银行上升0.3%；承诺及担保类业务方面，邮储银行未披露该项业务收入，其余5家国有银行中有4家的承诺及担保类业务占比有所下降，农行、中行、建行、交行分别下降0.1%、1.1%、0.3%、0.2%；在托管类业务方面，交通银行并未披露该项业务，其余5家国有银行中有4家银行的托管类业务占比小幅下降，工行、农行、建行、交行分别下降0.2%、0.2%、0.1%、0.4%。

表3　　　　　　　　　　　国有银行中间业务收入结构　　　　　　　　　　单位：%

	年份	银行卡类	结算类	代理类	承诺及担保类	托管类	顾问咨询	资金理财	投行类	电子银行	外汇业务	交易类	其他
工商银行	2019	27.4	21.7	0.9	6.3	4.1		24.1	13.9				1.5
	2018	26.9	19.6	1.2	5.5	4.3		26.0	14.8				1.7
	2017	24.4	16.9	1.1	4.3	4.2		32.7	14.6				1.8
农业银行	2019	29.3	11.1	19.2	1.8	3.8	9.8		24.5				0.5
	2018	28.0	11.7	22.9	1.9	3.9	9.7		21.5				0.5
	2017	26.6	13.0	26.7	2.5	4.0	9.8		17.1				0.3
中国银行	2019	31.3	14.0	19.4	12.1	3.9	4.2				6.8		8.2
	2018	29.9	13.7	20.2	13.2	3.6	3.5				7.7		8.1
	2017	25.6	12.2	23.1	15.0	3.5	5.6				8.0		7.0
建设银行	2019	33.9	7.9	10.9	3.3	9.1	6.7	8.3		16.5			3.4
	2018	33.5	8.8	11.6	3.6	9.2	7.6	8.1		13.5			4.2
	2017	32.2	10.1	12.4	3.7	9.0	7.5	15.3		7.1			2.8

续表

	年份	银行卡类	结算类	代理类	承诺及担保类	托管类	顾问咨询	资金理财	投行类	电子银行	外汇业务	交易类	其他
邮储银行	2019	45.9	23.5	14.2		2.4		12.4					1.5
	2018	44.4	20.5	14.9		2.8		15.7					1.6
	2017	43.0	15.0	16.3		4.1		20.5					1.1
交通银行	2019	44.2	4.2	6.5	5.3			30.2	9.1				0.5
	2018	45.0	4.9	6.2	5.5			28.0	9.9				0.5
	2017	36.9	4.3	7.3	5.8			33.9	10.3				1.5

二、股份制银行

在中间业务规模方面，2019 年，9 家股份制银行中间业务总收入 3912.25 亿元，同比增长 12.3%。9 家股份制银行的中间业务收入规模排序与 2018 年相比有细微变化，中信银行超过浦发银行，二者排名互换，在 9 家股份制银行中分别排为第四和第五。在股份制银行中，中间业务收入最高的是招商银行，达到 790.47 亿元，最低的是浙商银行，仅为 50.79 亿元。9 家股份制银行的中间业务收入规模都实现了正增长，其中增速最快的是中信银行，增速达到 22.7%，主要是由于银行卡业务比重较大且增长 41.9%，叠加代理类业务收入大幅增长 25.06 亿元、增速 51.8% 的原因，致整体增速较快；其次是平安、光大、兴业银行，增速分别为 16.6%、15.8%、14.0%，其中平安银行与兴业银行中间业务较快增长的原因与中信银行相同，光大银行的银行卡业务同样有所增长，但代理业务与上年持平；华夏银行增速最慢，增速仅为 4.7%，其余股份制银行的中间业务规模增速处于 5%～9%。

在中间业务比重方面，2019 年，9 家股份制银行中间业务总收入在营业总收入中占比 27.7%，相比于上年的 28.2%，占比下降 0.5 个百分点。具体而言，招商、兴业、民生、平安银行的中间业务占比相近，处于 29%～34%，其中平安银行中间业务比重最大，达到 33.3%。中信、浦发、华夏银行的中间业务比重在股份制银行处于中间水平，分布在 24%～28%。而光大银行和浙商银行的中间业务比重在股份制银行中相对较低，分别为 19.6% 和 11.0%。在变化方面，2019 年，除中信银行外，9 家股份制银行的中间业务比重较上年均有不同程度的下滑，其中下滑幅度相对较大的为华夏、民生、浙商银行，下滑幅度分别为 3.0%、2.0%、1.4%。其余股份制银行的中间业务比重下滑幅度均在 1% 以内。

表4　　　　　　　　　　股份制银行中间业务收入规模及比重

	中间业务收入规模				中间业务收入占营业收入比重			
	2019 年（亿元）	2018 年（亿元）	2017 年（亿元）	2019 年变动率（%）	2019 年（%）	2018 年（%）	2017 年（%）	2019 年变动百分点
招商银行	790.47	730.46	699.08	8.2	29.3	29.4	31.6	-0.1
兴业银行	536.34	470.62	420.27	14.0	29.6	29.7	30.0	-0.1

	中间业务收入规模				中间业务收入占营业收入比重			
	2019 年 （亿元）	2018 年 （亿元）	2017 年 （亿元）	2019 年变 动率（%）	2019 年 （%）	2018 年 （%）	2017 年 （%）	2019 年变 动百分点
浦发银行	511.96	462.05	507.73	10.8	26.8	27.0	30.1	−0.2
中信银行	522.84	425.99	516.87	22.7	27.9	25.8	33.0	2.1
民生银行	570.24	526.84	540.68	8.2	31.6	33.6	37.5	−2.0
光大银行	259.77	224.31	330.25	15.8	19.6	20.3	36.0	−0.7
平安银行	459.03	393.62	357.25	16.6	33.3	33.7	33.8	−0.4
华夏银行	210.81	201.29	204.47	4.7	24.9	27.9	30.8	−3.0
浙商银行	50.79	48.30	84.16	5.2	11.0	12.4	24.6	−1.4
小计	3912.25	3483.48	3660.76	12.3	27.7	28.2	32.4	−0.5

在中间业务结构方面，9 家股份制银行的中间业务收入披露口径略有差异，但多数股份制银行包含了银行卡类、结算类、代理类、承诺及担保类、托管类五项，其中华夏银行未披露结算类业务，浙商银行未披露银行卡类业务，平安银行未披露承诺及担保类业务。此外，各股份制银行对顾问咨询类、资金理财类、投行类和交易类中间业务的披露情况不尽相同，兴业和平安银行包含了顾问咨询业务，兴业、光大、浙商银行包含了资金理财业务，而华夏银行 2019 年将理财业务手续费归入代理类业务项下合并披露，浦发、光大、浙商银行包含投行类业务，而仅有兴业银行包含了交易类业务。

在中间业务分布上，股份制银行普遍呈现出中间业务集中于银行卡类业务的特点，除招商银行和浙商银行外，其余 7 家股份制银行的银行卡类业务比重在 54% ～67%。招商银行占比前三的中间业务是银行卡业务、代理业务和托管业务，分别占 29.8%、24.7% 和 17.3%；兴业银行占比前三的中间业务是银行卡业务、顾问咨询和代理类业务，占比分别是 56.3%、17.3% 和 6.1%；浦发银行占比前三的中间业务是银行卡业务、托管业务和投行类业务，分别占 55.5%、22.6% 和 7.1%；中信银行占比前三的中间业务是银行卡业务、代理业务和承诺及担保类业务，占比分别为 66.6%、14.0% 和 9.4%；民生银行占比前三的中间业务是银行卡业务、代理类业务和托管业务，占比分别为 61.4%、13.4% 和 10.9%；光大银行占比前三的中间业务是银行卡业务、代理业务和其他业务，占比分别为 54.5%、10.6% 和 8.4%；平安银行占比前三的中间业务是银行卡业务、代理业务和结算类业务，分别占 65.8%、14.9% 和 6.1%；华夏银行占比前三的中间业务是银行卡业务、代理业务、承诺及担保类业务，分别占 61.6%、17.3%、9.1%；浙商银行未披露银行卡类中间业务，其占比前三的中间业务是结算类业务、投行类业务、承诺及担保类业务，分别占 29.3%、26.7% 和 12.8%。

从结构变动来看，2019 年股份制银行中间业务收入结构的变化既有共性也有特性。共性方面的变化主要体现在银行卡业务比重增加，托管类、承诺及担保类业务比重下降。具体而言，在银行卡业务上，除浙商银行未披露该项业务外，其余 8 家股份制银行均出现银行卡业务占比增加的现象，其中招商、兴业、浦发、中信、民生、光大、平安、华夏银行的银行卡业务占比分别增加 1.8%、10.8%、4.9%、9.0%、6.5%、3.1%、1.6%、5.8%；在托管类业务上，除华夏银行托管类业务占比小幅上升 0.4% 以外，其余 8 家股份制银行均出现占比下降的现象，招商、兴业、浦发、中信、民生、光大、平安、浙商银行的托管类业务占比分别下降 2.2%、2.2%、5.2%、6.9%、2.6%、0.5%、2.5%、0.3%；在承诺及担保类业务上，有 6 家股份制银行出现比重下降的现象，招商、兴业、浦发、中信、民生、华夏银行的承诺及担保类业务占比分别下降 1.3%、0.2%、0.7%、3.8%、0.7%、0.8%。特性方面，招商、光大和平安银行各项中间业务整体维持稳定，变动幅度不大；兴业银行的银行卡业务以及顾问咨询业务收入占比变动相对较大，银行卡业务占比增长 10.8%，顾问咨询业务占比下降 6.3%；浦发银行银行卡业务占比增长 4.9% 的同时，托管类业务占比下降 5.2%；中信银行与浦发银行较为类似，银行卡业务占比出现 9.0% 的增长，托管类业务占比下降 6.9%；民生银行银行卡业务占比增长 6.5% 的同时，代理类、托管类业务占比小幅度下降；华夏银行银行卡业务占比增长 5.8% 的同时，代理类业务占比下降 5.8%；浙商银行上年的资金理财业务占比较高，受资管新规等政策影响，2019 年理财手续费收入占比大幅减少 17.4%。

表 5　　　　　　　　　　　　　股份制银行中间业务收入结构　　　　　　　　　　　单位：%

	年份	银行卡类	结算类	代理类	承诺及担保类	托管类	顾问咨询	资金理财	投行类	电子银行	外汇业务	交易类	其他
招商银行	2019	24.7	14.5	17.3	8.0	29.8							5.6
	2018	22.9	14.1	17.4	9.3	32.0							4.3
	2017	20.0	13.2	17.6	9.1	36.1							4.0
兴业银行	2019	56.3	2.6	6.1	3.0	5.0	17.3	4.6				1.9	3.3
	2018	45.5	3.6	5.7	3.2	7.2	23.6	4.5				2.0	4.6
	2017	31.5	2.8	7.3	4.0	9.7	34.3	3.9				1.4	5.2
浦发银行	2019	55.5	1.9	5.3	4.2	22.6			7.1				3.4
	2018	50.6	2.2	4.1	4.9	27.8			6.6				3.8
	2017	34.9	2.4	3.3	4.6	41.5			6.9				6.4
中信银行	2019	66.6	2.5	14.0	9.4	7.3							0.2
	2018	57.6	3.0	11.4	13.2	14.2							0.7
	2017	58.9	2.4	8.8	12.3	16.9							0.8
民生银行	2019	61.4	6.5	13.4	4.3	10.9							3.4
	2018	54.9	6.5	16.8	5.0	13.5							3.2
	2017	40.7	5.6	21.5	4.6	24.2							3.3
光大银行	2019	54.5	5.9	10.6	5.2	5.6		2.4	7.3				8.4
	2018	51.4	5.7	12.2	5.0	6.1		3.9	7.1				8.7
	2017	61.7	3.2	8.1	2.6	5.1		10.3	4.9				4.2
平安银行	2019	65.8	6.1	14.9		4.8	2.7						5.8
	2018	64.2	6.3	10.5		7.3	3.7	3.5					4.6
	2017	51.8	6.7	9.4		8.5	7.4	9.5					6.6

续表

	年份	银行卡类	结算类	代理类	承诺及担保类	托管类	顾问咨询	资金理财	投行类	电子银行	外汇业务	交易类	其他
华夏银行	2019	61.6		17.3	9.1	5.2							6.8
	2018	55.8		7.30	10.0	4.8		15.8					6.3
	2017	40.2		7.6	8.5	4.7		34.1					4.8
浙商银行	2019		29.3	3.9	12.8	10.6		11.4	26.7				5.1
	2018		20.6	7.4	9.3	10.9		28.8	15.7				7.4
	2017		5.4	4.6	4.8	5.9		65.5	7.5				6.2

三、城商行

在中间业务规模方面，2019 年，26 家城商行中间业务总收入 656.47 亿元，同比增长 14.0%。26 家城商行的中间业务收入规模排序与 2018 年相比有较大变化。在城商行中，中间业务收入最高的是北京银行，达到 103.42 亿元，最低的是泸州银行，仅为 0.10 亿元。在 26 家城商行中，有 19 家的中间业务收入规模实现了正增长，7 家的中间业务收入规模有所下降。在正增长的城商行中，增速最快的银行是贵州银行，增速达到 77.8%，主要是由于贵州银行代理类业务比重较大且收入增长 83.6%，同时叠加承诺及担保类业务收入增加 0.23 亿元、增速 255.6% 的原因，致整体增速较快。其次是盛京银行，增速为 71.9%，主要是由于代理类业务比重较大且收入大幅增长 75.4% 所致。中原、晋商、青岛、杭州、宁波银行的中间业务收入增速处于 30%~50%，其中中原银行增长 49.3%，主要是由于银行卡业务收入大幅增长 255.3% 所致，同时结算类业务收入增长 87.5%；晋商银行增长 45.0%，主要是由于代理类业务比重较大且收入增长 63.9% 所致，同时银行卡业务收入大幅增长 115.2%；青岛银行增长 42.6%，主要是由于资金理财类业务比重较大且收入增长 42.8%，同时托管类收入增长 277.5%、代理类业务收入增长 41.8%，致青岛银行中间业务整体增速较快；杭州银行增长 40.5%，主要是由于托管类业务比重较大且收入大幅增长 105.7% 所致，同时代理类业务收入增长 70.5%；宁波银行增长 34.0%，主要是由于银行卡类业务比重较大且收入增长 55.1%，同时代理类业务收入增长 31.2%，致宁波银行中间业务整体增速较快。可以发现，以上银行普遍表现出银行卡类、代理类中间业务收入增长较大的特点。成都、天津、九江、苏州、徽商、江苏、南京、泸州、长沙银行的中间业务收入增速处于 10%~30%，上海、北京、江西银行的中间业务收入增速相对较慢，分别为 9.9%、8.9%、5.2%。甘肃、哈尔滨、重庆、郑州、贵阳、西安、锦州银行出现中间业务收入规模下降的现象，其中降幅最大的是锦州银行，中间业务收入同比下降 48.4%，主要是由于资金理财业务比重较大且收入下降 26.4%，同时结算类业务收入下降 63.4%、代理类业务下降 73.2%，致锦州银行中间业务规模整体下滑较大；其次是西安银行，中间业务收入同比下降 22.7%，主要是由于代理类业务比重较大且收入下降 38.3% 所致；贵阳银行中间业务收入同比下降 13.3%，主要是由于投行类业务收入下降 44.1% 所致。郑州银行中间业务收入同比下降 11.6%，主要是由于代理类业务比重较大且收入下降 8.1%，同时投行类业务收入下降 36.6%，致郑州银行中间业务收入有所下滑。其余三家城商行，重庆、哈尔滨、甘肃银行的中间业务收入规模虽有所下降，但下降幅度较小，分别为 6.3%、4.2%、1.4%。

在中间业务比重方面，2019 年，26 家城商行中间业务总收入在营业总收入中占比 12.7%，相比于上年的 13.3%，占比下降 0.6 个百分点。具体而言，宁波银行的中间业务比重最大，为 24.2%；北京、哈尔滨、上海、徽商、南京、青岛、江苏、晋商、天津、郑州、长沙、苏州、中原、重庆银行的中间业务占比相近，处于 11%~17%，其中北京银行中间业务比重最大，为 16.4%，重庆银行中间业务比重最小，为 11.6%；江西、西安、贵阳、杭州、盛京、九江、甘肃、成都、锦州、贵州、泸州银行的中间业务占比处于 0~10% 之间，其中江西银行中间业务比重最大，为 9.3%，泸州银行中间业务比重最小，仅为 0.4%。在变化方面，2019 年，26 家城商行的中间业务比重变化无明显特征，其中 10 家城商行的中间业务比重小幅增长，16 家城商行的中间业务比重有不同程度的下降。在中间业务比重增长的城商行中，增长最大的是晋商银行，增长 3.3%，其余银行的比重增长在 3% 以内；在中间业务比重下降的城商行中，比重下降相对较大的是郑州银行和西安银行，分别下降 4.8% 和 4.5%，其余银行的比重下降在 4% 以内。

表6　　　　　　　　　　　城商行中间业务收入规模及比重

	中间业务收入规模				中间业务收入占营业收入比重			
	2019 年（亿元）	2018 年（亿元）	2017 年（亿元）	2019 年变动率（%）	2019 年（%）	2018 年（%）	2017 年（%）	2019 年变动百分点
北京银行	103.42	94.94	111.55	8.9	16.4	17.1	22.2	-0.7
上海银行	74.08	67.44	67.86	9.8	14.9	15.4	20.5	-0.5
江苏银行	62.95	54.63	60.77	15.2	14.0	15.5	18.0	-1.5
南京银行	46.17	41.31	39.57	11.8	14.2	15.1	15.9	-0.9
宁波银行	84.81	63.30	63.71	34.0	24.2	21.9	25.2	2.3
徽商银行	44.77	38.41	30.44	16.6	14.4	18.4	13.5	-4.0
杭州银行	19.15	13.63	17.63	40.5	8.9	8.0	12.5	0.9
盛京银行	14.25	8.29	18.78	71.9	6.8	5.2	14.2	1.6
锦州银行	4.35	8.42	8.33	-48.3	1.9	4.0	4.4	-2.1
中原银行	22.08	14.79	9.04	49.3	11.6	8.8	7.1	2.8
天津银行	23.09	18.82	21.13	22.7	13.5	15.5	20.8	-2.0
长沙银行	21.09	19.01	12.89	10.9	12.4	13.6	10.6	-1.2
哈尔滨行	24.78	25.86	26.12	-4.2	16.4	18.1	18.5	-1.7
贵阳银行	13.3	15.34	16.04	-13.3	9.1	12.1	12.9	-3.0
成都银行	5.16	4.06	5.37	27.1	4.1	3.5	5.6	0.6
重庆银行	13.63	14.54	19.41	-6.3	11.6	13.7	19.1	-2.1
郑州银行	17.57	19.88	19.35	-11.6	13.0	17.8	19.0	-4.8
青岛银行	13.46	9.44	8.89	42.6	14.0	12.8	15.9	1.2

	中间业务收入规模				中间业务收入占营业收入比重			
	2019 年 （亿元）	2018 年 （亿元）	2017 年 （亿元）	2019 年变 动率（%）	2019 年 （%）	2018 年 （%）	2017 年 （%）	2019 年变 动百分点
江西银行	11.99	11.40	16.44	5.2	9.3	10.0	17.4	-0.7
九江银行	5.69	4.67	4.28	21.8	6.0	5.9	7.3	0.1
苏州银行	11.64	9.96	9.37	16.9	12.4	12.9	13.6	-0.5
甘肃银行	3.58	3.63	4.63	-1.4	4.9	4.1	5.7	0.8
西安银行	6.33	8.19	7.89	-22.7	9.2	13.7	16.0	-4.5
晋商银行	7.11	4.90	3.74	45.1	14.0	10.7	8.5	3.3
贵州银行	1.92	1.08	1.09	77.8	1.8	1.2	1.3	0.6
泸州银行	0.1	0.09	0.08	11.1	0.4	0.5	0.5	-0.1
小计	656.47	576.03	604.39	14.0	12.7	13.3	15.8	-0.6

在中间业务结构方面，城商行披露的中间业务种类在四类银行中最多。城商行的中间业务分布根据集中度可以大致分为三类。第一类是中间业务相对全面、发展较协调、单项中间业务比重不超过40%，这类银行以上海银行为典型代表。2019 年，上海银行卡业务、结算类、代理类、托管类业务、顾问咨询类、电子银行、其他业务占比分别为26.6%、2.5%、30.4%、9.3%、18.4%、1.3%、11.4%，类似的银行还有北京、徽商、杭州、中原、贵阳、成都、九江、苏州、西安、晋商银行。第二类是中间业务高度集中、单项业务占比大，并且业务种类相对较少，这类银行以郑州银行为典型代表。2019 年，郑州银行银行卡类、代理类、承诺及担保类、投行类、其他业务占比分别为8.4%、66.1%、9.3%、14.8%、1.5%，类似的银行还有盛京、哈尔滨、青岛、甘肃、贵州、泸州银行。第三类是介于前两者之间，中间业务虽然集中于某几项业务，但是其他业务也在同步开展，典型的银行是江苏银行。2019 年，江苏银行代理类占比为57.1%，但同时开展了银行卡类、结算类、承诺及担保类、托管类、顾问咨询类、其他类业务，占比分别为18.3%、1.0%、6.5%、9.3%、0.1%、7.8%，类似的银行还有南京、宁波、锦州、天津、长沙、重庆、江西银行。

从结构变动来看，共性表现在多数城商行的银行卡业务、代理业务、资金理财业务比重增加，结算类、托管类、顾问咨询类、投行类业务比重减小。具体而言，中间业务结构变动较明显的城商行有上海、徽商、杭州、锦州、中原、长沙、哈尔滨、重庆、九江、苏州、甘肃、西安、贵州、泸州银行。其中，上海银行和重庆银行的代理类业务比重分别增长7.7%和11.2%；徽商银行和贵阳银行的投行业务比重分别下降7.4%和11.2%；杭州银行托管类业务增长11.9%的同时，投行业务比重下降6.7%；锦州银行代理业务下降12.1%的同时，资金理财业务比重下降12.7%；中原银行银行卡业务比重增长9.9%，同时托管业务比重下降8.2%；长沙银行与中原银行情况相似，银行卡业务比重增长10.4%，同时托管业务比重下降8.9%；哈尔滨行的银行卡业务比重增长12.2%，顾问咨询业务比重下降9.5%；江西银行的结算类业务比重下降 7.8%，同时代理业务比重增长 6.5%；九江银行银行卡业务比重增长 8.6%；苏州银行的代理业务比重增长 13.9%；甘肃银行的结算类业务比重大幅增长 22.1%，同时代理业务比重下降 23.2%；西安银行代理业务比重下降 7.6% 的同时，顾问咨询业务比重增长 9.9%；贵州银行银行卡业务比重下降 10.6%，同时承诺及担保类业务比重增长 8.4%；泸州银行代理类业务比重下降 11.4%，同时承诺及担保类业务比重增长 13.6%。而北京、江苏、南京、宁波、盛京、天津、成都、郑州、青岛、晋商银行的中间业务收入结构变动较小，整体结构稳定。

表 7　　　　　　　　　　城商行中间业务收入结构　　　　　　　　　单位：%

	年份	银行卡类	结算类	代理类	承诺及担保类	托管类	顾问咨询	资金理财	投行类	电子银行	外汇业务	交易类	其他
北京银行	2019	5.7	9.4	31.5	11.1				31.5				10.8
	2018	5.3	7.2	31.5	12.0				31.5				12.5
	2017	5.7	6.4	39.9	13.9				21.1				12.9
上海银行	2019	26.6	2.5	30.4			9.3	18.4		1.3			11.4
	2018	26.7	2.9	22.7			13.4	20.7		1.3			12.3
	2017	19.9	2.5	28.3			18.3	17.4		1.1			12.4
江苏银行	2019	18.3	1.0	57.1	6.5		9.3	0.1					7.8
	2018	16.6	1.4	53.3	7.6		13.3	0.1					7.7
	2017	19.7	1.6	55.4	7.8		9.9	0.1					5.7
南京银行	2019	3.1		54.5	9.1		6.8		25.2				1.2
	2018	3.3	1.8	51.0	9.3		7.7		25.9				1.1
	2017	2.1	2.0	55.6	9.4		7.4		22.8				0.7
宁波银行	2019	33.4	2.9	51.7	6.7		4.5	0.8					
	2018	28.9	3.5	52.8	7.9		6.4	0.4					
	2017	24.8	2.9	59.6	4.4		7.7	0.5					0.1
徽商银行	2019	17.2	1.8	30.6	6.2		11.3		16.4		0.4		16.1
	2018	16.4	1.4	28.1	5.5		12.2		23.8		0.7		12.0
	2017	16.5	1.5	37.5	4.8		12.3		17.9				9.5
杭州银行	2019	1.0	6.7	10.4	12.4	43.1			23.2			10.7	5.2
	2018	1.5	5.3	7.4	10.2	25.6	4.3		24.0			16.9	4.8
	2017	2.0	3.3	4.6	5.7	40.3	4.2		21.5			13.3	5.1
盛京银行	2019	7.5	20.3	72.2									
	2018	5.8	23.4	70.8									
	2017	2.3	8.3	89.4									
锦州银行	2019	2.7	19.5	13.0			11.4	42.6					10.8
	2018	1.5	27.5	25.1			10.3	29.9					5.6
	2017	1.8	24.4	43.3			7.9	22.3					0.3

续表

	年份	银行卡类	结算类	代理类	承诺及担保类	托管类	顾问咨询	资金理财	投行类	电子银行	外汇业务	交易类	其他
中原银行	2019	17.1	17.5	4.9	4.5	20.3	5.6	16.6	13.6				
	2018	7.2	13.9	7.0	6.7	28.5	6.7	16.2	13.9				
	2017	4.0	9.9	10.3	6.7	25.5	12.1	18.8	12.6				
天津银行	2019	3.2	8.5	16.8	3.2		6.3	61.8					0.2
	2018	2.2	11.5	20.2	4.8		7.4	53.7					0.2
	2017	1.7	7.4	11.2	9.2		12.3	58.2					
长沙银行	2019	52.6	0.2	4.0	0.9	21.0	14.0				0.1	6.2	1.1
	2018	42.2	0.2	3.7	1.2	29.9	11.3				0.5	5.3	5.8
	2017	25.4	0.3	1.1	2.7	42.7	15.7				0.9	8.8	2.4
哈尔滨行	2019	43.4	1.4	33.6			21.1						0.5
	2018	31.2	3.0	34.2			30.6						1.0
	2017	15.3	4.3	41.6			35.8						3.0
贵阳银行	2019	28.1	5.1	6.9	0.9			35.7	20.4				2.9
	2018	19.9	6.3	5.5	0.6			33.5	31.6				2.6
	2017	12.0	4.8	6.8	0.9			28.9	44.9				1.6
成都银行	2019	32.1	2.9	10.2	2.0			36.4	4.3				12.1
	2018	27.3	3.7	12.3	6.2			32.5	3.2				14.8
	2017	26.3	2.4	11.9	5.2			34.5	8.9				10.8
重庆银行	2019	25.4	6.3	48.5	8.4	9.9	1.4						0.1
	2018	22.2	6.5	37.3	6.7	17.4	10.0						0.0
	2017	14.4	5.9	45.7	7.2	18.5	8.2						
郑州银行	2019	8.4		66.1	9.3				14.8				1.5
	2018	4.9		63.5	9.7				20.6				1.3
	2017	4.0		66.3	8.1				21.1				0.6
江西银行	2019	17.4	11.9	40.9	6.2		3.2						20.5
	2018	18.6	19.7	34.4	4.1		7.5						15.6
	2017	8.3	10.8	49.0	2.0		22.5						7.3
青岛银行	2019		3.1	25.2		9.7		51.7					10.3
	2018		3.3	25.4		3.7		51.6					16.0
	2017		9.0	29.0		5.2		42.4					14.4
九江银行	2019	22.7	1.4	33.9	17.4			23.2				1.4	
	2018	14.1	2.8	37.3	13.5			27.8				4.5	
	2017	3.5	6.3	44.9	7.5			29.9				7.7	0.2
苏州银行	2019	37.4	14.5	40.0		1.8	0.7		1.2				4.4
	2018	37.7	11.2	26.1		6.7	10.7		3.1				4.4
	2017	25.5	9.1	27.0		17.7	11.7		5.5				3.4

续表

	年份	银行卡类	结算类	代理类	承诺及担保类	托管类	顾问咨询	资金理财	投行类	电子银行	外汇业务	交易类	其他
甘肃银行	2019		40.8	33.8	8.4			10.1					7.0
	2018		18.7	57.0	6.6			13.2					4.4
	2017		11.4	31.1	5.0			41.9					10.6
西安银行	2019	8.4	4.1	30.0	17.1	2.8	34.1						3.5
	2018	5.6	4.3	37.6	24.3	2.1	24.2						1.9
	2017	3.5	2.2	39.1	16.9	1.2	35.5						1.7
晋商银行	2019	11.8	11.0	35.1	22.2			20.0					
	2018	7.9	9.6	31.0	25.7			25.9					
	2017	3.2	6.7	21.4	29.7			38.8					0.3
贵州银行	2019	17.6	13.0	52.3	16.6		0.5						
	2018	28.2	12.7	50.0	8.2		0.9						
	2017	29.4	12.8	41.3	6.4		10.1						
泸州银行	2019	20.0	20.0	10.0	40.0				10.0				
	2018	23.8	17.9	21.4	26.4				10.5				
	2017	29.4	28.7	14.5	16.3			10.9					0.2

四、农商行

在中间业务规模方面，2019 年，10 家农商行中间业务收入 64.32 亿元，同比增长 10.8%。10 家农商行的中间业务收入规模排序与 2018 年相比没有变化。在农商行中，中间业务收入最高的是渝农商行，达到 24.42 亿元，最低的是江阴银行，仅为 1.27 亿元。除九台农商中间业务收入下降 14.3% 以外，其余 9 家农商行的中间业务规模均出现正增长。其中增速最快的银行是苏农银行，增速达到 78.7%，主要是由于理财类业务占比较大且收入增长 145.5%，同时代理类业务收入增长 189.6%。其次是张家港行、江阴银行、无锡银行、青农商行，增速分别为 35.4%、35.1%、31.4%、24.0%。张家港行增速达 35.4%，主要是由于电子银行业务大幅增长 124.9%，同时结算类业务增长 37.7% 所致；江阴银行增速达 35.1%，主要是由于代理类业务占比较大且收入大幅增长 75.6% 所致；无锡银行增长 31.4%，原因与江阴银行相同，主要是由于代理类业务收入大幅增长 92.0% 所致；青农商行增长 24.0%，主要是由于结算类业务收入增长 24.6% 所致。渝农商行、广州农商、紫金银行、常熟银行增速相对较慢，分别为 10.9%、9.9%、2.7%、1.6%。九台农商中间业务收入规模减少 14.3%，主要是由于结算类业务规模减少 50.4%，同时投行类业务减少 37.2% 所致。

在中间业务比重方面，2019 年，10 家农商行中间业务总收入在营业总收入中占比 7.2%，与上年的 7.1% 持平。农商行的中间业务比重相对较小，处于 3%~10%。具体而言，渝农商行的中间业务比重在 10 家农商行中最大，为 9.2%，青农商行的中间业务比重在 10 家农商行最小，仅为 3.3%。在变化方面，2019 年，10 家农商行的中间业务比重较上年均变动较小，其中除苏农银行和九台农商外，其余农商行的中间业务比重变动仅在 1% 以内。渝农商行、青农商行、无锡银行、江阴银行、苏农银行、张家港行的中间业务比重小幅上升，分别增长 0.7%、0.2%、0.7%、0.8%、2.2%、0.2%。广州农商、紫金银行、常熟银行、九台农商的中间业务比重小幅下降，分别下降 0.3%、0.5%、0.6%、1.5%。

表 8　　　　　　　　　　　　　　农商行中间业务收入规模及比重

	中间业务收入规模				中间业务收入占营业收入比重			
	2019 年（亿元）	2018 年（亿元）	2017 年（亿元）	2019 年变动率（%）	2019 年（%）	2018 年（%）	2017 年（%）	2019 年变动百分点
渝农商行	24.42	22.03	24.54	10.8	9.2	8.4	10.2	0.8
广州农商	19.93	18.13	25.69	9.9	8.4	8.8	19.1	-0.4
青农商行	2.89	2.33	2.13	24.0	3.3	3.1	3.5	0.2
紫金银行	2.89	2.81	1.99	2.8	6.2	6.6	5.5	-0.4
常熟银行	4.48	4.41	4.75	1.6	7.0	7.6	9.5	-0.6
九台农商	3.49	4.07	6.52	-14.3	6.6	8.1	11.2	-1.5
无锡银行	1.59	1.21	1.97	31.4	4.5	3.8	6.9	0.7
江阴银行	1.27	0.94	0.76	35.1	3.7	3.0	3.0	0.7
苏农银行	2.06	1.15	0.96	79.1	5.8	3.7	3.5	2.1
张家港行	1.3	0.96	1.41	35.4	3.4	3.2	5.8	0.2
小计	64.32	58.04	70.72	10.8	7.2	7.1	10.3	0.1

在中间业务结构方面，10 家农商行的中间业务结构相对简单，主要集中于银行卡业务、结算类、代理业务、资金理财四类业务。此外，广州农商包含了承诺及担保类业务；广州农商、九台农商包含了顾问咨询类业务；渝农商行、广州农商、常熟银行、九台农商、苏农银行包含了资金理财业务；九台农商包含了投行类业务；苏农银行和张家港行包含了电子银行业务；广州农商包含了外汇业务。

在中间业务分布上，农商行整体上呈现出代理类业务和资金理财类业务比重较高的特点，但不同银行也各有特性。代理类业务比重较高的农商行有青农商行、紫金银行、无锡银行、江阴银行、张家港行，比重分别为 41.5%、55.5%、60.4%、62.2%、36.2%；资金理财类业务比重较高的农商行有渝农商行、常熟银行、苏农银行，比重分别为 53.8%、44.7%、46.6%。此外，九台农商的咨询业务比重较大，占中间业务的 65.1%。

从结构变动来看，2019 年农商行中间业务收入结构变化没有明显共性。广州农商的咨询类业务比重有较大幅度的下滑，下滑幅度为 11.0%；紫金银行银行卡业务和结算类业务比重增长较大，分别增长 11.8% 和 11.3%，同时代理类业务比重有较大幅度的下滑，下滑幅度为 22.9%；九台农商咨询类业务比重增长明显，增幅为 11.4%，同时结算类和投行类业务比重分别小幅下降 5.3% 和 6.2%；无锡银行的代理类和银行卡类业务比重变动较大，其中代理类业务比重增长 19.1%，银行卡类业务比重下降 16.0%；江阴银行的结算类和代理类业务比重均有变化，结算类比重下降 14.3%，代理类业务比重增长 14.3%；苏农银行变动明显的项目较多，代理类和资金理财类业务比重分别增长 7.0% 和 12.7%，结算类和电子银行业务比重分别下降 11.9% 和 8.0%；张家港行的电子银行业务比重增长了 7.0%。渝农商行、青农商行、常熟银行各项中间业务比重变动幅度不大，整体维持稳定。

表9　　　　　　　　　　　　　农商行中间业务收入结构　　　　　　　　　　单位：%

	年份	银行卡类	结算类	代理类	承诺及担保类	托管类	顾问咨询	资金理财	投行类	电子银行	外汇业务	交易类	其他
渝农商行	2019	10.8	5.5	16.5				53.8					13.4
	2018	12.0	6.5	20.7				50.3					10.4
	2017	13.6	5.3	18.1				57.3					5.6
广州农商	2019	33.7	8.4	20.4	7.0		8.5	4.4			2.1		15.6
	2018	33.6	8.0	15.7	3.9		19.9	4.6			4.4		9.9
	2017	24.2	4.9	15.3			32.0	7.4			3.3		12.8
青农商行	2019	8.7	36.0	41.5									13.8
	2018	12.4	35.8	45.9									5.9
	2017	9.8	32.3	54.9									3.0
紫金银行	2019	16.8	27.8	55.5									
	2018	5.0	16.5	78.4									
	2017	7.0	9.0	83.9									
常熟银行	2019	26.4	10.7	18.2				44.7					
	2018	27.5	8.8	16.8				46.9					
	2017		28.0	72.0									
九台农商	2019	1.2	7.3	7.8			65.1	0.5	16.9				1.3
	2018	1.4	12.6	4.9			53.7	2.3	23.1				2.0
	2017	1.1	8.9	5.1			48.9	25.0					11.0
无锡银行	2019	19.5	10.7	60.4									9.4
	2018	35.5	14.9	41.3									8.3
	2017	26.9	7.1	66.0									
江阴银行	2019		37.8	62.2									
	2018		52.1	47.9									
	2017		59.2	40.8									
苏农银行	2019	3.5	21.1	18.3				46.6		10.3			
	2018	3.5	33.0	11.3				33.9		18.3			
	2017	3.1	36.5	4.2				39.6		15.6			1.0
张家港行	2019		30.0	36.2						17.7			16.2
	2018		29.5	39.5						10.7			20.4
	2017		15.6	68.6						7.3			8.5

专题十　普惠金融服务

2019 年是《推进普惠金融发展规划（2016—2020 年）》实施的关键之年和攻坚之年，2019 年 3 月，银保监会印发《关于 2019 年进一步提升小微企业金融服务质效的通知》，强化了对"两增"目标的考核，以全年完成的"单户授信总额 1000 万元及以下小微企业较年初增速不低于各项贷款较年初增速，有贷款余额的户数不低于年初水平"为目标；同时，加强对"两控"目标的监测和指导，以合理控制小微企业贷款资产质量水平和贷款综合成本，将普惠型小微企业贷款不良率控制在不高于各项贷款不良率 3 个百分点以内。

51 家上市银行披露了"两增两控"相关指标，各行普惠贷款①总体增长规模较快，平均利率以不同程度下调，贷款不良率控制在合理范围内。从金额看，国有银行、股份制银行、城商行普惠型小微企业贷款平均规模依次减小；从增幅看，国有银行普惠贷款增长幅度大体高于股份制银行，各城商行和农商行增幅差异较大；从成本看，相较于 2018 年，国有银行的普惠贷款利率下降幅度缩小，在 0.5% 左右，各股份制银行、城商行和农商行下降程度差异较大；从质量看，已披露普惠贷款不良率的各商业银行均将其控制在不高于各项贷款不良率 3% 的范围内。

一、普惠贷款业务分析

（一）大型国有商业银行普惠贷款业务分析

国有六大银行中，建设银行以 9631.55 亿元的普惠贷款余额位居国有银行之首，增速也达 57.88%；交通银行仅为 1639.52 亿元，与其他五家银行差距较大。

从增速看，农业银行增速最快，为 58.20%，建设银行排名第二。工商银行、交通银行紧随其后，为 52%、51.62%，余下两家增幅也超过 19%。

从相对量看，由于服务社区、中小企业、"三农"的定位，且营业网点更偏向小微企业集中的乡镇地区，邮储银行普惠贷款/公司类贷款②比率一枝独秀，占比为 37.5%；建设银行成为第二家相对比率超过 10% 的银行，为 13.8%，其余 4 家平均占比为 6.3%。

---

① 普惠贷款指单户授信总额 1000 万元以下（含）的小微贷款，下同。

② 以"普惠贷款/公司类贷款"指标表示相对量层面的支持力度。

（二）股份制银行普惠贷款业务分析

从普惠贷款余额来看，招商银行利用其"金融科技与业务相融合"的优势一枝独秀，2019年末普惠贷款余额为4533.29亿元。中信银行、浙商银行、光大银行、兴业银行、华夏银行2019年末普惠贷款余额依次为2042.55亿元、1711.04亿元、1553.96亿元、1260.49亿元、1001.4亿元，平均水平约为1313.61亿元。

从增速来看，2019年股份制银行普惠贷款增速相较于2018年有一定程度的放缓，这一现象可能与各股份制银行在2018年基于监管指标要求下已经奠定的普惠贷款余额基数有关。其中，中信银行和兴业银行普惠贷款增幅位居前二，分别为49.8%、37.01%。

从相对量看，在普惠贷款口径下，浙商银行对小微企业的支持力度最大，招商银行紧随其后，两家银行相对比率分别为25.2%、23.83%。余下股份制银行的相对比率约在10%的水平。

（三）城商行普惠贷款业务分析

城商行发放普惠贷款方面，各家银行的数据披露情况不一，如宁波银行、盛京银行、九江银行、成都银行等7家城商行均未披露普惠贷款相关数据；哈尔滨行等城商行未说明统计口径为普惠贷款等。

2019年末城商行普惠贷款余额平均在318.5亿元左右。其中，江苏银行普惠贷款口径下对小微企业支持力度最大，发放普惠贷款达657.5亿元；天津银行支持力度最小，余额约为119.35亿元。在增速方面，2019年西安银行普惠贷款剧增，增幅达159.05%；天津银行、上海银行、北京银行在增速方面表现排名较前，分别为72.7%、39.58%、32.8%；余下城商行普惠贷款增速多为20%~30%，与2018年差距不大。从相对量看，在普惠贷款口径下，中原银行对小微企业支持力度最大，普惠贷款/公司贷款比率达29.6%，北京银行该比值最低，仅为3.7%。

（四）农商行普惠贷款业务分析

农商行支持小微企业贷款方面，总体来看，农商行披露信息不足，对小微企业支持力度较弱。在普惠贷款口径下，仅有渝农商行、青农银行、无锡银行、张家港行披露了详细程度不一的相关数据，其余银行则在年报或社会责任报告中简述完成"两增两控"的考核指标。从2019年末普惠贷款余额看，渝农商行、青农银行、无锡银行依次为651.95亿元、245.58亿元、85.82亿元。从增幅看，仅披露增幅数据的张家港行普惠贷款增幅最大，为52.26%，其余三家农商行增幅平均水平约为23.79%。从相对量看，渝农商行普惠贷款/公司类贷款比率最高，达25.6%；无锡银行该比率为14.1%（见表1）。

表 1　　　　　　　　　　　**2019 年商业银行普惠贷款规模分析**

	银行简称	各年度普惠贷款年末余额（亿元）				公司类贷款（亿元）	普惠贷款/公司类贷款（%）
		2017 年	2018 年①	2019 年	2019 年变动率（%）		
国有银行	工商银行	2724.82	3101.14	4715.21	52.00	99558.21	4.7
	农业银行	3830.00	3744.00	5923.00	58.20	70957.70	8.3
	中国银行	2709.78	2992.03	4129.00	38.00	55912.28	7.4
	建设银行	4185.02	6100.74	9631.55	57.88	69598.44	13.8
	交通银行	887.01	1081.33	1639.52	51.62	33464.76	4.9
	邮储银行	4649.07	5449.91	6531.85	19.85	17405.64	37.5
股份制银行	中信银行	918.50	1363.53	2042.55	49.80	19555.19	10.4
	光大银行	984.91	1281.72	1553.96	21.24	14900.33	10.4
	招商银行	—	3931.75	4533.29	15.30	19019.94	23.83
	浦发银行	—	—	—	23.22	18815.86	—
	民生银行	3591.00	4096.38	4445.60②	9.25	20746.77	21.43
	华夏银行	3142.70	846.73	1001.4	18.27	12313.50	8.13
	平安银行	—	—	—	24.90	9659.84	—
	兴业银行	570.07	919.98	1260.49	37.01	17960.80	7.0
	浙商银行	1109.24	1405.78	1711.04	21.71	6796.10	25.2
城商行	北京银行	—	264.9	351.81	32.8	9355.03	3.7
	天津银行	929.74	69.11	119.35	72.7	1484.64	8.0
	上海银行	126.56	170.01	237.30	39.58	5837.98	4.1
	重庆银行	252.40	263.46	320.49	21.65	1407.80	22.8
	宁波银行	430.00	—	—	—	3049.85	—
	南京银行	158.60	—	382.91	—	3972.40	9.6
	盛京银行	—	—	—	—	3742.01	—
	徽商银行	—	408.2	525.8	28.81	2637.83	19.9
	哈尔滨行	730.73	653.00	593.58③	-9.1	1405.78	42.2
	郑州银行	180.07	228.22	280.87	23.07	1245.66	22.5
	青岛银行	74.27	—	140.11	—	1120.37	12.5
	江苏银行	—	545.6	657.50	20.51	5723.61	11.5
	杭州银行	—	471.58	604.72④	28.23	2553.18	23.7
	贵阳银行	—	182.3	218.58	19.9	1557.27	14.0

①　部分上市银行 2019 年年报中针对 2018 年年末普惠贷款的统计数据披露相较 2018 年年报出现变化，如工商银行、农业银行、招商银行等。

②　民生银行披露小微贷款数据未说明是否为普惠金融口径。

③　哈尔滨行披露小微贷款数据未说明是否为普惠金融口径，表 2 中普惠贷款不良率同理。

④　杭州银行披露小微贷款数据未说明是否为普惠金融口径。

| 银行简称 | 各年度普惠贷款年末余额（亿元） | | | | 公司类贷款（亿元） | 普惠贷款/公司类贷款（%） |
	2017 年	2018 年	2019 年	2019 年变动率（%）		
城商行						
中原银行	270.54	343.61	420.28	22.31	1420.20	29.6
九江银行	—	—	—	—	1014.35	—
成都银行	37.99				1658.88	
长沙银行	—	—	—	—	1438.95	
西安银行	199.67	85.62	221.80	159.05	870.34	25.5
泸州银行	—	—	224.63①	—	369.02	60.9
江西银行	168.50	224.93	280.19	24.57	1138.42	24.6
苏州银行	—②	243.21	301.93	24.14	1039.96	29.0
贵州银行	—	658.39	833.85③	26.65	1466.45	56.9
锦州银行	—	—	—	—	4309.55	—
晋商银行	—	—	—	—	729.38	—
甘肃银行	—	—	—	—	1112.92	—
农商行						
渝农商行	501.17	563.8	651.95	15.63	2547.60	25.6
江阴银行					486.20	
常熟银行					447.69	
苏农银行					538.54	
广州农商					3261.35	
九台农商					732.70	
张家港行			—	52.26	398.08	—
紫金银行	—	320.79	389.64④	21.46	668.19	58.3
青农银行	663.41	184.41	245.58	33.17	1283.36	19.1
无锡银行	58.47	70.02	85.82	22.57	609.05	14.1

二、普惠贷款利率、客户数量和贷款不良率分析

2019 年银保监会进一步在普惠贷款年末有余额客户数量、贷款综合成本、普惠贷款不良率等方面细化了要求，国有银行披露的数据较股份制银行、城商行、农商行更为详细。

---

① 泸州银行披露小微贷款数据未说明是否为普惠金融口径。
② 苏州、贵州、晋商银行为 2019 年上市银行，2017 年普惠贷款金额数据缺失。
③ 贵州银行披露小微贷款数据未说明是否为普惠金融口径。
④ 紫金银行披露小微贷款数据未说明是否为普惠金融口径。

（一）普惠贷款利率分析

普惠贷款利率方面，在所有披露相关数据的银行中，小微企业贷款利率均有程度不一的下调。2019 年大型国有银行普惠贷款利率下调力度相较 2018 年普惠贷款利率下调力度略微减弱，仅农业银行一家下调幅度超过 100 个基点，其余国有银行普惠贷款利率下降幅度在 30 个基点至 70 个基点；股份制银行中，平安银行小微企业贷款利率下降 200 个基点，在所有披露数据的商业银行中居于首位，对于小微企业优惠力度明显；城商行中，仅有江西银行披露降幅数据，贷款利率下调 83 个基点。

在贷款利率绝对数额方面，国有银行普惠贷款利率平均水平低于股份制银行、城商行和农商行。其中，中国银行利率水平最低，为 4.30%；工商银行、农业银行紧随其后，分别为 4.52%、4.66%；邮储银行普惠贷款利率超过 6%，成为小微企业贷款成本最高的国有银行。股份制银行中仅浦发银行披露相关数据，普惠贷款利率为 5.51%。城商行中江西银行、青岛银行、苏州银行普惠贷款利率分别为 5.96%、6.32%、6.12%。农商行情况与 2018 年一致，渝农商行仍保持 6.20% 的普惠贷款利率水平。

（二）普惠贷款客户数量分析

国有银行中，邮储银行小微客户数量达 151.60 万户，排名第一，建设银行、农业银行分别以 132.51 万户、110.92 万户的客户数分列第二、第三位。工商银行、中国银行客户数量相对较小，为 42.30 万户、40 万户；增量方面，农业银行、建设银行小微客户数增长较多，分别为 38.6 万户、30.72 万户，交通银行增幅较小，为 3.34 万户。

股份制银行普惠贷款客户数明显低于国有银行。其中，光大银行年末有普惠贷款余额的客户数量为 37.25 万户，居股份银行之首，兴业银行最少，仅有 5.64 万户；增量方面，2019 年股份制银行小微客户数量较年初增幅大体较小，光大银行客户数也是最多，新增 6.36 万户。中信银行排名第二增加 3.12 万户。

城商行中，天津银行小微客户数量遥遥领先，共计 39.68 万户，余下披露相关数据的银行平均值约为 3 万户，较 2018 年增长约 5000 户。增量方面，天津银行仍然表现突出，增幅达 398.7%。

农商行中，仅有渝农商行、张家港行和无锡银行披露相关数据，小微客户数分别为 12.37 万户、1.65 万户和 0.37 万户，增量分别为 0.07 万户、0.64 万户、0.03 万户。

（三）普惠贷款不良率分析

普惠型小微企业贷款不良率数据各行披露的情况不太理想。仅有交通银行、邮储银行、农业银行、浦发银行、浙商银行、哈尔滨行、杭州银行披露了小微贷款不良率的具体数值，分别为 3.22%、2.51%、1.37%、2.36%、1.01%、2.16%、1.34%。其余商业银行，如江西银行则在年报或社会责任报告中以"贷款不良率控制在监管要求内"等形式描述。已披露相关数据的 7 家银行中，普惠贷款不良率均控制在各项贷款不良率的上浮 3 个百分点以内，完成了监管要求（见表 2）。

表2　　　　　　　　2019 年商业银行普惠贷款利率、客户数量、贷款不良率分析

	银行简称	普惠贷款利率（%）	较2018年变动百分点（%）	小微客户数（万户）	较年初客户增量（万户）	普惠贷款不良率（%）	各项贷款不良率（%）
国有银行	工商银行	4.52	−0.43	42.30	15.30	—	1.43
	农业银行	4.66	−1.20	110.92	38.60	1.37	1.40
	中国银行	4.30	—	40.00①	—	—	1.37
	建设银行	4.95	−0.34	132.51	30.72	—	1.42
	交通银行	—	−0.63	—	3.34	3.22	1.47
	邮储银行	6.18	−0.49	151.60	5.83	2.51	0.86
股份制银行	中信银行	—	—	11.33	3.12	—	1.65
	光大银行	—	−0.70	37.25	6.36	—	1.56
	浦发银行	5.51	−0.62	—	3.07	2.36	2.05
	华夏银行	—	—	9.01	1.85	—	1.83
	平安银行	—	−2.00	—	2.29	—	1.65
	兴业银行	—	—	5.64	2.04	—	1.54
	浙商银行	—	—	8.70	1.27	1.01	1.37
城商行	天津银行	—	—	39.68	7.96	—	1.98
	上海银行	—	—	2.24	1.11	—	1.16
	重庆银行	—	—	3.00	1.06	—	1.27
	南京银行	—	—	1.36	—	—	0.89
	徽商银行	—	—	6.7	1.8	—	1.04
	哈尔滨行	—	—	—	—	2.16	1.99
	郑州银行	—	—	6.53	0.88	—	2.37
	青岛银行	6.12	—	1.39	0.39	—	1.65
	杭州银行	—	—	—	—	1.34	1.34
	贵阳银行	—	—	3.27	0.23	—	1.45
	中原银行	—	—	3.6	0.8	—	2.23
	西安银行	—	—	0.79	—	—	1.18
	江西银行	5.96	−0.83	1.81	0.10	—	2.26
	苏州银行	6.32	—	2.09	0.13	—	1.53
农商行	渝农商行	6.20	—	12.37	0.07	—	1.25
	张家港行	—	—	1.65	0.64	—	1.38
	无锡银行	—	—	0.37	0.03	—	1.21

三、客户服务分析

以客户为中心的经营理念被商业银行等金融机构所逐渐接受，提高客户服务水平、提升

---

① 中国银行描述为"约 40 万户"。

客户满意度、对银行的业绩提升和长远发展起着至关重要的作用。根据上市银行年报和社会责任报告中披露的信息设计以下客户服务指标：银行业绩类指标中的零售业务的客户数量，社会责任类指标中的客户满意度、客户投诉办结率。

（一）银行业绩类指标

我们对已披露年报的 51 家上市银行零售业务客户数量来分析银行的客户服务水平。

国有银行中只有邮储银行明确披露零售客户数，为 6.05 亿户，增长 4.6%，其余各行均将零售业务分为子业务进行披露。例如，中国银行将业务分为个人网银、手机银行、电话银行，并分别统计客户数量，但并未统计零售业务的总体客户数；建设银行将个人银行业务划分为个人金融业务、委托性住房进入业务、借记卡业务、信用卡业务和私人银行业务，分别统计归纳，但并未归总零售客户数。

股份制银行零售业务情况披露相对更详细。2019 年股份制银行平均零售业务客户数量为 7994.60 万户，较 2017 年的 6601.32 万户增长 21.11%。其中，招商银行的零售业务客户数以 14354.36 万户位居榜首，增长 14.46%。该行以"轻型银行"为转型目标，推进"质量、效益、规模"动态均衡发展，努力实现金融科技银行的质变突破，不断深化风险管理向"治本"转型，大力打造最佳客户体验银行，进一步提升国际化、综合化服务能力。浙商银行处于末位，零售业务客户数量为 474.62 万户。

城商行有 11 家披露了零售业务客户数据。这 11 家城商行 2019 年平均零售业务客户数量为 998.62 万户，其中北京银行、南京银行、上海银行零售业务客户数量相对较多，晋商银行、徽商银行、泸州银行零售业务客户数量相对较少。

对上述上市银行披露的零售业务客户情况分析得出，国有银行尽管规模较大，但就一般水平来说，在零售业务客户数量方面相对股份制银行的优势不大。同时股份制银行零售业务客户数量的一般水平高于城商行，并且平均增长率更高，这与上年的特点有所不同（见表 3）。

表 3　　　　　　　　　　　　　银行零售业务客户数量① 　　　　　　　　　　单位：万户

	2019 年	2018 年	2017 年	2019 年相对于 2018 年增速（%）
国有银行				
邮储银行	60500	57838.89	55300	4.6
股份制银行				
中信银行	10200.15	8830	7199	15.52
华夏银行	2690.25	2330.29	—	15.45

---

① 工商银行、农业银行、中国银行、建设银行、交通银行、民生银行、江苏银行、宁波银行、重庆银行、天津银行、盛京银行、锦州银行、中原银行、郑州银行、江西银行、杭州银行、九江银行、苏州银行、甘肃银行、贵州银行、成都银行、西安银行、泸州银行、渝农商行、广州农商、青农商行、紫金银行、常熟银行、九台农商、无锡银行、江阴银行和张家港行未披露零售业务具体客户数量数据。

续表

	2019 年	2018 年	2017 年	2019 年相对于 2018 年增速（％）
平安银行	9707.73	8390	6992	15.71
招商银行	14354.36	12541	10663	14.46
浦发银行	8649.32	7930.23	6293	9.07
兴业银行	7792.46	6857.22	3880.8	13.64
光大银行	10087.93	9047.08	—	11.5
浙商银行	474.62	454.91	359.14	4.33
城商行				
北京银行	2194	2050	1872	7.02
南京银行	1944	1763	1304	10.27
上海银行	1556.84	1429.76	1280.23	8.89
哈尔滨行	1315.89	1225.32	1076.61	7.39
青岛银行	458.2	407.83	357.7	12.35
贵阳银行	1002	806	664	24.32
中原银行	1494.62	1238	1036	20.73
徽商银行	106.4	84.1	—	26.52
杭州银行	576.48	512.39	—	12.51
晋商银行	258.94	234.36	—	10.49
泸州银行	77.44	67.47	—	14.78
农商行				
苏农银行	69	—	—	—

（二）社会责任类指标

2019 年，已披露数据的国有银行中，交通银行的客户投诉办结率为 100.00％，居于榜首，其次为农业银行，其客户投诉办结率为 99.98％，两家银行办结率相比于上年均有所提升，其余 4 家银行均未披露数据。在客户满意度方面，仅工商银行未披露数据，农业银行以 99.59％ 的比率居于首位，建设银行的客户满意度最低，仅为 81.10％，两家银行的排名情况与上年相同，其余 3 家银行的满意度均高于 90％，但是交通银行和中国银行相比于上年有所下降。在股份制银行中，光大银行、浙商银行、华夏银行的客户投诉办结率为 100％，招商银行为 99.72％，中信银行的客户投诉办结率较低，为 96.81％，其余银行未披露，整体客户投诉办结率相对较高，但是相比于上年均处于持平或下降状态；客户满意度最高和最低的分别是华夏银行和招商银行，分别为 99.90％ 和 98.02％，其余还有 5 家银行披露数据，满意度均为 99％ 以上。城商行中只有 3 家银行披露投诉办结率数据，其中北京银行和天津银行均为 100％，上海银行为 96.45％，相比于上年有所下降；在客户满意度方面，上海银行为 90.73％，其余城商行的客户满意度均接近 100％。农商行中只有常熟银行和张家港行对数据均进行披露，其中常熟银行的投诉办结率和客户满意度分别为100%和98.29%，张家港行的投诉办结率为100%，均处于较高水平（见表4）。

国有银行、股份制银行、城商行在信息披露方面存在异同。相同点在于三种类型上市银行中披露客户投诉办结率和客户满意度两项中至少一项的占比均保持在70%以上。同时，不同类型的上市银行披露的客户投诉办结率、客户满意度水平以及其他信息的详细程度有所差异。例如，在国有银行中农业银行和交通银行对客户投诉和客户满意方面的披露相对详细，并且交通银行对绿色金融相关领域的披露很全面具体；在股份制银行中光大银行较为细致地介绍了其是如何践行金融扶贫相关政策的，并取得了哪些成果；在城商行中的贵阳银行详细介绍了其在客户服务方面和金融消费者权益保护方面的投入和具体数据。

表4 客户投诉率与客户满意度[①]

	客户投诉办结率（%）			客户满意度（%）		
	2019年	2018年	变动百分点	2019年	2018年	变动百分点
国有银行						
农业银行	99.98	93.05	6.93	99.59	99.25	0.34
建设银行	—	99.85	—	81.10	81.00	0.10
交通银行	100.00	99.97	0.03	96.90	98.80	−1.90
邮储银行	—	94.01	—	99.50	99.01	0.49
中国银行	—	—		91.60	91.70	−0.10
股份制银行						
中信银行	96.81	96.95	−0.14	—	99.07	—
光大银行	100.00	100.00	0.00	99.88	99.80	0.08
平安银行	—	100.00	—	—	95.00	—
招商银行	99.72	99.87	−0.15	98.02	99.69	−1.67
兴业银行	—	—		99.66	—	—
浙商银行	100.00	—		99.73	—	—
华夏银行	100.00	—		99.90	—	—
浦发银行	—	99.94	—	99.57	99.55	0.02
民生银行	—	100.00	—	99.58	100.00	−0.42
城商行						
北京银行	100.00	100.00	0.00	100.00	100.00	0.00
南京银行	—	100.00	—	—	99.00	—
宁波银行	—	100.00	—	—	99.85	—

---

① 工商银行、平安银行、江苏银行、南京银行、盛京银行、锦州银行、中原银行、长沙银行、哈尔滨行、成都行、重庆银行、郑州银行、九江银行、西安银行、晋商银行、贵州银行、泸州银行、渝农商行、广州农商、青农商行、紫金银行、九台农商、无锡银行、江阴银行和苏农银行未披露客户投诉办结率与客户满意度数据。

	客户投诉办结率（%）			客户满意度（%）		
	2019 年	2018 年	变动百分点	2019 年	2018 年	变动百分点
徽商银行	—	100.00	—	98.60	99.08	−0.48
重庆银行	—	100.00	—	—	100.00	—
天津银行	100.00	100.00	0.00	99.00	100.00	−1.00
上海银行	96.45	97.98	−1.53	90.73	99.81	−9.08
哈尔滨行	—	100.00	—	—	—	—
郑州银行	—	100.00	—	—	94.10	—
农商行	—	—	—	—	—	—
常熟银行	100	—	—	98.29	—	—
张家港行	100	—	—	—	—	—

专题十一　精准扶贫

　　2020 年是全面建成小康社会的决胜之年、实施"十三五"规划收官之年、脱贫攻坚决战之年，为确保 2020 年脱贫目标顺利实现，上市银行深入贯彻国家消费扶贫、小额扶贫信贷等政策文件精神，利用自身金融优势，助力最后一年的脱贫攻坚工作。习近平总书记指出，2020 年脱贫摘帽不是终点，而是新生活、新奋斗的起点。要持续推进全面脱贫与乡村振兴有效衔接，推动减贫战略和工作体系平稳转型，统筹纳入乡村振兴战略，建立长短结合、标本兼治的体制机制。上市银行深入贯彻落实国家脱贫决策部署，按照"四个不摘"（不摘责任、不摘政策、不摘帮扶、不摘监管）要求，持续巩固脱贫成果，加强推进产业扶贫，加大金融科技创新应用，因地制宜开展产品和服务创新，建立长期有效扶贫机制，为实现脱贫攻坚和乡村振兴贡献力量。

一、上市银行扶贫工作总体参与情况

　　从投入扶贫项目的资金规模角度看，国有银行凭借大量的网点分布与成熟的运营管理能力担任全国金融扶贫工作的领头羊，股份制银行是金融扶贫工作的中坚力量，城商行与农商行则精准对接服务地方扶贫。从披露的扶贫项目内容角度看，各上市银行披露指标尚未统一。

　　（一）精准扶贫工作投入分项内容

　　2016 年为贯彻落实证监会发布的《中国证监会关于发挥资本市场作用服务国家脱贫攻坚战略的意见》，沪深交易所分别发布《关于进一步完善上市公司扶贫工作信息披露的通知》和《关于做好上市公司扶贫工作信息披露的通知》。自 2017 年起，上市银行依据上述文件，对精准扶贫概况、具体成效、后续计划等内容进行披露。根据沪深交易所关于扶贫工作信息披露要求，精准扶贫工作成效可以分为总体投入与分项投入，总体投入是指上市银行总体扶贫资金的投入情况（包括扶贫贷款和扶贫捐赠款项）。分项投入是指扶贫资金具体投向的领域，分别为产业发展脱贫、转移就业脱贫、易地搬迁脱贫、教育脱贫、健康扶贫、生态保护扶贫、兜底保障、社会扶贫以及其他项目。产业发展脱贫包括农林产业扶贫、旅游扶贫、电商扶贫、资产收益扶贫、科技扶贫等，其资金主要用于贫困地区的产业发展。转移就业扶贫包括开展职业培训以及通过各种方式促进贫困人口实现稳定就业和转移就业等。易地搬迁脱贫主要是指对贫困地区人口稳妥实施搬迁安置以及安置后促进搬迁群众脱贫等。教育脱贫包括通过多种措施帮助提升贫困地区基础教育水平和自助贫困家庭学生等。健康扶贫主要是指采取各项措施改善贫困地区医疗卫生机构条件，帮助贫困人口即使得了大病和慢性病也能得到救治并有效解决贫困人口因病致贫返贫等。生态保护扶贫主要是指加强贫困地区生态环境保护和治理修复，帮助提升贫困地区可持续发展能力，同时逐步扩大对贫困地区和贫困人口的生态保护补偿等。社会扶贫主要包括东西部扶贫协作投入金额、定点扶贫工作投入金额、扶贫公益基金投入金额。未在以上项目范畴内的，归入其他项目当中。

（二）上市银行精准扶贫项目参与情况

根据 44 家上市银行披露情况对其精准扶贫参与情况进行统计，可以得到如下结论。2019 年，除易地搬迁扶贫外，参与扶贫项目的银行数量不变或者增加，说明上市银行参与扶贫的力度及项目在加大。

从参与扶贫项目的银行数量上来看，参与产业发展脱贫、教育脱贫以及社会扶贫的银行数量较多（见图 1），参加的银行数在 2018 年、2019 年均超过了 35 家。近年来，上市银行扶贫工作从"输血"式扶贫向"造血"式扶贫转变，探索贫困地区可持续发展道路。贫困地区自然资源丰富，利用贫困资源禀赋及特色，进行产业发展是贫困地区提升自身发展能力，提升"造血"能力的根本措施，是贫困地区可持续发展的根本方法。因此，上市银行将产业发展脱贫放在首要位置，通过发放贷款、捐赠等方式助力贫困地区产业发展，结合当地特色资源，帮助贫困地区脱贫，并实现可持续发展。"扶贫先扶智"，上市银行同样将教育脱贫放在重要位置，通过改善贫困地区基础教育水平、资助贫困家庭学生，提升贫困地区教育水平及文化素质，为贫困地区发展培养高素质人才，从而促进当地发展，最终实现脱贫。除此之外，上市银行通过社会扶贫进行东西部扶贫协作、定点扶贫工作以及捐赠扶贫公益基金。国有银行及大型股份制银行通过自身在全国网点广泛分布的优势进行东西部扶贫协作和定点扶贫工作，与被帮扶地区形成点对点的帮扶形式，将建档立卡贫困人口稳定脱贫作为工作重点，将帮扶资金和项目瞄准贫困村、贫困户，真正帮到点上、扶到根上。

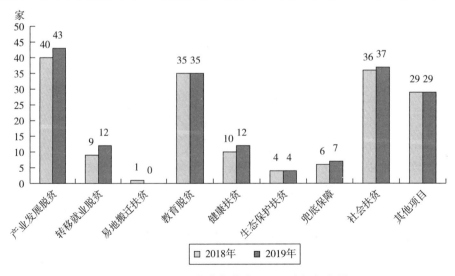

图 1　2018—2019 年参与扶贫项目上市银行数量

　　除了产业发展脱贫、教育脱贫以及社会扶贫外，进行健康扶贫的银行数量较多，2018 年和 2019 年进行健康扶贫的银行分别为 10 家和 12 家（见图 1）。上市银行进行健康扶贫形式主要为升级乡村卫生室、改善当地医疗设施以及为贫困家庭重大疾病患者捐赠资金。

　　上市银行参与生态保护扶贫、兜底保障以及易地搬迁的较少。2018 年和 2019 年参与生态保护扶贫项目的银行均为 4 家，参与兜底保障的分别为 6 家和 7 家。参与易地搬迁项目的银行 2018 年只有一家。

　　在其他项目方面，各上市银行参与项目广泛，但主要集中在贫困地区的基础设施建设，通过改善贫困地区基础设施促进当地经济发展，如贫困地区扶贫道路的建设，提升了贫困地区的交通便利程度，对贫困地区的产业发展具有积极作用。

　　从上市银行参与扶贫项目的数量来看，由于国有银行和股份制银行大量的网点分布、成熟的运营管理以及较大的资产规模，2018 年和 2019 年国有银行和股份制银行参与的扶贫项目较多，而城商行和农商行参与的扶贫项目相比之下较少，尤其是农商行，由于其网点分布以及资产规模的限制，参与扶贫项目较少，但其网点深入当地贫困地区，为所在当地的贫困地区的扶贫工作作出了巨大贡献。在上市银行中，光大银行连续两年成为参与扶贫项目最多的银行（见表 1）。

表 1　　　　　　　　　　　　2018—2019 年上市银行精准扶贫参与情况

| | 分项投入 | | | | | | | | | | | | | | | | | |
| | 产业发展脱贫 | | 转移就业脱贫 | | 易地搬迁扶贫 | | 教育脱贫 | | 健康扶贫 | | 生态保护扶贫 | | 兜底保障 | | 社会扶贫 | | 其他项目 | |
	2019	2018	2019	2018	2019	2018	2019	2018	2019	2018	2019	2018	2019	2018	2019	2018	2019	2018
国有银行																		
工商银行	✓	✓	✓				✓	✓	✓	✓					✓	✓	✓	✓
建设银行	✓	✓					✓	✓	✓	✓	✓	✓			✓			
农业银行	✓	✓	✓	✓			✓								✓	✓	✓	✓
中国银行	✓	✓	✓				✓		✓	✓					✓	✓		
邮储银行	✓	✓					✓								✓		✓	✓
交通银行	✓	✓					✓								✓			✓
股份制银行																		
招商银行	✓	✓	✓	✓									✓					
兴业银行	✓	✓					✓								✓	✓	✓	✓
浦发银行	✓	✓					✓		✓	✓				✓	✓	✓		
中信银行	✓	✓					✓								✓	✓	✓	
民生银行	✓	✓	✓	✓			✓								✓	✓	✓	
光大银行	✓	✓	✓	✓			✓				✓	✓			✓	✓	✓	
平安银行	✓	✓	✓	✓	✓		✓	✓					✓	✓			✓	
华夏银行				✓				✓							✓	✓		
浙商银行	✓	✓					✓	✓							✓	✓		

| | 分项投入 | | | | | | | | | | | | | | | | | |
| | 产业发展脱贫 | | 转移就业脱贫 | | 易地搬迁扶贫 | | 教育脱贫 | | 健康扶贫 | | 生态保护扶贫 | | 兜底保障 | | 社会扶贫 | | 其他项目 | |
	2019	2018	2019	2018	2019	2018	2019	2018	2019	2018	2019	2018	2019	2018	2019	2018	2019	2018
城商行①																		
北京银行	✓	✓	✓	✓			✓	✓	✓						✓	✓	✓	
上海银行	✓	✓					✓	✓							✓	✓	✓	✓
江苏银行	✓	✓					✓	✓							✓	✓		
南京银行	✓	✓					✓	✓			✓	✓			✓	✓	✓	✓
宁波银行	✓	✓					✓	✓							✓	✓		
徽商银行	✓	✓	✓								✓	✓			✓	✓	✓	
杭州银行	✓						✓	✓							✓	✓		
盛京银行	✓	✓													✓	✓		
天津银行	✓	✓					✓								✓	✓		
长沙银行	✓	✓						✓							✓	✓	✓	
哈尔滨行	✓	✓					✓								✓	✓		
贵阳银行	✓	✓		✓			✓										✓	
成都银行	✓	✓					✓	✓							✓	✓	✓	✓
重庆银行	✓	✓	✓				✓	✓							✓	✓		
郑州银行	✓	✓					✓	✓						✓	✓	✓		
江西银行	✓	✓					✓	✓	✓						✓	✓	✓	✓
青岛银行																	✓	✓
苏州银行	✓						✓	✓							✓	✓		
甘肃银行	✓	✓					✓	✓			✓				✓	✓		
西安银行	✓	✓	✓	✓											✓		✓	✓
农商行②																		
渝农商行	✓	✓	✓				✓	✓							✓	✓	✓	✓
青农商行	✓	✓					✓		✓									
紫金银行	✓	✓					✓	✓					✓			✓		✓
常熟银行	✓	✓					✓	✓	✓				✓	✓			✓	✓
九台农商	✓	✓						✓							✓			
无锡银行	✓	✓													✓	✓		
江阴银行	✓	✓															✓	
苏农银行	✓	✓					✓								✓	✓	✓	
张家港行	✓	✓					✓	✓	✓				✓				✓	✓

① 未披露相关信息的城商行：锦州银行、泸州银行、中原银行、九江银行、晋商银行。

② 未披露相关信息的农商行：广州农商。

（三）精准扶贫成效整体情况

上市银行年报披露了精准扶贫工作成效的总体情况，即上市银行总体精准扶贫资金投入情况以及帮助建档立卡贫困脱贫人数。精准扶贫资金投入分为精准扶贫贷款情况和扶贫捐赠资金情况两部分。精准扶贫贷款主要为产业精准扶贫贷款，以支持贫困地区产业发展。上市银行中，部分银行未披露精准扶贫贷款以及扶贫捐赠资金的具体数额，仅披露了总体精准扶贫的数额。此外，银行精准扶贫贷款情况的披露方式不一致，大部分银行披露的是精准扶贫贷款余额，少部分银行披露的是当年发放的精准扶贫贷款。

1. 精准扶贫贷款余额分析

国有银行凭借较为成熟的项目运作能力和高密度的网点覆盖，精准扶贫贷款规模显著高于其他银行。农商行受其规模以及网点分布的限制，其精准扶贫贷款规模较少。

2019 年，农业银行的精准扶贫资金投入最高，其精准扶贫贷款余额为 3941.9 亿元，占年末贷款余额的 2.95%。建设银行、工商银行以及中国银行精准扶贫资金均达到了千亿元级别，其精准扶贫贷款余额分别为 2195.07 亿元、1703.60 亿元、1173 亿元（见图 2）。交通银行和邮储银行的精准扶贫资金投入与其他国有银行差别较大，二者的精准扶贫贷款余额分别为 292.85 亿元和 824.56 亿元。总体来说，2019 年除邮储银行外，各国有大银行的精准扶贫贷款余额均增加，其中中国银行增速最快，几乎增长了一倍。

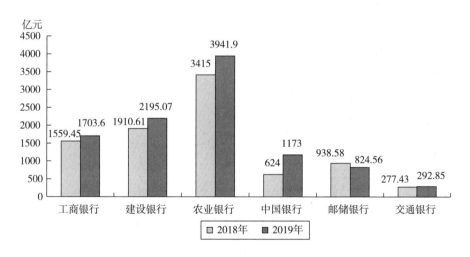

图 2　2018—2019 年国有大型银行精准扶贫贷款余额

在股份制银行中，招商银行以及华夏银行未披露精准扶贫余额，披露了发放的扶贫贷款。2019 年，招商银行发放精准扶贫贷款 164.05 亿元，华夏银行发放扶贫贷款 42.97 亿元。平安银行新增扶贫资金 80.96 亿元，未披露具体精准扶贫贷款数额。2019 年，在披露精准扶贫贷款余额的股份制银行中（见图 3），光大银行的精准扶贫贷款余额最高，为 196.71 亿元。中信银行和民生银行精准扶贫投入资金分别排在第二位和第三位，其精准扶贫贷款余额分别为 75.18 亿元、32.29 亿元。总体来说，除浦发银行外，股份制银行精准扶贫贷款余额均增加，兴业银行增长速度最快，增长了近一倍。

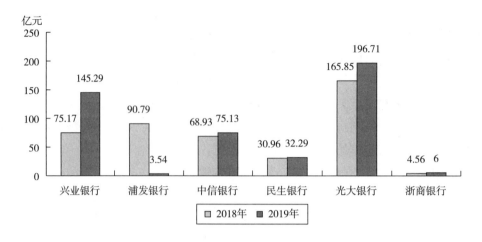

图3　2018—2019年股份制银行精准扶贫贷款余额

城商行中，宁波银行、杭州银行、盛京银行、成都银行、青岛银行、甘肃银行均未发放精准扶贫贷款，主要以捐赠扶贫资金的形式进行扶贫（见表2）。徽商银行、重庆银行以及郑州银行未披露精准扶贫贷款余额，其中，截至2019年末，徽商银行累计发放精准扶贫贷款余额9.5亿元。2019年，重庆银行精准扶贫贷款增长10.09亿元，郑州银行精准扶贫贷款发生额为7.3亿元。在披露了精准扶贫贷款余额的城商行中，北京银行、天津银行及苏州银行未披露2018年精准扶贫贷款余额。由图3及表2可知，城商行中江苏银行以及贵阳银行在进行精准扶贫贷款方面显著突出，均达百亿元级以上。其他城商行精准扶贫贷款明显低于江苏银行及贵阳银行。

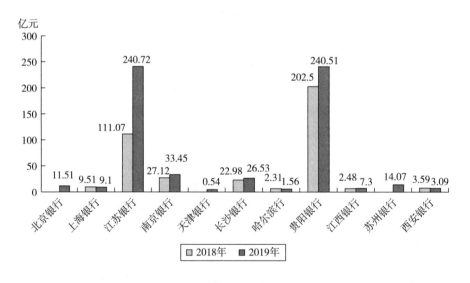

图4　2018—2019年城商行精准扶贫贷款余额

在农商行中，发放扶贫贷款的形式多样，如常熟银行向贫困地区发放经营性贷款、苏农银行发放扶贫贴息贷款。但扶贫贷款规模较小，大多在百万元或千万元级别。常熟银行和张家港行向贫困地区的贷款明显高于其他农商行。2019 年，常熟银行向贫困地区发放经营性贷款 93.8 亿元，张家港行精准扶贫贷款余额 37.40 亿元（见表 2）。农商行凭借在当地网点的深入分布，根据当地贫困地区的不同需求，制定不同形式的贷款，更好地满足当地贫困地区的信贷需求，助力当地贫困地区发展。

2. 扶贫捐赠资金分析

上市银行进行扶贫捐赠资金的数额远低于精准扶贫贷款规模，其主要投向社会扶贫以及教育扶贫。上市银行所披露的捐赠扶贫资金并不完善，部分银行仅披露的是公益捐赠的资金，其中包括扶贫、助残以及救灾等，并未单独披露用于扶贫的捐赠资金，部分银行仅披露了向定点扶贫地区捐赠的资金。公益捐赠的资金主要用于扶贫，因此为统一标准，这部分我们对各上市银行的公益捐赠进行分析。图 5 将国有大型银行、股份制银行、城商行以及农商行每年的公益捐赠进行平均。城商行中北京银行、南京银行、徽商银行、天津银行、江西银行以及甘肃银行未披露具体的公益捐赠的数额，故在计算平均值时去除。农商行中渝农商行、青农商行以及紫金银行均未披露具体的公益捐赠的数额，故在计算平均值时去除。

上市银行整体公益捐赠数额上升，上升的幅度在不断扩大。2019 年，上市银行公益捐赠平均为 3646.25 万元，相比 2018 年上升 41.2%。上市银行逐年上升的公益捐赠，说明上市银行在不断加强自身的扶贫工作以及公益活动，在获取利润的同时，不忘回馈社会，贯彻落实党中央精准扶贫的精神。2020 年是脱贫攻坚的最后一年，是脱贫攻坚战的决胜之年，各上市银行应充分发挥自身优势，通过各项举措，助力最后一年的脱贫攻坚。2019 年，国有大型银行、股份制银行、城商行、农商行的平均公益捐赠分别为 9418.07 万元、4417.11 万元、1373.76 万元以及 387.76 万元，相较 2018 年，前三者分别增长了 55.7%、27.3%、41.5%，农商行下降了 38.53%。

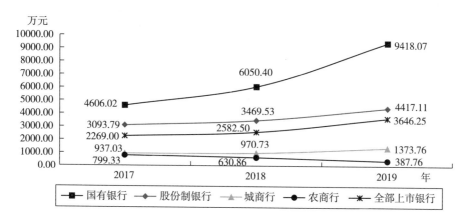

图 5　2017—2019 年上市银行公益捐赠数额情况

表 2   **2019 年中国上市银行扶贫总体情况**

总体情况		帮助建档立卡贫困脱贫人口数
精准扶贫贷款情况	扶贫捐赠资金情况	
国有银行		
工商银行 精准扶贫贷款余额 1703.60 亿元	定点扶贫工作捐赠 1.14 亿元；除定点扶贫外捐赠 5837.14 万元	帮助建档立卡贫困人口 147308 人
建设银行 精准扶贫贷款余额 2195.07 亿元	捐赠帮扶资金 2.05 亿元，定点扶贫捐赠 1.08 亿元	产业精准扶贫贷款带动贫困人口 12.7 万人次；建档立卡贫困人口贷款人数 13.1 万人
农业银行 精准扶贫贷款余额 3941.9 亿元	定点扶贫工作捐赠 1.11 亿元，引进无偿帮扶资金 2357.94 万元	精准扶贫贷款存量带动和服务贫困人口 498.8 万人
中国银行 扶贫贷款余额 1173 亿元	向定点扶贫地区捐赠和引入无偿帮扶资金 1.7 亿元	直接受益建档立卡贫困人口超过 11.5 万人，带动脱贫人口超过 7000 人
邮储银行 精准扶贫贷款余额 824.56 亿元		
交通银行 精准扶贫贷款余额 292.85 亿元	定点扶贫工作捐赠 2401.3 万元，引进帮扶资金 663.58 万元	
股份制银行		
招商银行 发放精准扶贫贷款 164.05 亿元	定点扶贫工作捐赠 5142.28 万元	1055 人
兴业银行 精准扶贫贷款余额 145.29 亿元	对外捐赠支出 3646.79 万元	带动服务人数 129548 人
浦发银行 扶贫小额信贷余额 2498 万元；精准扶贫贷款余额 3.54 亿元	捐赠扶贫资金 3386.97 万元	扶持贫困户 570 户
中信银行 精准扶贫贷款余额 75.18 亿元	捐赠扶贫资金 2426.87 万元	6099 人
民生银行 精准扶贫贷款余额 32.29 亿元	捐赠扶贫资金 6769 万元	11754 人
光大银行 精准扶贫贷款余额 196.71 亿元	定点扶贫工作捐赠 600 万元	
平安银行 新增扶贫资金[1]投放资金 80.96 亿元，公益捐赠 748.62 万元		6308 人
华夏银行 发放扶贫贷款 42.97 亿元	捐赠扶贫资金 1289.36 万元	1904 人
浙商银行 精准扶贫贷款余额 6 亿元	捐赠扶贫资金 1085.5 万元	2262 户
城商行		
北京银行 精准扶贫贷款余额 11.51 亿元	捐赠扶贫资金近 500 万元	416 人
上海银行 精准扶贫贷款余额 9.10 亿元	捐赠扶贫资金 989.29 万元	
江苏银行 扶贫贷款余额 240.72 亿元	捐赠扶贫资金 380 万元	9012 人
南京银行 扶贫贷款余额 33.45 亿元	捐赠扶贫资金 766.92 万元	1808 人
宁波银行	捐赠扶贫资金 3254.23 万元	
徽商银行 累计发放精准扶贫小额贷款 9.5 亿元	近三年累计捐赠扶贫资金 988.7 万元	惠及 2.4 万建档立卡贫困户

---

① 未明确给出具体贷款、捐赠的具体数额。

	总体情况		帮助建档立卡贫困脱贫人口数
	精准扶贫贷款情况	扶贫捐赠资金情况	
杭州银行		捐赠扶贫资金 985.07 万元	
盛京银行		捐赠扶贫资金 484.75 万元	
天津银行	精准扶贫贷款余额 5391.83 万元	捐赠扶贫资金 741.01 万元	
长沙银行	精准扶贫贷款余额 26.53 亿元	捐赠扶贫资金 239.72 万元	946 人
哈尔滨行	精准扶贫贷款余额 1.56 亿元		3853 户
贵阳银行	精准扶贫贷款余额 240.51 亿元		
成都银行		捐赠扶贫资金 539 万余元	
重庆银行	精准扶贫贷款增加 10.09 亿元		
郑州银行	产业精准扶贫贷款发生额 2.8 亿元	捐赠扶贫资金 404.6 万元	10095 人
江西银行	精准扶贫贷款余额 7.3 亿元	定点扶贫工作捐赠 648 万元	
青岛银行		捐赠扶贫资金 232 万元	
苏州银行	产业精准扶贫贷款余额 14.07 亿元	捐赠扶贫资金 140 万元	
甘肃银行		定点扶贫工作捐赠 692.4 万元	
西安银行	精准扶贫贷款余额 3.09 亿元	捐赠扶贫资金 135.3 万元	
农商行			
渝农商行①	聚焦产业扶贫、信贷扶贫、捐赠扶贫、渠道扶贫、消费扶贫，优化资源配置，助力精准扶贫。		
青农商行	精准扶贫贷款余额 950 万元	捐赠扶贫资金 95 万元	
紫金银行		捐赠扶贫资金 400 万元	62 人
常熟银行	向贫困地区发放经营性贷款 93.8 亿元	捐赠扶贫资金 307.92 万元	1627 人
九台农商	发放扶贫小额贷款 302 万元，发放社保基金贷款 40 万元	捐赠扶贫资金 750 万余元	
无锡银行	精准扶贫贷款余额 7181.9 万元	捐赠扶贫资金 3554.89 万元	111 人
江阴银行	精准扶贫投入金额 6811.42 万元②		38 人
苏农银行	发放扶贫贴息贷款 7951 万元	捐赠扶贫资金 200.39 万元	9292 人
张家港行	精准扶贫贷款余额 37.40 亿元，创业贷款 2231 万元	捐赠扶贫资金 39.6 万元	

①　未披露总体扶贫资金具体数据，仅有个别案例的数据。
②　未明确给出具体贷款、捐赠的具体数额。

二、精准扶贫成效分项投入情况

产业发展脱贫项目是上市银行进行精准扶贫的主要项目，上市银行主要通过产业扶贫贷款向贫困地区产业发展提供资金，根据贫困地区优势资源及特色帮助建立产业链，助力当地产业发展。产业发展脱贫涉及对象最广、覆盖面最大，利用贫困地区特色的产业和资源优势，发展贫困地区特色产业，是提升贫困地区造血能力的有力举措，是提升贫困地区自我发展能力的根本举措，是保证贫困地区长期稳定的就业增收的重要措施。发展产业，是实现脱贫的根本之策。

习近平总书记指出："产业扶贫是最直接、最有效的办法，也是增强贫困地区造血功能、帮助群众就地就业的长远之计。要加强产业扶贫项目规划，引导和推动更多的产业项目落户贫困地区。"各银行在其精准扶贫计划中强调以"造血"代替"输血"，支持贫困地区特色优势产业发展，提高建档立卡困难户自主生产经营的能力，实现可持续化的扶贫业务模式。产业发展脱贫项目类型分为农林产业扶贫、旅游扶贫、电商扶贫、资产收益扶贫、科技扶贫等，其中农林产业扶贫与电商扶贫是产业扶贫的主要类型。农林产业扶贫发挥贫困地区特色农产品优势，打造具有当地特色的农产品品牌，电商扶贫构建农产品线上销售链条，广开扶贫产品销路，打通贫困地区"优产"与发达地区"高销"的绿色通道。多家银行打造自有特色电商平台，助力贫困地区农产品销售，帮助贫困地区农民增收。在已披露具体信息的银行中，工商银行产业发展脱贫投入资金最多，其产业精准扶贫贷款为 1703.60 亿元，定点扶贫捐赠产业扶贫 4534.00 万元。精准扶贫投入资金最多的农业银行未披露具体用于产业发展脱贫的金额。国有银行和股份制银行仍然是产业发展脱贫的主力军。

在教育脱贫方面，可以分为资助贫困学生和改善贫困地区教育资源投入金额，主要以资助贫困学生为主。上市银行通过教育贷款、捐赠、教育发展基金等多种方式实现教育扶贫，其中主要以捐赠的形式为主，通过资助贫困家庭学生帮助其完成学业，通过资助改善贫困地区基础教育条件提高当地教育水平。

"扶贫先扶智"是习近平总书记对坚决打好、打赢脱贫攻坚战的新论断之一。习近平总书记指出，让贫困地区的孩子们接受良好教育，是扶贫开发的重要任务，也是阻断贫困代际传递的重要途径。上市银行把教育扶贫放在重要位置，通过助学贷款、助学金、教育基金等形式资助贫困学生上学。此外，上市银行通过捐赠教学器材、捐赠资金改善贫困地区教育条件，提升贫困地区教育水平。

在社会扶贫方面，主要以捐赠为主，分为东西部协作投入、定点扶贫工作投入[①]和扶贫公益基金，主要以定点扶贫工作投入以及扶贫公益基金为主。习近平总书记指出："西部地区特别是民族地区、边疆地区、革命老区、连片特困地区贫困程度深、扶贫成本高、脱贫难度大，是脱贫攻坚的短板，进一步做好东西部扶贫协作和对口支援工作，必须采取系统的政

---

① 归入社会扶贫的定点扶贫工作主要指捐赠部分（对定点扶贫地区进行的贷款业务不计入内）。

策和措施。"中共中央办公厅、国务院办公厅印发了《关于进一步做好定点扶贫工作的通知》指出，定点扶贫工作是中国特色扶贫开发工作的重要组成部分，是定点扶贫单位贴近基层、了解民情、培养干部、转变作风、密切党群干群关系的重要途径。上市银行积极参与社会扶贫，通过捐赠资金助力东西部协作扶贫。上市银行定点扶贫工作具有"银行＋政府＋党＋贫困户"的扶贫模式特点，并且具有针对性，一个银行对一个或多个贫困村（贫困县）进行帮扶，通过成立扶贫工作小组下乡帮扶、干部定点帮扶深入定点贫困地区，深入了解当地情况，结合当地自身的特点，探索适合当地脱贫的可持续发展道路，提出针对性的扶贫方案，帮助贫困村或贫困县摘帽。

表3　　　　　　　　　　2019 年上市银行分项投入重点投入项目

| | 重点投入项目 | | | |
| | 产业发展脱贫 | 教育扶贫 | | 社会扶贫 |
	产业扶贫项目投入情况	资助贫困学生投入金额	资助贫困学生人数	改善贫困地区教育资源投入金额	定点扶贫工作投入情况
国有银行					
工商银行	产业精准扶贫贷款余额1703.60亿元，定点扶贫捐赠产业扶贫4534.00万元	农村教育贷款23.13亿元，定点教育扶贫捐赠984.00万元			定点扶贫工作捐赠资金（除产业及教育外）5848万元
建设银行	产业精准扶贫贷款余额660.79亿元	累计发放1.53亿元资助款	累计资助学生9.48万人次	向贫困地区学校发放的教育贷款12.93亿元	捐赠社会扶贫资金2.25亿元
农业银行①		3914万元	3832人		捐赠社会扶贫资金1.11亿元
中国银行②		累计发放助学贷款超过240亿元	累计帮助180余万贫困学子完成学业		
邮储银行	产业精准扶贫贷款余额252.09亿元				
交通银行	产业扶贫贷款余额260.30亿元				定点扶贫工作捐赠2401.3万元，引进帮扶资金663.58万元
股份制银行					
招商银行③	定点帮扶产业扶贫项目投入1287.44万元	457.01万元	2754人		定点扶贫工作捐赠5142.28万元

① 未披露用于产业扶贫项目的资金。
② 未披露用于产业扶贫项目的资金。
③ 未披露产业扶贫贷款余额。

续表

	重点投入项目				
	产业发展脱贫	教育扶贫			社会扶贫
	产业扶贫项目投入情况	资助贫困学生投入金额	资助贫困学生人数	改善贫困地区教育资源投入金额	定点扶贫工作投入情况
兴业银行	产业精准扶贫贷款余额51.60亿元	累计资助学生2500万元	累计资助学生6000人次		定点扶贫工作累计捐赠超4000万元
浦发银行①		102.70万元			定点扶贫工作捐赠1972.11万元
中信银行②	捐赠产业扶贫项目资金641万元	505万元	10290人		定点扶贫工作捐赠900万元，捐赠扶贫公益基金731万元
民生银行③	捐赠产业扶贫项目资金32.35亿元	1281.8万元	2415人	1281.8万元	定点扶贫工作捐赠2843万元；捐赠东西部扶贫协作资金618万元；捐赠扶贫公益基金4008万元
光大银行④					定点扶贫工作捐赠600万元
平安银行	产业扶贫项目投入金额80.96亿元⑤	13万元	328人	24万元	定点扶贫工作捐赠99万元；捐赠扶贫公益基金4万元
华夏银行	发放产业扶贫项目贷款28.76亿元	6.00万元	800人	379.50万元	
浙商银行	产业精准扶贫贷款余额5.18亿元	累计捐赠资助款2592.5万元	2815人		定向扶贫工作捐赠1029.8万元；捐赠东西部扶贫协作200万元
城商行					
北京银行⑥	深化"富民直通车"体系建设，推进"千院计划"；结对帮扶，扶植农村产业发展				

---

① 未披露产业扶贫贷款余额。
② 未披露产业扶贫贷款余额。
③ 未披露产业扶贫贷款余额。
④ 未披露扶贫资金投入具体项目金额。
⑤ 未区分贷款和捐赠资金。
⑥ 未披露扶贫资金投入具体项目金额。

续表

	重点投入项目			
	产业发展脱贫	教育扶贫		社会扶贫
	产业扶贫项目投入情况	资助贫困学生投入金额	资助贫困学生人数	改善贫困地区教育资源投入金额	定点扶贫工作投入情况
上海银行	产业精准扶贫贷款余额4.77亿元,捐赠产业扶贫资金516万元	5.51万元			定点扶贫工作捐赠6.00万元;捐赠东西部扶贫协作390.00万元;捐赠扶贫公益基金717.80万元
江苏银行	产业精准扶贫贷款余额105.93亿元	240万元	1200人		定点扶贫工作捐赠140万元
南京银行	产业扶贫贷款余额30.05亿元	159.77万元	165人	73.37万元	定点扶贫工作捐赠160.31万元;捐赠扶贫公益基金368.47万元
宁波银行	捐赠产业扶贫资金58.28万元	2961.73万元			捐赠社会扶贫234.22万元
徽商银行①					定点扶贫工作捐赠三年累计988.7万元
杭州银行		69.97万元	234人		定点扶贫工作捐赠485.00万元;捐赠东西部扶贫协作33.50万元;捐赠扶贫公益基金36.20万元
盛京银行②		"盛京银行慈善助学基金"对贫困学子进行慈善助学和实习援助			累计捐赠扶贫资金220万元支持对口扶贫单位农业设施建设和扶贫项目开发
天津银行③	投入160万元成立农业发展公司,建设产业培训项目,帮助成立农民专业合作社	为偏远山区进行支教帮扶活动,捐赠学习物资			

---

① 未披露扶贫资金投入具体项目金额。
② 未披露扶贫资金投入具体项目金额。
③ 未披露扶贫资金投入具体项目金额。

续表

	重点投入项目				
	产业发展脱贫	教育扶贫			社会扶贫
	产业扶贫项目投入情况	资助贫困学生投入金额	资助贫困学生人数	改善贫困地区教育资源投入金额	定点扶贫工作投入情况
长沙银行	投放产业扶贫贷款 1.29 亿元				定点扶贫工作捐赠 239.7 万元
哈尔滨行①		发放助学贷款 5.76 亿元			定点扶贫工作累计捐赠 80 余万元
贵阳银行②	产业精准扶贫贷款余额 29.42 亿元				
成都银行③		18.9 万元	20 人		定点扶贫工作捐赠 176 万元；捐赠扶贫公益基金 313.2 万元
重庆银行④	产业精准扶贫贷款增加 3.91 亿元				
郑州银行	产业精准扶贫贷款发生额为 2.83 亿元	向中国金融教育发展基金会捐赠人民币 100 万元			向两个慈善总会捐赠 300 万元，其他扶贫捐赠支出人民币 4.60 万元
江西银行⑤					定点扶贫工作累计捐赠帮扶资金 648 万元
苏州银行	产业精准扶贫贷款余额 14.07 亿元	140 万元	1110 人		选派干部任职定点贫困村，点对点帮扶贫困村民，解决农户资金需求
甘肃银行	向定点扶贫投捐赠产业扶贫金额 161.4 万元			向定点扶贫捐赠 100 万元补贴小学扩建资金缺口	定点扶贫工作捐赠 692.4 万元
西安银行⑥	捐赠产业扶贫 8.02 万元				定点扶贫工作捐赠 26.26 万元

① 未披露扶贫资金投入具体项目金额。
② 未具体披露除产业扶贫外其他扶贫项目的投入金额。
③ 未披露精准扶贫贷款投入具体项目金额。
④ 未具体披露除产业扶贫外其他扶贫项目的投入金额。
⑤ 未披露扶贫资金投入具体项目金额。
⑥ 未披露精准扶贫贷款投入具体项目金额。

	重点投入项目				
	产业发展脱贫	教育扶贫			社会扶贫
	产业扶贫项目投入情况	资助贫困学生投入金额	资助贫困学生人数	改善贫困地区教育资源投入金额	定点扶贫工作投入情况
农商行					
渝农商行①	信贷投放倾斜支持特色产业				
青农商行	产业精准扶贫贷款余额950万元	45万元			
紫金银行	捐赠产业扶贫项目380万元				
苏农银行	发放产业扶贫贴息贷款7951万元	3.73万元	10人		定点扶贫工作捐赠50万元；捐赠扶贫公益基金100万元
常熟银行	产业扶贫贷款93.79亿元	185.84万元	41人	30.34万元	定点扶贫工作捐赠22.82万元
九台农商②		招收贫困家庭初中毕业生三届共97名定向培养，结业后分配到家乡网点工作，捐赠爱心基金用于助学等			累计向九台区茂林村等贫困村捐赠1587万元
无锡银行③					定点扶贫工作捐赠25万元
江阴银行④	产业扶贫项目投入金额4247.72万元				
张家港行⑤		20万元			捐赠社会扶贫49.60万元

三、上市银行扶贫创新特色案例

上市银行利用自身资源优势，不断探索更加有效的长期扶贫机制，通过创新扶贫模式，助力贫困地区脱贫攻坚。本节节选了部分上市银行创新扶贫模式，为银行未来扶贫工作发展提供借鉴。

（一）工商银行创新"银行＋保险＋期货"扶贫

工商银行创新"银行＋保险＋期货"扶贫模式，投保人（一般为农户、企业或合作社）

---

① 未披露扶贫资金投入金额。
② 未披露扶贫资金投入具体项目金额。
③ 未披露扶贫资金投入具体项目金额。
④ 未披露贷款和捐赠的具体数额。
⑤ 未披露贷款和捐赠的具体数额。

购买保险公司相关产品价格险，保险公司通过期货公司买入看跌期权，进行再保险。如果保险期内产品平均价格低于保险约定价格，投保人可通过保险公司获得赔付，保险公司通过期货公司看跌期权得到赔付。银行方对投保的农户、农业企业或合作社，在发展农业、开展现货销售、货物存储及加工贸易环节提供融资支持，保障农户最低收入、解决从事农业生产资金问题的同时，有效支持龙头企业做大做强。在该模式下，工商银行联合大商所、华泰期货、安信农保等机构客户，将饲料成本指数保险和气象指数保险产品试点应用于4县市的畜禽养殖和特色种植业，为当地农户和企业降低了经营风险，稳定了收益。工商银行共投入保费250万元，覆盖了2万吨饲料和13000亩青花椒，惠及南江、通江、万源和金阳的16家种植养殖龙头企业和455户建档立卡贫困户。

（二）浦发银行"公司＋基地＋农户"供应链金融服务

为了解决农民农户、中间商担保、抵押能力较弱的问题，浦发银行兰州分行打破常规，创新推出"公司＋基地＋农户"供应链金融服务，即"蓝天模式"。该模式由蓝天公司牵头组建起联合社，为合作社提供贷款担保，将信贷效应放大到各个经营主体和贫困户。兰州分行为甘肃蓝天马铃薯产业发展有限公司提供供应链融资支持，并持续推进产业扶贫模式创新，将金融服务贯穿于马铃薯种植、收购、储藏、加工、销售的全产业链，通过"线下＋线上"，将"蓝天模式"进一步升级为共联在线融资产品"蓝天E贷"，为"蓝天集团"供应链环节上的农业合作社"N"提供在线融资服务，并继续推动扶贫工作，实现农业产业科技化金融的"最后一公里"。"蓝天模式"让企业、合作社、农户、贫困户真正享受到金融服务的便利，实现了对定西主导产业马铃薯产业的重点帮扶，带动了农民脱贫致富。

（三）平安银行创新水电扶贫"211"帮扶模式

平安银行创新水电扶贫模式，与水电公司联合创新设计了独特的水电扶贫贷款"211"帮扶模式（提供两笔资金，签订一份帮扶协议，建立一个长效脱贫机制），让贫困地区水电开发获得金融"活水"，建立了长效"造血"机制。

水电扶贫贷款"211"帮扶模式：第一步，贷款。针对农村小水电传统抵质押物不足的痛点，创新推出"水电资产整体抵押＋电费收益权质押＋工程履约险"的组合担保模式。第二步，帮扶。平安银行协调企业与贫困户签订帮扶协议，为贫困户提供帮扶措施，构建企业和农户共生机制。第三步，分红。在拆迁补偿和劳务收入之外，贫困户还可以享受到村集体经济发展的分红收益。

此外，平安银行将水电开发与综合性的扶贫措施相结合，除了资金支持水电项目建设，平安银行同时配套扶智培训、消费扶贫、产业孵化等帮扶措施，构建政、企、银全面参与、绿色共赢、长效持续、集"基建、供能、赋能、造血"为一体的水电助农扶贫生态圈。

（四）北京银行"千院计划"探索"互联网＋民宿旅游"

北京银行将金融扶贫与发展当地产业紧密结合，助力发展乡村休闲旅游业，探索"互联网＋民宿旅游"创新模式，打造"千院计划"，盘活全国2000万闲置农宅资源。通过北方民宿联盟、旅游委、农委、担保公司等机构和部门合作，北京银行"千院计划"打造

"一个讲台＋一个站台＋一个平台"的创新模式——利用"民宿学院讲台",为小企业主、民宿管家普及金融服务方案;利用"金融服务站站台",为农户提供综合性金融服务,从而帮助投身特色民宿市场的小企业主充分发挥专业性;利用"综合服务平台",帮助农户盘活农村土地、农宅、劳动力等闲置资源,全面实现农民创新创业"有人教、有人管、有人帮"。北京银行与旅游互联网平台远方网合作,为农户宅院改造提供贷款,打造乡村小院、山楂小院、云上石屋等一批精品乡村旅游品牌。"千院计划"已支持超过1000家特色民宿校园建设与运营,扶植数百个民宿品牌,覆盖了京津冀及杭州、西安、成都等数十个地区。

专题十二　私人财富管理

　　2018 年人民银行、银保监会、证监会、外管局联合发布《关于规范金融机构资产管理业务的指导意见》，但相关配套的政策在 2019 年才相继落地实施。作为资管业的爆发点，中国私人银行也受到相关新政策的影响面临着一系列发展方面的机遇和挑战，面对更加复杂政策、激烈的竞争、多元的客户需求，中国上市银行的私人银行部门有的推出了新模式、新能力和新机制，有的主动拥抱金融科技，都在不断努力提供更加优质的服务。

　　2019 年 51 家中国上市银行披露的年报中，有 20 家银行披露了私人银行业务，其中包括 6 家国有银行、9 家股份制银行、5 家城商行，农商行均未披露此业务。由于缺乏统一的披露口径、披露方法，各家银行私人银行业务发展水平差距过大，各家银行关于私人银行业务发展情况的披露更多为全局性概括，具体实践和数据的披露在各家银行年报中体现不一。总体来看，多数私人银行业务的发展主要强调在资产配置、财富传承、定制服务等方面。

一、业务政策对比分析

1. 国有银行

　　六家国有银行全部都有私人银行业务，而且除邮储银行，均有开设专门的私人银行部门。六家国有银行私人银行业务各有特色，显示了本行的业务特点，其中，工商银行规模最大；农业银行专注家族财富传承；中国银行最早，侧重全球服务能力；邮储银行分销网络最大。

　　2019 年六大国有银行都对私人银行业务做出了调整，其中家族信托受到了农业银行、中国银行、建设银行三家的格外关注。还可以看到，六大国有银行在私人银行方向上发展的角度是一致的，都在强调有竞争力且丰富的产品体系、全方位非金融服务和客户满意度。

表 1　　　　　　　　　　　　　　上市国有银行业务政策

银行	2019 年	2018 年	主要变化
工商银行	以实现全面领先的"第一私人银行"为目标，巩固品牌和规模两大优势，为私人银行客户提供具有综合竞争力的全市场遴选金融产品，以及全方位的非金融服务，满足客户多元化需求，全面提高客户满意度。	发挥本行在零售、资管、投行、科技等领域的整体优势，为客户提供全方位、专业化的优质私人银行服务。打造智能化平台，完善"君子智投"系统，实现资产配置智能化转型。	提出全面领先的"第一私人银行"目标；强调提升金融产品遴选能力，满足客户多元化需求。

银行	2019 年	2018 年	主要变化
农业银行	持续完善客户服务体系，加快财富管理中心分类分层建设，提升服务的针对性和有效性。加强私人银行专业人才培养。打造期限丰富、策略多元的私行专属产品体系，推广家族信托服务，聚焦企业治理、财富传承和特色文化等主题，精心打造"财智私行"综合营销活动。	持续完善私人银行客户服务体系，推进品牌建设，不断提升私人银行业务专业化服务和精细化管理水平。推进私人银行专属产品研发与销售，搭建品类丰富的开放式产品平台，着力提升净值型、权益类资产配置能力，有效满足高净值客户资产配置需求。	加快财富管理中心分类分层建设，提升服务的针对性和有效性；推广家族信托服务；开展综合营销活动。
中国银行	构建全市场产品遴选平台，提升资产配置能力。加大金融科技应用，研发特色智能定投策略，提升投资产品一体化和智能化销售能力。打造资产配置专业化决策体系，成立中国银行投资策略研究中心，加强服务体系建设，优化队伍管理机制。大力发展家族信托和全权委托业务，推动亚太私行平台建设。	坚持科技引领，上线资产诊断功能，打造资产配置专业化决策体系，开展大数据精准营销。调整客户等级划分，推进客户差异化服务体系建设。优化私行中心组织模式，完善境内外机构布局，打造全球服务平台。加强产品服务创新，推出纯债型全权委托和离岸家族信托，更好地满足高净值客户需求。	成立中国银行投资策略研究中心，提升资产配置专业化决策能力；助力新产品发展，推动亚太私行平台建设。
建设银行	持续深化专业化经营，与优质第三方积极开展合作，提升财富架构、法律税务、资产配置等专业经营能力；巩固家族信托顾问业务领先地位，推进专业团队精细化服务模式，实现客户需求的深度挖掘和全面对接。	依托金融科技，打造具有市场领先优势的移动私行，推出手机银行私人银行专版；构建"为客户配置资产"产品体系，推进财富顾问服务，创新开展家族办公室服务。	对经营能力、产品体系、家族信托、客户关系提出更加具体的要求。
交通银行	加强集团内协同联动，拓展外部机构合作空间。提升私人银行专业服务能力，为客户资产配置、产品定制、方案设计提供专业支撑与决策依据。	依托集团化经营优势，为高净值客户提供资产管理以及税务、法律、跨境业务咨询等综合服务。	加强集团内协同联动，拓展外部机构合作空间。
邮储银行	积极落实资管新规等监管规定，有序推动个人理财业务转型。加强人员培训，提升销售净值型产品销售能力；面向不同等级客户发行专属产品，满足不同客户的理财需求；落实投资者适当性管理要求，加强投资者教育，提高客户风险识别能力。	积极落实资管新规等监管要求，加大净值型产品发行力度，加强理财经理培训，推进个人理财业务转型发展。持续推出节日专属、VIP 客户专属、新客户专属等理财产品，有序降低理财产品认购起点，进一步满足客户的投资需求。	落实投资者适当性管理要求，加强投资者教育，提高客户风险识别能力。

2. 股份制银行

2019 年我国绝大多数上市股份制商业银行都设有私人银行业务，股份制商业银行的业务大多都强调了精细化、差异化、深耕客户、客户分层等概念。原因系同是高净值客户但其资产规模有所差异，随着私人银行占零售业务的比重越来越大，营业目标更强调利润的股份制银行更愿意为不同资产规模的客户投入差异化的精力。此外，通过深耕客户，可以对其关系网进行营销。

招商银行在所有类型的上市银行中，私行业务最完善、最成熟；中信、光大两家银行都提出了"个人 + 家庭 + 企业"三位一体综合金融服务，这与其他股份制银行的金融式管家概念是接近的，也与国有银行的家族信托相照应。

表 2 上市股份制银行业务政策

银行	2019 年	2018 年	主要变化
中信银行	着力提升私行客户需求分析引领能力、价值创造能力及客户关系营销管理能力。实现由单一产品销售向综合金融服务提升转变，由客户需求满足向客户需求创造转变，由粗放经营向客户价值提升转变，由多岗位管营向"职业化、专业化、知识化"的私行专属营销服务团队转变，为客户提供"个人 + 家庭 + 企业"三位一体的综合金融服务。	贯彻私人银行"利润中心、管营合一、上管下营"的发展定位，依托集团资源优势，立足精细化管理、专业化经营，完善私人银行体制机制，为广大私人银行客户提供领先的金融与非金融综合服务解决方案。报告期内，成立了 15 家分行私人银行中心，加强区域服务及经营能力。	建立专属营销服务团队；从单一产品销售向综合金融服务提升转变；由被动满足客户需求向主动创造客户需求转变。
光大银行	强化精细化经营与差异化财富管理，推出金融管家式服务，构建多层次客户服务和资产管理体系；丰富服务内涵，向客户提供法税、健康医养、出行、代际教育等非金融服务，满足客户多样化需求。	以做"企业与家族的伙伴"为目标，为客户提供包含财富管理、法税咨询、代际教育等多维度综合服务在内的家族财富管理方案；强化资产配置服务，按季发布资产配置报告，提供专业化的资产配置建议。	推出金融管家式服务，强化精细化经营与差异化财富管理；构建多层次客户服务和资产管理体系。
招商银行	在个人、家庭、企业三个层次为高价值客户提供全面的专业的私人银行金融服务。以投资顾问服务为核心，不断强化私人银行业务专业能力建设，深化对客户的综合经营与服务。持续深耕拓客体系，加大客群拓展力度，借助金融科技持续促进业务高效运转，同时不断丰富和升级综合金融服务及非金融服务内容，为客户提供全面有效的综合解决方案。	在个人、家庭、企业三个层次，满足高价值客户的多元需求，提供投资、税务、法务、并购、融资、清算等方面的专业、全面、私密的金融服务，不断丰富综合金融服务及非金融服务内容和内涵。在内部管理上，以客户为中心进行流程重建、系统改造、规则优化，提升客户体验；深耕五维拓客体系，借助金融科技促进业务运转。	—

银行	2019 年	2018 年	主要变化
浦发银行	深耕客户经营，立足集团化优势，强化区域联动效应，优化私人银行客户分层经营模式，搭建涵盖全品类的私人银行产品体系，打造"资产管理、投行撮合、家族传承、顾问咨询"管家式的服务品牌，夯实私人银行专业化人才队伍基础，提高专业化的资产配置和综合服务能力，全方位地优化客户专属服务体验，加快提升私人银行客户的综合贡献度。	聚焦客户在资产配置、财富传承的需求，整合集团资源加大产品创新，提升资产配置和综合服务能力，夯实队伍建设、中场支撑、风险管理、市场企划、数据营销等工作，形成多元化、多层次的综合产品服务体系，专业化、综合化的方案式营销模式，多层次、精细化的客户经营管理体系，加快提升公司私人银行客户的综合贡献度。	立足集团化优势，强化区域联动效应。
民生银行	顺应资管新规下的产品体系改革与财富管理体系建设。推进私人银行中心建设，推进客户分层与经营能力适配，提升经营产能；创新业务模式；优化产品结构，以资产配置驱动产品销售；继续加强与海外专业机构的合作，继续优化销售渠道建设。	顺应资管新规下的产品体系改革，扎实打造客群经营体系和可持续的业务模式。全面开启板块联动，积极推出新产品。通过与海外专业机构持续合作，海外资产配置规模快速增长。持续优化销售渠道建设，科技赋能。	推进私人银行中心建设，推进客户分层与经营能力适配；创新业务模式，以资产配置驱动产品销售。
华夏银行	推进财富与私人银行体制机制建设，成立财富管理与私人银行一级部门。加强私行产品的供给，双管齐下搭建精品化私人银行产品体系，满足私人银行客户的金融服务需求，对不同客群配置针对性的营销和服务方案。	加快推进财富管理业务转型，建立健全财富管理和私人银行组织架构、运行体系；建设开放式财富及私人银行业务平台，构建综合化财富与私人银行产品体系；推动"客户关系＋客户价值"标准化管理和分层服务，强化高净值客户关系管理。	成立财富管理与私人银行一级部门。
平安银行	强化经营转型，从经营机制、产品平台和权益体系及内部管理三方面推进战略落地。提供资产规划、投资管理、风险规划、顶层法律架构设计、慈善公益等综合服务，助力高净值客户实现财富保值增值、风险管理及防范。	以综合金融及科技创新为利器，打造开放产品平台，赋能强化产品营销及资产配置能力，提升精细化管理水平；增强风险控制能力，将风险控制放在资产业务发展首位，加强风控模型迭代，提升资产清收化解智能化水平。	提供资产规划、投资管理、风险规划、顶层法律架构设计、慈善公益等综合服务。
兴业银行	投研团队定期提供市场分析及大类资产配置策略报告，指导私人银行客户资产管理与财富管理。推进家族信托、全权委托服务全流程服务。严格执行资管新规对代理代销产品发行要求，甄选各策略类别的头部管理机构作为代理产品合作伙伴。探索和完善特色化的非金融增值服务体系，注重满足高端客户的个性化需求。	贯彻"商行＋投行"及"四个重点"战略的总体规划，结合"差异化的产品策略＋特色化的增值服务＋专业咨询顾问驱动"的经营思路。回归私人银行"受托资产管理"本源，推动私人银行专享服务。坚持深入的市场研究并用于指导私人银行资产管理与财富管理。推进私人银行精细化管理，梳理完善增值服务体系，完善私人银行高端专业服务体系。	严格执行资管新规对代理代销产品发行要求，甄选各策略类别的头部管理机构作为代理产品合作伙伴。

银行	2019 年	2018 年	主要变化
浙商银行	通过完善产品、特色增值服务以及专业化队伍三大体系，持续提升客户服务、财富增值以及资产配置三大能力。先后推出多款私人银行专属投资理财产品；持续打造特色增值服务。	通过完善产品、优化特色服务以及强化专业化队伍建设等措施，提升客户服务、财富增值以及资产配置三大能力。先后推出多款私人银行专属投资理财产品；持续打造特色增值服务。	—

3. 城商行

拥有私人银行业务的五家城商行，都实现跨区域经营。除北京银行外，均集中在东部经济较发达的地区，居民收入高，企业与企业家相对来说也更多，有发展私人银行业务的外部条件。

比较信息披露较完全的上海银行、宁波银行，两家城商行 2019 年私人银行管理资产总规模均在 650 亿元左右，客户数也只有 3765 户和 5394 户，均远小于其他股份行，而两家的户均资产规模却高达 1722 万元和 1243 万元，分别排名第四、第九，客户质量较高。

可见有着区域优势的城商行，特别在相对富裕的城市，私人银行业务可能甚至比股份制银行还要发达。2019 年，上海银行、江苏银行、南京银行对私人银行业务各自都强调了特色增值服务，范围包括慈善、出国、客户社群、高端俱乐部等，表现出对区域优势的把握。

表 3　　　　　　　　　　　　　　**上市国有银行业务政策**

银行	2019 年	2018 年	主要变化
北京银行	深化"金卡客户—白金客户—财富客户—私人银行客户"的客户分层管理体系，提供以顾问咨询为核心、资产管理为支撑、增值服务为补充的三位一体服务。	深化"金卡客户—白金客户—财富客户—私人银行客户"的客户分层服务体系以及"风—雅—颂"三类贵宾增值服务体系。	提供以顾问咨询为核心、资产管理为支撑、增值服务为补充的三位一体服务。
上海银行	发挥经营机构区位优势，回归财富管理业务本源，甄选优秀合作机构和投资品种，实现客户多元配置的资产品类布局。推动产品风险管理体系的不断完善，严格把控风险。通过构筑家族业务、慈善金融等特色服务，满足客户精神生活需求。	运用数字化技术实施客户获取和分类精准推送，提升客户便捷度和信任度。摆脱单一产品销售模式，推动多元化产品销售导向，协助客户管理投资风险。打造特色金融产品，梳理家族业务流程，协助高净值客户实现资产保障和财富传承。	发挥经营机构区位优势，回归财富管理业务本源；通过构筑家族业务、慈善金融等特色服务，满足客户精神生活需求。
江苏银行	优化客群经营，创新客户服务模式，推进社区经营、出国留学服务，深化企投家服务，成立圆融企业家学院，推进家族信托业务，运用 5G 技术推出远程投顾服务。	推动财私管理业务，形成私行产品常态化销售机制，推出企投家品牌，为企业主及企业高管提供专业服务。	创新客户服务模式，推进社区经营、出国留学服务。

银行	2019 年	2018 年	主要变化
南京银行	深化客户经营，加强私行产品供应能力，满足客户多元化资产配置需求。打造核心客户俱乐部，开展增值服务活动；开展多形式投研支撑，推进私人银行资产配置系统建设，提升财富顾问的专业化服务能力。	加强私行专营机构建设，理顺私人银行 1 + 1 + N 客户服务模式，提升客户服务能力；主动适应资管新规，推进私人银行产品净值化转型，强化资产配置，整合内外资源，实现公私联动，形成业务合力。	深入私行客户服务管理，打造核心客户俱乐部，开展系列增值服务活动。
宁波银行	加强资源倾斜，加大人员和团队配置；持续丰富资产配置种类；整合全行资源，满足私人银行客户全方位的综合金融服务需求。	深化资产配置理念；持续丰富产品类型；提升增值服务，坚持定制化、个性化、特色化的服务宗旨，为客户提供综合性增值服务。	—

二、业务成果对比分析

1. 业务数据总览

各家上市银行关于私人银行客户的资产要求并不统一，基本是 600 万元（如建设银行、农业银行、平安银行等）、800 万元（如中国银行、民生银行等），也有 500 万元（如浦发银行）和 1000 万元的（如招商银行），因此，对客户数的统计标准也是不一样的。

六大国有银行中，工商银行、农业银行、中国银行、建设银行的管理资产规模在 2019 年末均超过了 1.4 万亿元，是私人银行业务中的佼佼者。交通银行的管理资产规模也达到了 6000 亿元。而且农业银行、建设银行、中国银行是上市银行里三家客户数超过十万的。

在股份制银行中，招商银行的业务规模遥遥领先，甚至包括六大国有银行里面，管理资产规模也是第一。其余的股份制银行，平安银行在 2019 年私人银行业务扩展百分比最大，管理资产规模增长 60%，客户数增长 45%，目前数据都是股份制银行里的第二，剩下的只有中信、浦发、兴业三家银行管理资产规模超过 5000 亿元，客户数超过 4 万户。

在城商行中，只有上海银行和宁波银行数据披露比较完整，其中宁波银行在 2019 年业务规模增长可观，管理资产规模和客户数都增长 43%，规模赶超上海银行。

表 4　　　　　　　　　　　2019 年上市银行业私人银行业务数据总览

	管理资产规模（亿元）				客户数（户）			
	2019 年	2018 年	2017 年	2019 年变动率（%）	2019 年	2018 年	2017 年	2019 年变动率（%）
国有银行								
工商银行	15547	13900	13400	11.6	90224	80720	75500	11.8
农业银行	14040	11234	10286	24.9	123000	10600	10600	16.0

	管理资产规模（亿元）				客户数（户）			
	2019 年	2018 年	2017 年	2019 年变动率（%）	2019 年	2018 年	2017 年	2019 年变动率（%）
中国银行	16000			14. 29	—			—
建设银行	15100	13485	11595	11. 9	142739	127211	110202	12. 2
交通银行	6092	5150	4700	18. 2	47191	39827	35851	18. 4
邮储银行								
股份制银行								
中信银行	5739	4862	4025	22. 2	41900	33900	26697	24. 0
光大银行	3537	3191	2853	10. 8	32207	27955	30490	15. 2
招商银行	22310	20392	19052	9. 4	81674	72938	67417	11. 9
浦发银行	5000	5000①			40000	38000	18100	3. 8
民生银行	4042	3582	3068	12. 8	21998	19250	16457	14. 2
华夏银行	1618	1387		16. 6	9800	8194	7062	19. 6
平安银行	7339	4578		60. 3	43800	30061	23540	45. 7
兴业银行	5292	3770	3239	24. 3	40191	30590	23062	31. 3
浙商银行					8480	6773	4577	24. 2
城商行								
北京银行								
上海银行	648	556		16. 5	3765	3093		21. 7
江苏银行								22. 1
南京银行								
宁波银行	671	469	380	43. 0	5394	3783	2852	43. 0

2. 管理总资产规模及增速排名

2019 年末，私人银行管理总资产超过 5000 亿元的有 10 家银行，这里对这 10 家银行进行排序。在私人银行业务总资产管理规模方面，招商银行保持了领先地位，其一家的管理总资产占到了前十名总和的 19.8%，领先第二名中国银行 40%。在资产管理规模增速方面，2019 年，平安银行增幅最大，高达 60.30%，招商银行增幅仅有 9.4%，缺少浦发银行增幅数据，其余 7 家银行增速处于 11% ~ 25%。

---

① 数据源于浦发银行 2018 年年报。

表 5　　　　　　　**2019 年上市银行业私人银行业务管理总资产规模及增速排名**

	管理总资产		变动率	
	规模（亿元）	名次	2019 年变动率（%）	名次①
招商银行	22310	1	9.4	9
中国银行	16000	2	14.2	6
工商银行	15547	3	11.6	8
建设银行	15100	4	11.9	7
农业银行	14040	5	24.9	2
平安银行	7339	6	60.3	1
交通银行	6092	7	18.2	5
中信银行	5739	8	22.2	4
兴业银行	5292	9	24.3	3
浦发银行	5000	10	—	
总计	112460			

3. 客户数及增速排名

2019 年末，私人银行业务客户数排名前 10 的上市银行的客户总和将近 70 万，占了上市银行的私人银行业务客户总数的绝大部分。甚至排名前四位的客户总和就已经将近 44 万，占了前十名的 65%（不包括中国银行）。其中，平安、兴业、中信私人银行客户数增幅超过 20%，客户数分别排名第 6、第 8、第 7。而浦发银行 2019 年客户数只增长 3.8%，远小于其他银行增幅。

表 6　　　　　　　**2019 年上市银行业私人银行业务客户数及增速排名**

	客户数		变动率	
	客户数（户）	名次	2019 年变动率（%）	名次
建设银行	142739	1	12.21	7
农业银行	123000	2	16.04	5
工商银行	90224	3	11.8	9
招商银行	81674	4	11.98	8
交通银行	47191	5	18.49	4
平安银行	43800	6	45.7	1
中信银行	41900	7	24.02	3
兴业银行	40191	8	31.39	2
浦发银行	40000	9	3.8	10
光大银行	32207	10	15.21	6
总计	682926			

① 只对管理资产总规模前十的银行进行排名，以下同。

4. 户均资产规模排名

私人银行户均资产规模排名中，招商银行遥遥领先，而且两家城商行上海银行、宁波银行也分别达到了1722万元、1243万元，可以看到，户均资产规模前十名中，股份制银行占据了6席，与前面的国有银行占据总资产规模、客户数的一半还多形成对比，照应了股份制银行深耕客户的政策。

表7　　　　　　　　　2019年上市银行业私人银行业务户均资产规模排名

名次	名称	户均资产规模（万元）
1	招商银行	2731.66
2	民生银行	1837.67
3	工商银行	1723.16
4	上海银行	1722
5	平安银行	1675.66
6	中信银行	1369.70
7	兴业银行	1316.81
8	交通银行	1290.94
9	宁波银行	1243
10	光大银行	1178.16

基于中国高净值人群数量激增、全方位财富管理需求日益凸显的现实条件，各大上市银行年报中关于私人银行业务的政策主要关注点为多样化产品、客户经营、专业化服务、资产配置、体系建设、家族信托、财富传承等方面。

从银行年报业务政策和财务数据可以看到，自2018年起，中国上市银行对私人银行业务的重视程度日益增加，银行年报中私人银行业务比重越来越大，信息披露越来越详细，管理资产总规模和客户数呈现明显增加。2019年，平安银行、兴业银行、中信银行、宁波银行等都加大了对私人银行业务的投入力度，业务拓展也取得了显著的成绩，业务体系建设也更加完善。

目前中国上市银行凭借坚实的整体实力、广泛的客户基础、良好的口碑占据了财富管理市场以及私人银行市场的主体份额，但面临其他金融机构的激烈竞争和对标国外优秀私人银行，也暴露了资产全球化配置有限、从业人员综合素质不足、与客户关系不够紧密需求挖掘不够充分等短板。未来国内上市银行对私人银行业务的竞争除了不断拓展客户等广度，更要注重深度，提升银行综合服务能力，能为高净值客户提供税收、投资、法律等方面的专业建议。

专题十三　绿色金融实践

　　绿色金融是指能产生环境效益以支持可持续发展的投融资活动。这些环境效益包括减少空气、水和土壤污染，降低温室气体排放，提高资源使用效率，减缓和适应气候变化并体现协同效应。商业银行绿色金融实践主要是指商业银行投放绿色信贷，以及发行和承销绿色债券两种方式。

　　绿色信贷方面，截至 2019 年末，我国上市商业银行绿色信贷余额同比增长 15.6%，绿色信贷投放领域类型多样，折合减排效果明显，部分银行在绿色信贷业务发展过程中展现出特色发展成果，例如兴业银行在国内率先制定并发布《绿色供应链金融业务指引》，苏农银行创新形成"补绿、增绿、护绿、映绿"的绿色贷款余额管理工作机制等；绿色债券方面，各上市银行高度重视绿色金融工具的承销发行，并在境外发行"一带一路"和"粤港澳大湾区"建设项目等相关主题绿色债券，将绿色金融实践向全球范围发展。

一、绿色信贷

　　绿色信贷是指根据《节能减排授信工作指导意见》《绿色信贷指引》《关于绿色信贷工作的意见》等相关文件的要求，在金融信贷领域建立环境准入门槛，对限制和淘汰类新建项目，停止各类形式的新增授信支持，并采取措施收回已发放的贷款，同时加大对绿色经济、低碳经济、循环经济的支持，防范环境和社会风险。

　　（一）绿色信贷余额及其占贷款和垫款比例

　　1. 绿色信贷余额及其变化率[①]

　　截至 2019 年末，全国上市银行绿色信贷余额总计 71852.71 亿元（见表 1），同比增长 15.6%。在绿色信贷余额绝对值方面，工商银行的绿色信贷规模方面排名第一，为 13508.38 亿元，其次是农业银行和建设银行，分别为 11910.00 亿元和 11758.02 亿元；九江银行增速相对最快，同比增长 199.8%，其次为浙商银行和紫金银行，分别增长 138.8% 和 126.6%。

---

　　① 盛京银行、锦州银行、中原银行、郑州银行、晋商银行、泸州银行、广州农商 7 家上市银行未发布社会责任报告；成都银行、青农商行和九台农商在年度报告和社会责任报告中均未披露绿色信贷余额数据。

表 1   2017—2019 年绿色信贷余额及其变化率情况

	绿色信贷余额（亿元）			绿色信贷余额变化率（％）	
	2019 年	2018 年	2017 年	2019 年	2018 年
工商银行	13508.38	12377.58	10991.99	9.1	12.6
农业银行	11910.00	10504.00	7476.25	13.4	40.5
中国银行	7375.70	6326.67	5387.99	16.6	17.4
建设银行	11758.02	10422.60	10025.21	12.8	4.0
邮储银行	2433.01	1904.05	1648.98	27.8	15.5
交通银行	3283.52	2830.54	2771.08	16.0	2.1
国有银行均值	8378.11	7394.24	6383.58	13.3	15.8
招商银行	1767.73	1660.33	1571.03	6.5	5.7
兴业银行	10109.00	8449.00	6806.00	19.6	24.1
浦发银行	2260.53	2175.15	1813.69	3.9	19.9
中信银行	651.48	629.37	603.58	3.5	4.3
民生银行	322.55	250.75	300.20	28.6	-16.5
光大银行	906.99	784.00	749.00	15.7	4.7
平安银行	572.00	626.93	808.39	-8.8	-22.4
华夏银行	798.44	566.99	532.48	40.8	6.5
浙商银行	538.78	225.58	36.26	138.8	522.1
股份制银行均值	1991.94	1707.57	1468.96	16.7	16.2
北京银行	285.54	—	—	—	—
上海银行	93.71	126.33	183.56	-25.8	-31.2
江苏银行	860.00	796.00	670.00	8.0	18.8
南京银行	447.54	284.46	212.68	57.3	33.8
宁波银行	75.25	56.27	49.98	33.7	12.6
徽商银行	148.18	110.19	74.87	34.5	47.2
杭州银行	161.32	109.47	52.72	47.4	107.6
天津银行	81.36	115.61	112.73	-29.6	2.6
长沙银行	138.33	101.86	65.27	35.8	56.1
哈尔滨行	24.11	18.89	18.62	27.6	1.5
贵阳银行	179.62	155.27	82.99	15.7	87.1
重庆银行	90.00	—	—	—	—
江西银行	109.31	71.78	—	52.3	—
青岛银行	115.87	94.85	73.17	22.2	29.6
九江银行	90.02	30.03	—	199.8	—
苏州银行	46.65	23.52	14.54	98.3	61.8

续表

	绿色信贷余额（亿元）			绿色信贷余额变化率（%）	
	2019 年	2018 年	2017 年	2019 年	2018 年
甘肃银行	233.00	—	—	—	—
西安银行	15.00	17.00	—	−11.8	—
贵州银行	181.83	127.06	—	43.1	—
城商行均值	177.49	139.91	134.26	26.9	4.2
渝农商行	180.07	132.35	114.25	36.1	15.8
紫金银行	38.00	16.77	12.60	126.6	33.1
常熟银行	17.00	—	22.40	—	—
无锡银行	28.81	15.21	64.98	89.4	−76.6
江阴银行	1.00	—	—	—	—
苏农银行	13.29	—	—	—	—
张家港行	1.77	0.88	—	101.1	—
农商行均值	39.99	41.30	53.56	−3.2	−22.9

从各类型上市银行绿色信贷余额均值来看，规模均值从高到低依次为国有银行、股份制银行、城商行和农商行，分别为 7352.05 亿元、1991.94 亿元、168.15 亿元和 39.99 亿元，国有银行绿色信贷余额占比在市场中呈绝对优势，不同类型银行绿色信贷余额规模差异较大。具体到不同类型银行：

国有银行中，工商银行、农业银行和建设银行发放绿色信贷规模相对最高，中国银行、交通银行和邮储银行相对较低。在绿色信贷余额增速方面，邮储银行投放绿色信贷的增速相对最快，2019 年绿色信贷余额同比增长 27.8%，且高于 2018 年 15.5% 的增速。

股份制银行中，兴业银行在绿色信贷投放余额绝对量方面遥遥领先。2019 年该行绿色信贷余额为 10109.00 亿元，是其他 8 家股份制银行绿色信贷余额总和的 2.51 倍，且超过国有银行中的中国银行、交通银行和邮储银行绿色信贷规模。绿色信贷余额增速方面，浙商银行增速在股份制银行绿色信贷增速中排名第一，为 138.8%，民生银行绿色信贷同比增长 28.6%；平安银行连续两年绿色信贷余额出现下降，2019 年同比下降 8.8%。其他股份制银行绿色信贷余额在近两年均保持增长。

城商行中，江苏银行绿色信贷余额规模相对最高，达 860.00 亿元；在绿色信贷余额增速方面，九江银行绿色信贷余额增速最快，同比增长 199.8%。上海银行绿色信贷余额同比下降 25.8%。天津银行和西安银行的绿色信贷余额均同比下降超过 10%。

农商行中，2019 年，渝农商行的绿色信贷余额最高，为 180.07 亿元，约为其他 6 家农商行绿色信贷余额之和的 1.8 倍。各家农商行绿色信贷余额增速明显。紫金银行、张家港行、无锡银行和渝农商行的绿色信贷余额分别同比增长 126.6%、101.1%、89.4% 和 36.1%。

2. 信贷余额占贷款和垫款净额比例情况

表 2 为 2017—2019 年绿色信贷余额占贷款和垫款净额比例及其变动情况。

表 2　　　2017—2019 年绿色信贷余额占贷款和垫款净额比例及其变动情况

	贷款和垫款净额（亿元）			绿色信贷余额占贷款和垫款净额之比（%）			绿色信贷余额占比变动百分点（%）	
	2019 年	2018 年	2017 年	2019 年	2018 年	2017 年	2019 年	2018 年
工商银行	167613.19	154199.05	138929.66	8.1	8.0	7.9	0.0	0.1
农业银行	128196.10	114615.42	103163.11	9.3	9.2	7.2	0.1	1.9
中国银行	127434.25	115157.64	106443.04	5.8	5.5	5.1	0.3	0.4
建设银行	145406.67	133654.30	125744.73	8.1	7.8	8.0	0.3	-0.2
邮储银行	48080.62	41495.38	35415.71	5.1	4.6	4.7	0.5	-0.1
交通银行	51836.53	47423.72	43544.99	6.3	6.0	6.4	0.4	-0.4
国有银行均值	111427.89	101090.92	92206.87	7.5	7.3	6.9	0.2	0.4
招商银行	42773.00	37499.49	34146.12	4.1	4.4	4.6	-0.3	-0.2
兴业银行	33451.80	28384.45	23488.31	30.2	29.8	29.0	0.5	0.8
浦发银行	38781.91	34554.89	31038.53	5.8	6.3	5.8	-0.5	0.5
中信银行	38926.02	35156.50	31059.84	1.7	1.8	1.9	-0.1	-0.2
民生银行	34304.27	30082.72	27297.88	0.9	0.8	1.1	0.1	-0.3
光大银行	26441.36	23612.78	19808.18	3.4	3.3	3.8	0.1	-0.5
平安银行	22593.49	19497.57	16604.20	2.5	3.2	4.9	-0.7	-1.7
华夏银行	16909.49	15662.41	13555.85	4.7	3.6	3.9	1.1	-0.3
浙商银行	9989.33	8370.76	6498.17	5.4	2.7	0.6	2.7	2.1
股份制银行均值	29352.30	25869.06	22610.79	6.8	6.6	6.5	0.2	0.1
北京银行	14014.87	—	—	2.0	—	—	—	—
上海银行	9412.21	8183.60	6431.91	1.0	1.5	2.9	-0.5	-1.3
江苏银行	10109.01	8639.78	7278.44	8.5	9.2	9.2	-0.7	0.0
南京银行	5494.78	4605.75	3734.80	8.1	6.2	5.7	2.0	0.5
宁波银行	5100.39	4115.92	3321.99	1.5	1.4	1.5	0.1	-0.1
徽商银行	4504.20	3706.61	3052.09	3.3	3.0	2.5	0.3	0.5
杭州银行	3974.82	3374.60	2742.97	4.1	3.2	1.9	0.8	1.3
天津银行	2812.29	2769.43	2416.37	2.9	4.2	4.7	-1.3	-0.5
长沙银行	2521.91	1971.22	1495.25	5.5	5.2	4.4	0.3	0.8
哈尔滨行	2584.96	2485.72	2306.47	0.9	0.8	0.8	0.2	0.0
贵阳银行	1964.75	1641.70	1209.79	9.1	9.5	6.9	-0.3	2.6
重庆银行	2386.27	—	—	3.8	—	—	—	—
江西银行	2029.89	1655.23	—	5.4	4.3	—	-0.8	—
青岛银行	1691.58	1233.67	955.15	6.8	7.7	7.7	-0.8	0.0

续表

	贷款和垫款净额（亿元）			绿色信贷余额占贷款和垫款净额之比（%）			绿色信贷余额占比变动百分点（%）	
	2019 年	2018 年	2017 年	2019 年	2018 年	2017 年	2019 年	2018 年
九江银行	1733.69	1371.48	—	5.2	2.2	—	3.0	—
苏州银行	1553.26	1372.28	1159.64	3.0	1.7	1.3	1.3	0.5
甘肃银行	1647.67	—		14.1				
西安银行	1487.69	1292.49	—	1.0	1.3	—	-0.3	—
贵州银行	1733.50	1358.32	—	10.5	9.4	—	1.1	
城商行均值	4168.01	3111.11	3008.74	4.3	4.5	4.5	-0.2	0.0
渝农商行	4163.41	3640.26	3241.10	4.3	3.6	3.5	0.7	0.1
紫金银行	981.61	837.59	694.49	3.9	2.0	1.8	1.9	0.2
常熟银行	1052.16	—	749.19	1.6		3.0		
无锡银行	820.97	731.44	643.09	3.5	2.1	10.1	1.4	-8.0
江阴银行	670.70	—	—	0.1				
苏农银行	662.46	—	—	2.0				
张家港行	690.79	581.80		0.3	0.2		0.1	
农商行均值	1291.73	1447.77	1331.97	3.1	2.9	4.0	0.2	-1.2

在绿色信贷余额占贷款和垫款净额的比重方面，整体来看，兴业银行绿色信贷余额占贷款和垫款的比重相对最高，为 30.2%，其次是甘肃银行和农业银行，分别为 14.1% 和 9.3%；绿色信贷余额占贷款和垫款净额比重增长最快的是九江银行，绿色信贷余额占比同比增长 3.0%，其次是浙商银行的 2.7% 和南京银行的 2.0%。

从绿色信贷余额占贷款和垫款净额比重均值来看，国有银行、股份制银行、城商行和农商行的均值分别为 7.3%、6.8%、4.2% 和 3.1%，国有银行与股份制银行的绿色信贷余额占贷款和垫款净额的比重整体上高于城商行与农商行。

在绿色信贷余额占贷款和垫款净额之比方面：

国有银行中，工商银行、农业银行和建设银行发放绿色信贷规模及其占贷款和垫款净额之比均相对较高，其中农业银行绿色信贷占比达 9.3%，中国银行、交通银行和邮储银行绿色信贷余额占比则相对较低。2019 年国有银行的绿色信贷余额占贷款和垫款净额之比与 2018 年基本持平。

股份制银行中，兴业银行是绿色金融市场的领头羊，2019 年绿色信贷余额占比达 30.2%，较 2018 年增长 0.5 个百分点。其他股份制银行绿色信贷余额占贷款和垫款比例均不超过 6.0%。浙商银行和华夏银行的绿色信贷占比增速相对较快，同比分别增长 2.7 个和 1.1 个百分点。平安银行绿色信贷占比同比下降 0.7 个百分点。

城商行中，甘肃银行和贵州银行投放的贷款中绿色信贷占比相对较高，均超过 10%；九江银行 2019 年绿色信贷占比增长最快，同比增长 3 个百分点。天津银行和上海银行在近两年持续下降，2019 年绿色信贷余额占比同比分别下降 1.3 个和 0.5 个百分点。

农商行中，渝农商行和紫金银行位居前列，占比分别为 4.3% 和 3.9%，紫金银行和无锡银行在绿色信贷余额占比方面增长相对较快，同比分别增长 1.9 个和 1.4 个百分点。

（二）绿色信贷主要投放领域

2019 年各上市银行绿色信贷的主要投放领域如表 3 所示。①

表 3　　　　　　　　　　2019 年各上市银行绿色信贷主要投放领域

	生态保护	节能减排	循环经济	清洁能源	清洁交通	污染防治	转型升级	农村及城市水项目	绿色农业	绿色林业	绿色建筑
国有银行											
工商银行	✓	✓	✓	✓							
农业银行	✓	✓	✓	✓		✓					
中国银行	✓	✓		✓	✓	✓					
建设银行		✓		✓		✓					
邮储银行		✓	✓	✓		✓					
交通银行	✓	✓	✓	✓	✓	✓			✓		
股份制银行											
招商银行	✓	✓	✓	✓	✓	✓	✓				✓
兴业银行	✓	✓		✓	✓	✓					
浦发银行	✓	✓		✓	✓	✓		✓	✓	✓	✓
中信银行	✓	✓	✓	✓			✓				
民生银行		✓					✓				
光大银行	✓	✓		✓		✓					
平安银行		✓		✓	✓	✓					✓
华夏银行		✓				✓					
浙商银行		✓		✓	✓	✓					
城商行											
北京银行		✓		✓							
上海银行		✓	✓	✓		✓					
江苏银行		✓		✓		✓				✓	✓
南京银行		✓	✓			✓					
宁波银行	✓	✓	✓	✓	✓	✓			✓	✓	
徽商银行		✓						✓			
杭州银行	✓	✓	✓	✓	✓	✓	✓	✓			✓
盛京银行		✓				✓	✓				
天津银行	✓					✓					
长沙银行	✓	✓				✓					

---

① 此处共统计 40 家上市银行：在 41 家发布社会责任报告的上市银行中，38 家披露了绿色信贷主要投放领域情况，成都银行、渝农商行和九台农商 3 家上市银行在年度报告和社会责任报告中均未披露绿色信贷主要投放领域情况，因此在表 3 中不做统计。此外，盛京银行和江西银行 2 家上市银行在 2019 年度报告中披露了绿色信贷主要投放领域。

	生态保护	节能减排	循环经济	清洁能源	清洁交通	污染防治	转型升级	农村及城市水项目	绿色农业	绿色林业	绿色建筑
哈尔滨行	✓	✓									
贵阳银行		✓	✓								
江西银行	✓	✓	✓	✓	✓	✓					
青岛银行	✓	✓	✓	✓	✓	✓		✓			✓
苏州银行		✓		✓	✓	✓					
甘肃银行	✓										
西安银行		✓				✓	✓				
农商行											
渝农商行		✓	✓	✓							
青农商行		✓		✓	✓						
紫金银行		✓					✓				
常熟银行		✓	✓			✓					
无锡银行		✓	✓								
江阴银行		✓								✓	
苏农银行		✓				✓				✓	
张家港行		✓									

在投放领域种类个数方面，投放领域种类最多的上市银行为浦发银行，投放领域类型高达 10 个，仅未覆盖转型升级领域；投放领域类型最少的上市银行为甘肃银行和张家港行，分别仅投放于生态保护和节能减排领域。大部分上市银行投放领域种类为 2～5 种，这部分上市银行占比约为 72.5%。

不同类型绿色信贷投放领域的银行个数分布情况，如图 1 所示。

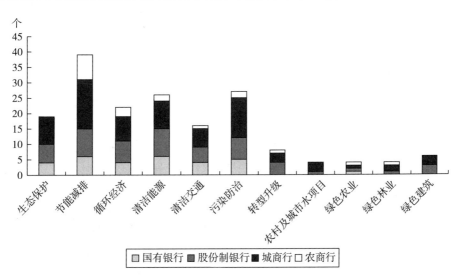

图 1　不同类型绿色信贷投放领域的银行个数分布情况

在绿色信贷投放领域类型方面，上市银行投放领域都主要集中在生态保护、节能减排、循环经济、清洁能源、清洁交通以及污染防治 6 个领域，其中节能减排是投放最多的领域，仅甘肃银行 1 家上市银行未在此领域投放绿色信贷。上市银行均对农村及城市水项目、绿色农业、绿色林业和绿色建筑等领域涉及较少。

国有银行中，投放领域基本都涵盖生态保护、节能减排、循环经济、清洁能源、清洁交通以及污染防治中的 4~6 种类型，交通银行投放领域另包含绿色农业。所有国有银行未在转型升级、农村及城市水项目、绿色林业、绿色建筑 4 个领域投放绿色信贷。

股份制银行中，浦发银行的绿色信贷实践相对多样，其绿色信贷投放达 10 类领域，在全部上市银行中投放类别最多。股份制银行中有 4 家银行关注了转型升级领域，招商银行、平安银行等涉及了绿色建筑领域。

城商行中，不同银行在绿色信贷投放的领域类型相对分散，覆盖领域较为全面。除节能减排、循环经济以及污染防治等主要的绿色信贷投放领域外，徽商银行、杭州银行和青岛银行投放了农村及城市水项目，宁波银行投放了绿色农业领域，江苏银行和宁波银行投放了绿色林业领域，江苏银行、杭州银行和青岛银行投放了绿色建筑领域。各城商行积极利用当地产业优势，拓展绿色信贷投放领域范围。

农商行中，各上市银行绿色信贷投放类型为 1~3 个，不同银行绿色信贷投放的领域类型相对分散。农商行的绿色信贷投放重点领域为节能减排。

（三）绿色信贷折合减排数据

绿色信贷折合减排情况一般从折合减排标准煤、二氧化碳、COD（化学需氧量）、氨氮、二氧化硫、氮氧化物当量以及节水量 7 个方面进行考量。2019 年，部分上市银行公布了绿色信贷折合减排数据，具体如表 4 所示。

表 4 　　　　　　　　　　　　　**2019 年绿色信贷折合减排数据** 　　　　　　　　　　单位：万吨

	年份	工商银行	农业银行	建设银行	招商银行	兴业银行	华夏银行	南京银行
折合减排标准煤	2019	4627.23	3367.00	3196.96	815.02	3004.00	113.09	3.19
	2018	4643.97	2790.00	3011.71	421.57	2979.00	—	—
	2017	4247.26	2185.00	2800.46	353.40	2912.23	—	—
减排二氧化碳当量	2019	8985.96	7494.00	7233.31	1944.35	8439.13	271.42	3.52
	2018	8958.79	6079.00	6926.12	935.03	8416.87	—	—
	2017	7561.87	4780.00	6305.09	879.63	8378.23	—	—
减排 COD	2019	26.85	42.00	33.44	48.70	407.01	—	0.10
	2018	23.31	34.00	29.63	67.72	398.34	—	—
	2017	15.83	16.00	23.64	53.82	385.43	—	—
减排氨氮	2019	4.91	4.00	3.54	3.68	—	—	0.08
	2018	3.93	3.00	3.87	16.61	15.90	—	—
	2017	1.61	2.00	3.14	7.66	13.39	—	—

	年份	工商银行	农业银行	建设银行	招商银行	兴业银行	华夏银行	南京银行
减排 二氧化硫	2019	3.94	89.00	60.09	3.93	—	—	0.17
	2018	4.33	176.00	24.73	9.28	87.79	—	—
	2017	12.43	63.00	26.78	1.69	78.91	—	—
减排 氮氧化物	2019	3.34	162.00	30.65	1.00	—	—	0.09
	2018	3.72	181.00	3.96	2.96	7.87	—	—
	2017	6.15	169.00	4.77	1.50	5.78	—	—
节水	2019	5903.64	3179.00	6629.90	1117.61	41006.16	571.42	1.60
	2018	4290.42	3743.00	123.06	667.68	40978.19	—	—
	2017	3486.45	1800.00	119.87	593.05	40842.37	—	—

1. 各类型上市银行减排总体情况

国有银行中，工商银行、农业银行和建设银行披露了上述 7 个方面的折合减排数据，在披露折合减排数据的所有上市银行中，这 3 家国有银行减排占比绝对占优，整体折合减排情况较 2018 年有所增长。股份制银行中，招商银行披露了上述 7 个方面的折合减排数据，兴业银行和华夏银行披露了标准煤、二氧化碳等部分领域折合减排数据，其中兴业银行作为赤道银行，在二氧化碳、COD 减排当量和节水量等折合减排数据上优于部分国有银行。城商行中，仅南京银行披露了 7 个方面的折合减排数据，但减排体量相对较小。农商行中无上市银行披露折合减排数据。

2. 不同减排类型的具体数据情况

从减排类型上看，在折合减排标准煤、减排二氧化碳当量这两个方面，工商银行、农业银行和兴业银行贡献相当，其次是招商银行。从减排增速来看，折合减排标准煤方面，招商银行增速最快，2019 年标准煤减排量同比增长 93.3%，此外，农业银行增速也较快，2019 年同比增长 20.68%，超越建设银行和兴业银行成为标准煤减排量第二高的银行。在减排二氧化碳方面，同样是招商银行和农业银行增速较快，2019 年招商银行二氧化碳减排同比增长 107.95%，农业银行同比增长 23.3%。其他上市银行在标准煤和二氧化碳减排量上变化不大。

在减排 COD 方面，兴业银行较为突出，2019 年该行减排 COD 当量 407.01 吨，是减排 COD 当量第二名的招商银行的 8.36 倍。在 COD 减排增速方面，农业银行同比增长最快，增幅达 23.53 个百分点，工商银行和建设银行同比增长超过 10%，招商银行 2019 年减排 COD 下降 28.1%，兴业银行 2019 年减排 COD 变化不大。

减排氨氮方面，工商银行、农业银行、建设银行和招商银行均较为接近，约为 4 万吨，兴业银行未披露 2019 年减排氨氮数据。招商银行减排氨氮在 2019 年大幅下降，同比减少 77.8%，建设银行出现小幅下降，降幅约 8.5%。工商银行和农业银行则均保持 20% 以上的增幅。

减排二氧化硫方面，农业银行和建设银行在近两年持续保持二氧化硫减排量排名第一和第二的位置，分别减排 89.00 万吨和 60.09 万吨，建设银行 2019 年二氧化硫减排量同比增长 143.0%，农业银行虽然减排量位列第一，但减排量同比 2018 年却下降了 49.4%。工商银行和招商银行减排二氧化硫规模相对较低，且较 2018 年出现下滑。

减排氮氧化物方面，农业银行和建设银行氮氧化物减排量分别为 162.00 万吨和 30.65 万吨。其他上市银行二氧化硫和氮氧化物减排量均不超过 5 万吨。

在氮氧化物方面，建设银行保持增长态势，而工商银行、农业银行和招商银行的氮氧化物减排量在 2019 年则均出现下降。

在节水方面，兴业银行在节水领域遥遥领先，节水量连续两年超过 4 亿吨，2019 年节水量是排在节水量第二名的建设银行的 6.19 倍。除兴业银行外，建设银行和工商银行节水量相对较大，2019 年节水量分别为 6629.90 万吨和 5903.64 万吨。在增长率方面，兴业银行基本不变，建设银行增幅最高，招商银行和工商银行分别保持了 67.4% 和 37.6% 的增速，农业银行节水方面出现 15% 的降幅。

（四）绿色信贷发展特色成果

部分上市银行在 2019 年绿色信贷业务发展过程中展现出特色发展成果，如制定绿色信贷业务相关指引、创新绿色产品和服务以及完善绿色信贷相关机制及系统等。具体情况详见表 5。

表 5　　　2019 年部分上市银行绿色信贷特色发展成果

成果类型	上市银行	具体成果
绿色信贷业务相关指引	中国银行	签署《"一带一路"绿色投资原则》 2019 年 4 月 25 日，"一带一路"国际合作高峰论坛资金融通分论坛举行期间，中行签署了《"一带一路"绿色投资原则》，将发展理念融入绿色投资原则），将发展理念融入"一带一路"金融大动脉建设。该原则旨在提升"一带一路"投资环境与社会风险管理水平，推动"一带一路"投资绿色化。
	兴业银行	在国内率先制定并发布《绿色供应链金融业务指引》 明确绿色供应链金融概念，界定业务范畴，全面搭建绿色供应链金融产品体系，并从行业、客户等多方维度细化绿色供应链金融业务发展策略，从信贷规模支持、财务资源配置、差异化授权管理等方面多措并举支持绿色供应链金融业务快速健康发展，按照"绿色行业供应链金融、绿色产品供应链金融、绿色供应链金融生态圈""三步走"发展策略，为客户提供全方位绿色供应链金融服务，实现企业商业效益与生态环境保护共赢发展。
绿色信贷政策设计	兴业银行	参加绿色金融政策设计：参与人民银行、银保监会等监管机构绿色贷款（绿色信贷）专项统计制度修订工作，全国金融标准化技术委员会绿色金融标准工作组关于绿色金融术语标准、金融机构环境信息披露标准等多个行业规则编写，第二批国家级绿色金融改革创新试验区方案设计，中国绿色金融发展报告编写等。

成果类型	上市银行	具体成果
创新绿色信贷产品和服务	邮储银行	在绿色金融服务能力方面，2019 年，本行设立绿色金融专责机构，总行新设绿色金融处，成立绿色支行，推进组织创新。健全激励约束机制，开展绿色银行内部审计和现场检查，强化绿色发展绩效考核。修订合同文本，增加借款人环境和社会风险承诺相关条款。 在创新绿色金融产品方面，2019 年试点推广"排污贷""生态公益林补偿收益权质押贷款""垃圾收费权质押贷款""合同能源管理项目未来收益权质押贷款"等绿色金融产品，着力探索碳金融等创新型绿色金融产品，不断提升绿色金融综合服务能力。
	交通银行	2019 年 6 月，交通银行子公司交银租赁成功完成了中国租赁公司首单绿色银团贷款。该项目作为中国租赁公司中首家获得香港品质保证局绿色金融认证并且首单成功发行的绿色银团交易，一方面，为交银租赁募集到长期外币资金以补充流动性；另一方面，拓宽了交银租赁融资渠道，打开了绿色金融融资的市场，彰显了交银租赁支持绿色经济发展的责任担当。
	苏州银行	携手合作"绿色智造贷"：与苏州工业园区政府合作推出"绿色智造贷"产品，主要用于苏州工业园区范围内有实施绿色制造和智能制造相关项目需求的企业。 创新优化绿色光伏贷：光伏贷产品是苏州银行支持绿色清洁能源推出的固定资产贷款产品，由公司向借款人发放，用于建设光伏发电项目所需资金或偿还已建成光伏发电项目其他债权等授信业务。
创新建设绿色信贷制度及系统	苏农银行	在完善绿色信贷统计机制的过程中，苏农银行创新形成了"补绿、增绿、护绿、映绿"的绿色贷款余额管理工作机制。通过"补绿"进行存量贷款绿色筛查；"增绿"环节细化绿色贷款考核评价、差异化授权机制，鼓励引导业务人员加大对绿色贷款的拓展营销；"护绿"为存量绿色信贷客户持续提供绿色金融专业服务；"映绿"准确反映本行金融支持绿色产业贷款情况。 上线绿色信贷系统：苏农银行还为有效应对绿色贷款业务办理过程中因绿色标准映射模糊、绿色台账管理不便、环境和社会风险管控难等问题，于 2019 年四季度上线了绿色信贷系统，行内科技人员将绿色信贷业务相关功能嵌入原有业务办理流程中，实现绿色信贷业务的用户、客户、权限、报表、任务中心与普通业务的统一管理。

二、绿色债券

绿色债券是指将所得资金专门用于资助符合中国金融学会绿色金融委员会编制的《绿色债券支持项目目录》以及国家发改委发布的《绿色债券发行指引》中规定的绿色项目或为这些项目进行再融资的债券工具。

（一）绿色债券的承销与发行

1. 绿色债券的承销

关于 2017—2019 年上市银行已披露的绿色债券承销情况，如表 6 所示。

表 6 　　　　　　　　**2017—2019 年部分上市银行已披露绿色债券承销情况①**

银行名称	年份	绿色债券承销笔数	募集金额（亿元）	募集金额变动率（%）
工商银行	2019	6	344.00	-47.5
	2018	6	655.10	1.9
	2017	11	643.00	—
农业银行	2019	7	390.00	-38.1
	2018	3	630.00	64.5
	2017	10	383.00	—
北京银行	2019	1	5.00	—
	2018	—	—	—
	2017	—	—	—

从表 6 中可以看出，与 2018 年相比，2019 年工商银行和农业银行绿色债券的承销绩效均有较大幅度下降，募集金额分别下降 47.5% 和 38.1%。除表中所列银行和项目之外，其他上市银行亦参与绿色债券的承销，但并未披露当期承销具体数值。交通银行作为联席主承销商为兴业银行发行绿色金融债券 200 亿元、作为联合全球协调人协助中国农业发展银行发行离岸人民币绿色债券 25 亿元。苏农银行协助江苏盛泽投资有限公司完成绿色公司债 2 亿元发行任务。

各上市银行高度重视绿色金融工具的承销发行。中国银行作为独家主承销商协助重庆轨道交通（集团）有限公司成功发行 5 年期 20 亿元绿色中票，上海银行北京分行参与绿色中期票据承销。部分银行积极开展绿色资产证券化创新：农业银行发行绿色资产证券化产品 2 期，金额 27.10 亿元，其中包括承销发行国内金融租赁行业首单绿色租赁资产证券化产品"苏租 2019 年第一期绿色租赁资产证券化信托资产支持证券"。中国银行独家主承销发行总额为 15.68 亿元的绿色资产支持票据。招商银行杭州分行依托城投水业集团发行资产支持证券推动绿色债、资产证券化等落地，北京银行支持"吉利曹操专车绿色资产支持专项计划"成功发行。各上市银行用绿色资产证券化产品推动绿色产业发展、加快生态文明建设新模式。

从债券募集资金去向来看，2019 年各大银行绿色金融工具的承销发行募集的资金，流向实体企业的比例有所上升，支持光伏发电、风电、水电等清洁能源以及清洁交通等绿色业务，切实助力实现支持绿色项目保护生态环境的目标。

2. 绿色债券的发行

部分上市银行 2017—2019 年的绿色债券发行情况如表 7 所示。

---

① 由于各商业银行在绿色债券方面披露的标准及完整度存在较大差异，此部分仅对已披露的各银行绿色债券承销案例做简单梳理。

表7　　　　　　　　　　　　**2017—2019 年部分上市银行绿色债券发行情况**

银行名称	2019 年发行规模（亿元）	2018 年发行规模（亿元）	2017 年发行规模（亿元）
交通银行	—	—	200.00
兴业银行	—	600.00	—
浙商银行	50.00	—	—
北京银行	—	—	300.00
江苏银行	100.00	—	—
南京银行	—	—	50.00
中原银行	—	15.00	—
哈尔滨行	—	—	50.00
贵阳银行	30.00	—	—
重庆银行	—	60.00	—
九江银行	—	40.00	—

　　2019 年，浙商银行、江苏银行和贵阳银行分别发行绿色债券 50 亿元、100 亿元和 30 亿元。兴业银行累计发行 1300 亿元绿色金融债，国内存量绿色金融债达 1000 亿元。部分银行对 2019 年之前发行的绿色债券募集资金投放情况进行跟踪披露：重庆银行将 2018 年发行绿色债券募集的 60 亿元资金全部投放于清洁能源、绿色交通和污染防治等绿色领域。青岛银行 2016 年发行两期绿色金融债券共募集资金 80 亿元，2019 年报告期末余额为 15 万元，该行制定《青岛银行绿色金融债券募集资金内部管理办法》，加强绿色金融债券募集资金管理。甘肃银行发行绿色金融债所募集的 10 亿元已全部用于支持企业绿色发展，实现节约 4.52 万吨标准煤并减少 11.21 万吨温室气体排放。

　　3. 境外发行绿色债券情况

　　境内上市银行 2017—2019 年在境外发行绿色债券的情况，如表 8 所示。

表8　　　　　　　　　　　**2017—2019 年境内上市银行在境外发行绿色债券情况**

	发行主体	发行规模
2019 年发行	工商银行（新加坡分行）	22.00 亿美元，币种涵盖美元、人民币、欧元
	工商银行（香港分行）	31.50 亿美元，币种包含美元、港元、人民币
	中国银行	10.00 亿美元，币种包括人民币、美元、欧元
	建设银行（香港分行）	10.00 亿美元
	建设银行（卢森堡分行）	5.00 亿欧元
	交通银行（香港分行）	95.00 亿元人民币 +55.50 亿美元 +8.00 亿欧元
	浦发银行（伦敦分行）	3.00 亿美元
2018 年发行	工商银行（伦敦分行）	10.00 亿美元 +5.00 亿欧元
	中国银行（东京分行）	8.00 亿元人民币 +300.00 亿日元
	中国银行（伦敦分行）	10.00 亿美元
	建设银行	10.00 亿美元 +5.00 亿欧元
	兴业银行（香港分行）	6.00 亿美元 +3.00 亿欧元
	光大银行（香港分行）	3.00 亿美元
2017 年发行	工商银行（卢森堡分行）	11.00 亿欧元 +4.50 亿美元 +4.00 亿美元
	中国银行（巴黎分行）	5.00 亿美元 +7.00 亿欧元 +10.00 亿元人民币

在境外发行绿色债券是我国上市银行绿色金融实践向全球范围发展的标志。2019 年，交通银行和浦发银行首次参与境外绿色债券发行，工商银行、中国银行和建设银行在境外持续增发绿色债券。发行规模比 2018 年有所上升，币种增加人民币和港元两种类型。发行主题多与气候变化、"一带一路"和"粤港澳大湾区"建设项目有关，如交通银行发行的两只绿色债券以应对全球气候变化为主题，基础资产全部为清洁交通和清洁能源项目。工商银行分别发行"一带一路"银行间常态化合作债券和"粤港澳大湾区"绿色债券。

（二）绿色债券主要投放领域

2019 年，部分上市银行对绿色债券的投放领域开始进行披露，如表 9 所示。

表 9　　　　　　　　　2019 年各上市银行绿色债券主要投放领域

	生态保护	节能减排	循环经济	清洁能源	清洁交通	污染防治
国有银行						
农业银行				✓	✓	✓
建设银行				✓	✓	
邮储银行		✓	✓		✓	✓
交通银行	✓	✓	✓	✓		
股份制银行						
浦发银行					✓	
浙商银行		✓		✓	✓	
城商行						
北京银行				✓		
上海银行				✓		
哈尔滨行	✓	✓	✓			✓
贵阳银行	✓	✓	✓		✓	✓
农商行						
重庆银行			✓		✓	✓
苏农银行						✓

2019 年，披露绿色债券主要投放领域的上市银行共 12 家，主要投放领域覆盖 6 类：生态保护、节能减排、循环经济、清洁能源、清洁交通和污染防治，绿色债券投放领域的披露情况有待进一步完善，投放领域范围有待进一步拓展。

从整体来看，各上市银行绿色债券主要投放领域集中在清洁能源、清洁交通和污染防治 3 大类，部分银行涉猎生态保护、节能减排和循环经济 3 类领域。从个体来看，投放领域种类最多的银行是交通银行（国有银行）和贵阳银行（城商行），对 6 大领域均有覆盖；仅投放 1 个领域的银行包括浦发银行、北京银行、上海银行和苏农银行。

（三）绿色债券发展特色成果

2019 年，部分上市银行在绿色债券业务发展过程中展现出特色发展成果，主要集中在创新绿色债券产品等方面，例如，工商银行发行"一带一路"银行间常态化合作债券、"粤港澳大湾区"绿色债券支持"一带一路"和"粤港澳大湾区"建设,农业银行承销发行全国首单"绿色+扶贫"债务融资工具等。绿色债券在促进国际合作与帮助我国贫困地区脱贫致富等方面表现出巨大潜力。部分上市银行在 2019 年的绿色债券业务发展特色成果如表10 所示。

表10   **2019 年上市银行绿色债券发展特色成果**

成果类型	上市银行	绿色债券特色发展成果
创新绿色债券产品	工商银行	"一带一路"银行间常态化合作债券和"粤港澳大湾区"绿色债券: 通过新加坡分行发行首只"一带一路"银行间常态化合作债券,通过香港分行发行首只"粤港澳大湾区"绿色债券,募集资金分别用于支持"一带一路"沿线以及"粤港澳大湾区"可再生能源、低碳、低排放交通、可持续的水资源管理等绿色资产项目。
	农业银行	承销发行全国首单绿色+扶贫债务融资工具: 龙源电力集团股份有限公司 2019 年度第一期绿色超短期融资券(扶贫)成功发行,发行规模 5 亿元。募集资金将 100% 用于绿色项目,部分专项投向国家级贫困县贵州省威宁彝族回族苗族自治县风力发电项目,为加快民族贫困地区绿色产业发展、促进可再生能源合理利用、带动困难群众脱贫致富提供坚强金融支撑。
	浦发银行	中国商业银行首笔低碳城市主题绿色债券: 2019 年,伦敦分行成功完成 3 亿美元绿色债券的发行定价,该债券于 10 月 30 日正式在伦敦证券交易所挂牌上市。本次绿色债券以"低碳城市"为主题,募集资金将主要投放于中国一线和二线城市的清洁交通和绿色建筑等绿色资产。这是浦发银行首笔国际绿色债券,也是中国商业银行的首笔"低碳城市"主题绿色债券。
创新绿色债券发行、上市及定价机制	兴业银行	在卢森堡发行了首只境外绿色债券,创股份制银行双币种发行、双交易所上市、跨时区定价等多项纪录,成为中资商业银行中首家完成境内境外两个市场绿色金融债发行的银行,也成为全球绿色金融债发行余额最大的商业金融机构。

专题十四　绿色运营

　　银行业金融机构应依据国家产业政策和环保政策的要求，支持社会、经济和环境的可持续发展。在实际操作中，商业银行的社会责任包括三条路径，第一条路径是银行业金融机构应通过信贷等金融工具支持客户节约资源、保护环境；第二条路径是制订资源节约与环境保护计划，对员工进行环保培训，在日常营运中减少对环境的负面影响；第三条路径是参与环境保护的实践和宣传活动，积极主动地提升客户和全社会环保意识。第一条路径的实践在上一专题绿色信贷中已有具体介绍，第三条路径的实施状况难以量化。本专题主要分析第二条路径，即从商业银行的日常运营中的绿色贡献为切入点，以商业银行进行低碳交易和节能减排两个角度的数据披露为分析来源，来衡量商业银行在承担环境责任方面的效果。

一、低碳交易

　　低碳交易指的是商业银行充分运用互联网技术，完善线上服务以减少服务与运营环节对环境所产生的资源和能源消耗。主要包括开通网络银行（包括手机银行、微信银行、直销银行和网上银行等）、开展电子账单和柜面无纸化项目等方式，此种方式促进银行业务转型，同时能够减少客户出行次数，鼓励客户低碳生活。低碳交易是商业银行实现绿色运营，承担环境责任的重要方式。根据上市公司披露的数据，采取电子银行替代率作为衡量低碳交易的指标。

　　电子银行替代率，又称电子银行业务分流率、电子渠道金融交易迁移率、电子渠道业务

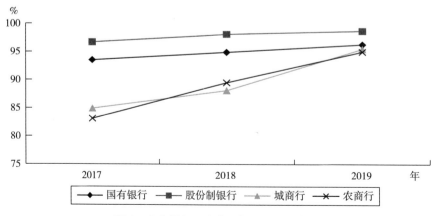

图1　上市银行平均电子银行替代率变动

分流率等，该指标是指商业银行运用网络渠道办理业务的所占比例。各上市银行的电子银行替代率数据如表1所示，其中，盛京银行、锦州银行、中原银行、郑州银行、江西银行、九江银行、晋商银行、泸州银行、广州农商9家上市银行尚未发布社会责任报告，而民生银行、平安银行、兴业银行、北京银行、江苏银行、南京银行、徽商银行、杭州银行、重庆银行、苏州银行、甘肃银行、青农商行、常熟银行、九台农商、张家港行15家上市银行在社会责任报告中并未披露电子银行替代率数据。

表1　　　　　　　　　　　　　　2019年上市银行电子银行替代率变动

银行名称	2019年（%）	2018年（%）	2017年（%）	2019年变动率（%）
国有银行	96.3	94.9	93.5	1.4
工商银行	98.1	97.7	94.9	0.4
农业银行	98.0	98.0	97.0	0.0
中国银行	96.6	94.0	94.2	2.6
建设银行	94.8	92.7	93.6	2.1
邮储银行	92.4	90.4	87.0	2.0
交通银行	97.7	96.6	94.5	1.0
股份制银行	98.7	98.1	96.7	0.6
招商银行	98.3	98.2	98.2	0.0
浦发银行	98.3	98.1	95.9	0.2
中信银行	99.4	99.0	99.0	0.3
光大银行	—	97.9	97.0	—
华夏银行	98.5	96.8	93.0	1.7
浙商银行	99.0	98.4	97.0	0.7
城商行	95.5	88.1	84.9	2.7
上海银行	96.5	94.4	90.8	2.1
宁波银行	>90%	—	—	—
天津银行	83.4	86.5	—	-3.1
长沙银行	—	75.6	67.8	—
哈尔滨行	93.0	91.0	87.0	2.0
贵阳银行	97.6	88.7	87.9	8.9
成都银行	89.5	87.0	—	2.5
青岛银行	97.7	96.7	93.6	0.9
西安银行	90.1	84.6	82.4	5.6
农商行	95.0	89.5	83.1	2.8
渝农商行	94.6	92.9	90.1	1.7
青农商行	—	79.0	74.4	—
紫金银行	>90	—	—	—
无锡银行	95.5	90.6	81.9	5.0

续表

银行名称	2019 年（%）	2018 年（%）	2017 年（%）	2019 年变动率（%）
江阴银行	94.5	92.4	—	2.1
苏农银行	95.3	92.7	86.0	2.6
全部上市银行	95.6	92.6	89.6	1.9

从整体上可以看出，国有银行和股份制银行的电子银行替代率较高，显著高于城商行和农商行，但城商行和农商行的增长率数值更高，说明其低碳交易建设在加快推进。具体来看：

国有银行中，从绝对值来看，工商银行的电子替代率超过农业银行跃居国有行第一，邮储银行的电子银行替代率最低，显著低于其他几个国有银行，这可能与邮储银行的网点相对其他银行多在偏远欠发达地区，客户对传统的柜面业务需求更大有关；从相对值来看，国有银行的电子银行交易替代率均呈现稳步上升趋势，其中中国银行和建设银行 2019 年的电子银行替代率增长最快，同比分别增长 2.7 个和 2.1 个百分点，邮储银行提高了 2 个百分点。

股份制银行中，9 家银行中有 6 家披露了具体的电子银行交易替代率数据，电子银行交易替代率均高于 95%。其中，中信银行的电子银行替代率为 99.47%，指标排名相对靠前；招商银行的电子替代率为 98.25%，指标排名相对靠后；华夏银行的电子银行替代率为 1.7%，指标增速相对较快。

城商行中，23 家银行中只有 9 家发布并披露了 2019 年电子银行替代率情况。青岛银行、贵阳银行和上海银行替代水平与国有银行水平相当；从相对值来看，除天津银行的电子银行替代率有所下降外，其余城商行的电子渠道建设指标绝对值虽然相对较低，但其增速相对较快。其中，贵阳银行在报告期内，进一步优化手机银行及网上银行的功能及用户操作界面，新增人脸识别验证、非税综合缴费、客户信息补录等功能，优化手机银行转账流程、明细查询、理财交易等用户体验，电子银行替代率增长 8.9%，是上市银行中增速相对最快的银行。

农商行中，有 6 家银行披露相关数据。除青农商行外，均高于 90%，其中无锡银行和苏农银行的电子银行替代率已经高于 95%。从相对值来看，总体增速都较快，说明农商行的低碳交易建设也在加速发展。

二、节能减排

节能减排指的是节约能源、降低能源消耗、减少污染物排放。从总体上来看，商业银行节能减排的主要措施包括绿色办公、绿色采购和绿色公益等。绿色办公的形式主要包括视频会议、节约用纸、节约用水、节约用电、垃圾分类和循环利用、减少温室气体排放等；绿色采购形式主要包括优先选择使用低能耗、低碳排放和具有环保性能的电子设备、装修材料和办公用品等；绿色公益的形式主要包括植树造林、绿色宣传和绿色培训等。

考虑到信息披露标准，节能指标选取办公耗电量和耗水量，减排指标选取温室气体排放量，来比较上市银行践行节能减排的情况，如表 2 所示。

表 2　　　　　　　　　　　　2019 年上市银行节能减排情况①

银行名称	口径	温室气体排放总量（吨）②			办公耗电量（千瓦时）			办公耗水量（吨）		
		2019 年	2018 年	2017 年	2019 年	2018 年	2017 年	2019 年	2018 年	2017 年
国有银行	平均值	109897	104883	104619	134702453	135127321	133381929	740558	696651	635123
工商银行	总部	49078	53930	52474	19667324	18394080	19408280	177550	172377	170196
农业银行	总部	59311	30686	30495	32798383	33524237	31631032	285382	223259	215397
中国银行	总部	75804	78568	76736	122118000	126635000	123447000	390134	401581	384529
建设银行	总部及一级分行	272029	261547	277449	358868470	367817490	399978880	2424149	2280546	2049525
邮储银行	总部	123552	123384	107234	178051940	164746420	123545380	859131	768843	659090
交通银行	总部及一级分行	79607	81184	83325	96710600	99646700	102281000	307000	333300	332000
股份制银行	平均值	75651	73396	83462	69801396	66529265	74127582	509211	473647	567443
招商银行	总部	—	—	—	16008120	13367140	13422238	105304	97998	103626
兴业银行③	总部	39854	24868	—	49150600	24933400	15394400	231690	136672	86900
浦发银行④	母公司	—	—	—	37541700	42942500	43514100	146500	147700	160400
中信银行	全行	162600	185831	195872	244955360	257528570	270738960	2448095	2203528	2102507
民生银行	总部及一级分行	87363	75370	70094	116420320	108253690	90550230	879729	958815	843133
光大银行	总部及一级分行	68892	71661	63849	88825330	93262740	79704230	516587	501749	637348
平安银行	总部	—	—	—	7961956	7423048	—	93566	85504	—
华夏银行	总部	—	—	—	43626787	37985485	—	40810	41411	—
浙商银行⑤	总行	19547	9248	4031	23722391	13066811	5568913	120619	89442	38186
城商行	平均值	16411	14653	8110	10076252	9680269	10403050	83147	70297	60596
上海银行	全行	—	—	—	32704503	32387790	48389900	328095	286586	295100
宁波银行	总部人均	—	—	—	3349	3353	3330	7.23	7.00	7
徽商银行	总部	—	4929	4637	—	4850000	5522000	—	6500	5800
天津银行	全行	29141	31177	21605	28830370	28986950	26311510	126640	134083	151002
长沙银行	总行⑥	—	—	—	8267400	9809600	2977	77200	75800	12
哈尔滨行	总部	—	—	—	6884000	6247497	6906177	50564	40178	58952
贵阳银行	总部	—	—	—	4800000	5100000	—	52000	60000	—
重庆银行	总部	—	—	1151	3319000	3293500	2057300	62600	32700	20200

　　① 其中，除 9 家未发布社会责任报告的上市银行外，北京银行、江苏银行、南京银行、杭州银行、成都银行、苏州银行、青农商行、紫金银行、常熟银行、无锡银行、江阴银行、张家港行发布了社会责任报告，但是没有发布具体的节能减排数据。

　　② 包括直接排放和间接排放。

　　③ 兴业银行总部二氧化碳排放量指标 2019 年统计口径发生变化，增加了总部办公区域计算范围共计 157849.74 平方米，但过往年份披露数据不做调整。

　　④ 浦发银行：包括境外分行。

　　⑤ 浙商银行 2019 年温室气体排放量统计范围为总行（庆春路大楼、延安路大楼、环城西路大楼及科研中心），2018 年统计范围为总行大楼。

　　⑥ 长沙银行 2017 年数据披露口径为总行人均。

续表

银行名称	口径	温室气体排放总量（吨）			办公耗电量（千瓦时）			办公耗水量（吨）		
		2019 年	2018 年	2017 年	2019 年	2018 年	2017 年	2019 年	2018 年	2017 年
青岛银行	总部	4390	4658	5045	3470000	3740000	4430000	19436	23180	14254
甘肃银行	全行	15701	17846	—	12480000	12060000	—	114900	114200	—
西安银行	总行人均	—	—	—	3899.74	4273.89	4258	30.18	31.9	37
农商行	平均值	17581	18180	33398	18263616	24638020	30228390	111748	164741	180446
渝农商行	总部及主城区	22156	21533	20378	35569310	32216040	30228390	202262	203726	189398
九台农商	总部	13005	14827	46417	14991000	17060000	—	113299	125756	171493
苏农银行	总部				4230539			19683	—	—
全部银行	平均值	54885	52778	57397	58210929	58993719	62035238	361166	351334	360902

国有银行在绿色运营方面整体表现尚好。从减排的角度来看，工商银行、中国银行和交通银行的 2019 年温室气体排放量较 2018 年显著下降，其余国有银行小幅上升，农业银行的温室气体排放量增长过快，未能有效控制污染物排放；从节能的角度来看，耗电量总体呈下降趋势，用水量呈上升趋势。值得注意的是，中国银行和交通银行的耗电量、用水量及温室气体排放量在 2019 年均有所下降，邮储银行的耗电量、用水量以及温室气体排放量在 2019 年均呈上升趋势。

除去数据统计范围发生变化的兴业银行和浙商银行，其余股份制银行中，耗电量和用水量总体水平呈上升趋势，但上升幅度相对有限，温室气体排放量数据披露较少，已披露数据的股份制银行中，仅 2 家银行的温室气体排放量呈下降趋势。具体来看：光大银行的节能减排效果相对较好，其温室气体排放量、用电量均呈下降趋势，用水量也保持在相对稳定的区间。中信银行的节能减排效果亦相对较好，其用水量增长虽然较多，但其温室气体排放量下降幅度相对较大，用电量显著下降。此外，另有部分银行亦就节能减排进展情况进行了披露，如，华夏银行的电子交易折合减少碳排放量由 2018 年的 193.17 万吨增长到 2019 年的 246.01 万吨；平安银行推行低碳办公、节水节电和绿色采购活动，其碳排放量和能源消耗有所减少。

城商行在节能减排方面亦表现良好，天津银行、青岛银行和甘肃银行的温室气体排放量均有明显下降。大部分城商行的用水耗电量水平均保持相对稳定或有小幅下降，节能减排工作成效显著。值得注意的是，江苏银行在 2017 年引进"赤道原则[①]"，成为城商行中首家"赤道银行"，该行在 2019 年对 42 个项目开展了赤道原则项目适用性判定，涉及项目总投资约 347 亿元，对 2 笔适用赤道原则项目开展了第三方评估，涉及总投资约 9.9 亿元。

农商行在节能减排方面的信息披露相对较少，主要原因是部分指标尚未建立或未纳入

[①] 赤道原则是一套非官方规定的，由世界主要金融机构根据国际金融公司的环境和社会政策和指南制定的，旨在用于确定、评估和管理项目融资过程中所涉及环境和社会风险的一套自愿性原则。

统计体系，未来需进一步完善。基于已披露数据的九台农商和渝农商行 2 家农商行来看，农商行的节能减排工作正在有序推进，部分举措可圈可点，如，苏农银行总行新建的综合营业办公大楼从节地、节能、节水、节财、室内环境质量、运营管理 6 个方面践行绿色建筑理念，达到绿色建筑评价标准中最高的三星级水平。上述措施对于节能降耗具有重要意义。

专题十五 员工关爱

关爱员工是提高员工工作积极性，提高银行竞争力的重要方面。从上市银行年报和 40 家社会责任报告看，各银行总体上能够从多方面表示对员工的关爱，主要包括员工帮扶、培训、体检、文体活动、女职工福利等。其中员工帮扶包括向困难人员提供关爱基金、生活救助、大病救助等方面的帮扶；女职工福利包括三期保护（孕期、产期、哺乳期）、女性节日发放女职工节日礼物、设置母婴室及相关配套福利等举措。

从信息披露角度来看，各家银行披露内容、侧重点、数据统计口径等方面差别较大。股份制银行及城商行披露的广度要高于国有银行和农商行。其中，农业银行、浙商银行、青岛银行披露相对较全。就具体项目而言，在已披露的社会责任报告中，所有银行（100%）都能够对员工进行培训，大部分上市银行（除建设银行外，占 97.5%）会为员工提供文体活动，有 33 家（82.5%）上市银行明确员工定期体检活动，有 31 家（77.5%）上市银行明确开展员工志愿服务活动，有 29 家（72.5%）上市银行明确困难员工帮扶政策。55% 的上市银行社会责任报告中明确表示已建立工会组织，35% 的上市银行明确表示在相关区域设置了"职工之家"。此外，40% 的上市银行明确设有女性相关福利等机制。

表1　　　　　　　　　　　　　银行员工关爱情况一览①

	员工帮扶	培训	体检	文体活动	志愿服务	职工之家	工会	女性福利
国有银行								
工商银行	✓	✓	✓	✓	✓			
农业银行	✓	✓	✓	✓	✓	✓	✓	✓
中国银行	✓	✓	✓	✓	✓	✓		
建设银行		✓	✓					
邮储银行		✓	✓	✓	✓			✓
交通银行	✓	✓	✓	✓			✓	
股份制银行								
招商银行		✓	✓	✓	✓		✓	
兴业银行		✓	✓	✓			✓	

---

① 表中未包含未披露 2019 年度社会责任报告的银行，统计信息以各银行 2019 年度社会责任报告具体披露细节为准。

续表

	员工帮扶	培训	体检	文体活动	志愿服务	职工之家	工会	女性福利
浦发银行	✓	✓	✓	✓	✓	✓	✓	✓
中信银行	✓	✓	✓	✓	✓		✓	✓
民生银行	✓	✓	✓	✓		✓	✓	✓
光大银行	✓	✓		✓	✓			
平安银行	✓	✓	✓	✓	✓		✓	✓
华夏银行	✓	✓		✓	✓	✓		
浙商银行	✓	✓	✓	✓	✓	✓	✓	✓
城商行								
北京银行		✓	✓	✓	✓	✓	✓	✓
上海银行	✓	✓	✓	✓	✓		✓	✓
江苏银行		✓		✓	✓		✓	
南京银行	✓	✓	✓	✓	✓	✓		✓
宁波银行		✓		✓			✓	
徽商银行	✓	✓	✓	✓	✓		✓	✓
杭州银行	✓	✓	✓	✓	✓		✓	
天津银行	✓	✓	✓	✓	✓		✓	
长沙银行	✓	✓	✓	✓	✓	✓	✓	
哈尔滨行	✓	✓	✓	✓	✓			✓
贵阳银行	✓	✓	✓	✓		✓	✓	✓
成都银行	✓	✓	✓	✓	✓			
重庆银行	✓	✓	✓	✓	✓			
青岛银行	✓	✓	✓	✓	✓	✓	✓	✓
苏州银行		✓	✓	✓	✓	✓		
甘肃银行	✓	✓	✓	✓				✓
西安银行	✓	✓	✓	✓	✓			✓
农商行								
渝农商行		✓	✓	✓			✓	✓
青农商行	✓	✓		✓		✓	✓	
紫金银行	✓	✓	✓	✓	✓	✓		
常熟银行		✓		✓	✓			
无锡银行	✓	✓	✓	✓	✓		✓	
江阴银行		✓		✓	✓			
苏农银行	✓	✓	✓	✓	✓		✓	
张家港行	✓	✓	✓	✓				

一、员工培训情况分析

员工培训方面，多数银行在层级上按照高级管理人员、中层管理人员、一般员工三个维度开展培训，在方向上按照管理运行、专业技术、营销拓展三个维度开展培训，分线条、分板块、分类别地打造人才选拔和培养计划，通过引进讲师内部培训员工、组织员工外出交流考察等方式，系统性地选拔、培养和储备后备人才。

国有银行的员工培训力度各不相同。根据已披露情况分析，工商银行的培训期数相对较多，农业银行的培训期数相对较少；中国银行的培训人次相对较多，农业银行的培训人次相对较少。从培训情况的变动率来看，2019年除中国银行的培训人次同比略有上升以外，其他各银行的培训期数、培训人次、人均受训时间均有所下降，其中下降最大的是农业银行，培训期数和培训人次分别同比下降了14.38%、19.66%（见表2）。

表2　　　　　　　　　　　国有银行员工培训情况比较①

	2019 年			2018 年			变动率（%）		
	培训期数（万期）	培训人次（万）	人均受训（天）	培训期数（万期）	培训人次（万）	人均受训（天）	培训期数	培训人次	人均受训
工商银行	4.38	531	8.25	4.47	524	10.43	-2.01	1.34	-20.90
农业银行	1.37	78.73	—	1.6	98	—	-14.38	-19.66	—
中国银行	—	292.79	—	—	296.6	—	—	-1.28	—
建设银行	—	121.09	—	2.38	131	6.9	—	-7.57	—
交通银行	—	—	—	—	110	—	—	—	—

股份制银行中，光大银行培训期数同比增长70.81%，培训人次同比增长158.78%，是培训量增加最多的银行；招商银行培训期数同比下降0.98%，培训人次同比下降12.91%，人均受训同比下降20.88%，培训类指标全面下降；中信银行培训期数同比下降0.66%，培训人次同比增长15.55%，培训效率有所提升。其他股份制银行培训量均有不同程度的增加。

表3　　　　　　　　　　　股份制银行员工培训情况比较

	2019 年			2018 年			变动率（%）		
	培训期数（期）	培训人次（万）	人均受训（天）	培训期数（期）	培训人次（万）	人均受训（天）	培训期数	培训人次	人均受训
招商银行	11898	479.7	16.48	12016	550.8	20.83	-0.98	-12.91	-20.88
兴业银行	4969	47	30.33	—	46.63	24.5	—	0.80	23.80
浦发银行	2471	885.63	62	1583	795	39	56.10	11.40	58.97
中信银行	5274	69.69	—	5309	60.31	—	-0.66	15.55	—

---

① 员工培训情况只统计了各家银行在社会责任报告中披露的数据，人均受训时长统一换算为天（每天按6小时计算），无法换算的将在表内标明，下同。

	2019 年			2018 年			变动率（%）		
	培训期数（期）	培训人次（万）	人均受训（天）	培训期数（期）	培训人次（万）	人均受训（天）	培训期数	培训人次	人均受训
民生银行	3426	24	1.46	—	—	—	—	—	—
光大银行	7099	41.4	—	4156	16	—	70.81	158.78	—
平安银行	6360	32.5	—	—	—	4.25	—	—	—
华夏银行	3986	26.11	—	3889	22.49	—	2.49	16.09	—
浙商银行	2423	32.92	8.98	—	—	—	—	—	—

城商行中，上海银行培训期数和培训人次均有所下降，分别下降3.05%和1.96%，培训期数和培训人次双降；江苏银行和贵阳银行的培训期数均有所减少，培训人次同比有所增加，培训效率有所提升。其他城商行培训量均有不同程度的增加。

表4　　　　　　　　　　城商行员工培训情况比较

	2019 年			2018 年			变动率（%）		
	培训期数（期）	培训人次（万）	人均受训（天）	培训期数（期）	培训人次（万）	人均受训（天）	培训期数	培训人次	人均受训
上海银行	5598	23.79	—	5774	24.26	—	-3.05	-1.96	—
江苏银行	4953	25.4	6.22	6278	22.67	4.36	-21.11	12.04	42.66
南京银行	196	0.79	—	146	0.5	—	34.25	58.78	—
宁波银行	13000	28	—	9483	22	—	37.09	27.27	—
徽商银行	—	—	17.31	1279	11.2	15.31	—	—	13.06
天津银行	1992	7.64	12.49	1957	7	12.19	1.79	9.14	2.51
长沙银行	2489	10.32	—	1870	6.91	—	33.10	49.38	—
哈尔滨行	744	—	—	—	—	—	—	—	—
贵阳银行	717	5.81	5.61	986	5	8.50 次	-27.28	16.23	—
成都银行	456	2.86	—	327	1.83	—	39.45	56.34	—
重庆银行	—	0.6	7.36 次	—	—	7.38 次	—	—	—
青岛银行	—	—	—	2237	9.9	—	—	—	—
苏州银行	56	1.35	—	—	—	—	—	—	—
甘肃银行	68	0.42	—	—	—	—	—	—	—
西安银行	60	0.5	—	60	0.4	—	0.00	25.00	—

农商行中，渝农商行培训期数相对校多，达到1979期；紫金银行培训量有所增加，培训期数同比增长86.11%，人均受训同比增长0.02%。其他农商行培训量较2018年均有所下降（见表5）。

表5　　　　　　　　　　　　　农商行员工培训情况比较

	2019 年			2018 年			变动率（％）		
	培训期数（期）	培训人次（万）	人均受训（天）	培训期数（期）	培训人次（万）	人均受训（天）	培训期数	培训人次	人均受训
渝农商行	1979	11	—	2116	15	—	-6.47	-26.67	—
青农商行	731	7	—	904	7	—	-19.14	0.00	—
紫金银行	67	—	16.15	36	—	16.15	86.11	—	0.02
无锡银行	125	5.9	16.7	182	—	—	-31.32	—	—
苏农银行	101	—	25.37	—	—	—	—	—	—

总体而言，根据披露数据情况，股份制银行与城商行较国有银行与农商行在数据披露上更加详细。培训期数和培训人次由多到少依次为国有银行、股份制银行、城商行、农商行。2019 年，相当一部分国有银行与农商行的培训量较 2018 年有所下降，相当一部分股份制银行与城商行的培训量有所上升。

二、员工结构分析

对员工结构进行分析在企业经营管理的过程中很有必要。员工结构可根据性别、年龄、学历、部门、岗位等因素划分，各上市银行普遍明确性别结构指标，针对其他内容的披露暂无统一口径。下文对平均年龄、女性职工占比和本科及以上学历的员工占比汇总并分析。

表6　　　　　　　　　　　　　　　员工结构①

	银行名称	平均年龄（岁）	女性职工占比（％）	本科及以上员工占比（％）
国有银行	工商银行	41.90	50.10	—
	农业银行	41.84	45.60	56.80
	中国银行	—	57.28	—
	建设银行	40.84	54.39	—
	邮储银行	37.24	60.48	74.11
	交通银行	37.82	54.49	—
股份制银行	招商银行	35.28	57.32	—
	兴业银行	—	51.81	92.03
	浦发银行	—	52.63	79.30
	中信银行	35.53	53.75	94.67
	民生银行	—	54.00	—
	光大银行	33.59	55.56	85.93
	平安银行	33.43	55.50	84.71
	华夏银行	37.83	51.46	79.37
	浙商银行	38.18	47.10	—

---

① 员工结构只统计了各家银行在社会责任报告中披露的数据，其中平均年龄除明确公开外，根据披露的各年龄段人数占比进行估得得出。

	银行名称	平均年龄（岁）	女性职工占比（%）	本科及以上员工占比（%）
城商行	上海银行	—	55.12	82.73
	江苏银行	—	55.37	—
	宁波银行	—	57.03	97.16
	徽商银行	35.70	51.00	91.50
	天津银行	36.54	58.64	—
	长沙银行	—	58.44	89.31
	哈尔滨行	37.79	57.08	—
	贵阳银行	—	51.21	—
	重庆银行	—	56.06	—
	青岛银行	35.70	55.10	88.22
	苏州银行	—	50.45	—
	甘肃银行	34.60	51.08	88.55
	西安银行	—	61.87	—
农商行	渝农商行	—	48.73	—
	青农商行	—	43.02	—
	张家港行	—	50.97	—

在银行内部组织员工培训时，考虑到不同人群对于新业务、新领域的快速接受度及岗位适应性，相关的培训方案会对不同人群进行各有侧重、各有特点的个性化设计。从年龄角度出发，对从业年限较长的员工提供更加对口的培训成为各银行的培训趋势。国有银行较股份制银行、城商行的员工平均年龄相对较大，对相关年龄段人群的培训力度相对较大。此外，由表6可知，从性别结构来看，各银行从业人员中，女性从业者普遍多于男性从业者；从学历结构来看，国有银行中本科及以上学历的员工占比明显低于股份制银行与城商行。

总体来看，2019年各上市银行对员工关爱相关内容的披露相较2018年更加充分，但各行在信息披露方面仍不够充分，主要问题在于数据口径不统一、部分内容不完整、个别表述不清晰、数据披露不连贯等。因此，员工关爱相关内容的披露方式和披露程度仍需统一。